西武台新座中学校

〈収録内容〉

2024 年度 …… 第 1 回　(算
第 1 回特待　(算・理・社・国)

2023 年度 …… 第 1 回特進　(算・理・社・国)
第 1 回特進選抜　(算・理・社・国)

※第 1 回特進国語の大問二は、問題に使用された作品の著作権者が二次使用の許可を出していないため、問題を掲載しておりません。

2022 年度 …… 第 1 回特進　(算・理・社・国)
第 1 回特進選抜　(算・理・社・国)

※第 1 回特進国語の大問一は、問題に使用された作品の著作権者が二次使用の許可を出していないため、問題を掲載しておりません。

2021 年度 …… 第 1 回特進　(算・理・社・国)
第 1 回特進選抜　(算・理・社・国)

2020 年度 …… 第 1 回特進　(算・理・社・国)
第 1 回特進選抜　(算・理・社・国)

※第 1 回特進選抜国語の大問二は、問題に使用された作品の著作権者が二次使用の許可を出していないため、問題を掲載しておりません。

便利な DL コンテンツは右の QR コードから ⇒

解答用紙

※データのダウンロードは 2025 年 3 月末日まで。
※データへのアクセスには、右記のパスワードの入力が必要となります。 ⇒ 040307

〈合格最低点〉

	1種目		2種目	
	2 科判定	4 科判定	2 科判定	4 科判定
2024年度	111点	174点	140点	210点
2023年度	113点	170点	109点	160点
2022年度	101点	155点	126点	190点
2021年度	115点	187点	100点	160点
2020年度	110点	171点	123点	190点

本書の特長

実戦力がつく入試過去問題集

- ▶ 問題 ……………… 実際の入試問題を見やすく再編集。
- ▶ 解答用紙 …… 実戦対応仕様で収録。
- ▶ 解答解説 …… 詳しくわかりやすい解説には、難易度の目安がわかる「基本・重要・やや難」の分類マークつき（下記参照）。各科末尾には合格へと導く「ワンポイントアドバイス」を配置。採点に便利な配点つき。

入試に役立つ分類マーク

基本 確実な得点源！
受験生の 90％以上が正解できるような基礎的、かつ平易な問題。
何度もくり返して学習し、ケアレスミスも防げるようにしておこう。

重要 受験生なら何としても正解したい！
入試では典型的な問題で、長年にわたり、多くの学校でよく出題される問題。
各単元の内容理解を深めるのにも役立てよう。

やや難 これが解ければ合格に近づく！
受験生にとっては、かなり手ごたえのある問題。
合格者の正解率が低い場合もあるので、あきらめずにじっくりと取り組んでみよう。

合格への対策、実力錬成のための内容が充実

- ▶ 各科目の出題傾向の分析、合否を分けた問題の確認で、入試対策を強化！
- ▶ その他、学校紹介、過去問の効果的な使い方など、学習意欲を高める要素が満載！

解答用紙ダウンロード 解答用紙はプリントアウトしてご利用いただけます。弊社ＨＰの商品詳細ページよりダウンロードしてください。トビラのＱＲコードからアクセス可。

UD FONT 見やすく読みまちがえにくいユニバーサルデザインフォントを採用しています。

西武台新座中学校

生徒数　141名
〒352-8508
埼玉県新座市中野2-9-1
☎048-424-5781
東武東上線柳瀬川駅、武蔵野線新座駅
西武線所沢駅　各スクールバス
東武東上線志木駅　西武バス　中野駅下車

グローバル社会で活躍する「たくましい人間力」を育む

URL	https://www.seibudai.ed.jp/junior/

プロフィール　学びの中で健康な心と身体を育む

2012年開校。校訓「若き日に 豊かに知性を磨き 美しく心情を養い たくましく身体を鍛えよ」のもと、学びを通して、しなやかな知性と豊かな心、たくましい身体を育むことを使命とし教育活動を行っている。一人ひとりがそれぞれの夢を実現するためのチカラを身につけ、社会で通用する幅広い人間形成を目指す。

カリキュラム　西武台式英語

中高６年間を「中１・中２の基礎期」「中３・高１の発展期」「高２・高３の飛躍期」という３つのステージに分けて、学習や生活のリズムを作りながら、難関大学に合格できるレベルの高い学力を身につけていく。

中１より最難関国公立大学・最難関私立大学医歯薬学部の現役合格を目指す「**特進選抜クラス**」と難関国公立大学・難関私立大学の現役合格を目指す「**特進クラス**」に分かれ、主要３科目は公立中学の約２倍の授業時間数を確保し、基礎学力の定着を図り、Ｓタイム（朝の20分授業）→授業→家庭学習という毎日の学習サイクルを通して自立学習を身につける。中３より高校の学習内容を先取りし“わかる授業”と放課後講習・補習などで理解できるまで徹底的にサポートする。高２より文系・理系に分かれ、高３は受験対策が中心となる。

また、特に英語教育を重視しており、“聞く・読む・話す・書く”の４技能に加えて、スピーチやプレゼンテーション、ディベートなど、統合型の言語能力の定着を目指している **— 西武台式英語 —**。中２から習熟度別クラスを導入するほか、何度も繰り返し学ぶスパイラル学習や３人１組で行うアクティブラーニングなどを通して、解答までの過程を論理的に説明するなど、自分の考えを自分の言葉で相手に伝える取り組みを行っている。

学校生活　一人ひとりの物語をつむぐ

真剣勝負の体育祭。魅力満載の文化祭。身心を鍛える寒稽古。中３のオーストラリア人間力研修や中２のイングリッシュ・グローバルキャンプなど学校行事も多彩。

クラブ活動は週３～５回程度、最終のスクールバス（18時30分）に乗れる時間までに終了。

[運動部] サッカー部、陸上部、新体操部、ラグビー部、男子硬式テニス部、女子硬式テニス部

＊埼玉県中学校総合体育大会準優勝、関東中学校総合体育大会出場、私立中学校大会埼玉県大会優勝（サッカー部）/新人体育大会ダブルス県大会出場（テニス部）/新人体育大会女子男子円盤投げ県大会出場（陸上部）/学校総合体育大会県大会出場（新体操部）

[文化部] ディベート部、茶道部、バトン部、吹奏楽部

＊全国中学校ダンスドリル選手権大会関東大会SONG/POM部門全国大会出場、ダンスドリル秋季競技関東大会全国大会出場、USA School&College Nationals2024全国選手権大会６位（バトン部）

授業でのディベート風景

環境　希望の実現に適した設備と環境

第１～３校舎に普通教室・実習教室。武陽記念館にはBUYOUホール。体育施設は、第１グラウンドと全面人工芝の第２グラウンド、さらに武道場・トレーニングルームのある第１体育館・こぶし館（第２体育館）。食堂・部室・図書室・個別学習室（スタディポッド）を備えた生徒会館。

進路　現役で合格する力をつける

2023年の大学合格実績は、国公立２名、早慶上理２名、GMARCH19名、成成武明獨國20名。内訳は、埼玉大２、慶応義塾大１、東京理科大１、学習院大３、明治大２、青山学院大１、立教大２、中央大６、法政大５他多数。

2024年度入試要項

試験日　1/10午前・午後（第1回特待）
1/11午前・午後（第2回特待）
1/14午前・午後（適性検査型・第1回チャレンジ）
1/25午前（第2回チャレンジ）

試験科目　国・算または国・算・理・社
※適性検査型は適性Ⅰ・Ⅱ

2024年度	募集定員	受験者数	合格者数	競争率
第１回 特進/特選	20/10	176/125	100/46	1.8/2.7
第２回 特進/特選	10/10	90/63	65/19	1.4/3.3
特待/チャレンジ	10/10	56/39	42/36	1.3/1.3
適性検査型	10	48	40	1.2

※他に、若干名の帰国生入試（12/10午前・午後、作文（事前提出）＋面接）あり

過去問の効果的な使い方

① **はじめに**　ここでは，受験生のみなさんが，ご家庭で過去問を利用される場合の，一般的な活用法を説明していきます。もし，塾に通われていたり，家庭教師の指導のもとで学習されていたりする場合は，その先生方の指示にしたがって，過去問を活用してください。その理由は，通常，塾のカリキュラムや家庭教師の指導計画の中に過去問学習が含まれており，どの時期から，どのように過去問を活用するのか，という具体的な方法がそれぞれの場合で異なるからです。

② **目的**　言うまでもなく，志望校の入学試験に合格することが，過去問学習の第一の目的です。そのためには，それぞれの志望校の入試問題について，どのようなレベルのどのような分野の問題が何問，出題されているのかを確認し，近年の出題傾向を探り，合格点を得るための試行錯誤をして，各校の入学試験について自分なりの感触を得ることが必要になります。過去問学習は，このための重要な過程であり，合格に向けて，新たに実力を養成していく機会なのです。

③ **開始時期**　過去問との取り組みは，通常，全分野の学習が一通り終了した時期，すなわち6年生の7月から8月にかけて始まります。しかし，各分野の基本が身についていない場合や，反対に短期間で過去問学習をこなせるだけの実力がある場合は，9月以降が過去問学習の開始時期になります。

④ **活用法**　各年度の入試問題を全問マスターしよう，と思う必要はありません。完璧を目標にすると挫折しやすいものです。できるかぎり多くの問題を解けるにこしたことはありませんが，それよりも重要なのは，現実に各志望校に合格するために，どの問題が解けなければいけないか，どの問題は解けなくてもよいか，という眼力を養うことです。

算数

どの問題を解き，どの問題は解けなくてもよいのかを見極めるには相当の実力が必要になりますし，この段階にいきなり到達するのは容易ではないので，この前段階の一般的な過去問学習法，活用法を2つの場合に分けて説明します。

☆偏差値がほぼ55以上ある場合

掲載順の通り，新しい年度から順に年度ごとに3年度分以上，解いていきます。

ポイント1…問題集に直接書き込んで解くのではなく，各問題の計算法や解き方を，明快にわかるように意識してノートに書き記す。

ポイント2…答えの正誤を点検し，解けなかった問題に印をつける。特に，解説の **基本** **重要** がついている問題で解けなかった問題をよく復習する。

ポイント3…1回目にできなかった問題を解き直す。同様に，2回目，3回目，…と解けなければいけない問題を解き直す。

ポイント4…難問を解く必要はなく，基本をおろそかにしないこと。

☆偏差値が50前後かそれ以下の場合

ポイント1～4以外に，志望校の出題内容で「計算問題・一行問題」の比重が大きい場合，これらの問題をまず優先してマスターするとか，例えば，大問[2]までをマスターしてしまうとよいでしょう。

理科

理科は①から順番に解くことにほとんど意味はありません。理科は，性格の違う4つの分野が合わさった科目です。また，同じ分野でも単なる知識問題なのか，あるいは実験や観察の考察問題なのかによってもかかる時間がずいぶんちがいます。記述，計算，描図など，出題形式もさまざまです。ですから，解く順番の上手，下手で，10点以上の差がつくこともあります。

過去問を解き始める時も，はじめに1回分の試験問題の全体を見通して，解く順番を決めましょう。得意分野から解くのもよいでしょう。短時間で解けそうな問題を見つけて手をつけるのも効果的です。くれぐれも，難問に時間を取られすぎないように，わからない問題はスキップして，早めに全体を解き終えることを意識しましょう。

社会

社会は①から順番に解いていってかまいません。ただし，時間のかかりそうな，「地形図の読み取り」，「統計の読み取り」，「計算が必要な問題」，「字数の多い論述問題」などは後回しにするのが賢明です。また，3分野（地理・歴史・政治）の中で極端に得意，不得意がある受験生は，得意分野から手をつけるべきです。

過去問を解くときは，試験時間を有効に活用できるよう，時間は常に意識しなければなりません。ただし，時間に追われて雑にならないようにする注意が必要です。“誤っているもの”を選ぶ設問なのに“正しいもの”を選んでしまった，“すべて選びなさい”という設問なのに一つしか選ばなかったなどが致命的なミスになってしまいます。問題文の“正しいもの”，“誤っているもの”，“一つ選び”，“すべて選び”などに下線を引いて，一つ一つ確認しながら問題を解くとよいでしょう。

過去問を解き終わったら，自己採点し，受験生自身でふり返りをしましょう。できなかった問題については，なぜできなかったのかについての分析が必要です。例えば，「知識が必要な問題」ができなかったのか，「問題文や資料から判断する問題」ができなかったのかで，これから取り組むべきことも大きく異なってくるはずです。また，正解できた問題も，「勘で解いた」，「確信が持てない」といったときはふり返りが必要です。問題集の解説を読んでも納得がいかないときは，塾の先生などに質問をして，理解するようにしましょう。

国語

過去問に取り組む一番の目的は，志望校の傾向をつかみ，本番でどのように入試問題と向かい合うべきか考えることです。素材文の傾向，設問の傾向，問題数の傾向など，十分に研究していきましょう。

取り組む際は，まず解答用紙を確認しましょう。漢字や語句問題の量，記述問題の種類や量などが，解答用紙を見て，わかります。次に，ページをめくり，問題用紙全体を確認しましょう。どのような問題配列になっているのか，問題の難度はどの程度か，などを確認して，どの問題から取り組むべきかを判断するとよいでしょう。

一般的に「漢字」→「語句問題」→「読解問題」という形で取り組むと，効率よく時間を使うことができます。

また，解答用紙は，必ず，実際の大きさのものを使用しましょう。字数指定のない記述問題などは，解答欄の大きさから，書く量を考えていきましょう。

算数　出題傾向の分析と合格への対策

●出題傾向と内容

近年の出題数は第1回，第1回特待ともに大問7題，小問にして20問で，「平面図形」・「割合と比」を中心にして，各分野から出題されている。

第1回・第1回特待とも，1四則計算・割合や速さの小問群，23平面図形，4立体図形の問題が共通して出題されることが多く，以下では，その他の分野から出題される。

毎年，「割合」や「速さの三公式」を利用して考える問題，「平面図形」の角度や面積の問題，「立体図形」の体積の問題など，基本内容の理解を問うような問題が多く出題されている。ほとんどが基本レベルの内容であるが，やや思考力を試すような問題も第1回・第1回特待それぞれ2，3題出題されている。

学習のポイント

基本レベルの問題を練習して理解し，割合・速さの三公式，図形の性質，グラフの読み取りなどをしっかり身につけておこう。

●2025年度の予想と対策

過去問を利用して，本校の出題レベルと問題数に慣れておこう。まず基本を確認し，この後，応用レベルの問題を解けるようにしておけば，対応できるだろう。濃度や割合，仕事算，速さ，平面図形・角度・面積，立体図形・回転体，グラフを使った問題は頻出なので，基本的な問題はもちろん，長文問題や応用的な問題も解いておくとよい。

まずは基本公式をきちんと使いこなせるようにすることが大切である。標準レベルの問題を反復練習して苦手分野をなくし，さらに思考力を試す問題にも挑戦しよう。

▼年度別出題内容分類表

※　よく出ている順に☆，◎，○の３段階で示してあります。

出題内容			2022年		2023年		2024年	
			特進	特選	特進	特選	1回	特待
数と計算		四則計算	○	○	○	○	○	○
		概数・単位の換算	☆	◎	☆	○		○
		数の性質	○					◎
		演算記号						
図形		平面図形	☆	☆	☆	☆	☆	☆
		立体図形	◎	◎	◎	◎	◎	
		面積	☆	☆	◎	☆	◎	☆
		体積と容積	○	○	○	○	○	
		縮図と拡大図						
		図形や点の移動	◎	◎		◎	☆	
速さ		三公式と比	○	○	☆	◎	○	○
	文章題	旅人算						
		流水算						
		通過算・時計算	○	○	○			○
割合		割合と比	☆	☆	☆	☆	☆	☆
	文章題	相当算・還元算		○			○	
		倍数算				○		
		分配算						
		仕事算・ニュートン算	○		○			○
文字と式								
2量の関係(比例・反比例)								
統計・表とグラフ			○	◎	◎	◎	◎	
場合の数・確からしさ					◎		☆	
数列・規則性				◎		○	○	
論理・推理・集合								◎
その他の文章題		和差・平均算					◎	
		つるかめ・過不足・差集め算		◎		○		◎
		消去・年令算			◎			
		植木・方陣算						

西武台新座中学校

算　数　――グラフで見る最近３ヶ年の傾向――

最近３ヶ年に出題されたすべての問題を内容別に分類・集計し，全体に対して何パーセントくらいの割合になっているかを示しました。

……50校の平均　　……西武台新座中学校

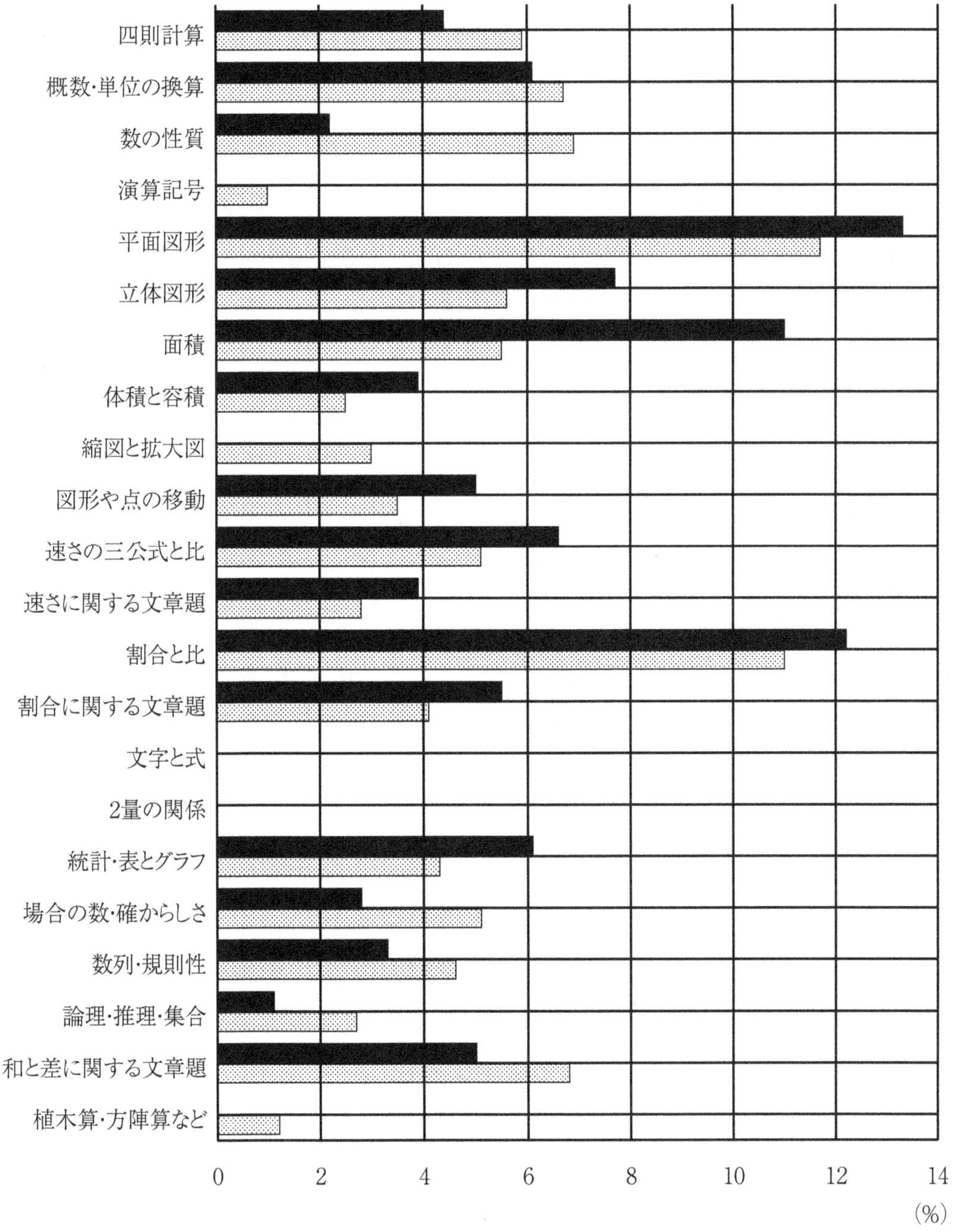

理科　出題傾向の分析と合格への対策

●出題傾向と内容

試験時間は社会と合わせて50分で，問題数はともに大問4題，小問は25題程度である。問題の難易度は第1回，特待ともほぼ等しく，どちらにも基礎から標準の問題があり，計算問題は少ない。

基礎的な内容の問題をしっかりと理解しているかが問われる。解答には，各大問1台ごとに論述式のものが出題されている。これらに答えるには，「なぜ」に答えられるように，その現象が起きる理由や原因について考える習慣を身につけたい。

過去には「植物」「溶解度」「力のはたらき」「気体の発生」等からよく出題された。

学習のポイント

時間にゆとりはないので，解ける問題から解き始めるなどの工夫が必要である。

●2025年度の予想と対策

各分野の基本的な知識を十分身につけ，溶解度，てこのつり合いなどの解き方をしっかりマスターしよう。実験の結果から考察するタイプの記述もあるが，難易度はそれほど高くない。それで，家庭学習用の問題集は，発展などが多く含まれるものより，基礎～標準レベルの問題集を選んで演習すること。

各大問ごとに，短い論出式の問題が出題されている。考えを短くまとめる力も必要である。

また，問題の量に対して，分量がかなり多いので，できる問題から素早く問題を解いていくようにしたい。

▼年度別出題内容分類表

※　よく出ている順に☆，◎，○の３段階で示してあります。

出題内容		2022年		2023年		2024年	
		特進	特選	特進	特選	1回	特待
生物	植物	☆					
	動物		☆	☆	☆		☆
	人体						
	生物総合						
天体・気象・地形	星と星座						
	地球と太陽・月						☆
	気象	☆		☆			
	流水・地層・岩石		☆			☆	
	天体・気象・地形の総合						
物質と変化	水溶液の性質・物質との反応						
	気体の発生・性質					☆	○
	ものの溶け方				☆		
	燃焼		☆				◎
	金属の性質	☆		☆			
	物質の状態変化						
	物質と変化の総合						
熱・光・音	熱の伝わり方					☆	
	光の性質			☆			
	音の性質						
	熱・光・音の総合						
力のはたらき	ばね						
	てこ・てんびん・滑車・輪軸						
	物体の運動		☆				
	浮力と密度・圧力						
	力のはたらきの総合						
電流	回路と電流						
	電流のはたらき・電磁石						☆
	電流の総合						
実験・観察		◎	☆	◎	◎	○	☆
環境と時事／その他					◎	☆	○

理科 ——グラフで見る最近３ヶ年の傾向——

最近３ヶ年に出題されたすべての問題を内容別に分類・集計し，全体に対して何パーセントくらいの割合になっているかを示しました。

……50校の平均　　……西武台新座中学校

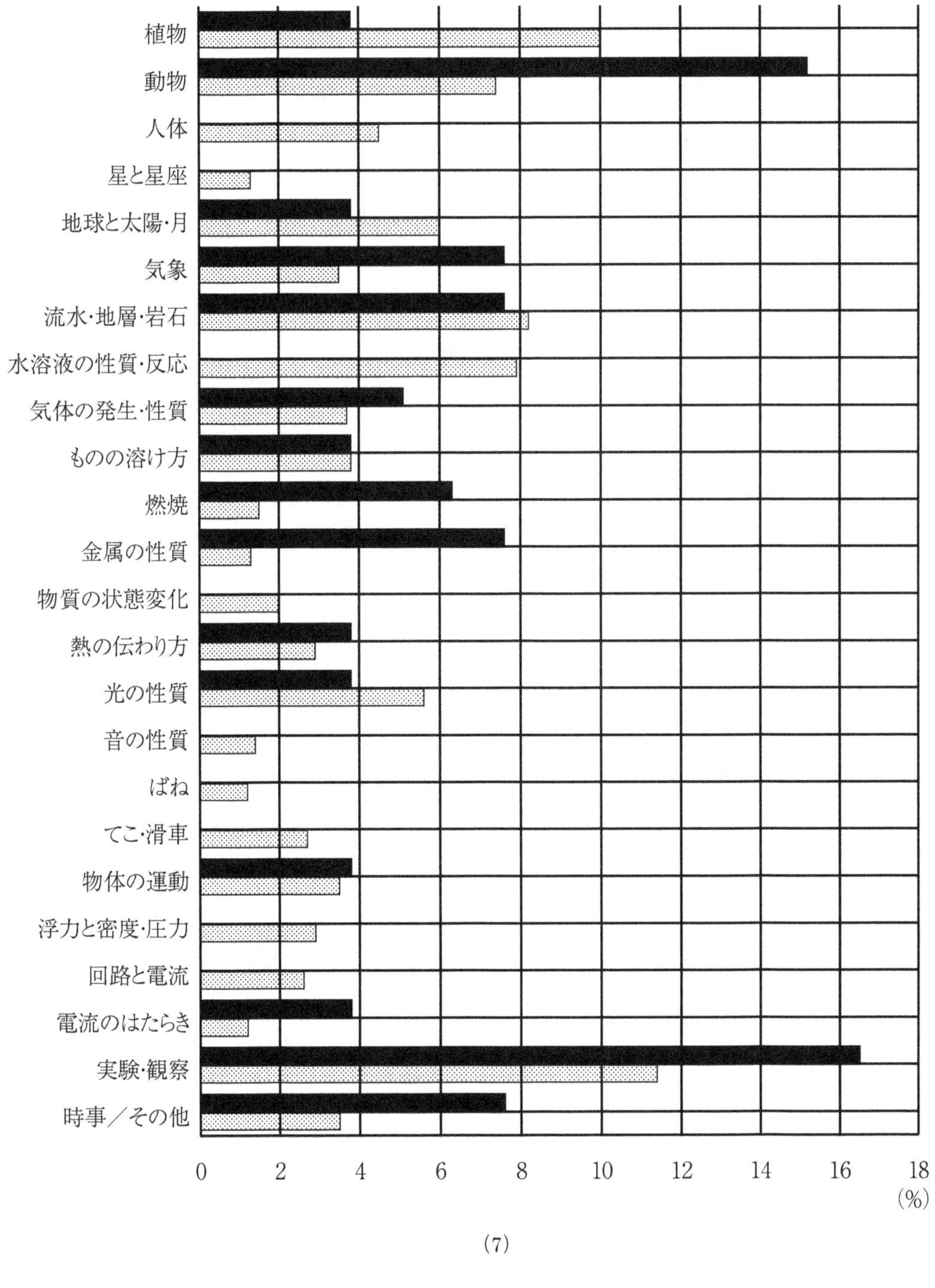

社会　出題傾向の分析と合格への対策

●出題傾向と内容

例年，ともに大問は3題，地理，歴史，政治がそれぞれ1題ずつとなっており，小問数は20問程度となっている。出題形式は語句記述と記号選択が中心で，作図問題は出題されたことがあるが，文章記述問題は出題されていない。今年度は特待の方が語を書くものが多い。

今年度は地理では第1回が九州地方，特待入試が関東地方に関するもので，特待の方はやや細かい統計の問題がある。歴史では第1回が12～16世紀の人物や出来事に関するもの，特待入試が3～8世紀の4つの史料を読んで設問に答えるもの。どちらも整序問題もある。政治では，一般入試が憲法9条と自衛隊に関するもの，特待入試が憲法と人権に関連するものが出された。

✔学習のポイント

地図や統計に強くなろう！
歴史の基本事項をしっかりとおさえよう！
憲法や政治のしくみをおさえよう！

●2025年度の予想と対策

各分野とも基本的事項を的確におさえることが重要である。また，用語を覚えるだけでなく，その背景もつかんでおきたい。

地理分野は，例年，都道府県の特徴などが出題されており，統計資料や都道府県の形について問われることもあるので，準備しておきたい。歴史分野は特定の時代についての基本的な問題が出題されており，史料や地図も用いられることが多いので，対策を準備しておきたい。政治分野は憲法や基本的人権，政治のしくみなどについての出題が中心であり，憲法の条文などについてもしっかりとおさえておきたい。地理分野や政治分野で時事的な内容についても出題されることがあるので，時事問題への準備も重要といえる。また，どの分野でも基本用語は漢字で書けるようにしておきたい。

▼年度別出題内容分類表

※　よく出ている順に☆，◎，○の３段階で示してあります。

出題内容			2022年		2023年		2024年	
			特進	特選	特進	特選	1回	特待
地理	日本の地理	地図の見方		○				
		日本の国土と自然		○	◎		◎	◎
		人口・土地利用・資源		○	○	○		○
		農業		○	○	○	◎	○
		水産業		○				○
		工業	◎	○		○		○
		運輸・通信・貿易	○		○			○
		商業・経済一般						
	公害・環境問題							
	世界の地理		○					
日本の歴史	時代別	原始から平安時代	◎	◎	○	◎		☆
		鎌倉・室町時代		○	○	○	☆	
		安土桃山・江戸時代	◎	○	○	○	◎	
		明治時代から現代						
	テーマ別	政治・法律	☆	○	◎	◎	☆	☆
		経済・社会・技術	○	○	○			
		文化・宗教・教育		◎		○		◎
		外交		○				
政治	憲法の原理・基本的人権		○		◎		◎	◎
	政治のしくみと働き						○	○
	地方自治							
	国民生活と福祉			◎		◎		○
	国際社会と平和		◎				◎	
時事問題				○	○			
その他								

西武台新座中学校

社会 ――グラフで見る最近３ヶ年の傾向――

最近３ヶ年に出題されたすべての問題を内容別に分類・集計し，全体に対して何パーセントくらいの割合になっているかを示しました。

▨……50校の平均　■……西武台新座中学校

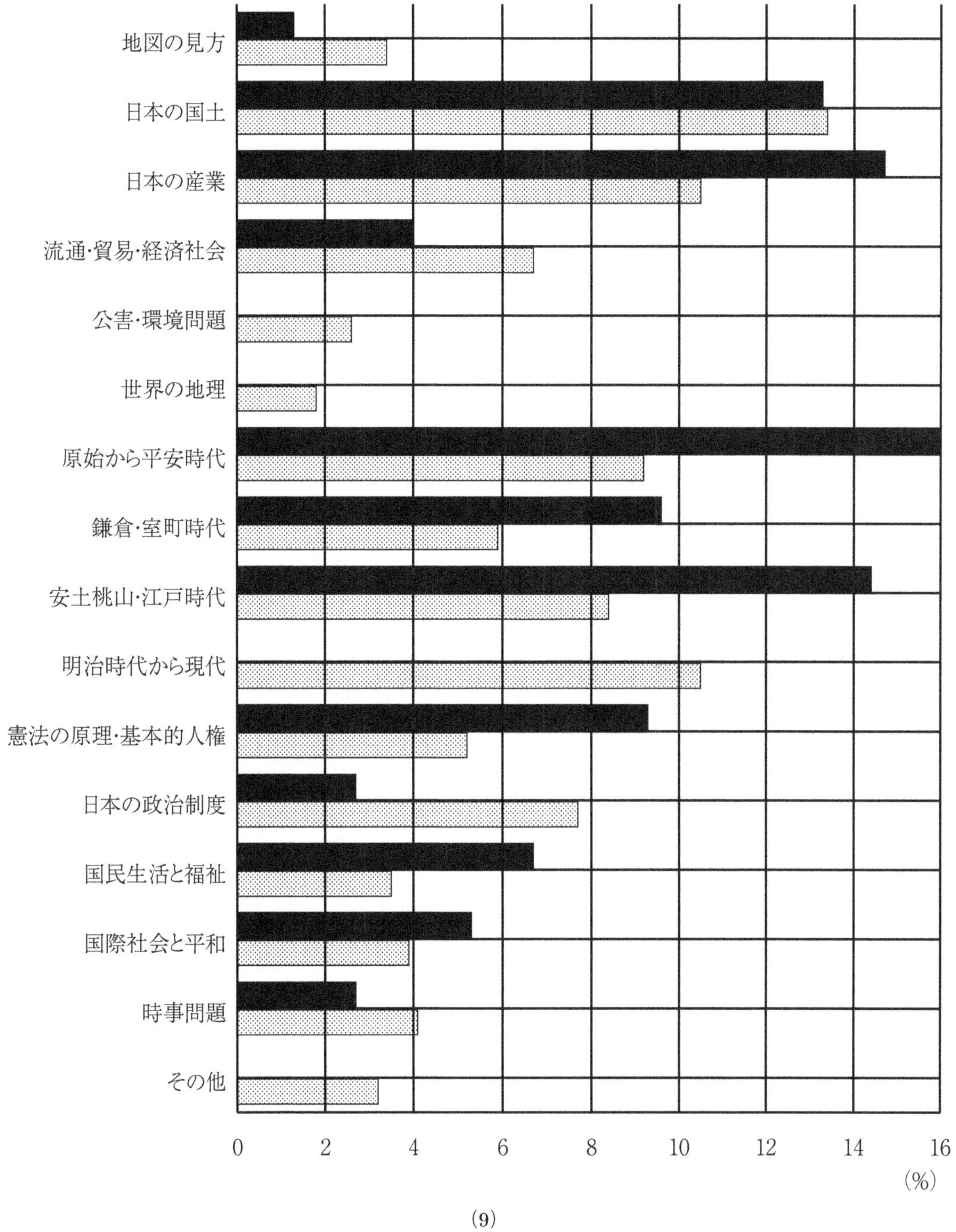

国語

出題傾向の分析と 合格への対策

●出題傾向と内容

長文読解問題2題の構成が続いている。説明的文章と文学的文章の組み合わせであることが多いが，文学的文章(随筆・物語)2題の場合もある。

設問は漢字の読み書き以外は大半が選択式または抜き出し式であり，今年度は本格的な記述問題は出題されなかった。選択肢にはまぎらわしいものが多く，本文を正確に読み取る力が必要とされる。それぞれの大問ごとに設問形式が固定されているので，この形式によく慣れておくことが重要である。

知識問題は，漢字のほかに，ことばの意味，慣用句などが頻出である。

学習のポイント

たくさんの本を読んでさまざまな種類の文章や考え方に慣れておこう！

●2025年度の予想と対策

説明的文章・文学的文章を中心とする長文2題構成の出題が続くとみられる。

設問構成は，漢字の読み書き(書き取りのみの場合もある)，接続語または副詞の空欄補充，ことばの意味や慣用句の知識問題と，内容理解・指示語の指示内容・文脈把握・脱文を元にもどすなどの読解問題が合わせて大問ごとに10～13問出される傾向にあり，今後もこれが続くだろう。

こうした本校の出題形式によく慣れるために，過去問の練習を繰り返しつつ，知識事項の習得や読解練習に数多くあたることが必要である。出題される文章はいずれも長文なので，時間配分を考えて，素早く読解する練習も欠かせない。

▼年度別出題内容分類表

※　よく出ている順に☆，◎，○の３段階で示してあります。

出題内容			2022年		2023年		2024年	
			特進	特選	特進	特選	1回	特待
内容の分類	読解	主題・表題の読み取り						
		要旨・大意の読み取り	○		○	○	○	
		心情・情景の読み取り	◎	◎	◎	◎	◎	◎
		論理展開・段落構成の読み取り						
		文章の細部の読み取り	☆	☆	☆	☆	☆	☆
		指示語の問題		○		◎	○	
		接続語の問題	◎	◎	◎	◎	○	◎
		空欄補充の問題	○	○	◎	◎	◎	◎
	知識	ことばの意味	◎	◎	◎	◎	◎	◎
		同類語・反対語						
		ことわざ・慣用句・四字熟語	○					
		漢字の読み書き	◎	◎	◎	◎	◎	◎
		筆順・画数・部首						
		文と文節						
		ことばの用法・品詞						
		かなづかい						
		表現技法						
		文学作品と作者						
		敬語						
	表現	短文作成						
		記述力・表現力		○	○			
文の種類		論説文・説明文	○	○	○		○	○
		記録文・報告文						
		物語・小説・伝記	○	○	○		○	○
		随筆・紀行文・日記						
		詩(その解説も含む)						
		短歌・俳句(その解説も含む)						
		その他						

国語 ——グラフで見る最近3ヶ年の傾向——

最近3ヶ年に出題されたすべての問題を内容別に分類・集計し，全体に対して何パーセントくらいの割合になっているかを示しました。

……50校の平均　　……西武台新座中学校

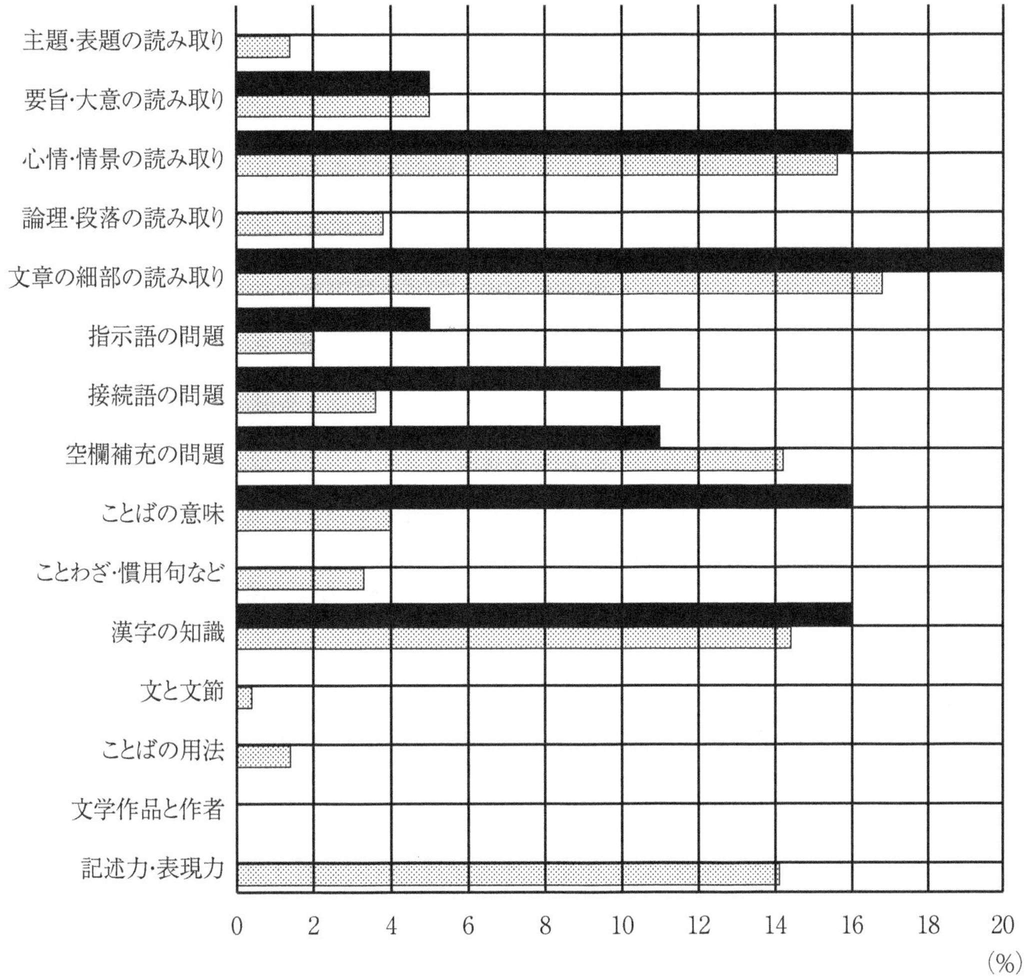

	論説文 説明文	物語·小説 伝記	随筆·紀行 文・日記	詩 (その解説)	短歌·俳句 (その解説)
西武台新座 中学校	50.0%	50.0%	0%	0%	0%
50校の平均	47.0%	45.0%	8.0%	0%	0%

2024年度　合否の鍵はこの問題だ!!

(第1回)

算　数　1 (6)

よく出題される「濃度」についての問題であり，簡単ではないが解けるようにしなければいけない。練習して，解けるようにしよう。

【問題】

6％の食塩水300gから水を何g蒸発させると，8％の食塩水ができるか。

【考え方】

$300-300\times\frac{6}{8}=300\times\frac{2}{8}=75$(g)

濃度が$\frac{8}{6}$倍になるとき，食塩水が$\frac{6}{8}$倍になる

【別解】　$300-\underline{300\times0.06}\div0.08=75$(g)

（300×0.06：食塩の重さ）

理　科　3

大問が4 題で，理科の4つの分野から出題されていた。問題のレベルは基礎レベルで，本年は計算問題がなかった。ここでは，注目すべき問題として第1回の3を取り上げた。

さまざまな環境汚染に関する問題であった。海や湖の水が赤くなる赤潮や，酸性雨，地球温暖化の原因や影響についての総合問題である。環境や時事的な内容の問題が，大問1題分として出題されるの珍しいと言える。

赤潮は，人間の生活に伴って排出される排水に含まれる栄養素の窒素やリンによって海や湖が富栄養化し，それをエサとするプランクトンが異常発生した結果生じる。赤潮が生じると，大量のプランクトンの呼吸で水中の酸素濃度が低下し，魚が死ぬ。また，プランクトンが魚のエラにつまって呼吸ができずに魚が死ぬこともある。

酸性雨は，雨の酸性がある一定の強さを越える雨である。自然に降る雨にも二酸化炭素が溶けこみ弱い酸性になっているが，酸性雨はその酸性よりもさらに強い酸性を示す。酸性雨の原因は，工場や自動車の排ガスに含まれる硫黄酸化物や窒素酸化物が雨に溶け込んだもので，その結果，森林が枯れたり，湖のプランクトンが死に，エサの減少によって魚が死んだりする影響が出ている。

地球温暖化は温室効果ガスと呼ばれる二酸化炭素やメタンなどの気体が増えて，地球が宇宙空間に向けて放射する赤外線が吸収され，地球が温室状態になる現象である。その結果，大型の台風の発生や，森林火災，生態系の変化など大きな影響を及ぼしている。

これらの環境関連の問題に答えるには，普段から科学に関するニュースなどに目を通していることが大切である。

第1回，特待に共通するのは，問題のレベルは基礎から標準レベルで，計算問題が出題されていないことであった。ともかく基礎知識をしっかりと身につけておくことが大切である。

社会 2

2は歴史の問題。12～16世紀の歴史上の出来事や人物を説明する文章を4つ読んで，解答していく問題になっている。4つの文章のそれぞれの時代やそこに説明されている人物や出来事はていねいに読めば，十分にわかるものだが，あせっているとわからない可能性もある。小問は7つあり，語を答えるものが3，4つの文章を古い順に並べなおす整序問題が1，残りは記号選択のもの。記号選択は適切なものを選ぶのが2，不適切なものを選ぶのが1あるので，問題をよく見てどちらを選ぶのかを確実に把握して答えることが大事。語を答えるものは，問題をきちんと読んで，問われていることをしっかりと把握していれば，どれもさほど難しくはない。問4，問6は漢字指定で，しかも問4は字数の指定もあるので要注意である。整序問題は，4つの文章を正しく把握してだいたいの時期がわかっていれば，細かい年号はわからなくても，十分に正解はできる。

国語 一 問11

本文中から抜き出した文をもとに戻す，いわゆる脱文補充はよく出題される。脱文挿入は文脈をとらえる問いであるが，指示内容に着目させる形式が最も一般的である。この問題も指示語の指す内容をつかむことが鍵になる。

指示語の指す内容をつかむには，指示語のあとにどんな内容が説明されているかを押さえることが重要である。「それ」とは，どういうものなのかと考えると，気づくものであり，読み取るものであり，自らの生き方の美学，哲学にしていけるものである。本文中でそのようなものとして示されているのは「メッセージ」ということになる。さらに，脱文補充では抜き出した文をもとに戻した場合に，前後の文脈がきちんとつながっているかどうかを確かめることも重要である。問11で解説したように，前後の文脈がつながるのはⅲということになる。

脱文補充の設問に対応するには，文脈をとらえる練習をしておこう。

MEMO

大切なことはメモしておこうネ！

2024年度

★★★★★★★★★★★★★★★★★★★★★★★

入　試　問　題

2024年度

西武台新座中学校入試問題（第１回）

【算　数】（50分）　＜満点：100点＞

【注意】 1．定規，分度器，コンパス，計算機は使用できません。
2．問題中の図は必ずしも正確とはかぎりません。
3．比で答える場合は，一番小さい整数比で答えて下さい。
4．分数で答える場合は，それ以上約分できない分数で答えて下さい。
5．円周率は3.14で計算して下さい。

1　**次の □ にあてはまる数を求めなさい。**

(1)　19.89÷3.9＝ □

(2)　$0.4\div\dfrac{8}{15}+0.15\times\dfrac{5}{6}=$ □

(3)　$2.25-\left\{\left(1\dfrac{1}{3}-\dfrac{3}{4}\right)\div0.5\right\}=$ □

(4)　３×{18－(３× □ －６)}－９＝45

(5)　６％の食塩水300ｇから水を □ ｇ蒸発させると，８％の食塩水ができます。

(6)　自転車で家と駅の間を往復します。家から出発し，行きは時速15km，帰りは時速10kmで走ったところ，往復で１時間かかりました。家から駅までの道のりは □ kmです。

(7)　□ ページの本を兄は全体の$\dfrac{8}{15}$，弟は全体の$\dfrac{3}{7}$をそれぞれ読んだところ，兄は弟よりも22ページ多く読んでいました。

(8)　Ａくんが今までに □ 回受けたテストの点数の平均は65点でした。今回のテストで93点を取ったので，すべてのテストの点数の平均が69点になりました。

2　**次の図の角 x と角 y の大きさを求めなさい。**

(1)　四角形ABCDは正方形で，三角形BCEと三角形CDFは正三角形です。

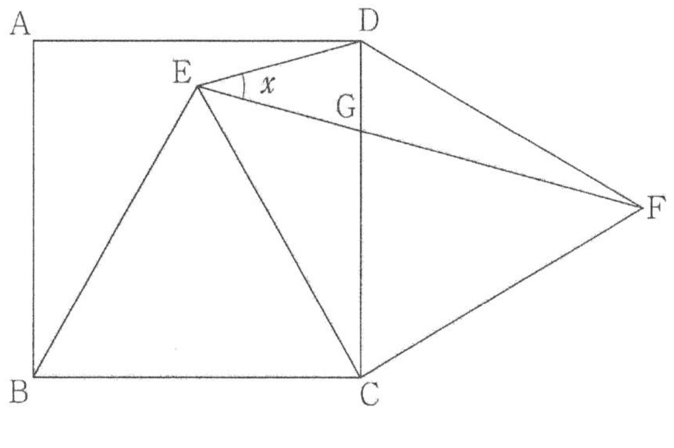

(2)　五角形ABCDEは正五角形で，矢印は平行を表します。

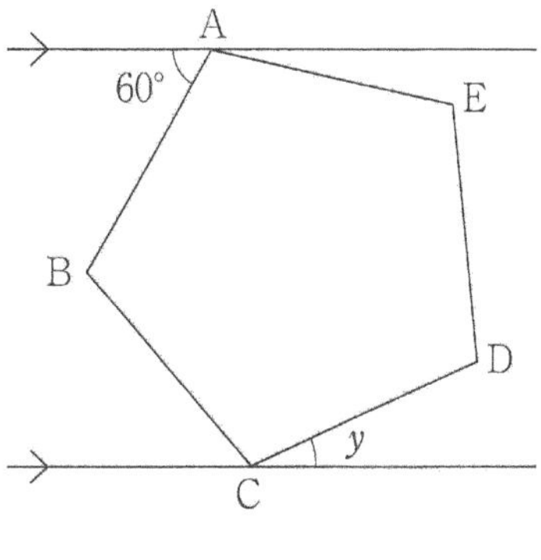

3　**半径10㎝，中心角135°のおうぎ形があります。その外側を半径２㎝で中心がOの円が周に沿って１周します。次の各問いに答えなさい。**

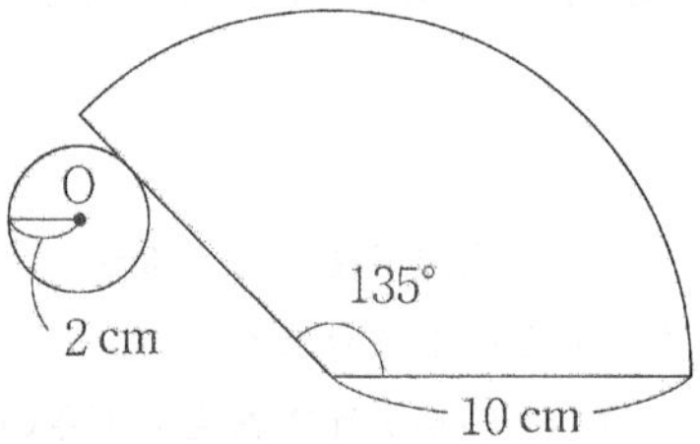

(1)　円の中心Oが動いてできる線の長さは何㎝ですか。

(2)　円が通過した部分の面積は何㎝^{2}ですか。

4　**１辺４㎝の正方形を３個，図のように並べ，ℓを軸として90°回転させて立体をつくります。次の各問いに答えなさい。**

(1)　体積は何㎝^{3}ですか。

(2)　表面積は何㎝^{2}ですか。

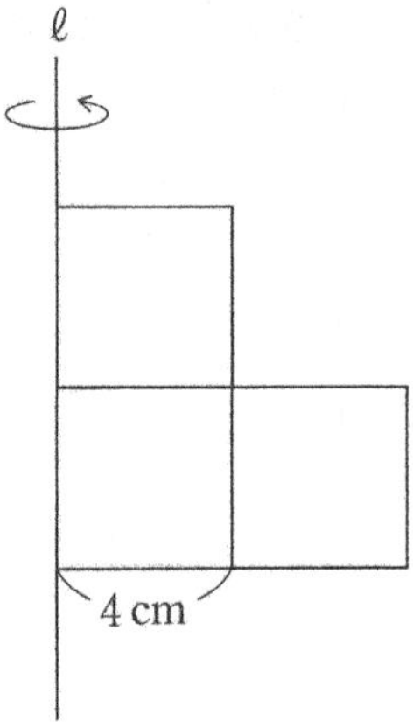

5　**Aさんと先生は，和が □ となるような１と２の並べ方が何通りあるのかについて考えています。次の各問いに答えなさい。**

課題：和が □ となる１と２の並べ方は何通りありますか。

Aさん：おはようございます。

先生　：おはようございます。今日は，この課題について考えてみましょう。
　　　まずは，□ が２のときはどのようになりますか。

Aさん：はい。和が２となると１と２の並べ方は
　　　「１，１」，「２」
　　　の２通りです。□ が３のときも考えてみました。和が３となる１と２の並べ方は
　　　「１，１，１」，「１，２」，「２，１」
　　　の３通りです。

先生　：素晴らしいですね。それでは，□ が４のときも考えてみましょう。

Aさん：□ が２のときと，□ が３のときの並べ方をもとに考えることができますね。
　　　「１，１，２」，「２，２」，「１，１，１，１」，「１，２，１」，「 あ 」
　　　の５通りです。

先生　：どのような規則があるのかわかったようですね。

Ａさん：はい。和が４となる１と２の並べ方は８通りです。

先生　：素晴らしい！

(1)　[あ] にあてはまる１と２の並べ方を答えなさい。

(2)　和が７となる１と２の並べ方は何通りありますか。

[6]　毎分一定の割合で水を入れるＡ管と毎分一定の割合で水を出すＢ管を取りつけた水そうがあります。右のグラフは，最初にＡ管を開き，28分後にＢ管も開いたときの水そう内の水の量の変化を表したものです。次の各問いに答えなさい。

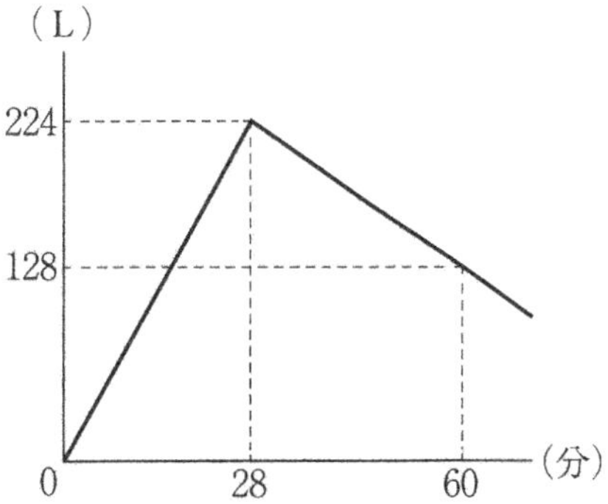

(1)　１回目に水の量が176Ｌになるのは，最初にＡ管を開いてから何分後ですか。

(2)　２回目に水の量が176Ｌになるのは，最初にＡ管を開いてから何分後ですか。

[7]　５枚のカード [1]，[2]，[3]，[4]，[5] を並べて５桁《けた》の整数を作ります。次の各問いに答えなさい。

(1)　一万の位が５である５桁の整数は全部で何通りありますか。

(2)　大きい方から数えて40番目の整数はいくつですか。

【理　科】（社会と合わせて50分）　＜満点：50点＞

１．熱の伝わり方について次の各問いに答えなさい。

問１　図のように，なべに水を入れて加熱しました。このとき，なべの中の水の正しい動きはどれですか。次の**ア～エ**の中から１つ選んで記号で答えなさい。

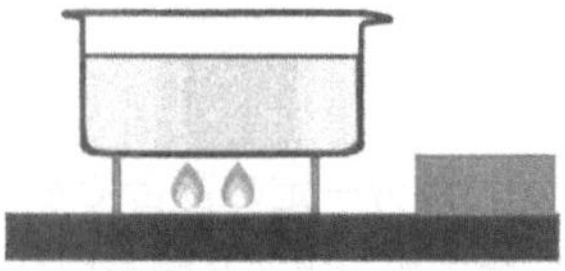

図

ア

イ

ウ

エ

問２　問１のような動きになるのはなぜですか。理由を答えなさい。

問３　問１のような水のあたたまり方を何といいますか。漢字で答えなさい。

問４　熱が移動する原理について，次の文の（Ａ）と（Ｂ）に当てはまる言葉をそれぞれ答えなさい。

熱は，混度が（　Ａ　）ものから温度が（　Ｂ　）ものへと移動する。

問５　次の**ア～オ**の色のうち，最も熱を反射しやすい色はどれですか。１つ選んで記号で答えなさい。

ア　青　**イ**　赤　**ウ**　黒　**エ**　白　**オ**　緑

問６　次の**ア～エ**の金属のうち，熱を最も伝えやすい金属はどれですか。１つ選んで記号で答えなさい。

ア　アルミニウム　**イ**　銀　**ウ**　鉄　**エ**　銅《どう》

２．地球の大気には酸素，ちっ素，二酸化炭素などの気体が含まれています。後の各問いに答えなさい。

問１　地球の大気に含まれている気体のうち，最も割合の多い気体はどれですか。

問２　地球の大気に含まれている気体のうち，ものを燃やすはたらきがある気体はどれですか。

問３　問２の気体を発生させるために，図のような実験装置《そうち》を組み立てました。この気体を集めるための方法を何といいますか。

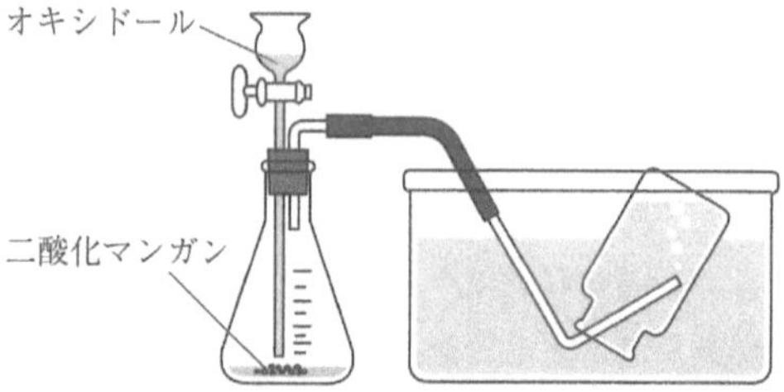

図

問４　問３の方法で集めることができる気体はどのような性質がありますか。

問５　問２の気体を集めた集気びんを２つ用意し，片方には火をつけた線香を入れ（集気びんＡ），もう片方には火をつけたスチールウールを入れました（集気びんＢ）。この実験後，石灰水を入れてよく振ったときに白くにごらない方はどちらですか。記号で答えなさい。

問６　問５で石灰水が白くにごらないのはなぜですか。理由を答えなさい。

３．近年，環境に関する問題が多く取り上げられています。次の各問いに答えなさい。

問１　海や湖などの水が，ある生き物が増えることによって赤くなってしまう現象を何といいますか。漢字で答えなさい。

問２　問１で増えている生き物は何ですか。

問３　問２の生き物が増える原因として考えられることは何ですか。

問４　川や湖の環境汚染の１つに「酸性雨」があります。酸性雨の中に溶け込んでいる気体は何ですか。次のア～エの中から１つ選んで記号で答えなさい。

ア　水素　　**イ**　ちっ素　　**ウ**　二酸化硫黄《いおう》　　**エ**　メタン

問５　近年，地球温暖化によって海水の温度が上昇しています。東京湾《わん》では，以前は観察することができなかった生き物が見られるようになりました。地球温暖化によって東京湾で見られるようになった生き物はどれですか。次のア～エの中から１つ選んで記号で答えなさい。

ア　カキ　　**イ**　ゴカイ　　**ウ**　サンゴ　　**エ**　ハゼ

問６　身近な生き物であるメダカは，絶滅危惧《ぐ》種に指定されています。野生のメダカが減少している理由の１つに，「外来種による捕《ほ》食」がありますが，これ以外に考えられる原因を答えなさい。

４．ある地域の地層をボーリング調査したところ，図のような調査結果が得られました。後の各問いに答えなさい。

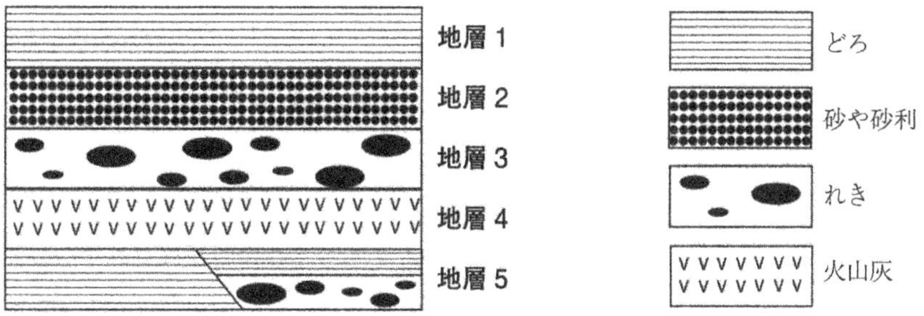

図

問１　地層は流水のはたらきによって形成されます。地層を形成するための流水のはたらきを３つ答えなさい。

問２　れきの粒の大きさはどれくらいですか。次のア～エの中から１つ選んで記号で答えなさい。

ア　約0.060mm以上　　**イ**　約0.10mm以上　　**ウ**　約1.0mm以上　　**エ**　約2.0mm以上

問３　**地層２**の中にはアサリの貝がらの化石がありました。このことから，**地層２**はかつてどのような環境だったと考えられますか。

問４　**地層１**から**地層４**はどのようにして形成されましたか。次の**ア**～**エ**の中から１つ選んで記号で答えなさい。

ア　火山がふん火した後，少しずつ水位が上がっていった。

イ　火山がふん火した後，少しずつ水位が下がっていった。

ウ　少しずつ水位が上がっていった後，火山がふん火した。

エ　少しずつ水位が下がっていった後，火山がふん火した。

問５　**地層５**の下層に**地層X**があるとします。このとき，**地層X**は何の層だと考えられますか。次の**ア**～**エ**の中から１つ選んで記号で答えなさい。

ア　どろ　　**イ**　砂や砂利　　**ウ**　れき　　**エ**　火山灰

問６　**地層５**では，地層に大きな力がかかってずれが発生しています。このような現象を何といいますか。

【社　会】（理科と合わせて50分）　＜満点：50点＞

１．次の地図をみて，各問に答えなさい。

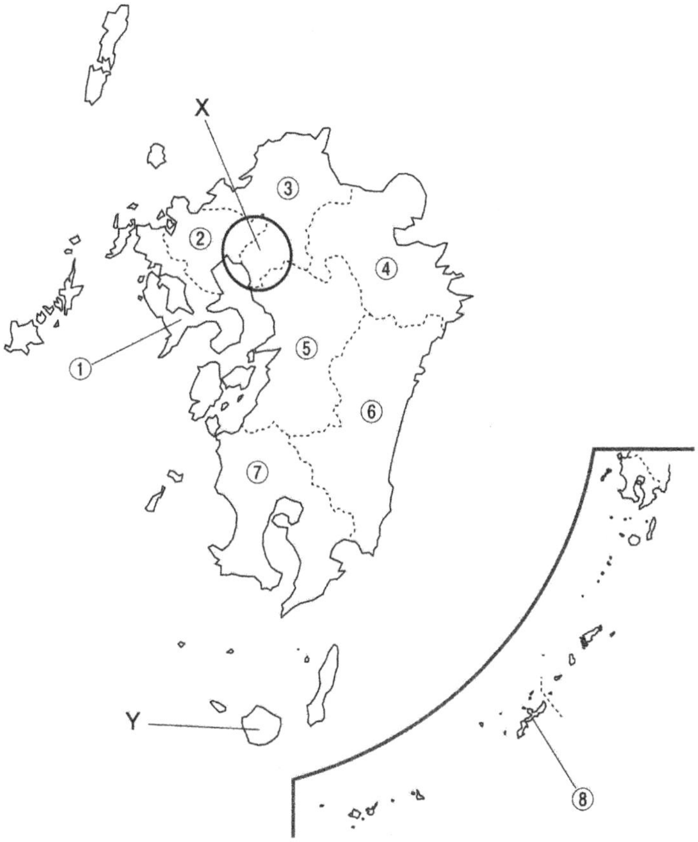

問１　次のア～ウの文章は，地図中①～⑦の都道府県のいずれかを説明したものである。どの都道府県の説明をしているか地図中①～⑦から選び，それぞれ記号で答えなさい。

ア．県の東部に九州山地が連なり，西部の沿岸には八代《やつしろ》平野など多くの平野が広がっている。平野部では，米づくりがさかんで，他にもトマトやスイカなどの野菜の栽培がさかんである。

イ．県の北部には国東《くにさき》半島が瀬戸内海につき出し，西部に九重《くじゅう》連山などの火山がある。また，沿岸部にはリアス海岸がみられる。農業では，かぼすの生産量が一位である。温泉が豊富で，地熱発電所がみられる。

ウ．県の南西部にシラス台地が広がり，肉用にわとりなどの畜産がさかんである。沖合に黒潮が流れる平野部では，ピーマンやきゅうりなどの野菜の促成栽培がさかんである。

問２　地図中⑧の都道府県が生産量１位の農作物として適切でないものを次の中から１つ選び，記号で答えなさい。

ア．さとうきび　　イ．パイナップル　　ウ．オクラ　　エ．ゴーヤ

問３　地図中Xの地域に広がる平野では，稲作に加えて，冬に小麦などを裏作として栽培している。このように同じ土地で一年に二回ちがう作物を育てることを何と呼ぶか漢字で答えなさい。

問４　地図中Ｙにみられる島は，1993年に白神山地とともに日本初の世界自然遺産に登録された。この島の名称を漢字で答えなさい。

２．ゆうき君が12～16世紀までの時代について調べ，次のようにまとめました。これを読み，各問に答えなさい。

１　幕府《ばくふ》はA３代将軍《しょうぐん》のとき，有力な守護大名《しゅごだいみょう》をたおして全国の支配を固め，全盛期《ぜんせいき》を築いた。しかし，その後，８代将軍の跡つぎをめぐる争いや，守護大名の勢力争いなどが原因となって（　①　）が起こり，幕府の力はおとろえ無力化してしまった。

２　源氏の将軍が３代で絶《た》えると，北条《ほうじょう》氏が執権《しっけん》となって実権をにぎった。８代執権（　②　）の時に元《げん》が日本をしたがえようと２度にわたって襲来《しゅうらい》したが，御家人《ごけにん》たちを指揮《しき》して，B元軍をしりぞけた。

３　尾張国《おわりのくに》出身の戦国大名が，将軍を追放して幕府を滅《ほろ》ぼした。そしてその２年後，有力な戦国大名であった武田氏《たけだし》を（　③　）で破った。

４　後醍醐《ごだいご》天皇は元号《げんごう》を建武《けんむ》と改め，自ら政治を始めた。しかし，それまでの武家社会のならわしを無視して政治が行われたため，武士の不満が次第に高まり，（　④　）が幕府の再建をめざして兵をあげると，後醍醐天皇の新政はわずか２年あまりで崩れた。

問１　下線部Ａについて，この人物の説明として適切でないものを次の中から１つ選び，記号で答えなさい。

ア．約60年も続いていた南北朝《なんぼくちょう》の争いを終わらせ，国内を統一した。

イ．京都の室町に自分のやしきである「花《はな》の御所《ごしょ》」を建て政治を行った。

ウ．京都の北山《きたやま》に別荘である金閣《きんかく》を建てた。

エ．唐《とう》と国交を開いて貿易を行い，大きな利益を得た。

問２　空欄（①）にあてはまる語句を答えなさい。

問３　空欄（②）にあてはまる人物を次の中から１つ選び，記号で答えなさい。

ア．北条政子《まさこ》　イ．北条泰時《やすとき》　ウ．北条時宗《ときむね》　エ．北条義時《よしとき》

問４　下線部Ｂについて，元軍の襲来後，経済的に苦しくなった武士たちを救うため，幕府は借金の帳消しを命じた。これを何というか漢字３字で答えなさい。

問５　空欄（③）にあてはまる語句を次の中から１つ選び，記号で答えなさい。

ア．長篠《ながしの》の戦い　イ　桶狭間《おけはざま》の戦い　ウ．関ヶ原《せきがはら》の戦い　エ．姉川《あねがわ》の戦い

問６　空欄（④）にあてはまる人物名を漢字で答えなさい。

問７　上の１～４の文章を古い順に並びかえて，番号で答えなさい。

３．しょうご君が日本国憲法第９条と自衛隊について次のようにまとめました。条文とまとめを読み，各問に答えなさい。

【日本国憲法第９条】

第１項：日本国民は，正義と秩序《ちつじょ》を基調《きちょう》とする国際平和を誠実に希求《ききゅう》し，国権の発動たる

（　①　）と，武力による威嚇《いかく》又は武力の行使は，国際紛争を解決する手段としては，永久にこれを放棄する。

第２項：前項の目的を達するため，陸海空軍その他の（　②　）は，これを保持しない。国の交戦権は，これを認めない。

【自衛隊について】

日本は国を防衛するために③自衛隊を持っている。また，日本はアメリカと（　④　）を結んでおり，他国が日本の領域を攻撃してきたときに日本とアメリカが共同で対応すると約束している。そのため日本は，アメリカ軍が日本の領域内に駐留《ちゅうりゅう》することを認めており，（　⑤　）などにアメリカ軍基地が設置されている。

問１　空欄（①）・（②）にあてはまる語句をそれぞれ漢字２字で答えなさい。

問２　下線部③について，自衛隊は国の防衛以外にも，災害時の人命救助や復興《ふっこう》作業などの活動に加え，国連平和維持活動《こくれんへいわいじかつどう》などの海外活動も行っている．この国連平和維持活動の略称《りゃくしょう》を次の中から１つ選び，記号で答えなさい。

ア．NATO　　イ．NPO　　ウ．PKO　　エ．ODA

問３　空欄（④）にあてはまる語句を次の中から１つ選び，記号で答えなさい。

ア．日米平和共存条約　　イ．日米安全保障条約

ウ．日米修好通商条約　　エ．日米協力防衛条約

問４　空欄（⑤）にあてはまる，日本にあるアメリカ軍関連施設の約７割が集まっている都道府県を次の中から１つ選び，記号で答えなさい。

ア．北海道　　イ．東京都　　ウ．山口県　　エ．沖縄県

４．番人は白鳥が自分のことを認めてくれたと思っていたが、それは番人の勝手な思い込みだったから。

５．白鳥がこの湖から他の場所へ飛び立ってしまったから。

問11 次の文を本文中に入れる箇所として最も適切だと思われるものを次の中から一つ選んで番号で答えなさい。

番人は若者の手をとって何度もお礼を言った。

１．ⓘ　２．ⓘⓘ　３．ⓘⓘⓘ　４．ⓘⓥ　５．ⓥ

問6　傍線部ロ「風」の表わしているものとして適切なものを次の中から一つ選んで番号で答えなさい。

1. 西の果ての大きな森の風
2. 町の噂やできごと
3. 白鳥についての話
4. 貧しい農民の娘から茸のことを聞くこと
5. 配達人からキャンディーをもらうこと

問7　傍線部ハ「一日のうちで最も幸せな時間」の表わすものとして適切なものを次の中から一つ選んで番号で答えなさい。

1. 一日の仕事を終えて、キャンディーを口にふくみストーブの火が少しずつ大きくなるのを待つとき
2. 一日の仕事を終えて、今日は何色のキャンディーにしようかと思いなやむとき
3. 一日の仕事を終えて、今日の白鳥の様子を思い浮かべながらキャンディーを口に入れるとき
4. 配達人の若者との会話を思い出しながら次は何色のキャンディーをもらえるかと考えるとき
5. 白鳥にキャンディーを与えたときの白鳥のうれしそうな様子を想像しながら一日をふり返るとき

問8　傍線部ニ「自分がベッドの中にいることが申し訳なくてたまらなくなり」とあるが、その理由として適切なものを次の中から一つ選んで番号で答えなさい。

1. 白鳥と朝のひとときを一緒に過ごしたことを思い出すから。
2. 白鳥の羽に蔓が絡まっているのを心配するから。
3. 白鳥のために、何かを食べさせてあげたいと考えるから。
4. 白鳥が羽を休める姿を想像しながら邪魔するものを心配しているから。
5. 白鳥はどんなふうにして眠っているのだろうか考えるから。

問9　傍線部ホ「自分の一番大事なものを捧げればいいのだ、と番人は気づいた」とあるが、その理由として適切なものを次の中から一つ選んで番号で答えなさい。

1. キャンディーが白鳥の喉を落ちてゆく、わずかな気配が忘れられないから。
2. 配達人の若者から白鳥と親しくなるためにはキャンディーが一番いいと聞いたから。
3. 番人のことを認めてくれた白鳥のために、何かしたい、何かできるはずだと考えたから。
4. 番人と白鳥はいつも一緒に朝のひと時を過ごして仲良くなれたから。
5. 番人にとって白鳥は、音楽であり、絵画であり、彫刻であり、宝石だったから。

問10　傍線部ヘ「番人はまた、独りぼっちになった」とあるが、その理由として適切なものを次の中から一つ選んで番号で答えなさい。

1. 白鳥が毎日来る番人のことを面倒に思い、再び無視するようになったから。
2. キャンディーがなくなり白鳥が愛想をつかしてしまったから。
3. 番人が与えたキャンディーが消化されずにその重さで白鳥は沈み死んでしまったから。

一日一粒が二粒になり、六粒になり、十二粒になった。とうとう片手には載りきらなくなり、両手一杯のキャンディーが差し出されるようになった。何粒になろうと、白鳥は一粒ずつくちばしにはさんで飲み込んだ。

「さあ、どうぞ。さあ、どうぞ。」

色とりどりのキャンディーが白い羽の中に消えていった。番人は幸せだった。

ある朝、いつものようにキャンディーで膨《ふく》らんだポケットを押さえつつ湖に来てみると、白鳥の姿がなかった。白鳥はキャンディーの重みで湖の底に沈み、一滴《いってき》の雫《しずく》になっていた。ヘ番人はまた、独りぼっちになった。

（小川洋子『おとぎ話の忘れ物』より）

※１　密猟者……法を破ってひそかに動物を捕獲《ほかく》すること。

※２　一瞥……一目ちらっと見ること。

※３　高遠……考えなどが広く深く、はかり知ることのできないこと。

問１　波線部①～⑧の漢字にはその読みを、カタカナにはその漢字を記しなさい。

問２　傍線部ａ～ｃの語句の意味として適切なものを次の中から一つずつ選んでそれぞれ番号で答えなさい。

ａ　はぐれた

１．友達になりそこなった
２．自分ではなれていった
３．他の人についていった
４．なかまを見失った

ｂ　ぎこちない

１．体に上手く合わなくて、具合が悪いさま
２．動作などがなめらかでなく不自然なさま
３．表情がかたまってしまうさま
４．こわばった表情をするさま

ｃ　気配が伝わって

１．気配りが伝わって　　２．気持ちがわかって
３．気持ちがかたむいて　４．様子が何となく伝わって

問３　［Ａ］～［Ｅ］に入る適語を次の中から一つずつ選んでそれぞれ番号で答えなさい。

１．しかし　２．ただ　３．まるで
４．あるいは　５．実に

問４　〔Ｘ〕・〔Ｙ〕に入る適語を次の中から一つずつ選んで番号で答えなさい。

１．毎朝　２．毎晩　３．ある日
４．日中　５．ある晩

問５　傍線部イ「多くのことを知らないまま、老いを迎えていた」とあるが、その理由として**適切でないもの**を次の中から一つ選んで番号で答えなさい。

１．母親もいなくて、友人もいなかったから。
２．書物とも楽器とも旅とも無縁だったから。
３．兄弟も恋人もいなかったから。
４．森の外で暮らしたことのある一族だったから。
５．学校にも行ったことがなかったから。

する。
番人にとって白鳥の羽ばたきが音楽であり、湖面に広がる波紋《はもん》が絵画だった。白いくちばしは彫刻《ちょうこく》であり、瞳は宝石だった。
ある朝白鳥は、番人が立つ水辺まで寄ってきて、彼を見つめながらしばらくそこに留まった。間近で見ると白鳥はなお一層白い。目が痛むほどに白い。そして※3高遠で、畏《おそ》れ多い。
何か言わなければと焦《あせ》れば焦るほど、番人は言葉を失う。このまま黙っていて白鳥に誤解され、⑤ミハナされてしまったらもう取り返しがつかない、という恐怖《きょうふ》にとらわれている。既に太陽は高みにまで昇り、湖面に木々の影《かげ》を映し出している。小鳥のさえずりが遠くでこだまし、空に吸い込まれてゆく。
「私は森の番人です。」
彼が口にできたのは、そのたった一言だけだった。
毎朝、白鳥と番人は一緒に朝のひとときを過ごした。羽に絡まってはいけないと、番人は岸辺の蔓《つる》を刈《か》り、狼が近寄らないよう罠《わな》を仕掛けた。湖面を⑥優美にターンする姿に拍手《はくしゅ》し、羽を休める姿を見守り、共に朝日を⑦アびた。彼らを邪魔《じゃま》するものは何もなかった。
白鳥のために、もっと何かしたい、何かできるはずだ、まだまだ足りない、と番人は思った。夜、眠りに落ちる前はいつも、白鳥の⑧気高さを思い、自分の至らなさを嘆《なげ》いた。白鳥はどんなふうにして眠《ねむ》っているのだろうか、と考えただけでムネが苦しく、粗末《そまつ》ながらもニ自分がベッドの中にいることが申し訳なくてたまらなくなり、毛布も掛けずに床に寝転《ねころ》がった。
そうだ、ホ自分の一番大事なものを捧《ささ》げればいいのだ、と番人は気づいた。その朝彼は、湖に出かける前、テーブルのキャンディーを一摑みポケットに忍ばせた。
「つまらないものですが……。」
番人はおずおずとポケットからキャンディーを一粒《つぶ》取り出した。白鳥の白にはどんな色のキャンディーでもよく似合った。
「もしよろしければ……。」
番人は包装紙を取り、キャンディーを掌《てのひら》に載《の》せ、差し出した。白鳥は少し迷うように、くちばしの先でそれをつついた。
「さあ、どうぞ。」
一度番人を見上げてから白鳥は、キャンディーをくちばしにはさみ、首をしならせてそれを飲み込んだ。キャンディーが白鳥の喉《のど》を落ちてゆく、わずかなC気配が伝わってきた。
番人は唯一《ゆいいつ》の夜の楽しみを捨てた。白鳥との朝の時間に比べれば、そんなものは捨ててしまっても少しも惜しくなかった。配達人の若者が置いてゆくキャンディーは全部取っておいて、白鳥にプレゼントした。
「すまないがね、君。」
番人は配達人に願い事をした。
「もしよかったら、もう一摑みだけ余分に、キャンディーを置いていってもらうわけにはいかないだろうか。」ⅲ
気のいい若者は何のこだわりもなく答えた。ⅳ
「お安い御用ですよ。」
ああ、これで、もっとたくさんのキャンディーを湖に運ぶことができる。ⅴ

け、町の噂《うわさ》や事件について、ひとしきりお喋《しゃべ》りした。番人は黙《だま》って耳を傾《かたむ》け、カップが空になれば新しいお茶を注いでやったが、正直なところ町のできごとはどれも、ぼやけた夢物語のようなものだった。[A]、生き生きとして語る若者をがっかりさせないため、適度に相槌《あいづち》を打つのは忘れなかった。

　お喋りよりも楽しみだったのは、毎回若者がおまけに置いていってくれるキャンディーだった。(i)

「はい、これ。」

若者は③ムゾウサに上着のポケットに手を突っ込み、キャンディーを一摑《ひとつか》み取り出した。それが席を立つ合図だった。(ii)

　次の配達日が来るまで、番人は一個ずつ大事にキャンディーをなめた。[B] さまざまな種類のキャンディーがあった。木の実や果実など覚えのある味もあれば、一体何の味なのか見当もつかない神秘的なのもあった。ころんとした愛らしい形をして、かさこそ音のする、色とりどりの包装紙にくるまれていた。

　一日の仕事を終え、小屋に戻《もど》ってくると、まずテーブルの上にあるキャンディーを一個取って、口に入れる。今日はどの色にしようかとしばし悩《なや》み、昨日は何色だったか思い出そうとしていつもうまくゆかず、結局は一番手前にあるのを選ぶ。口の中でキャンディーを溶かしながら、ストーブの火が少しずつ大きくなるのを待っている間が、ハ一日のうちで最も幸せな時間だった。

　[X]、番人は湖に白鳥を見つける。ハンターもめったに足を踏み入れない、森の奥《おく》まった場所にある湖だ。水があまりにも冷たく澄《す》んでいるので、太陽も雲も月も星も、空にあるものは全部ありのままにそこに映し出される。初めて湖を見る人は誰も、そこにもう一つの空があるのかと錯覚《さっかく》するに違《ちが》いなかった。

　白鳥は水面を音もなく滑《すべ》っていた。群れからaはぐれたのか、[C] つがいの片方がどこかに隠《かく》れているのかと、番人はしばらく成り行きをうかがっていた。[D] いつまで待っても白鳥は一羽きりで、旅立つ気配も、仲間が迎えに来る様子もなかった。

　白鳥はぴんと首を伸ばし、前だけを見つめていた。真っ白い羽には汚れ一つなく、水面にはわずかなしぶきさえ上げなかった。

　番人は用心深く水辺に近づき、口から出まかせに小鳥の鳴きまねをしてみたが、白鳥は※2一瞥《いちべつ》もくれず、ただ自由に水面を泳ぐばかりだった。

　それから[Y]、番人は湖に通った。渡りの旅から一羽取り残された白鳥の行く末を案じて、というのは表向きの理由で、本当は朝露《つゆ》に光る白い羽の美しさに心を奪《うば》われてしまったのだった。

　白鳥を怖《こわ》がらせないよう、番人は慎重《しんちょう》に振《ふ》る舞《ま》った。音のしない軟《やわ》らかい土の上を選んで歩き、最初のうちは草むらに隠れ、様子を見ながら徐々に姿を現すようにした。白鳥を振り向かせるために手を叩《たた》いたり、ましてや石を投げたりするようなことはせず、沈黙《ちんもく》のうちに姿だけを目で追った。

　何日かたつうち、少しずつ白鳥は番人の存在を認めるようになった。冷たい無視の期間は去り、許容の時が④オトズれたのだ。番人を見つけると白鳥は、羽を一度だけぶるっと震《ふる》わせるか、くちばしで水面を弾《はじ》くか、何か小さな合図を送ってきた。番人はそれにどう応えていいのか戸《と》惑《まど》い、[E] 初対面の人間にするかのように、bぎこちないお辞儀《じぎ》を

問７　傍線部ロ「人生の不思議さ」が表わしていることとして適切なものを次の中から一つ選んで番号で答えなさい。

1．同年代の少女たちがみな『赤毛のアン』に夢中になり、主人公の生き方に影響《えいきょう》を受けたこと
2．同じ本から同じメッセージを受け取り、見知らぬ二人が似たような人生を歩んできたこと
3．同じ時期に同じ本から異なるメッセージを受け取り、それぞれの人生に影響を受けたこと
4．少女時代に出会った一冊の本は、その後の人生を大きく変えるほどの影響力はもたなかったこと
5．娯楽の乏しい時代だからこそアンに夢中になり、人生に大切なメッセージを受け取ることができたこと

問８　［Ⅰ］・［Ⅱ］に入る適語を次の中から一つずつ選んでそれぞれ番号で答えなさい。

1．積み重ねて　　2．しっかり読んで
3．広げて　　4．見逃《のが》したりして
5．遊んだりして

問９　［Ｘ］に入る適語を次の中から一つ選んで番号で答えなさい。

1．思い出　　2．プラス　　3．プライベート
4．悲しい　　5．マイナス

問10　世の中すべてのことの根源に秘められていると筆者が考えるメッセージを文中より二十一字で抜きだして記しなさい。

問11　次の文を本文中に入れる箇所として最も適切だと思われるものを次の中から一つ選んで番号で答えなさい。

> それにどう気づき、それをどう読み取るか、さらにはどう自らの生き方の美学、哲学にしていくか、していけるかが、問われるところなのであろう。

1．ⓘ　　2．ⓘⓘ　　3．ⓘⓘⓘ　　4．ⓘⓥ　　5．ⓥ

二　次の文章を読んで各問いに答えなさい。

西の果てに大きな森があった。一度迷い込んだら二度と出てはこられないほどに深い森だった。梢《こずえ》はどこまでも高く、茂った葉は太陽の光をさえぎり、地面はいつもじっとりと湿っている。夜になると、あたり一面が闇《やみ》に塗《ぬ》り込められ、動物たちの光る瞳《ひとみ》以外には、他に何も見えなくなる。

森の入口には小屋が置かれ、一人の番人が暮らしていた。父親もその父親もまた番人で、森の外では一度も暮らしたことのない一族だった。男はたくましい肉体を持ち、嵐で倒れた巨木を持ち上げることも、※1密猟者《みつりょうしゃ》を捕《と》らえて縛《しば》り上げることも、やすやすとできた。貧しい農民の娘には、秘密の茸《きのこ》が①群生する場所を教えてやり、狼《おおかみ》に襲《おそ》われ傷ついた小鹿を見つけると、幾晩《いくばん》でも寝ずの看病をしてやった。

男は母の面影《おもかげ》を知らず、学校を知らず、友情を知らなかった。書物とも楽器とも旅とも無縁《むえん》だった。兄弟も恋人もいなかった。イ多くのことを知らないまま、老いを迎えていた。

外の世界からロ風を運んでくるのは、十日に一度小屋に顔を出す、食料品店の配達人だけだった。さっぱりとした気のいい若者で、番人がお茶を勧《すす》めると、決して②コトワらなかった。ストーブの前の椅子《いす》に腰掛《こしか》

セージがある。ⅲ

私自身、[D] 長い年月、人生の旅をし、その間、多くのことを読み誤ったり、〔 Ⅰ 〕きたが、その〔 Ｘ 〕の旅も含めて、人生とは、様々なメッセージに触れることができるｃかけがえのない大切な時間を、〔 Ⅱ 〕いくことなのだと思う。ⅳ

どんなことにもメッセージが存在すると思うことは、人生を前向きにさせてくれる。なぜなら、世の中のことすべて、事件や事故、⑦ヒンコンや病、戦いや死でさえ、「人間とは何か、どうすれば幸せに生きられるか」というメッセージを⑧根源に忍ばせているからである。ましてや、ごくあたり前の日常の暮らしの中には、きりがないほどの生きるためのメッセージが溢れている。[E] 生まれてきたのだから、そのひとつひとつを、できる限り味わいたいものだ。ⅴ

（加賀美幸子『こころを動かす言葉』より）

問１ 波線部①～⑧の漢字にはその読みを、カタカナにはその漢字を記しなさい。

問２ 傍線部ａ～ｃの語句の意味として適切なものを次の中から一つずつ選んでそれぞれ番号で答えなさい。

ａ 瞬く間

1. とても短い間　2. 寝ている間
3. 気づかないうち　4. 目を閉じている間

ｂ 言わずもがな

1. ぜひ言ってほしい　2. 絶対に言わない
3. 言わずにいられない　4. 言わなくても良い

ｃ かけがえのない

1. 強く印象に残っている　2. ほかに代わるものがない
3. ずっと変わることがない　4. かけるほどの価値がない

問３ [A]～[E] に入る適語を次の中から一つずつ選んでそれぞれ番号で答えなさい。

1. ずいぶん　2. もともと　3. そのまま
4. まだ　5. せっかく

問４ 「ポプリ」の使用目的として適切なものを次の中から一つ選んで番号で答えなさい。

1. 部屋に飾るため
2. 乾燥した花々を楽しむため
3. 花を集めて香料と混ぜるのを楽しむため
4. 室内を薫らすため
5. 匂いをチョウゴウしたオイルを楽しむため

問５ 熊井さんがポプリに惹かれたときの様子を表現しているものとして適切なものを次の中から一つ選んで番号で答えなさい。

1. 夢と希望の魔法の粉をふりかけてくれた
2. キューピットに矢を打ち込まれたよう
3. どきどきしワがことのように喜んだ
4. メッセージを受け取ったかのよう
5. 『赤毛のアン』に出てくるポプリに興味を持った

問６ 傍線部イ「それ」が指し示すものを文中より五字で抜きだして記しなさい。

【国　語】（五〇分）〈満点：一〇〇点〉

一　次の文章を読んで各問いに答えなさい。

その名もかわいいポプリ。町のあちこちで最近よく出会う。飾《かざ》られているポプリ。売られているポプリ。

乾燥《かんそう》させた花々に、匂《にお》いを①チョウゴウしたオイル状の液体を振《ふ》りかけ、花と香りを楽しむ暮らしは、［A］ヨーロッパのものだが、そのポプリを日本に初めて紹介《しょうかい》し、広めたのが、エッセイスト熊井明子さん、ポプリ②ケンキュウの第一人者である。熊井さんとはテレビ番組で初めてお会いしたのだが、そのとき『赤毛のアン』の話題になった。

熊井さんは、高校生のころ読んだ『赤毛のアン』の中に出てくるポプリに惹《ひ》かれ、長い間こだわって調べているうちに、シェークスピアの作品に描かれている香りに行き着き、それが、いつの間にか一生のテーマになったという。

後に知ったことだが、『赤毛のアン』が初めて日本語に翻訳《ほんやく》された昭和二十年代には、［B］「ポプリ」という言葉はなくて、「雑香」と訳されていた。訳者はこれを、「いろいろの花びらを集めて香料と混ぜ、壺《つぼ》に入れたもの。室内を薫《かお》らすために使う」と説明していた。それを読んだ熊井さんは、キューピッドに矢を打ち込《こ》まれたようにイメージが③ムネに広がり、「これ！　これ！　何だろう。これについて知りたい。つくってみたい。」と思ったというのである。

テレビも普及《ふきゅう》しておらず、娯楽《ごらく》も乏《とぼ》しい時代にあって、主人公アンは少女たちの心をa瞬く間に捉《とら》え、夢と希望の魔法《まほう》の粉を振りかけてくれた。その後もアニメになったりミュージカルにもなったりして、相変わらずアンは親しまれ続けているが、当時の少女たちに与えたインパクトを越《こ》えることはないように思う。

私も熊井さんと同じ年代、アンのとりこになった時期があった。しかし不思議なことに、ポプリが作品のどのあたりにどんなふうに語られていたのか、そのかけらさえ記憶《きおく》にないのである。

私は、読むこと書くことが好きな文学少女アンの一言一言に耳を澄《す》ませ、特にアンが人前で④朗読するときなど、一緒《いっしょ》にどきどきし、うまくいくと⑤ワがことのように喜び、文学の道を選ぶアンに自分の人生を重ねて考えたりしたものだ。

同じ時期に、同じ年齢《ねんれい》で、同じように接したアンの中から、熊井さんはポプリを、私は朗読や言葉をメッセージとして受け止め、イそれが［C］今に繋《つな》がっていることのロ人生の不思議さを、何十年もたってから思うのである。——何をメッセージとして伝えられ、何を受け取るか。

人生はメッセージ探しの旅のような気がする。学校でも、先生は教室という同じ空間で、同じ言葉、同じ内容の授業をするのだが、生徒たちのメッセージの受け取り方は様々。ⅰ何かを捉《とら》えたり、全く素通りしたり。

何を捉え、何を見逃すか——そのことがその後の人生にも大きくかかわるような気がするし、さらに世の中の様々なメッセージの中から何を感じ、何を捉えるか、その感じ方、捉え方こそ、その人の生き方そのもののような気がしてならない。ⅱ

b言わずもがなのことではあるが、人間だけでなく、動物や植物、自然や自然⑥ゲンショウ、世の中に存在するすべての事や物には、必ずメッ

MEMO

大切なことはメモしておこうネ！

2024年度

西武台新座中学校入試問題（第１回特待）

【算　数】（50分）　＜満点：100点＞

【注意】１．定規，分度器，コンパス，計算機は使用できません。
　２．問題中の図は必ずしも正確とはかぎりません。
　３．比で答える場合は，一番小さい整数比で答えて下さい。
　４．分数で答える場合は，それ以上約分できない分数で答えて下さい。
　５．円周率は3.14で計算して下さい。

１　次の □ にあてはまる数を求めなさい。

(1)　$74.48 \div 7.6 =$ □

(2)　$\frac{5}{12} \div 0.125 - 1\frac{1}{4} \div 1.125 =$ □

(3)　$\left\{2\frac{3}{5} - \left(\frac{3}{4} + 1.25 \div 0.8\right)\right\} \div 0.6 =$ □

(4)　$(2 \times$ □ $+ 0.8) \times 2\frac{1}{2} = 3$

(5)　７％の食塩水が600ｇあります。この食塩水に □ ｇの水を加えると４％の食塩水ができます。

(6)　長さ224ｍの電車が時速50.4㎞で走っています。この電車は，ふみ切り待ちをしている人の前を通り過ぎるのに □ 秒かかります。

(7)　１枚のコインを１回投げて，表が出たら６点，裏が出たら２点もらえるゲームがあります。このゲームを30回行なったところ，合計で144点となりました。このとき，裏は □ 回出ました。

(8)　Ａさんが１人ですると５日で，Ｂさんが１人ですると10日で終わる仕事があります。Ｂさんが１人で１日仕事をした後，２人で残りの仕事をしました。仕事が終わるまでに全部でちょうど □ 日かかります。

２　次の図の角 x と角 y の大きさを求めなさい。

(1)　三角形ＡＢＣはＡＣ＝ＢＣの二等辺三角形です。

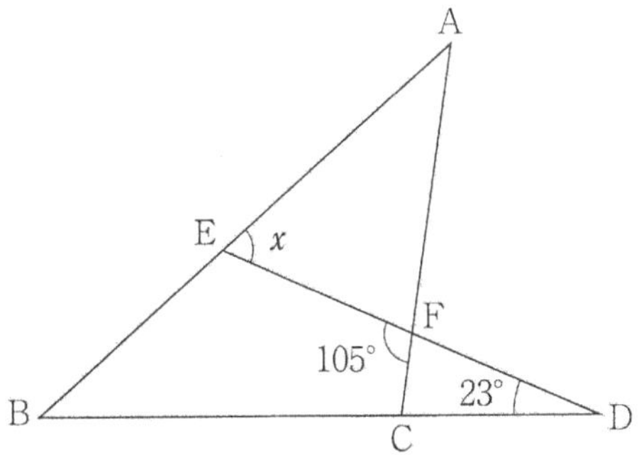

(2)　正三角形を折りまげた図形です。

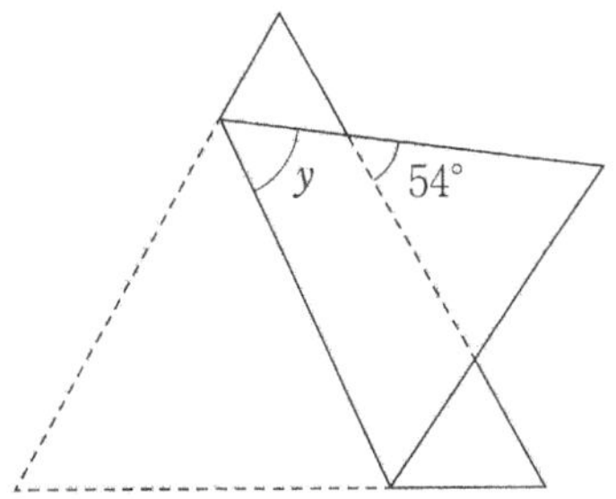

3 次の各問いに答えなさい。

(1) 四角形ABCDは長方形です。色のついた部分の面積の和は何cm^2ですか。

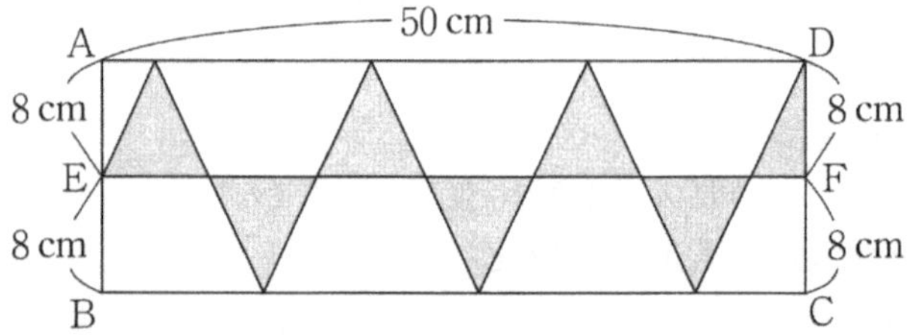

(2) 長方形ABCDと円を組み合わせた図形です。色のついた部分の面積は何cm^2ですか。

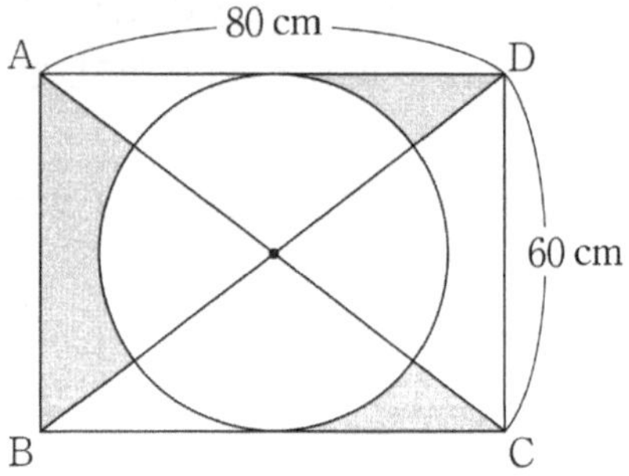

4 図のような円柱の展開図があります。長方形ABCDの面積が150.72cm^2のとき，次の各問いに答えなさい。

(1) 底面の円の半径は何cmですか。

(2) 円柱の表面積は何cm^2ですか。

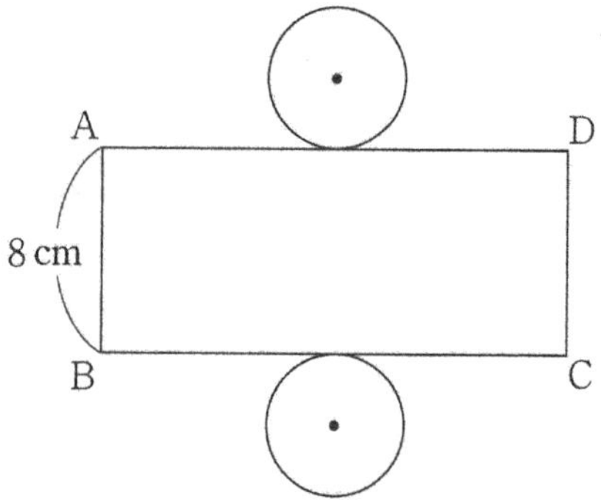

5 次の会話文を読んで，次の各問いに答えなさい。

Ａさん：楽しそうなゲーム見つけてきたから一緒にやろう！

Ｂさん：お，いいね。どんなゲームかな。楽しみだよ。

Ａさん：私が３桁の整数を思い浮かべるから，その整数を当ててね。

★思い浮かべる整数の決め方

①同じ数字を２回以上使用しない

②先頭に０を選んでもよい

★数字を宣言されたときの返答の仕方

・数字と位が合っている場合→ヒット

・数字は当たっていて位が異なる場合→ブロー

例 「245」を思い浮かべていて『123』と言われた場合

→２は使われているが，位は異なるので０ヒット１ブロー
「245」を思い浮かべていて『251』と言われた場合
→２は位まで当たっていて，５は位が異なるから１ヒット１ブロー

Ｂさん：難しそうだけど，なんとなく分かったよ。例えば，「839」を思い浮かべていたとして『980』と宣言されたら［①］ヒット［②］ブローって返答すればいいんだね。
Ａさん：その通りだよ。じゃあ，実際にやってみよう。まずは私が整数を思い浮かべるからＢさんはその整数を当ててね。
Ｂさん：オッケー。手始めに『168』。
Ａさん：０ヒット０ブローだね。
Ｂさん：おっ！ということは使われてる数字が絞れた。やったね！
Ａさん：まだまだこれからだよ。ほら，次言ってみて。
Ｂさん：『257』でどうだ。
Ａさん：１ヒット０ブロー。少し近づいてきたね。
Ｂさん：じゃあ，次は『034』。
Ａさん：今度は０ヒット１ブローだ。
Ｂさん：ということは確実に使われている数字が１つ分かったぞ！
Ａさん：その通りだね。さすがだよ。
Ｂさん：もうそろそろ当てたいな。『153』はどう？
Ａさん：２ヒット０ブロー。ということはもう答えは分かったね。
Ｂさん：うん。もちろん。『［③］』だね？
Ａさん：３ヒット。５回で当てられるのすごいね！

(1)［①］と［②］に当てはまる数字の組み合わせを選び，記号で答えなさい。

	①	②
ア	1	1
イ	0	2
ウ	2	0
エ	1	0

(2)［③］に当てはまる数字は何ですか。

6 **あめ玉を何人かの生徒に配ります。１人に６個ずつ配ったら16個足りなかったので，あめ玉を60個増やして１人に７個ずつ配ったら20個余りました。次の各問いに答えなさい。**

(1) 生徒の人数は何人ですか。

(2) はじめにあったあめ玉の個数は何個ですか。

7 **次の各問いに答えなさい。**

(1) ３で割っても４で割っても１あまる整数のうち，150に最も近い整数はいくつですか。

(2) ５で割ると３あまり，４で割ると２あまり，３で割ると１あまる数のうち，2024に最も近い数はいくつですか。

【理　科】（社会と合わせて50分）　　＜満点：50点＞

１．電気と磁石の関係について次の各問いに答えなさい。

問１　磁石にはＮ極とＳ極があります。同じ極同士を近づけるとどうなりますか。また，違う極同士を近づけるとどうなりますか。それぞれ答えなさい。

問２　鉄しんにコイルを巻いて電気を流すと，磁石と同じような性質を示します。このような磁石を何といいますか。

問３　問２で作った磁石がもつ磁力を大きくするためにはどうすれば良いですか。２つ答えなさい。

問４　図１は，問２の磁石の性質を応用して現在研究されている鉄道です。この鉄道を何といいますか。カタカナ９文字で答えなさい。

図１

問５　家庭用電源には，ブレーカーと呼ばれるものがあります。ブレーカーの中には問２の磁石が入っています。「ブレーカーが落ちる」とはどのようなことをいいますか。図２を参考にして答えなさい。

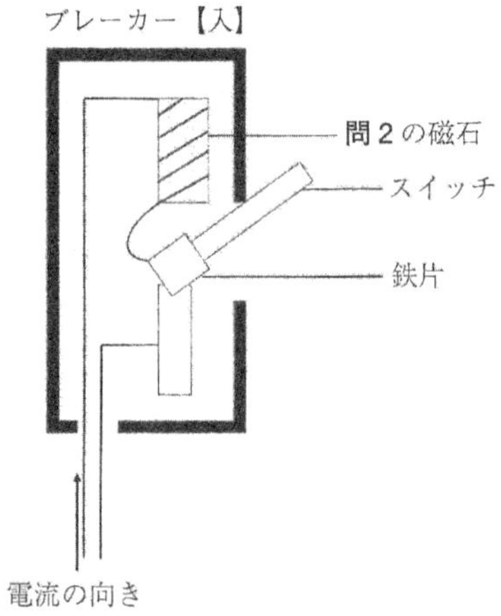

図２

２．ものの燃え方について，【実験１】と【実験２】を行いました。次の各問いに答えなさい。

【実験１】　図１のように，ガラスびんを用意して，中にろうそくを入れて火をつけてから，ふたをして密閉したところ，５秒で火が消えました。

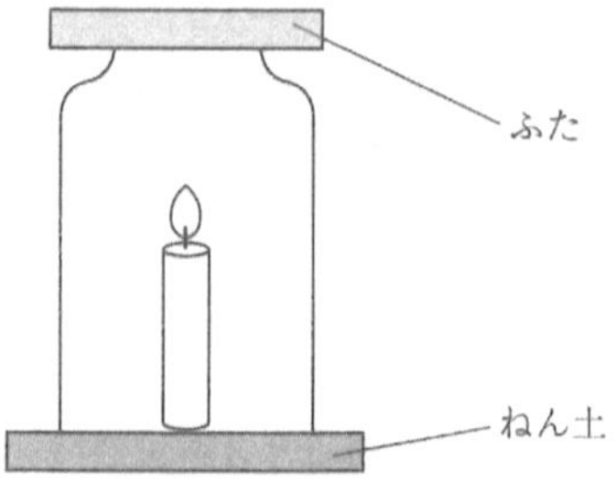

図１

【実験２】　**【実験１】**のあと，新しくろうそくを入れて火をつけてからふたをして，ねん土を**図２**のように少しずらして空気が入るようにして火が消えるまでの時間を計りました。

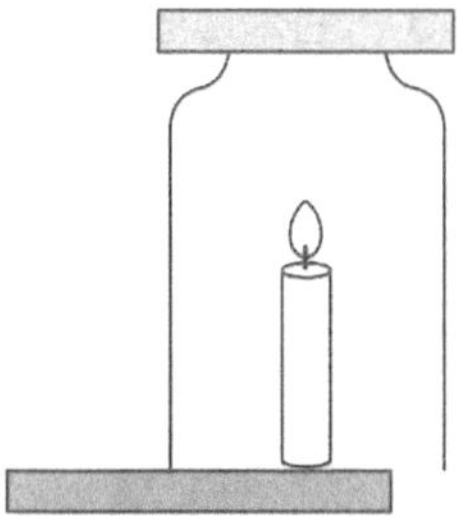

図２

問１　**【実験１】**でろうそくが燃えるために使われている気体は何ですか。次の**ア**～**エ**の中から１つ選んで記号で答えなさい。

ア　酸素　　**イ**　水素　　**ウ**　ちっ素　　**エ**　二酸化炭素

問２　**【実験１】**のあとにガラスびんの中で増えている気体は何ですか。次の**ア**～**エ**の中から１つ選んで記号で答えなさい。

ア　酸素　　**イ**　水素　　**ウ**　ちっ素　　**エ**　二酸化窒素

問３　**【実験２】**では，ろうそくの火をつけてから火が消えるまでの時間は，**【実験１】**のときと比べてどうなりますか。次の**ア**～**ウ**の中から１つ選んで記号で答えなさい。

ア　短くなる。　**イ**　変わらない。　**ウ**　長くなる。

問４　**【実験２】**において，ろうそくの火が消えるまでの時間をできるだけ長くするためにはどうすれば良いですか。

問５　**図３**のようにガラスびんの中に同じ長さのろうそくを２本入れて同時に火をつけてふたをしました。このとき，ろうそくの火が消えるまでの時間は**【実験１】**と比べてどうなりますか。

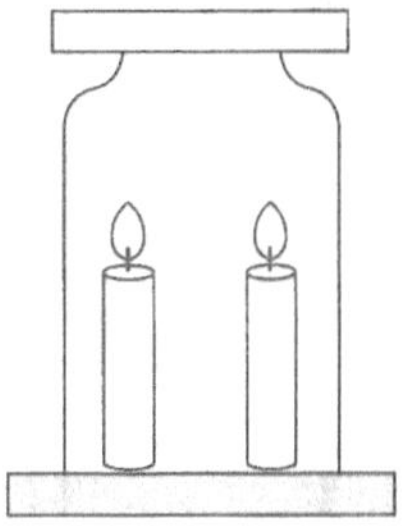

図３

問６　**図４**のようにガラスびんに長さの異なるろうそくを２本入れて同時に火をつけてふたをしました。このとき，２本のろうそくの火が消える順番はどうなりますか。

図４

3．日本には，200種類以上のチョウが生息しており，チョウによって生活の仕方も多様にあります。次の各問いに答えなさい。

問１　モンシロチョウの幼虫はどれですか。次のＡ～Ｃの中から１つ選んで記号で答えなさい。

A

B

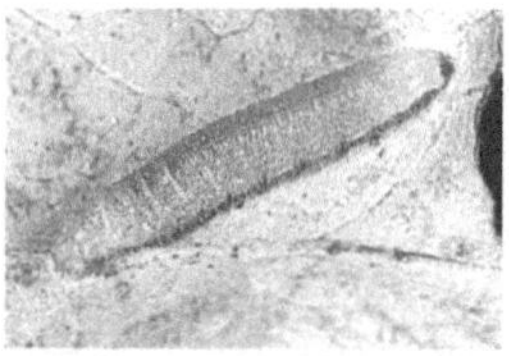

C

問２　チョウの幼虫は周囲と同じ色をしていたり，周囲と同じ色に変化させたりしています。これはなぜですか。

問３　チョウはこん虫の仲間です。こん虫であるための条件は何ですか。２つ答えなさい。

問４　こん虫は呼吸をするための穴が体にあります。呼吸するための穴を何といいますか。漢字で答えなさい。

問５　アゲハチョウ，オオムラサキ，モンシロチョウの幼虫と成虫の生活環境について表にまとめました。（Ｘ）と（Ｙ）にあてはまる言葉の組み合わせを次の**ア**～**エ**の中から１つ選んで記号で答えなさい。

表

種類	幼虫の主なエサ	成虫のエサ
アゲハチョウ	ミカン科の葉	花のみつ
オオムラサキ	エノキの葉	（　Ｙ　）
モンシロチョウ	（　Ｘ　）	花のみつ

ア　（Ｘ）…バラ科の植物　　　（Ｙ）…花のみつ
イ　（Ｘ）…バラ科の植物　　　（Ｙ）…樹液
ウ　（Ｘ）…アブラナ科の植物　（Ｙ）…樹液
エ　（Ｘ）…アブラナ科の植物　（Ｙ）…花のみつ

問６　チョウは多少の雨にぬれても活動することができます。これはなぜですか。

4．ある地点の６月20日の正午に南の方角を観察してスケッチしたところ，図のようなスケッチになりました。これを見て後の各問いに答えなさい。

図

問１　太陽などの天体を毎日観察してスケッチするとき，書いておくと良いものは何ですか。前のページの**図**を参考にして答えなさい。

問２　**図**のようにスケッチをしてから，この年の12月20日まで１ヶ月ごとに同じ時間に太陽を観察すると，太陽の位置はどうなりますか。次の**ア**～**ウ**の中から１つ選んで記号で答えなさい。

ア　**図**のときより高くなる。

イ　**図**のときとほぼ変わらない。

ウ　**図**のときより低くなる。

問３　太陽は１日を通して東の方角から南を通って西の方角に動いています。これはなぜですか。

問４　一般的に，太陽が出ているときの地上の気温は，朝方や夕方が低く，正午ごろが高くなります。これはなぜですか。次の文の（Ａ）～（Ｄ）に当てはまる言葉をそれぞれ答えなさい。

朝方や夕方は，太陽の高度が（　Ａ　）ため，同じ面積の地面に当たる太陽の光の量が（　Ｂ　）なり，気温が低くなる。また，正午ごろは太陽の高度が（　Ｃ　）ため，同じ面積の地面に当たる太陽の光の量が（　Ｄ　）なり，気温が高くなる。

問５　同じ日の正午ごろに北海道札幌《さっぽろ》市と福岡県福岡市で太陽を観察すると，北海道札幌市で観察した方が太陽の高度が低く見えます。これはなぜですか。

【社　会】（理科と合わせて50分）　＜満点：50点＞

１．次の表と地図をみて，以下の各問に答えなさい。

	A	B	C	D	E
a	6, 097	2, 936	2, 071	2, 590	123, 377
b	6, 408	1, 976	876	—	92, 793
c	6, 362	1, 981	997	—	90, 985
d	3, 798	7, 377	968	—	137, 066
e	5, 158	6, 311	1, 829	1, 327	121, 895
f	2, 194	13, 740	161	468	76, 116
g	2, 416	9, 189	463	326	180, 845

（『地理データファイル2020年度版』より作成）

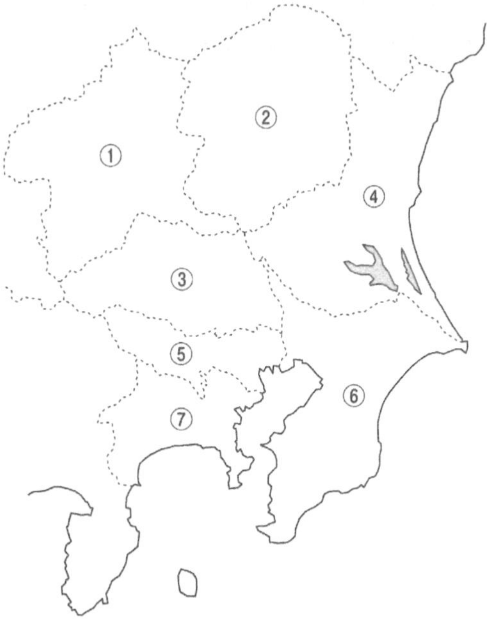

問１　表中Ａ～Ｅは「面積2018年（km^2）」「人口2019年（千人）」「工業製品出荷額2017年（億円）」「海面漁業漁獲量2018年（百ｔ）」「農業産出額（野菜）2017年（億円）」のいずれかの項目が入る。「人口2019年（千人）」・「農業産出額（野菜）2017年（億円）」を表しているものはどれか選び，それぞれ記号で答えなさい。

問２　表中ａ・ｇの県を地図中①～⑦から選び，それぞれ記号で答えなさい。

問３　地図中④の都道府県にみられる湖は，日本第２位の湖面積をもつ淡水《たんすい》湖《こ》である。この湖の名称を答えなさい。

問４　地図中⑤→③→④→②の都道府県を通る新幹線の路線の名称を漢字で答えなさい。

2．次の史料Ａ～Ｄを読み，各問に答えなさい。

史料Ａ

一　これまで天皇や豪族《ごうぞく》がもっていた土地や人民を，国家のものとする。
二　全国を国・郡（評《こおり》）に分け，都の近くは畿内《きない》とする。
三　戸籍《こせき》をつくり，それにもとづいて人々に①田をわりあてる。
四　稲《いね》や布《ぬの》などを納《おさ》める税の制度や，さまざまな負担《ふたん》を決める。

問１　Ａの史料は改新《かいしん》の詔《みことのり》である。この詔は蘇我氏《そがし》をたおして，天皇を中心とする政治改革の結果，出されたものである。のちに天智天皇《てんじてんのう》となる，この改革を進めた人物を漢字で答えなさい。

問２　下線部①について，戸籍にもとづき６才以上の男女に与えられた田を漢字３字で答えなさい。

史料Ｂ

第１条　人の和を大切にしなさい。
第２条　②仏教をあつく敬《うやま》いなさい。
第３条　天皇の命令には必ず従いなさい。

問３　**史料Ｂ**について，豪族たちに対して役人の心がまえを示したものを何というか答えなさい。

問４　下線部②について，仏教はどこから日本に伝えられたか，次の中から１つ選び，記号で答えなさい。

ア．百済《くだら》　　イ．高句麗《こうくり》　　ウ．新羅《しらぎ》

史料Ｃ

…邪馬台国《やまたいこく》は，もとは男子が王であったが，国中で争いが続いた。そこで，国々の王が相談して，一人の女性を王にした。それが（　③　）である。（　③　）はまじないによって，人々を治めた。

問５　空欄（③）にあてはまる女王の名を漢字で答えなさい。

史料Ｄ

新しく水路《すいろ》をつくり，川や池などから水を引いて土地を開いた場合，三代まで，その土地を私《し》有《ゆう》しても良い。

問６　**史料Ｄ**のきまりを定めた理由として適切なものを次の中から１つ選び，記号で答えなさい。

ア．朝廷《ちょうてい》に対して大規模な反乱が起きたから。
イ．多くの人が朝鮮半島《ちょうせんはんとう》に移り住んでしまったから。
ウ．田を捨てて貴族や寺社《じしゃ》の土地に逃げこむ人が増えたから。

問７　**史料Ｄ**のきまりではあまり効果《こうか》がなかった。そのため，743年に出されたきまりを漢字で答えなさい。

問８　**史料Ａ～Ｄ**を古い順に並びかえて，記号で答えなさい。

３．次の憲法の条文を読み，各問に答えなさい。

【日本国憲法第13条】

すべて国民は，個人として尊重《そんちょう》される。①生命，自由及び幸福追求に対する国民の権利については，（　②　）に反《はん》しない限り，立法その他の国政の上で，最大の尊重を必要とする。

【日本国憲法第14条】

第１項：すべて国民は，（　③　）であって，人種，信条《しんじょう》，④性別，社会的身分又《また》は門地《もんち》により，⑤政治的，経済的又は社会的関係において，差別されない。

問１　下線部①について，経済発展や社会生活の急速な変化にともない，近年主張されるようになってきた「新しい人権」と呼ばれる権利がある。「新しい人権」として適切でないものを次の中から１つ選び，記号で答えなさい。

ア．環境権　　イ．団結権　　ウ．知る権利　　エ．プライバシーの権利

問２　空欄（②）には，「社会全体の利益・幸福」という意味の語句が入る。あてはまる語句を５字で答えなさい。

問３　空欄（③）にあてはまる語句を６字で答えなさい。

問４　下線部④について，1985年に制定された，職場での男女平等を確保するために，募集《ぼしゅう》・採用・賃金《ちんぎん》などにおける男女の差別的な取《と》り扱《あつか》いを禁止する法律を次の中から１つ選び，記号で答えなさい。

ア．男女雇用《こよう》機会均等法　　イ．男女共同参画《さんかく》社会基本法

ウ．育児・介護休業法　　エ．女性活躍推進法

問５　下線部⑤について，障がいのある人や高齢者などが，社会の中で安全・快適に暮らせるよう，身体的・精神的・社会的な障壁《しょうへき》を取り除こうという考えを何というか，カタカナ６字で答えなさい。

ｃ　とんじゃく
１．こだわること　２．注意すること
３．気にかけないこと　４．なっとくすること

問３　[Ａ]～[Ｅ]に入る適語を次の中から一つずつ選んでそれぞれ番号で答えなさい。
１．ただ　２．やがて　３．すると
４．けれども　５．そうして

問４　〔Ｘ〕に入る適語を次の中から一つ選んで番号で答えなさい。
１．東　２．西　３．南　４．北　５．どこ

問５　傍線部イ「自分は大変心細かった」とあるが、その理由として適切なものを次の中から一つ選んで番号で答えなさい。
１．夢の中の世界で、現実では乗ったことのない大きな船に乗っているから。
２．船の男に行先を聞いたらからからと笑われたから。
３．広い海の景色が暗く海の色も黒や紫色に見えたから。
４．どこへ行くかもいつ陸に上がれるかもわからなかったから。
５．まわりが異人ばかりだったから。

問６　傍線部ロ「死ぬことに決心した」理由の一つとして、世間が自分のことばかり考えていることにいやな気分になったということが書かれている部分の組み合わせとして適切なものを次の中から一つ選んで番号で答えなさい。
１．（Ⅴ）（Ⅰ）　２．（Ⅰ）（Ⅱ）　３．（Ⅱ）（Ⅲ）
４．（Ⅲ）（Ⅳ）　５．（Ⅳ）（Ⅴ）

問７　次の各文を読んで本文と合致しているものには「１」を、合致していないものには「２」を記しなさい。
ア．一人で星を眺めているときに一人の異人に声をかけられ天文学の話で盛り上がった。
イ．泣いている女性を見て悲しいのは自分だけではないと思った。
ウ．死ぬことを決心して海に飛び込むが心の底からよせばよかったと思い助けを求める。
エ．派手なイショウを着た女がピアノを弾き、男が歌を歌って乗っている人を楽しませている。
オ．自分は船の行き先を知りたいのに誰もそんなことは気にしていない。

問８　次の文を本文中に入れる箇所として最も適切だと思われるものを次の中から一つ選んで番号で答えなさい。

最後に自分に神を信仰《しんこう》するかと尋ねた。

１．（ⅰ）　２．（ⅱ）　３．（ⅲ）　４．（ⅳ）　５．（ⅴ）

りいっそ身を投げて死んでしまおうかと思った。（ⅱ）

（Ⅰ）乗り合いはたくさんいた。たいていは※2異人のようであった。しかしいろいろな顔をしていた。空が曇《くも》って船が揺《ゆ》れたとき、一人の女がてすりに寄りかかって、bしきりに泣いていた。目をふくハンケチの色が白く見えた。しかし体には※3更紗《さらさ》のような③ヨウフクを着ていた。この女を見たときに悲しいのは自分ばかりではないのだと気が付いた。

（ⅲ）

（Ⅱ）ある晩甲板《かんぱん》の上に出て、一人で星を眺《なが》めていたら、一人の異人が来て、天文学を知ってるかと尋《たず》ねた。自分はつまらないから死のうとさえ思っている。天文学などなど知る必要がない。黙《だま》っていた。［E］その異人が※4金牛宮《きんぎゅうきゅう》の④頂にある※5七星《しちせい》の話をして聞かせた。そうして星も海もみんな神の作ったものだと言った。（ⅳ）自分は空を見て黙っていた。

（Ⅲ）あるときサロンに入ったら派手な⑤イショウを着た若い女が向こうむきになって、ピアノを弾《ひ》いていた。そのそばに背の高いりっぱな男が立って、唱歌を歌っている。その口が大変大きく見えた。けれども二人は二人以外の事にはまるでcとんじゃくしていない様子であった。船に乗っていることさえ⑥ワスれているようであった。（ⅴ）

（Ⅳ）自分はますますつまらなくなった。とうとうロ死ぬことに決心した。それである晩、あたりに人のいない時分、思い切って海の中へ飛び込んだ。ところが——自分の足が甲板を離《はな》れて、船と縁《えん》が切れたその※6刹那《せつな》に、急に命が惜《お》しくなった。心の底からよせばよかったと思った。けれども、もう遅《おそ》い。自分はいやでも応でも海の中へ入らなければならない。ただ大変高くできていた船と見えて、体は船を離れたけれども、足は⑦安易に水に着かない。しかし捕まえるものがないから、しだいしだいに水に近づいてくる。いくら足を⑧縮めても近づいてくる。黒かった。

（Ⅴ）そのうち船は例のとおり黒い煙を吐いて、通り過ぎてしまった。自分はどこへ行くんだか分からない船でも、やっぱり乗っているほうがよかったと初めて悟《さと》りながら、しかもその悟りを利用することができずに、無限の後悔《こうかい》と恐怖《きょうふ》とを抱いて黒い波の方へ静かに落ちていった。

（夏目漱石『夢十夜』より）

※1　蘇枋《すおう》……黒みがかった赤色
※2　異人……外国人
※3　更紗……王に木綿地に、人物・花・鳥獣などの模様を多色で染め出したもの
※4　金牛宮……星座のおうし座
※5　七星……北斗七星
※6　刹那……きわめて短い時間

問1　波線部①～⑧の漢字にはその読みを、カタカナにはその漢字を記しなさい。

問2　傍線部a～cの語句の意味として適切なものを次の中から一つずつ選んでそれぞれ番号で答えなさい。

a　すこぶる
　1．とても　2．大きく　3．高く　4．すばらしく

b　しきりに
　1．ただ　2．すこし　3．ひどく　4．しくしく

1. 漢字に慣れているということ
2. 顔色が変わるということ
3. カンケツに書けるということ
4. 強い印象を与えるということ
5. シンピテキな呪文のようであること

問8 次の文章を読んで本文と合致しているものを一つ選んで番号で答えなさい。

1. 日本のように片仮名、ローマ字など、様々な文字を使い合わせている国は他にもいくつかある。
2. 世界の様々な文字の中で、発音のほかに意味も表すものは漢字しかないといえる。
3. 漢字が時に強い印象を与えることがあるのは、発音と同時に意味も表すためである。
4. 漢字は勉強していないとわからないため、初めて見た漢字から意味を想像するのは難しい。
5. ギリシア語、ローマ字は組み合わせによっては様々な新語を作ることができる。

問9 文中【Ⓧ】の中に使われている間違った漢字を探し、正しい漢字に直して一字で答えなさい。

問10 次の文を本文中に入れる箇所として最も適切だと思われるものを次の中から一つ選んで番号で答えなさい。

この漢字は一体どう読むのか。

1. (ⅰ)　2. (ⅱ)　3. (ⅲ)　4. (ⅳ)　5. (ⅴ)

二　次の文章を読んで各問いに答えなさい。

何でも大きな船に乗っている。

この船が毎日毎夜すこしの絶間なく黒い煙《けむり》を吐いて浪《なみ》を切って進んで行く。凄《すさま》じい音である。［A］どこへ行くんだか分らない。ただ波の底から焼火箸《やけひばし》のような太陽が出る。それが高い帆柱《ほばしら》の真上まで来てしばらく挂《かか》っているかと思うと、いつの間にか大きな船を追い越《こ》して、先へ行ってしまう。［B］、しまいには焼火箸のようにじゅっといってまた波の底に沈《しず》んで行く。そのたんびに蒼《あお》い波が遠くの向うで※1蘇枋《すおう》の色に沸《わ》き返る。すると船は凄じい音を立ててその跡《あと》を追かけて行く。けれども決して追つかない。

ある時自分は、船の男を捕《つら》まえて聞いて見た。

「この船は〔　X　〕へ行くんですか」

船の男は怪訝《けげん》な顔をして、しばらく自分を見ていたが、［C］、

「なぜ」と問い返した。

「落ちて行く日を追かけるようだから」

船の男はからからと笑った。そうして向うの方へ行ってしまった。

「西へ行く日の、果《はて》は東か。それは本真《ほんま》か。東出る日の、お里は西か。それも本真か。身は波の上。流せ流せ」と囃《はや》している。舳《へさき》へ行って見たら、水夫が①オオゼイ寄って、太い帆綱《ほづな》を手繰《たぐ》っていた。(ⅰ)

自分は大変心細くなった。いつ陸《おか》へ上がれる事か分らない。そうしてどこへ行くのだか知れない。［D］黒い煙を吐いて波を切って行く事だけはたしかである。その波はａすこぶる広いものであった。②際限もなく蒼《あお》く見える。時には紫《むらさき》にもなった。ただ船の動く周囲だけはいつでも真白に泡《あわ》を吹いていた。イ自分は大変心細かった。こんな船にいるよ

いくらでもできます。

もっともこれらの語は、耳で聞いたのではｂさっぱりわかりませんが、意味の面からはすぐ理解できるという長所があります。

会社の「社」の字を〝会社〟という意味で使うと、いろいろな言葉ができます。やはりこれは漢字の大きなプラスの面です。「出社」——会社に出ること、「退社」——会社を⑦シリゾくこと、そのほか「入社」「来社」「帰社」「在社」……こういったことは、英語の単語では言えないと思います。「本社」「支社」ｃ「貴社」「当社」「弊社《へいしゃ》」「自社」「他社」あるいは「社内」とか「社告」とか、いろいろな言葉ができるというのは漢字なればこそでありまして、これは、仮名やローマ字を使っていたのでは、このような⑧ゲイトウはできません。】

（金田一春彦『漢字の性格』より）

問１ 波線部①～⑧の漢字にはその読みを、カタカナにはその漢字を記しなさい。

問２ 傍線部ａ～ｃの語句の意味として適切なものを次の中から一つずつ選んでそれぞれ番号で答えなさい。

ａ　しりごみ

１．わがまま　２．おじけてためらう

３．喜ぶ　４．驚く

ｂ　さっぱり

１．あっさり　２．ぼんやり

３．すっきり　４．まるっきり

ｃ　貴社

１．「自分の会社」のかしこまった表現

２．「相手の会社」をうやまった表現

３．高級な会社

４．「自分の会社」のへりくだった表現

問３ Ａ～Ｅに入る適語を次の中から一つずつ選んでそれぞれ番号で答えなさい。

１．また　２．おそらく　３．ところが

４．たとえば　５．つまり

問４ 〔Ⅰ〕・〔Ⅳ〕に入る適語を次の中から一つずつ選んでそれぞれ番号で答えなさい。

１．ローマ字　２．ギリシア文字　３．アラビア数字

４．ハングル　５．ローマ数字

問５ 〔Ⅱ〕・〔Ⅲ〕に入る適語を次の中から一つずつ選んでそれぞれ番号で答えなさい。

１．仮名　２．発音　３．文字　４．漢字　５．数字

問６ 傍線部イ「漢字はその点大変珍しい文字です」とあるが、その理由として**適切でないもの**を、次の中から一つ選んで番号で答えなさい。

１．発音を表すと同時に意味も表すことができるから。

２．読めなくても実際に用を果たすことができるから。

３．新しい言葉ができてもすぐに意味が分かるから。

４．組み合わせることによって新語がいくつでもできるから。

５．耳で聞いてもすぐに理解することができるから。

問７ 傍線部ロ「特別の効果・力」が、具体的に指し示しているものとして適切なものを次の中から一つ選んで番号で答えなさい。

漢字の第一の重要な性質は、表意性、つまり、ほかの文字と違いまして、発音を表すと同時に意味も表すということです。仮名、ローマ字は発音しか表さない。漢字は意味も表すということで、漢字は強い印象を与えるということがあります。

［B］、街を歩いていて、トラックに硫酸《りゅうさん》でも積んであるのか、「危」という漢字が書いてありますと、ちょっと見ていかにも危ない感じがします。これが平仮名で「あぶない」と書いてあったり、ローマ字で「abunai」と書いてあったのでは、それほど危険というような印象を受けません。作家の三島由紀夫さんはカニが嫌《きら》いだったそうです。料理屋へ行ってお膳《ぜん》の上にカニが出てきますと、ａしりごみをし、顔色が変わったそうです。「蟹《かに》」という文字を見ても鳥肌が立ったというのです。これは、［C］漢字で書いてあったからで、平仮名で「かに」と書いてあれば、そういう気持ちにはならなかったのではないでしょうか。漢字というものは、そういうロ特別の効果・力を持つものです。

［D］、漢字は意味を表すということで、時には読めなくても実際に用を果たすということがあります。そのために⑥カンケツに書けるという性質があります。代表的なのは、新聞などで見ます野球の成績表です。ⓘ「東軍」とか「西軍」とかのチーム名の右の方に「打」「得」「安」「点」「振《しん》」「球」と書いてあって、下に３５４１０……と数字が書いてある。ⓘⓘトク、アン、……でいいのか、「安」と書いてヒットと読むのか、私にはわかりませんが、意味はそれでわかりますね。ⓘⓘⓘ「打」は打数の意味、その次の「得」は得点の意味だとか、「安」はヒットの意味だとか、「点」は打点でしょうね。ⓘⓥ以下、三振、四球の意味だとわかる。これは漢字の力であります。ⓥ

この漢字の性質を有効に使ったものは、新聞の求人広告です。たとえば「事務経理多少　高卒年３２迄《まで》」――これは事務員を求めているわけですが、経理の多少できる人、高校卒業程度、年は三十二歳までの人。次に「固給１５万」とあるのは、固定給十五万円ということでしょうか。「隔土休《かくどきゅう》」は隔週の土曜日が休み。その次の「歴持」というのは履歴書《りれきしょ》持参という意味でしょうね。「細面」というのは別に細おもての人という意味じゃないようで、「委細面談」という意味。これだけの意味をこんなに簡単に書けるということは漢字なればこそでありまして、仮名やローマ字ではとても書けるものではありません。

漢字のそのような性格からして、新しい言葉ができた場合に漢字で書いてありますと意味がすぐにわかる、といったようなことがあります。たとえば、「失語症《しょう》」を英語でaphasiaというそうであります。aphasiaというのはギリシア語からきた言葉で、イギリスの中学生には説明されなければ、意味はわからないそうです。ａ－というのは「何かが欠如《けつじょ》している」という意味、phasというのは「話す」という意味、そして－iaには名詞であることを表す接尾辞《せつびじ》ということになって、ギリシア語を知っていればわかりますが、中学生ぐらいでは意味がとれない。［E］、漢字で書いた「失語症」のほうは「話すことを失う病気だ」と見当がつく。何か、ものが言えなくなる病気だろう、と小学生でもわかります。これがもし、仮名で書いてあったり、ローマ字で書いてあったりしたのでは、わからない。

Ⓧ【漢字は表意文字であるところから、それを組み合わせますと新語が

【国　語】（五〇分）〈満点：一〇〇点〉

一　次の文章を読んで各問いに答えなさい。

日本語を文字の面から眺めてみますと、一番大きな特色は、日本語はさまざまの字を使う言語だということです。

調布市青山二－１３－３　ゆりが丘《おか》ハイムＡ２０６

これは、私の①ツトめ先の同僚《どうりょう》である人の住所なのですが、これを見ていただきますと、「調布市青山」――漢字、「二」は漢数字ですが、「１３」と「３」は〔　Ⅰ　〕、「ゆりが丘」――平仮名と漢字、「ハイム」は片仮名、「Ａ２０６」にはローマ字まで使っている。皆さんがたにとっては何でもない、ごく普通《ふつう》な文字使いとお思いかもしれませんけれども、こういった複雑な文字を使い合わせている国は、地球上ほかにはないと思います。日本人は、子どものときからこういう文字の使い方に慣れております。

世界の文字は、大きく分けて、表音文字と表意文字の二つに分かれます。表音文字といいますと、〔　Ⅱ　〕が音だけを表すもので、たとえば、仮名などは代表的なものです。「キ」という文字は「キ」という音だけを表しますから、「キ」という音が使われる言葉なら何にでも使えます。「キジ」でも「キイロ」でも「キ」が書けます。

それに対して、表意文字というのは、〔　Ⅲ　〕といっしょに意味を表す文字で、漢字はその代表です。たとえば「木」という文字は「キ」という音も表しますが、同時に草木の「木」を表しますから「キジ（雉）」を「木地」と書くわけにいかない。それでは「木の地」という意味になってしまう。もし「黄色」を「木色」と書いたらこれは木の色になってしまいますから、こういうことは許されない。〔　A　〕、漢字というものは、発音だけではなくて、いっしょに意味も表すという特殊な文字だということになります。

世界の文字は、多くは、仮名、ローマ字、〔　Ⅳ　〕（朝鮮《ちょうせん》半島で使用されている文字）、あるいは昔のギリシアの文字など表音文字です。発音だけしか表しません。このほかに、インドの文字、アラビアの文字なども表音文字です。

イ漢字はその点大変珍《めずら》しい文字です。発音のほかに意味も表す表意文字というのは漢字のほかには、②強いて言えば、アラビア数字――１、２、３、……がそうです。「１」は「イチ」と読み、数のイチを表すときにしか使えませんから、「位置」の代わりに使って、「横浜市は東京の南に１する」と書くことはできません。この間、私のところへ来た手紙に「金田１」様というのがありまして、妙《みょう》な感じがいたしました。これは表意文字の一種でありますから、やたらに使えないのです。もっとも数字は数しか表せませんから、表意文字のうちでも特殊なものです。

われわれ日本人は漢字という文字に慣れていますが、欧米《おうべい》人の目には随分《ずいぶん》珍しい文字と③映るようです。④シンピテキな呪文《じゅもん》のように思われるそうです。

これは、いつかある⑤シュウカンシに出ていたことですが、欧米人にとっては、「東」という字は、オーケストラの譜面《ふめん》台に見えるそうです。「合」の字は、掲示板《けいじばん》の向こうに富士山がそびえている形に見えるそうです。「映」という字に至っては人がストーブにシャベルで石炭か何かを入れている形に見えるそうですが、これはうまいですね。

第1回

2024年度

解答と解説

《2024年度の配点は解答欄に掲載してあります。》

＜算数解答＞《学校からの正答の発表はありません。》

1 (1) 5.1 (2) $0.875\left[\frac{7}{8}\right]$ (3) $1\frac{1}{12}$ (4) 2 (5) 75 (6) 6
(7) 210 (8) 6

2 (1) 30度 (2) 24度 3 (1) 56.11cm (2) $224.44cm^2$

4 (1) $251.2cm^3$ (2) $271.84cm^2$ 5 (1) 2，1，1 (2) 21通り

6 (1) 22分後 (2) 44分後 7 (1) 24通り (2) 42315

○推定配点○

各5点×20 計100点

＜算数解説＞

1 (四則計算，割合と比，速さの三公式と比，平均算，相当算)

(1) $198.9\div39=5.1$

(2) $0.05\times15+0.75\div6=0.75+0.125=0.875$

(3) $2.25-\frac{7}{6}=2\frac{1}{4}-1\frac{1}{6}=1\frac{1}{12}$

(4) $\square=18-54\div3+6\div3=2$

重要 (5) $300-300\times\frac{6}{8}=300\times\frac{2}{8}=75$(g) 【別解】 $300-300\times0.06\div0.08=75$(g)

重要 (6) 行きと帰りの時間の比…10：15＝2：3 したがって，片道の道のりは$15\times\frac{2}{5}=6$(km)

重要 (7) $22\div\left(\frac{8}{15}-\frac{3}{7}\right)=22\div11\times105=210$(ページ)

重要 (8) 右図…色がついた部分の面積が等しい。したがって，今までの回数は$24\div4=6$(回)

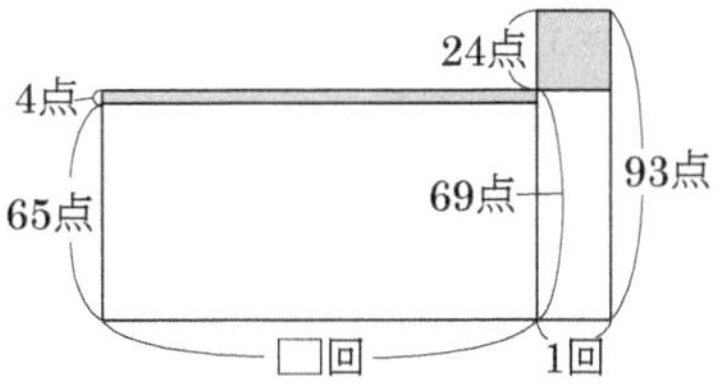

重要 2 (平面図形)

(1) 角DEC…図アより，$(180-30)\div2=75$(度)
角FEC…45度 したがって，角xは$75-45=30$(度)

(2) 正五角形の1つの内角…$180-360\div5=108$(度) したがって，図イより，角yは$180-(108\times2-60)=24$(度)

図ア

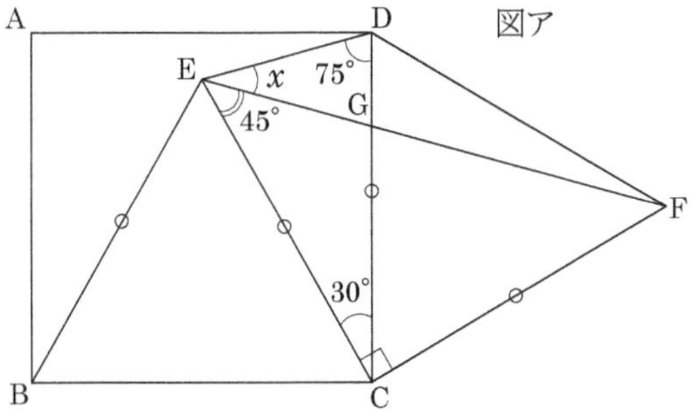

図イ

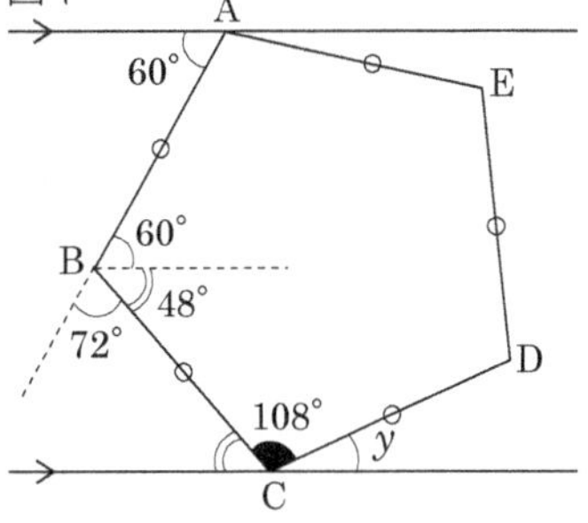

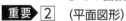

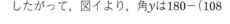

重要 3 **(平面図形，図形や点の移動，割合と比)**

(1)　線の長さ…右図より，$\left(24\times\frac{3}{8}+4\times\frac{5}{8}\right)\times3.14+10\times2=11.5\times3.14+20=56.11$ (cm)

(2)　面積…$\left\{(14\times14-10\times10)\times\frac{3}{8}+4\times4\times\frac{5}{8}\right\}\times3.14+4\times10\times2=46\times3.14+80=224.44$ (cm^2)

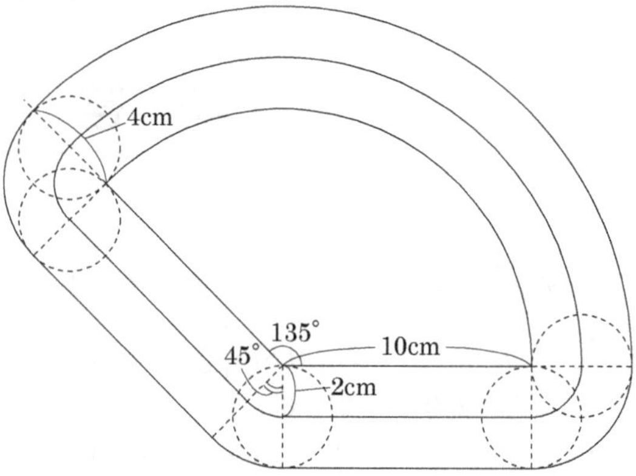

4 **(平面図形，図形や点の移動，立体図形，割合と比)**

重要 (1)　体積…右図より，$(4\times4+8\times8)\times3.14\div4\times4=80\times3.14=251.2$ (cm^3)

やや難 (2)　底面積×2…$8\times8\times3.14\div4\times2=32\times3.14$ (cm^2)

側面積×2…$(16+8)\times3.14\div4\times4+(8\times8-4\times4)\times2=24\times3.14+96$ (cm^2)　　したがって，表面積は$(32+24)\times3.14+96=175.84+96=271.84$ (cm^2)

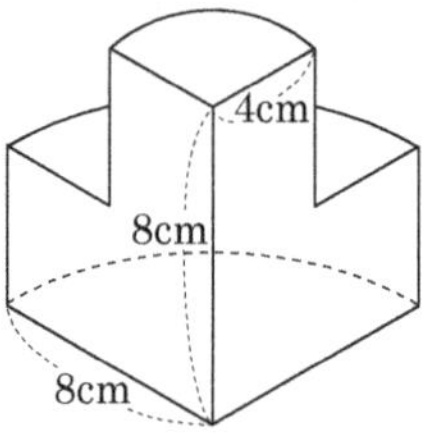

5 **(場合の数，数列)**

重要 (1)　「1，1，2」「1，2，1」「2，1，1」より，「2，1，1」

やや難 (2)　和が2…2通り　和が3…3通り　和が4…2＋3＝5(通り)　和が5…3＋5＝8(通り)　和が6…5＋8＝13(通り)　　したがって，和が7の場合は8＋13＝21(通り)…フィボナッチ数列

重要 6 **(割合と比，グラフ)**

A管…一定の割合で水そうに給水する

B管…一定の割合で水そうから排水する

(1)　グラフより，$176\div(224\div28)=22$ (分後)

(2)　1分で減る水量…$(224-128)\div(60-28)=96\div32=3$ (L)　　したがって，求める時刻は$28+(224-176)\div3=44$ (分後)

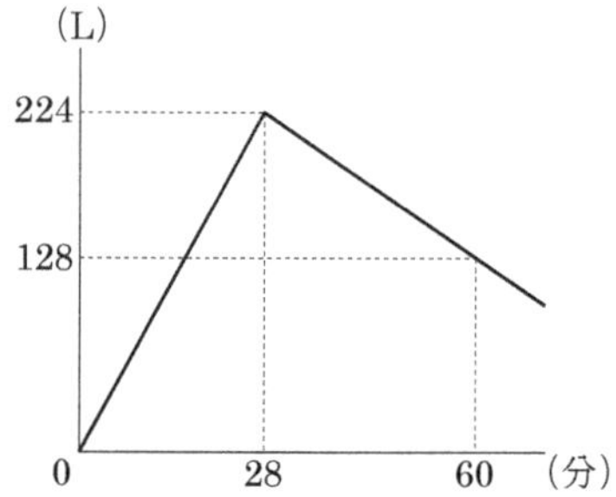

7 **(場合の数)**

基本 (1)　$4\times3\times2\times1=24$ (通り)

重要 (2)　一万の位が5の5ケタの整数…(1)より，24通り　　上2ケタが45，43である5ケタの整数…$3\times2\times1\times2=12$ (通り)　　したがって，上2ケタが42である5ケタの整数のうち，大きいほうから$40-(24+12)=4$ (番目)の数は42315

★ワンポイントアドバイス★

1「小問群」，2「角度」，ここまでで着実に得点することが第1のポイントであり，3「おうぎ形と円」，4「回転体」の計算ではミスが出やすく注意が必要である。また，5(2)「和が7」の場合は「フィボナッチ数列」の利用が鍵。

＜理科解答＞《学校からの正答の発表はありません。》

1 問1　エ　　問2　加熱した部分から温かい水が上にいき，冷たい水が下にいくから。
問3　対流　　問4　A　高い　　B　低い　　問5　エ　　問6　イ

2 問1　ちっ素　　問2　酸素　　問3　水上置換法　　問4　水に溶けにくい気体
問5　集気びんB　　問6　スチールウールを燃やしても二酸化炭素が発生しないから。

3 問1　赤潮　　問2　プランクトン　　問3　水中の栄養素が増えたから　　問4　ウ
問5　ウ　　問6　地球温暖化による水温上昇[人による乱獲／水質の悪化]

4 問1　侵食，運搬，堆積　　問2　エ　　問3　浅い海(の砂浜)　　問4　ア　　問5　ウ
問6　断層

○推定配点○
1　各2点×7　　2　各2点×6　　3　各2点×6　　4　各2点×6　　計50点

＜理科解説＞

1　(熱の伝わり方―対流)

基本　問1　中央部分で温められた水は軽くなって上昇し，外側の水が下降する。

問2　温められた水は体積が大きくなり軽くなる。そのため上に移動し，冷たい水は重いので下に移動する。これが再び温められ上昇し，水の移動が継続して起こる。

基本　問3　このような熱の伝わり方を対流という。対流は熱を持った物質が移動して，熱が伝わる現象である。

基本　問4　熱の移動は，温度の高いものから低いものに向かって起こる。

問5　白色は最も熱を反射しやすく，黒色は最も吸収しやすい。

問6　銀は金属の中で最も熱や電気を伝えやすい。

基本　2　(気体の性質・発生―気体の性質・捕集方法)

問1　大気中に含まれる気体の中で，最も割合の多いものは窒《ちっ》素である。約78%を占めている。次いで多いのが酸素で，約21%を占める。二酸化炭素は約0.04%含まれている。

問2　酸素は，物が燃えるのを助ける性質を持つ。

問3　図のような気体の捕集方法を水上置換法という。

問4　水上置換法で集めることができる気体は，水にとけない気体である。

問5　線香を燃やすと二酸化炭素が発生し，これは石灰水に溶けて白くにごる。一方，スチールウールを燃焼しても二酸化炭素は発生しないので，石灰水を入れてふっても変化はない。

問6　スチールウールには炭素が含まれていないため，燃焼しても二酸化炭素が発生しない。そのため，石灰水を白く変化させることはない。

3　(環境と時事―環境汚染問題)

問1　海や湖の水が赤くなってしまう現象を赤潮という。これは水中でプランクトンが異常発生するためで，そのため水中の酸素濃度が低くなったり，プランクトンが魚のエラにつまって呼吸できなくなり魚が死んでしまう。

問2　赤潮が発生するのは，植物性のプランクトンが異常発生するためである。

問3　人間の排出した栄養分を多く含む排水の結果，プランクトンが異常発生することで赤潮やアオコが引き起こされる。

問4　酸性雨とは一定の酸の強さを超える酸性の雨のことで，その原因となるのは硫黄酸化物や窒

素酸化物である。二酸化硫黄は硫黄酸化物の一つである。

問5　サンゴは暖かい海に生息する。地球温暖化の影響で，東京湾ではこれまでほとんど見られなかったサンゴが増えてきている。

問6　地球温暖化の影響で水温が上昇してきていることも一つの原因である。他にも，ペットブームが原因のヒトによる乱獲や，開発などによる水質の悪化も原因である。

4 (流水・地層・原石―流水・地層)

基本　問1　流水のはたらきには，地面を削る侵食作用，削られた石や砂が運ばれる運搬作用，運ばれてきた石や砂・粘土などがつもる堆積作用の3つの作用がある。

基本　問2　れきの粒の大きさは2mm以上，2mm〜$\frac{1}{16}$mmまでのものが砂，$\frac{1}{16}$mm以下のものが泥である。

基本　問3　アサリは暖かくて浅い海に生息する。その地層ができたころは，そのような環境であったと推定できる。その地層ができたころの環境を示すような化石を示相化石という。

重要　問4　地層4が火山灰層なので，火山の噴火の後地層1〜3ができた。地層3はれきの地層なので，水位の低い場所(浅い海)であった。その後水位が上がっていき(海の深さが深くなっていき)，粒の小さい砂，泥の地層ができた。

重要　問5　地層5の下側には，れきの層が見られる。この上に地層5のどろの層がたい積した後に断層ができて，右側の地層が盛り上がった。

問6　地層に大きな力がかかってずれが生じたものを断層という。図の断層は両側から力が押し合う形で加わって，上側の地層(右側)がずれ上がった。このような断層を逆断層という。

★ワンポイントアドバイス★

大半が基本問題で，基礎的な理科の知識をしっかり理解しているかを問われている。論述形式の問題もあり，短く自分の意見をまとめる力も必要である。

＜社会解答＞《学校からの正答の発表はありません。》

1　問1　ア　⑤　イ　④　ウ　⑥　問2　ウ　問3　二毛作　問4　屋久島

2　問1　エ　問2　応仁の乱　問3　ウ　問4　徳政令　問5　ア　問6　足利尊氏
問7　2→4→1→3

3　問1　①　戦争　②　戦力　問2　ウ　問3　イ　問4　エ

○推定配点○

2　問1，問3〜問5　各2点×4　他　各3点×14　計50点

＜社会解説＞

1 (日本の地理ー九州地方に関する問題)

重要　問1　ア　八代平野，米づくりがさかん，トマトやスイカなどの野菜の栽培がさかんから⑤の熊本県。　イ　国東半島，九重連山，温泉が豊富から④の大分県。　ウ　南西部にシラス台地，畜産がさかん，野菜の促成栽培がさかんから⑥の宮崎県。

やや難 問2　沖縄県でもオクラの栽培はあるが，沖縄県は他の県とちがい本州からかなり遠い場所にあるため，一般的な野菜は他県へ運ぶ時間がかかることから，県内で消費される分以外はあまり生産はない。

問3　二毛作は一年の間で，同じ耕地で稲や小麦を育てた後に，別の農作物を育てるもの。二期作は同じ耕地で同じ作物を二回育てるもの。日本では稲の二期作は気温が稲の生育には合わない季節もあり，ごく限られた温暖な場所でしかやっていなかった。

基本 問4　屋久島は縄文杉などの存在が認められて世界自然遺産に登録された。

2 (日本の歴史―12～16世紀の歴史の問題)

重要 問1　下線部Aは足利義満。足利義満の時代の中国は明王朝。唐は907年に滅びている。

基本 問2　応仁の乱は1467年から77年まで続いた戦乱。

問3　北条時宗は8代目執権として1274年の文永の役，1281年の弘安の役に対応した。

問4　二度にわたる元寇は外敵を退けた戦であり，新たに相手から得た領土はないので，幕府から御家人たちへの恩賞はほとんどなかったが，御家人たちは自分の配下の者への褒美や手当が必要で，結果として経済的に苦しくなってしまったものが多かった。それへの対処として，1297年に幕府が永仁の徳政令を出し，御家人の借金を帳消しにしたり，御家人が売り払っていた土地などを御家人が取り戻せるようにした。

問5　長篠の戦は1575年に織田信長と徳川家康の連合軍が，武田勝頼の騎馬軍を破った戦い。ここで初めて日本の戦で本格的に鉄砲が使われたとされる。

問6　足利尊氏は後醍醐天皇に共鳴して鎌倉幕府を倒すのに貢献したが，その後の後醍醐天皇の建武の新政では，公家や貴族が中心の政治になり武家が軽んじられたということで，後醍醐天皇に反発して立ち上がり，後醍醐天皇が奈良の吉野に逃れると，あらたに別の天皇を立てて北朝としてそのもとで京都で征夷大将軍となり幕府を開いた。

問7　2　鎌倉時代。元寇は1274年と1281年→4　建武の新政は1334年から36年まで。足利尊氏が将軍となり幕府を開くのが1338年。→1　足利義満が将軍でいたのは1368年から1394年まで，応仁の乱は1467年。→3　織田信長が将軍の足利義昭を追放したのが1573年，長篠の戦いが1575年。

3 (政治―日本国憲法と自衛隊に関連する問題)

基本 問1　日本国憲法第9条で，戦争を起こさないということと，一切の戦力を保持しないとしている。

問2　PKOはpeace keeping operation平和維持活動の略。自衛隊は1992年のPKO協力法成立後，海外の平和維持活動に参加，貢献している。NATOは北大西洋条約機構，NPOは非営利組織，ODAは政府開発援助。

問3　1951年にサンフランシスコ講和条約を調印した後，アメリカとの間で，日米安全保障条約を締結。その後，1960年に日米新安全保障条約に改定されている。

重要 問4　沖縄県には日本の米軍施設の約7割が集中し，沖縄本島の2割ほどが軍用地となっている。

★ワンポイントアドバイス★

ていねいに問題文や選択肢の文章を読んで解答していくこと。試験時間に対して問題数は多くもなく，基本的な事項を問う問題が多いので，あせらずにやること。選択肢の問題は，必ず問題の指示，設問の内容を見て，解答を選ぶこと。

＜国語解答＞《学校からの正答の発表はありません。》

一　問1　①　調合　②　研究　③　胸　④　ろうどく　⑤　我　⑥　現象
⑦　貧困　⑧　こんげん　問2　a　1　b　4　c　2　問3　A　2　B　4
C　3　D　1　E　5　問4　4　問5　2　問6　メッセージ　問7　3
問8　Ⅰ　4　Ⅱ　1　問9　5　問10　人間とは何か，どうすれば幸せに生きられるか
問11　3

二　問1　①　ぐんせい　②　断　③　無造作　④　訪　⑤　見放[見離]
⑥　ゆうび　⑦　浴　⑧　けだか　問2　a　4　b　2　c　4　問3　A　2
B　5　C　4　D　1　E　3　問4　X　3　Y　1　問5　4　問6　2
問7　1　問8　5　問9　3　問10　3　問11　5

○推定配点○
一　問1　各1点×8　問2・問3・問8　各2点×10　問10　5点　他　各3点×6
二　問1　各1点×8　問2～問4　各2点×10　他　各3点×7　計100点

＜国語解説＞

一　(論説文－要旨・大意の読み取り，文章の細部の読み取り，指示語の問題，空欄補充の問題，脱文補充，ことばの意味，漢字の読み書き)

問1　①「調合」は，薬品などを二種類以上まぜあわせること。「調」の訓は「しら‐べる・ととの‐う・ととの‐える」。「調和」「調節」などの熟語がある。　②「研」の訓は「と‐ぐ」。「研修」「研磨」などの熟語がある。「究」の訓は「きわ‐める」。「探究」「追究」などの熟語がある。　③「胸」は「凶」の部分を「区」や「匹」などの似た形の字と区別する。音は「キョウ」。「胸囲」「胸中」などの熟語がある。　④「朗読」は，文章などを声を出して詠みあげること。「朗」は同音で形の似た「郎」と区別する。「朗」の訓は「ほが‐らか」。「明朗」「晴朗」などの熟語がある。　⑤「我」は，音は「ガ」。訓は「わ・われ」。「わ」と読む場合は「我が国」「我が家」など「わたし。わたくし」の意味を表す。「われ」と読む場合は「我に返る(＝正気にもどる)」「我を忘れる(＝心を奪われてぼんやりする)」など「自分自身。自分。自己」の意味を表す。「自我」「無我」などの熟語がある。　⑥「現象」は，実際に形をとって現れる物事。出来事。「象」は形の似た「像(ゾウ)」と区別する。「現像(ゲンゾウ)」は，写真でフィルムを薬品で処理して画像を現すこと。「現」の訓は「あらわ‐れる・あらわ‐す」。「実現」「現状」などの熟語がある。「象」には「印象」「対象」などの熟語がある。「象」を「ゾウ」と読むのは動物の「象」を表す場合だけである。　⑦「貧困」は，貧乏で生活が苦しいこと。「貧」は「ビン」の音もある。訓は「まず‐しい」。「貧富」「貧弱」などの熟語がある。「困」は，形の似た「因(イン)」と区別する。訓は「こま‐る」。「困難」「困苦」などの熟語がある。　⑧「根源」は，いちばんもとになっているもの。おおもと。「根」の熟語には「根本」「根幹」などがある。「源」の訓は「みなもと」。「源流」「起源」などの熟語がある。

やや難　問2　a「瞬く間」は，一回まばたきをするほどの間。きわめて短い時間。「瞬く」は，まぶたをぱちぱちと開閉するの意味。　b「言わずもがな」は，言う必要がないの意味。「言わず(＝言わない)」に願望と感動の意味の言葉が付いた言い方。言わないほうがよいということ。　c「かけがえのない」は，代わりになるものがないということ。このうえなく大切なものについて言う。「かけがえ」は，代わりの用意にとっておく，同じ種類のもの。

基本 問3　A　ヨーロッパにあったものを日本に紹介したという内容なので，はじめから・もとからの意味がある2「もともと」が入る。　B　昭和二十年代には「ポプリ」という言葉がなかったが，今はある，というつながり。「まだ……なくて」という対応に着目する。　C　高校生のころに『赤毛のアン』からメッセージとして受け止めたものが，ずっと変わらずに今に繋がっているという内容。変わらないことを表す「そのまま」が入る。　D　どのくらい「長い」のかという程度を説明する「ずいぶん」が入る。　E　「せっかく」は，力をつくして，ほねをおって，わざわざの意味。「せっかく……だから」「せっかく……のに」の形になることが多い。

問4　『赤毛のアン』が初めて日本語に翻訳された昭和二十年代にはなかった「ポプリ」について，「訳者はこれを，『いろいろの花びらを集めて香料と混ぜ，壷に入れたもの。室内を薫らすために使う』と説明していた」とある。

問5　2. については，「～と説明していた。」に続く部分に，「それを読んだ熊井さんは，キューピッドに矢を打ち込まれたようにイメージが胸に広がり～」とある。　1.「主人公アンは少女たちの心を瞬く間に捉え，夢と希望の魔法の粉を振りかけてくれた」とある。　3.「私は……アンの一言一言に耳を澄ませ……一緒にどきどきし，うまくいくと我がことのように喜び～」とある。　4.『赤毛のアン』から「メッセージを受け取ったかのよう」というのは様子ではなく，筆者が理解したことである。　5.「ポプリに興味を持った」と「ポプリに惹かれた」は同じことがらを述べていて，様子を表現したものではない。

基本 問6　何が「今に繋がっている」のかと考えると，筆者が『赤毛のアン』の中のアンの「朗読や言葉」から受け止めた「メッセージ」である。

問7　本文と選択肢の内容を比較すると，「同じ時期に，同じ年齢で，同じように接したアンの中から，熊井さんはポプリを，私は朗読やメッセージとして受け止め」とあるのは，3. の「同じ時期に同じ本から異なるメッセージを受け取り」とあるのと一致する。また，本文の「それ(＝メッセージ)がそのまま今に繋がっていること」とあるのは，「それぞれの人生に影響を受けたこと」と一致する。アンの中から受け止めたメッセージによって，熊井さんはポプリ研究の第一人者になり，「私」は「文学の道を選ぶアンに自分の人生を重ねて考えたりした」のである。

1. 「同年代の少女たちがみな」が誤り。　2. 「同じメッセージを受け取り」が誤り。　4. 「影響力はもたなかった」が誤り。　5. 「娯楽の乏しい時代」という内容は述べられていない。

やや難 問8　ここで話題にしているのは「メッセージの存在」である。直前の段落に「世の中に存在するすべての事や物には，必ずメッセージがある」とある。そのメッセージを「私自身」がどうしたのかと考える。〔　Ⅰ　〕の直前には「読み誤ったり」とある。「たり」は「～たり，～たり」と重ねて使う言い方をするので，4.「見逃したりして」が入る。筆者は，メッセージを読み誤ったり，見逃したりして正しく受け止めることができなかったというのである。〔　Ⅱ　〕は，直前の「大切な時間を」との対応を考える。「時間を，積み重ねていく」というのである。

問9　問8と関連させて考える。筆者は，メッセージを読み誤ったり，見逃したりして正しく受け止めることができなかったというのであるから，欠点・失敗の意味を表す5.「マイナス」が入る。

問10　最後の段落に，「世の中のことすべて，事件や事故，貧困や病，戦いや死でさえ，『人間とは何か，どうすれば幸せに生きられるか』というメッセージを根源に忍ばせているからである」とある。「忍ばせる」は，人に知られないように，隠すようにしてこっそり行うの意味。「秘める」は，隠して，人に知らせないでいる，表面に表れないようにするの意味。

重要 問11　抜き出した文の初めの「それ」が指すものをとらえる。続く部分を読むと「それ」が指すものに「どう気づき，それをどう読み取るか，さらにはどう自らの生き方の美学，哲学にしていくか，していけるかが，問われるところなのだろう」とある。ここまでの設問でとらえたように，筆者は「世の中に存在するすべての事や物には，必ずメッセージがある」としている。ⅲの前ではそのことを説明し，ⅲのあとでは，メッセージを受け取ることが人生では大切だと述べている。

二 (小説－心情・情景の読み取り，文章の細部の読み取り，接続語の問題，空欄補充の問題，脱文補充，ことばの意味，漢字の読み書き)

問1 ① 「群生」は，同じ種類の植物が，一か所にむらがってはえていること。「群」を同音で形の似た「郡」と区別する。「群」の訓は「む‐れる・む‐れ・むら」。「群衆」「抜群」などの熟語がある。 ② 「断」は，送り仮名を「断わる」と誤りやすいので注意する。「た‐つ」の訓もある。音は「ダン」。「断絶」「裁断」などの熟語がある。 ③ 「無造作」は，慎重でなく簡単気軽に物事をする様子。「造作」は，何かをするのに手間がかかること。めんどう。「作」を「サ」と読む熟語は「作用」「発作」などがある。「造」の訓は「つく‐る」。「製造」「構造」などの熟語がある。 ④「訪」は形の似た「防(ボウ)」や「妨(ボウ)」と区別する。「訪」の音は「ホウ」。「たず‐ねる」の訓もある。「訪問」「歴訪」などの熟語がある。 ⑤ 「見放す(見離す)」は，見切りをつけ，以後はかまわずに気にかけないこと。「放」の訓は「はな‐す・はな‐つ・はな‐れる・ほう‐る」。「手放す」「解き放つ」などの言葉がある。 ⑥ 「優美」は，上品で美しい様子。「優」の訓は「やさ‐しい・すぐ‐れる」。「優劣」「優遇」などの熟語がある。 ⑦ 「浴」は形の似た「沿(エン)」と区別する。「浴」の音は「ヨク」。「あ‐びせる」の訓もある。「入浴」「浴場」などの熟語がある。 ⑧ 「気高さ」は，上品で傷つけることがためらわれる様子であること。「気」を「ケ」と読むのはほかに「湿気」がある。

やや難 問2 a 「はぐれる」は，いっしょにいた人を見失って離れ離れになるの意味。 b 「ぎこちない」は，なめらかでない，不自然であるの意味。 c 「気配」は，周囲の状況から，どうもそうらしいとおぼろげに察せられる様子。

やや難 問3 A 「ただ」は，前に述べたことに条件や例外を付け加えることを表す。配達人の若者が話す町のできことは，番人には夢物語のようなものだったのである。ただ，生き生きとして語る若者をがっかりさせないために，番人は若者の話を聞くときの条件として相槌を打つことを自分で決めて，忘れなかったというのである。1.「しかし」もつながりのうえでは入るが，Dには「しかし」しか入らないので「ただ」を選ぶ。 B 「実に」は，本当に，全くの意味。キャンディーにさまざまな種類があることを強調している。 C 「あるいは」は，または，もしくはの意味で，対比・選択することを表す。「はぐれたのか……隠れているのか」と「～か～か」の形になっていることに注目する。 D 空欄Dの前後は，番人はしばらく成り行きをうかがっていたけれど，変化がなかったというつながり。「しかし」が入る。 E あとにある「～かのように」とのつながりで，「まるで初対面の人間にするかのように」となる。

基本 問4 X 文の終わりの「見つける」と対応するのは，3.「ある日」である。 Y 続く部分に「朝露に光る白い羽の美しさに」とあるので，1.「毎朝」が入る。

問5 1. 2. 3. 5. の内容は傍線部イの直前の二文に書かれている。4. については「父親もその父親もまた番人で，森の外では一度も暮らしたことのない一族だった」とあるのと合わない。

問6 「風」は，食料品店の配達人である若者が外の世界から運んでくるものである。若者は「町の噂や事件について，ひとしきりお喋りした」のである。

問7 傍線部ハを含む段落で「一日の仕事を終え，小屋に戻ってくる」番人の行動が描かれている。傍線部ハの直前には，「口の中でキャンディーを溶かしながら，ストーブの火が少しずつ大きくなるのを待っている間が」とある。

問8　傍線部ニを含む一文を読むと,「白鳥はどんなふうにして眠っているのだろうか，と考えただけでムネが苦しく，粗末ながらも自分がベッドの中にいることが申し訳なくてたまらなくなり，毛布も掛けずに床に寝転がった」とある。

問9　傍線部ホを含む一文は,「そうだ，自分の一番大事なものを捧げればいいのだ，と番人は気づいた」とある。「そうだ」は，直前の段落にある「白鳥のために，もっと何かしたい，何かできるはずだ，まだまだ足りない，と番人は思った」とある自分への疑問に対する答えに番人が気づいたことを表している。番人がなぜ白鳥に対して何かしたい，何かできるはずだと思うようになったかといえば,「白鳥は番人の存在を認めるようになった」からである。

問10　直前の文に,「白鳥はキャンディーの重みで湖の底に沈み，一滴の雫になっていた」とある。

重要　問11　番人は，なぜ何度も若者にお礼を言ったのかを考える。番人は白鳥にあげるために「もっとたくさんのキャンディー」を欲しかったのである。若者がたくさんのキャンディーをくれたので「何度もお礼を言った」のである。

★ワンポイントアドバイス★

論説文は，筆者がどのように説明を進めているかを読み取っていこう。筆者が伝えたいことと具体例がどのようにかかわっているかをとらえて読むことが大切だ。小説は，場面の様子をとらえるとともに，心情と心情の理由や出来事についての人物の思い，人物像を読み取るようにしよう。

第1回特待

2024年度

解　答　と　解　説

《2024年度の配点は解答欄に掲載してあります。》

＜算数解答＞《学校からの正答の発表はありません。》

1　(1)　9.8　(2)　$\frac{20}{9}$　(3)　$\frac{23}{48}$　(4)　0.2　(5)　450　(6)　16　(7)　9
(8)　4

2　(1)　64度　(2)　57度　3　(1)　200cm^2　(2)　987cm^2

4　(1)　3cm　(2)　207.24cm^2　5　(1)　イ　(2)　953

6　(1)　24人　(2)　128個　7　(1)　145　(2)　2038

○推定配点○

各5点×20　計100点

＜算数解説＞

1　(四則計算，割合と比，速さの三公式と比，通過算，単位の換算，鶴亀算，仕事算)

(1)　$744.8 \div 76 = 9.8$

(2)　$\frac{5}{12} \times 8 - \frac{5}{4} \times \frac{8}{9} = \frac{10}{3} - \frac{10}{9} = \frac{20}{9}$

(3)　$\left(\frac{13}{5} - \frac{37}{16}\right) \times \frac{5}{3} = \frac{13}{3} - \frac{185}{48} = \frac{23}{48}$

(4)　$\square = (3 \div 2.5 - 0.8) \div 2 = 0.6 - 0.4 = 0.2$

重要　(5)　$600 \times 0.07 \div 0.04 - 600 = 450$(g)

重要　(6)　時速50.4km…秒速$50400 \div 3600 = 14$(m)　したがって，求める時間は$224 \div 14 = 16$(秒)…人の横幅は考慮しない。

重要　(7)　$(6 \times 30 - 144) \div (6 - 2) = 9$(回)

重要　(8)　全体の仕事量…5，10の最小公倍数30　Aさん1日の仕事量…$30 \div 5 = 6$　Bさん1日の仕事量…$30 \div 10 = 3$　したがって，求める日数は$1 + (30 - 3) \div (6 + 3) = 4$(日)

重要　2　(平面図形)

(1)　角BCA…図アより，$180 - 105 + 23 = 98$(度)　角CAB…$(180 - 98) \div 2 = 41$(度)　したがって，角xは$105 - 41 = 64$(度)

(2)　角y…図イより，$(60 + 54) \div 2 = 57$(度)

図ア

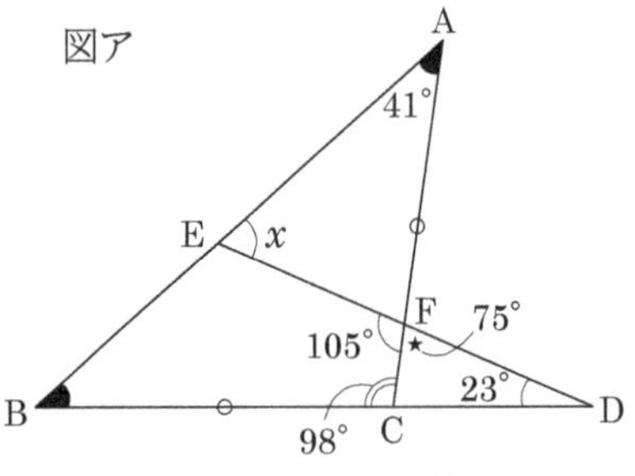

図イ

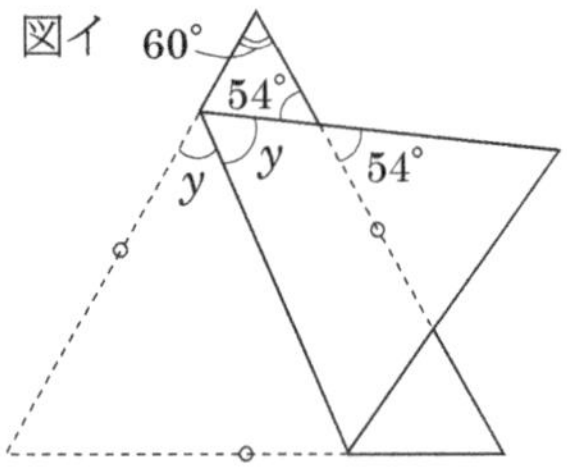

重要　3　(平面図形)

(1)　色がついた部分の面積の合計…右図より，底辺が50cm，高さが8cmの三角形の面積に等しい。したがって，$50 \times 8 \div 2 = 200$(cm^2)

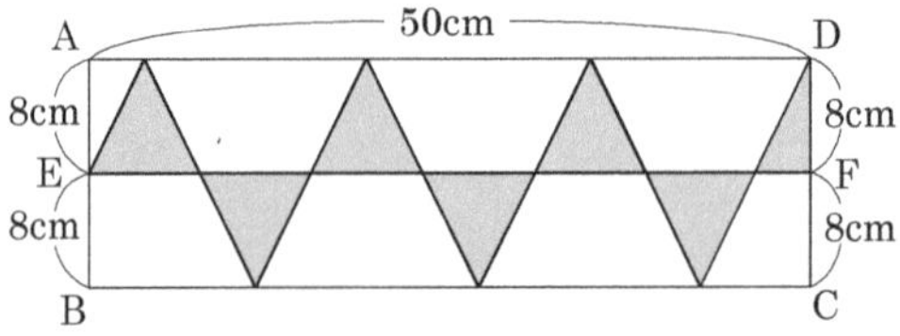

(2) 色がついた部分の面積の合計…右図より，80×60÷2−30×30×3.14÷2＝2400−1413＝987(cm^2)

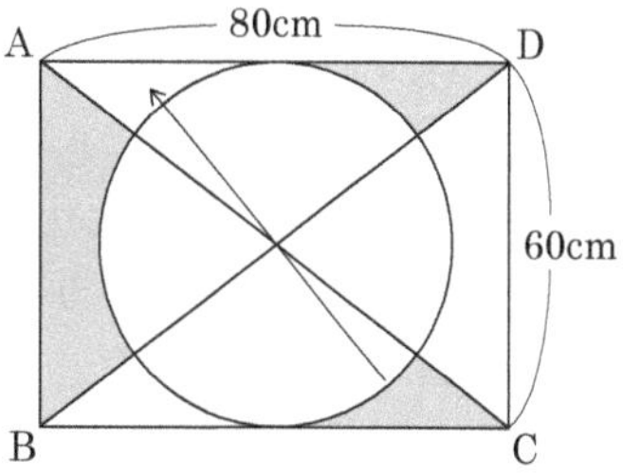

重要 4 (平面図形)

(1) ADの長さ…150.72÷8＝18.84(cm)　したがって，円の半径は18.84÷3.14÷2＝3(cm)(図1参照)

(2) 3×3×3.14×2＋150.72＝56.52＋150.72＝207.24(cm^2)

図1

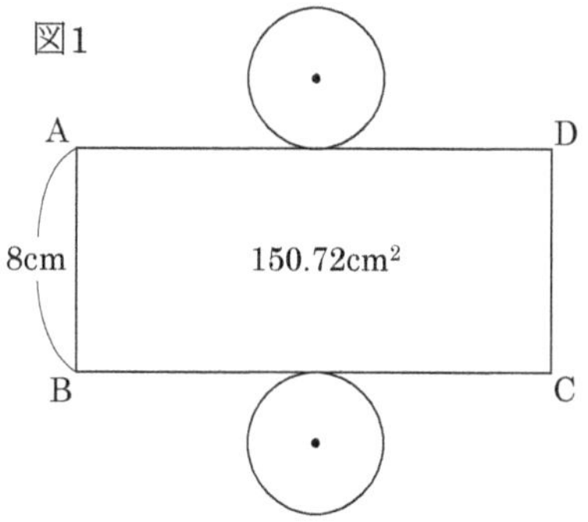

5 (論理)

ゲーム内容…相手が思い浮かべた3ケタの数字を当てる

3ケタの数字…同じ数字を重複しない・0で始めてもよい

ヒット…自分が思い浮かべた数字とその位が，相手が返答した数字とその位に一致する場合

ブロー…自分が思い浮かべた数字のみ，相手が返答した数字と一致する場合

基本 (1) 839と980…8，9について0ヒット2ブローより，イ

重要 (2) 168…0ヒット0ブローより，これら以外の数字は0，2，3，4，5，7，9 —ア　257…1ヒット0ブロー —イ　034…0ヒット1ブロー —ウ　153…2ヒット0ブロー —エ

イとエ…□5□　ウとエ…□53　イ～エ…示された数字は0，1，2，3，4，5，7 —オ

アとオ…残っている数字は9　したがって，思い浮かべた3ケタの数字は953

重要 6 (割合と比，差集め算)

1回目…あめ玉を1人に6個ずつ配ると16個不足

2回目…あめ玉を60個増やして1人に7個ずつ配ると20個余り

(1) 60個増やして1人に6個ずつ配る場合…60−16＝44(個)余る　したがって，人数は(44−20)÷(7−6)＝24(人)

(2) (1)より，6×24−16＝128(個)

7 (数の性質)

重要 (1) 150に最も近い3，4の公倍数…12×12＝144または144＋12＝156　したがって，求める数は144＋1＝145

やや難 (2) 5で割って3余る数…5の倍数−2　4で割って2余る数…4の倍数−2　3で割って1余る数…3の倍数−2

2024に最も近い3，4，5の公倍数…60×34＝2040　したがって，求める数は2040−2＝2038

★ワンポイントアドバイス★

6「あめ玉を配分する」問題は，「60個増やして1人に6個ずつ配る場合」に過不足がどうなるのかを計算することがヒントになる。7(2)の問題は「公倍数−2」がポイントになる。まず，1の8題で全問正解することを目指そう。

＜理科解答＞《学校からの正答の発表はありません。》

1 問1 (同じ極同士) しりぞけあう。 (違う極同士) ひきつけあう。 問2 電磁石
問3 (1つ目) コイルの巻き数を増やす。[太くする。] (2つ目) 電流を強くする。
問4 リニアモーターカー 問5 電流が強くなると，スイッチが引き寄せられ，回路が切れる。

2 問1 ア 問2 エ 問3 ウ 問4 粘土もふたをずらして，空気が入れかわるようにする。 問5 早く消える。 問6 長い方が先に消え，短い方が後に消える。

3 問1 B 問2 周囲に紛れて身を守るため。 問3 (1つ目) 頭部，胸部，腹部からなる。(2つ目) 足が6本，胸部からなる。 問4 気門 問5 ウ 問6 りんぷんが水をはじくから。

4 問1 観察する目印を書いておく。 問2 ウ 問3 地球が西から東に向かって自転しているから。 問4 A 低い B 少なく C 高い D 多く 問5 北海道の方が緯度が高いから。

○推定配点○
4 問4 各1点×4 他 各2点×23(1問1，3問3各完答) 計50点

＜理科解説＞

基本 **1** (電流のはたらき・電磁石―電磁石)

問1 磁石は同じ極同士では反発しあい，違う極同士ではひきつけあう。

問2 電流を流すと磁力が発生するものを電磁石という。

問3 磁力を大きくするには，①巻きつけるコイルの数を多くしたり，導線の太さを太くして多くの電流が流れるようにする。②コイルに流す電流を大きくする。

問4 この鉄道はリニアモーターカーで，磁力で電車を浮き上がらせて高速で走行する。

問5 強い電流が流れると電磁石に磁力が生じ，スイッチの鉄の部分が引き寄せられてスイッチが切れる仕組みになっている。

2 (ものの燃え方―ろうそくの燃え方)

基本 問1 物を燃やす性質を持つ気体は酸素である。

基本 問2 ろうそくには炭素が含まれていて，ろうそくが燃えると炭素が二酸化炭素になって放出される。

基本 問3 空気が入ってくるので，消えるまでの時間が長くなる。

問4 粘土もふたもずらして，空気が流れるようにする。燃焼で生じた二酸化炭素は温められて上からたまるので，ふたをずらして二酸化炭素が外に出るようにするとよい。

問5 ろうそくが2本になったので，使われる酸素の量が多くなり実験1より早く火が消える。

問6 発生した二酸化炭素は温められてびんの上側からたまってくる。そのため長いろうそくの方が燃焼に必要な酸素が先に少なくなるので，火が先に消える。

基本 **3** (動物―昆虫・チョウの特長)

問1 Aはアゲハチョウ，Bはモンシロチョウ，Cはオオムラサキの幼虫である。

問2 周囲と同じ色になることで，鳥などの天敵に見つかりにくくなり，食べられることが少なくなる。

問3 昆虫の特長は，①体が頭部，胸部，腹部の3つの部分に分けられること。②3対6本の足が胸

部から出ていること。

問4　昆虫は，体にある気門という穴から空気の出し入れを行う。気門から入った空気は，気管を通って全身に運ばれる。

問5　モンシロチョウの幼虫は，アブラナ科の植物をエサにする。オオムラサキの成虫は，クヌギ，コナラなどの樹液をエサにする。

問6　チョウの羽の表面に付いている細かな粉をりん粉という。これはチョウの羽の表面の毛が変化したもので，水分をはじく性質があり羽がぬれるのを防いでいる。

4 (地球と太陽・月一太陽の動き)

問1　天体を連続して観察するときは，同じ位置から同じ方角を見て観察する。そのために目印となるものを書いておくとよい。

基本　問2　夏至の頃から冬至の頃まで太陽を観察したので，太陽の南中高度が下がっていく。

基本　問3　太陽が移動するように見えるのは，地球が太陽の周りを西から東の方角に自転しているからである。

問4　朝方や夕方は太陽の高度が低く，光が斜めからやってくるので広い面積に光が当たる。逆に言うと，同じ面積で比べると太陽の光の量が少なくなり気温が低い。正午ごろは太陽の高度が高くなり，同じ面積を照らす太陽の光が多くなるため気温が高い。

重要　問5　夏至の日のその場所での太陽の南中高度は，(90－その場所の緯度＋23.4)で求めることができる。札幌市の緯度は福岡市より高いため，南中高度は福岡市より低くなる。

★ワンポイントアドバイス★

大半が基本問題で，基礎的な理科の知識をしっかり理解しているかを問われている。標準的な問題集で問題演習を行うとよいだろう。

<社会解答>《学校からの正答の発表はありません。》

1　問1　(人口)　B　(農業)　C　問2　a　④　g　⑦　問3　霞ヶ浦
問4　東北新幹線

2　問1　中大兄皇子　問2　口分田　問3　十七条の憲法　問4　ア　問5　卑弥呼
問6　ウ　問7　墾田永年私財法　問8　C→B→A→D

3　問1　イ　問2　公共の福祉　問3　法の下に平等　問4　ア　問5　バリアフリー

○推定配点○

1　各3点×6　2　問8　3点　他　各2点×7　3　各3点×5　計50点

1 (日本の地理－関東地方の地理に関する問題)

やや難　問1　表のAが面積，Bが人口，Cが農業産出額(野菜)，Dが海面漁業漁獲量，Eが工業製品出荷額になる。また，aが茨城県，bが栃木県，cが群馬県，dが埼玉県，eが千葉県，fが東京都，gが神奈川県になる。

問2　地図中の④が茨城県，神奈川県が⑦。①は群馬県，②は栃木県，③は埼玉県，⑤は東京都，

⑥は千葉県になる。

基本 問3　霞ヶ浦は利根川水系の湖で，茨城県にとっては農業や水産業の面で重要な存在。

問4　東北新幹線は東京から埼玉の大宮で上越新幹線，北陸新幹線と分かれて北上していく。茨城県内は新幹線は通過するが停車駅はない。

2 (日本の歴史－史料を見て考える問題)

重要 問1　Aは645年の大化の改新の際に出された改新の詔。大化の改新を行い，その後，天智天皇となったのは中大兄皇子。

基本 問2　6年毎に作成される戸籍にもとづいて6歳以上の男女に貸し与えられた土地が口分田。良民男子が2反，良民女子がその3分の2の1反と120歩。賤民男子が良民男子の3分の1の240歩，賤民女子が賤民男子の3分の2の160歩となる。

問3　史料Bは聖徳太子が604年に出したとされる十七条の憲法で，現在の憲法とは異なり，役人の心得のようなもの。

問4　仏教は538年に朝鮮半島の百済から日本に伝えられたとされる。

問5　史料Cは魏志倭人伝で，当時の邪馬台国を形成していたさまざまな国の王たちに推されて，卑弥呼が女王となったということが記されている。

問6　史料Dは723年に出された三世一身の法で，奈良時代の農民の負担が非常に重く，農民が口分田を捨てて逃げるものが多くなり，口分田が荒廃したことと，都の人口が急増し食料が不足したことで新たに耕地をつくる必要がでてきて三世一身の法が出された。

重要 問7　三世一身の法は開墾した者から三代までは土地を私有できるが，その後は国に納めないとならないというものなので，結果としては効果がなかったために，墾田永年私財法では開墾した土地の永久私有を認めるようになった。

問8　C　AD2～3世紀→B　604年→A　645年→D　723年の順。

3 (政治－憲法，人権に関する問題)

重要 問1　新しい人権は日本国憲法が制定された後に，問われるようになった人権で，団結権は労働者の権利として認められている，いわゆる労働三権の一つで労働者が雇用主に対して組合などを組織して対抗する権利のこと。

問2　公共の福祉は社会全体の利益・幸福であるとともに，国民の基本的人権を制限する際の「公共の福祉に反する場合」では，他人の迷惑になる場合ととらえられる。

基本 問3　法の下での平等とは，憲法，法律が全ての国民に対して平等なものであるということ。

問4　男女雇用機会均等法は，国連の女子差別撤廃条約に日本が参加しようとした際に，日本は女性への差別がまだ根強いと指摘され，法整備をして条件をクリアできるようにするために制定されたもの。その後，さらにこれを補強するようなものとして男女共同参画社会基本法が出された。

問5　バリアフリーとは，障碍者や高齢者など体が不自由な人が，社会の中で安全・快適に暮らせるように障壁となるものを取り除くということで，バリアが障壁を示し，フリーは自由の意味にも使う語だが，あるもののしばりがない状態なので，障壁によるしばりがない状態ということがバリアフリーということ。

★ワンポイントアドバイス★

第1回と比べると語を答えるものが多いので，問題をよく見て，特に漢字やカタカナの指定があるもの，文字数の指定があるものがあるので，その指定に必ず従うこと。記号で答えるものは，選んだ答え以外はダメなのかも確認することも大事。

<国語解答> 《学校からの正答の発表はありません。》

一　問1　①　勤　②　し　③　うつ　④　神秘的　⑤　週刊誌　⑥　簡潔
⑦　退　⑧　芸当　問2　a　2　b　4　c　2　問3　A　5　B　4　C　2
D　1　E　3　問4　Ⅰ　3　Ⅳ　4　問5　Ⅱ　3　Ⅲ　2　問6　5　問7　4
問8　3　問9　長　問10　2

二　問1　①　大勢　②　さいげん　③　洋服　④　いただき　⑤　衣装　⑥　忘
⑦　あんい　⑧　ちぢ　問2　a　1　b　3　c　1　問3　A　4　B　5
C　2　D　1　E　3　問4　2　問5　4　問6　4　問7　ア　2　イ　1
ウ　1　エ　2　オ　1　問8　4

○推定配点○
一　問1　各1点×8　問2～問5　各2点×12　問10　4点　他　各3点×4
二　問1　各1点×8　問2・問3　各2点×8　問8　4点　他　各3点×8　計100点

<国語解説>

一　**(論説文－文章の細部の読み取り，接続語の問題，空欄補充の問題，脱文補充，ことばの意味，漢字の読み書き)**

問1　①「勤める」は，同訓異字の「務める」「努める」と区別する。「勤める」は，与えられた仕事を毎日のように行うの意味。「務める」は，与えられた役目や任務にあたるの意味。「努める」は，努力するの意味。　②「強いて」は，むりやりにの意味。「し‐いる」と読む言葉には「無理強(むりじ)い」がある。「強」の音は「キョウ・ゴウ」。「強引」「強情」などの熟語がある。
③「目に映る」は，そのように見えるの意味。「映」の訓は「うつ‐る・うつ‐す・は‐える」。「夕映え」「出来映え」などの言葉がある。　④「神秘的」は，人間の知恵でははかり知ることのできない不思議なことである様子。「神」のへんは「しめすへん」。「ころもへん」を書かないように注意する。　⑤「週刊誌」は，週に一回刊行する雑誌。「週間誌」と書く誤りが多いので注意する。また，「誌」を「紙」と書かないように注意する。　⑥「簡潔」は，簡単に要領よくまとまっている様子。「簡」は「たけかんむり」。くさかんむりと区別する。「簡」には「簡易」「書簡」，「潔」には「潔白」「純潔」などの熟語がある。　⑦「退く」は，ある職・社会などから身を引く，引退するの意味。「退」の音は「タイ」。「退散」「辞退」などの熟語がある。　⑧「芸当」は，ふつうではできないような行為。「曲芸」「はなれわざ」も同じ意味の言葉。

やや難　問2　a「しりごみ」は，顔は前に向けたまま，後ろへすこしずつさがること。また，そのような行動に表れたおじけてためらう様子のこと。　b「さっぱり」は，打ち消しの語と組み合わさると，まるで，まったく，まるっきりの意味を表す。　c「貴社」の「貴」は，敬意をこめた「あなたの」の意味。「貴社」で，あなたの会社の意味。

基本　問3　A「つまり」は，前に述べた事柄についての補足や説明，要約をする働きがある。漢字の表意文字という性質について例を挙げて説明したあとで，要約をしている。　B　前で述べた「漢字は強い印象を与えるということ」について，Bのあとで具体例を挙げて説明している。例示の働きをする「たとえば」が入る。　C「～ないでしょうか」という推量を表す語と対応するのは，多分の意味を表す「おそらく」。　D　Dのあとでは，前の段落に引き続いて漢字の効果・力について説明をしている。付け加える働きの「また」が入る。　E　前では「意味がとれない」と述べ，あとでは「見当がつく」と反対の事柄を述べている。逆接の「ところが」が入る。

問4　Ⅰの前では「『13』と『3』は」と数字が示されているが，アラビア数字かローマ数字かは判断できない。読み進めると「アラビア数字――1，2，3，……がそうです」とある。　Ⅳ「(朝鮮半島で使用されている文字)」とあるので，1．ローマ，2．ギリシャ，3．アラビア，5．ローマは当てはまらない。

問5　表音文字と表意文字についての説明を読み取る。Ⅱの直後に「音だけを表すもの」とあり，例として，仮名の「『キ』という文字は『キ』という音だけを表します」とある。「文字」が音だけを表すものは，表音文字である。Ⅲは，「〔　Ⅲ　〕といっしょに意味を表す文字で，漢字はその代表」とある。これを，同じ段落の最後で「漢字というものは，発音だけではなくて，いっしょに意味も表すという特殊な文字」と言い換えている。

問6　1．の内容については，問5でとらえたとおり。また，「漢字の第一の重要な性質は，表意性，つまり，ほかの文字と違いまして，発音を表すと同時に意味も表すということです」とある。

2．の内容については，「漢字は意味を表すということで，時には読めなくても実際に用を果すということがあります」とある。　3．の内容については，「新しい言葉ができた場合に漢字で書いてありますと意味がすぐにわかる」とある。　4．の内容については，「漢字は表意文字であるところから，それを組み合わせますと新語がいくらでもできます」とある。　5．の内容については，「これらの語(＝漢字を組み合わせて作った新語)は，耳で聞いたのではさっぱりわかりません」とあるのと合わない。

問7　傍線部ロのある段落は，直前の段落の「漢字は強い印象を与えるということがあります」ということについて例を挙げて説明している。「トラックに……『危』という漢字が書いてありますと，ちょっと見ていかにも危ない感じがします」とある。また，作家の三島由紀夫さんについて，「『蟹』という文字を見ても鳥肌が立ったというのです」とある。このような具体的な例を挙げて，漢字には強い印象を与える特別な効果・力があったというのである。

問8　3．については，問6の1．でとらえたように，「漢字の第一の重要な性質は，表意性，つまり，ほかの文字と違いまして，発音を表すと同時に意味も表すということです」とあり，「漢字は意味も表すということで，漢字は強い印象を与えるということがあります」と述べているのと合致する。　1．については，「こういった複雑な文字を使い合わせている(＝平仮名と漢字，片仮名，ローマ字を使うこと)国は，地球上ほかにはないと思います」とあるのと合わない。　2．については，「発音のほかに意味も表す表意文字というのは漢字のほかには，強いて言えば，アラビア数字――1，2，3，……がそうです」とあるのと合わない。　4．については，このような内容は書かれていない。5．については，「aphasis」というギリシア語からきた言葉を例に挙げた説明があるが，組み合わせによってさまざまな新語を作ることができるとは述べていない。

問9　「意味の面からはすぐ理解できるという調所があります」の「調所」は，すぐれているところの意味の「長所」が正しい。

重要　問10　脱文は，「この漢字は一体どう読むのか」と問いかけの文になっている。ⓘ～ⓥの箇所に問いかけの文を入れてみると，ⓘⓘが「この漢字は一体どう読むのか。トク，アンでいいのか，『安』と書いてヒットと読むのか，私にはわかりませんが」となり，問いかけが続く形になって自然なつながりになっている。

二　(小説－心情・情景の読み取り，文章の細部の読み取り，接続語の問題，空欄補充，脱文補充，ことばの意味，漢字の読み書き)

問1　①「大勢」は「多勢」と誤らないように注意する。「多勢」は「たぜい」と読む。「勢」の訓は「いきお‐い」。「情勢」「優勢」などの熟語がある。　②「際限」は，物事がこれ以上変化・発展しないという，最終のところ。「際限がない」の形でよく使われる。「国際」「交際」などの熟語がある。「限」の訓は「かぎ - る」。「有限」「極限」などの熟語がある。　③「服」はつくりを「及」などとしないように注意する。「服従」「不服」などの熟語がある。　④「頂」は，いちばん高い所。音は「チョウ」。「頂点」「山頂」などの熟語がある。　⑤「衣」の訓は「ころも」。「衣替え」「羽衣」などの言葉がある。「衣装」のように「装」を「ショウ」と読む熟語には「装束」がある。「装」の訓は「よそお - う」。　⑥「忘」は「亡くなる」＋「心」と覚えるとよい。音は「ボウ」。「忘却」「忘我」などの熟語がある。　⑦「安易」は，簡単にできること。「易」の音は「イ・エキ」。訓は「やさ - しい」。「容易」「貿易」などの熟語がある。　⑧「縮める」は「ちじ - める」と誤らないように注意する。音は「シュク」。「縮小」「短縮」などの熟語がある。

やや難　問2　a「すこぶる」は，普通の状態からかけ離れている様子。非常に。　b「しきりに」は，程度が強い様子。ひどく，さかんにの意味。　c「とんじゃく」は，こだわって気にかけること。「とんちゃく」という言い方もする。

基本　問3　A　前の部分では「進んで行く」とあり，あとの部分では「どこへ行くんだかわからない」とある。前後がすんなりとつながらないので逆接の「けれども」。　B　太陽の動きを時間を追って説明している。前の事柄にあとの事柄を付け加える「そうして」が入る。　C「しばらく」との対応を考える。「しばらく」という少し長く時間が経過する様子があって，そのうちに(＝やがて)「『なぜ』と問い返した」というつながり。　D　文の終わりが「～だけはたしかである」とあるのに注目する。「ただ」は，前に述べたことがらに条件や例外を付け加えるときに使う言葉である。「どこへ行くのだか知れない。ただ……波を切って行く事だけは確かである」と例外を付け加えている。　E「黙っていた」という様子を受けて，異人が話をしたというつながり。前後がすんなりとつながる順接の「すると」が入る。

問4「落ちて行く日を追かけるようだから」とある。船の行き先は日が落ちるところ，つまり「西」である。

問5　同じ段落の初めに「自分は大変心細くなった」とあり，続く二文に「いつ陸へ上がれる事かわからない。そうしてどこへ行くのだか知れない」とある。

問6　設問文の「世間が自分のことばかり考えていることにいやな気分になったということ」に当てはまる表現を探す。(Ⅲ)に「けれども二人は二人以外の事にはまるでとんじゃくしていない様子であった」とある。この様子を受けて，(Ⅳ)では「自分はますますつまらなくなった」と表現し，「死ぬことに決心した」とつながっていく。(Ⅱ)にも「自分はつまらないから死のうとさえ思っている」とあるが，組み合わせの形にならないので当てはまらない。

重要　問7　ア.「天文学などなど知る必要がない。黙っていた」とある。合致しない。　イ.「この女(＝泣いていた女)を見たときに悲しいのは自分ばかりではないのだと気が付いた」とある。
ウ.「やっぱり乗っているほうがよかったと初めて悟りながら，しかもその悟りを利用することができずに，無限の後悔と恐怖とを抱いて黒い波の方へ静かに落ちていった」とある。飛び込んだのはまちがいだと悟って助けを求めるが，かなわずに海へ落ちたのである。　エ.「けれども二人は二人以外の事にはまるでとんじゃくしていない様子であった」とある。乗っている人を楽しませてはいない。合致しない。　オ.船の行き先を聞いた「自分」に対して，船の男は怪訝な顔をして「なぜ」と問い返し，からからと笑って向うの方へ行ってしまっている。

重要　問8「神」という言葉に注目する。⑭の前には，一人の異人が「星も海もみんな神の作ったものだと言った」とある。⑭に「最後に自分に神を信仰するかと尋ねた」を入れると，「自分は空を見て黙っていた」と自然なつながりになる。

★ワンポイントアドバイス★

論説文は，筆者がどのような具体的な例を挙げて説明を進めているかをつかもう。また，意見の理由を正確にとらえよう。小説は，会話文や人物の様子，行動，心理描写に注目して心情をとらえよう。また，場面の様子を読み取って，出来事のいきさつや人物の関係をつかもう。

2023年度

★★★★★★★★★★★★★★★★★★★★★★★

入　試　問　題

2023年度

西武台新座中学校入試問題（第１回特進）

【算　数】（50分）　＜満点：100点＞

【注意】
1．定規，分度器，コンパス，計算機は使用できません。
2．問題中の図は必ずしも正確とはかぎりません。
3．比で答える場合は，一番小さい整数比で答えて下さい。
4．分数で答える場合は，それ以上約分できない分数で答えて下さい。
5．円周率は3.14で計算して下さい。

１　次の □ にあてはまる数を求めなさい。

⑴　$14.58 \div 8.1 =$ □

⑵　$\frac{2}{3} \div \frac{4}{5} - \frac{6}{7} \times \frac{8}{9} =$ □

⑶　$\left\{1\frac{2}{5} - \left(0.25 - \frac{1}{2} \div \frac{5}{2}\right)\right\} \div 3 =$ □

⑷　$\left\{4\frac{1}{2} - 1.1 \div (2 - \square)\right\} \times \frac{7}{8} = 3.25$

⑸　バッグの値段が定価から20％安くなり，そのあと，新しい値段から，新しい値段の15％安くなりました。定価から □ ％安くなりました。

⑹　長さ □ mの列車は，長さ111mのトンネルを通過するのに14秒かかり，長さ60mの鉄橋を渡るのに11秒かかりました。

⑺　現在，父の年令は50才，母の年令は46才，３人の子どもの年令はそれぞれ７才，３才，１才です。父と母の年令の和が，３人の子どもの年令の和の３倍になるのは □ 年後です。

⑻　Ａさんが１人ですると30日で，Ｂさんが１人ですると20日で終わる仕事があります。この仕事を始めの６日間はＡさんが１人で働き，□ 日間をＢさんが１人で働いたところ，ちょうどすべての仕事が終わりました。

２　次の図の角 x と角 y の大きさを求めなさい。

⑴　△ＡＢＣはＡＢ＝ＡＣの二等辺三角形で，△ＡＣＤは正三角形です。

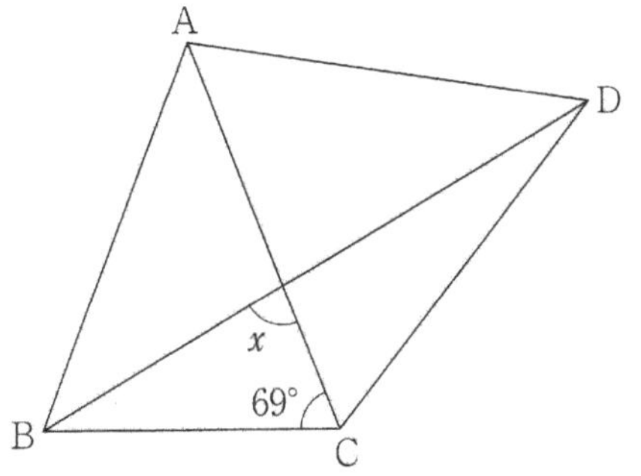

⑵　長方形を折り曲げた図形です。

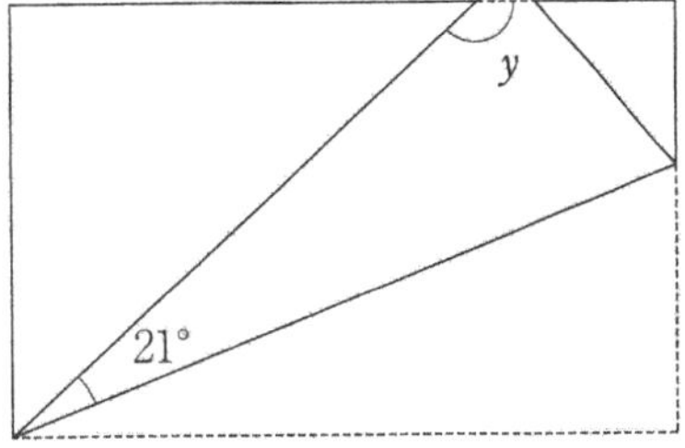

3 次の図は，面積が90cm^2の正六角形の頂点を結んだ図形です。色のついた部分の面積を求めなさい。

(1)

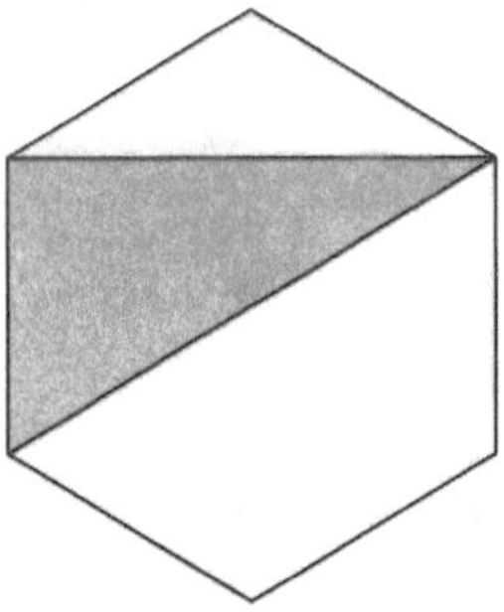

(2)

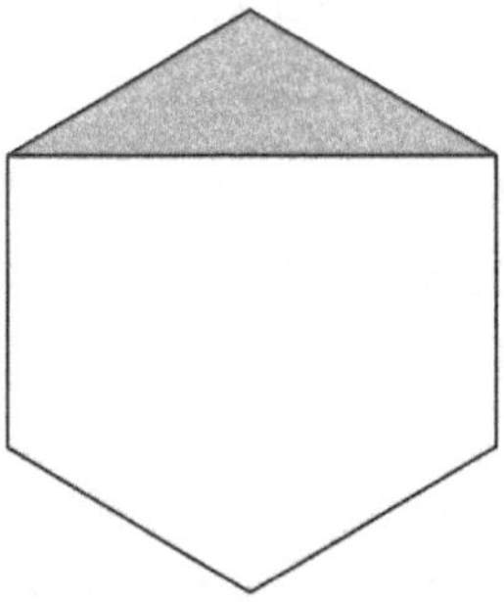

4 右の図のような立方体の容器に，満水になるまで水を入れました。この中に半径3cmの円を底面とする円柱を図のように底面が容器の底につくまで入れました。次の各問いに答えなさい。

(1) こぼれた水の体積は何cm^3ですか。

(2) 円柱を取り出すと水面の高さは何cmですか。

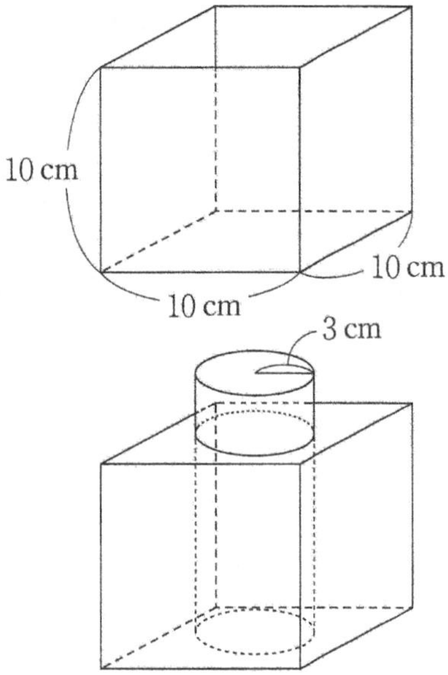

5 次の会話文を読んで，次の各問いに答えなさい。

Aさん：今度学校でマラソン大会があるんだよね。

Bさん：そうなんだ。距離はどれくらいなの？

Aさん：1500mだよ。目標は6分で完走することなんだけどペース配分がいつも難しくて，前半に飛ばしすぎて後半体力が持たないことが多いんだよね。

Bさん：なるべく一定のペースで走ったほうがいいね。

Aさん：そうだよね。でも実際どれくらいのペースがいいんだろう。何かわかりやすい例はないかな？

Bさん：50m走で考えてみようか。50mを(　①　)秒のペースで走り続ければちょうど6分でゴールできるね。

Aさん：あれ，思っていたよりも遅いね。私の50m走のベストタイムは8秒だよ。

Bさん：だって50m走のときは全力疾走だもん。それを1500m続けるのは難しいよ。

Aさん：ずっと全力で長距離も走れたらいいのになあ。もし100m走の世界記録のペースでフルマラソンを走ったらどんな記録が出るんだろうね。

Ｂさん：ちょっと計算してみようか。今の男子100mの世界記録はウサイン・ボルト選手の９秒61だね。計算しやすくするために9.6秒として考えよう。

Ａさん：フルマラソンは42.195㎞だったはず。ということはそのペースで走り続けると…？

Ｂさん：約（　②　）分だね。つまり（　③　）になるね。

Ａさん：今のフルマラソンの世界記録が２時間１分39秒であることを考えるとものすごい記録だ！よし，私もやっぱ最初から全力で走ってみよう！

Ｂさん：せっかく良いペースを計算したのに…

⑴　（①）にあてはまる数を答えなさい。

⑵　（②），（③）にあてはまる数の組合せを次から選び，記号で答えなさい。

	②	③
ア	62	１時間２分
イ	67	１時間７分
ウ	72	１時間12分
エ	77	１時間17分

6　Ａさんの家から駅まで3.2㎞あります。Ａさんは家から駅に向かって分速50ｍで歩き始めましたが，途中でＢさんに出会い，立ち止まって10分間話をしました。そこから駅まで走って行きました。右のグラフは，Ａさんが家を出てからの時間と，家からＡさんまでの距離《きょり》を表したものです。次の各問いに答えなさい。

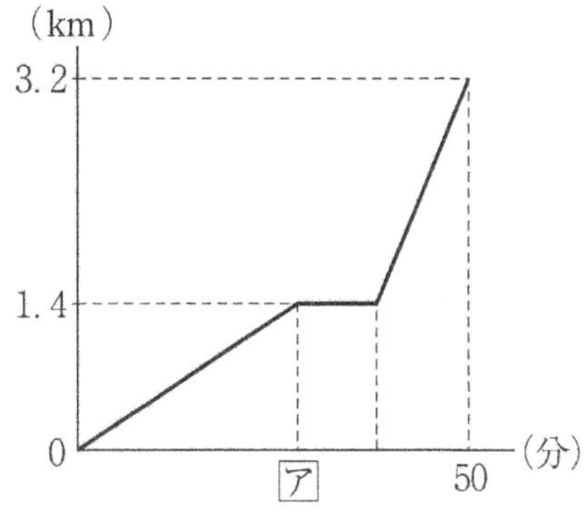

⑴　グラフの[ア]にあてはまる数はいくつですか。

⑵　Ａさんの走った速さは分速何ｍですか。

7　５枚のカード[0]，[1]，[2]，[3]，[4]を並べて，５けたの整数を作ります。次の各問いに答えなさい。

⑴　一万の位が４の５けたの整数は全部で何通りありますか。

⑵　大きい方から数えて50番目の整数はいくつですか。

【理　科】（社会と合わせて50分）　　＜満点：50点＞

１．光について以下の実験を行いました。次の各問いに答えなさい。

［実験］ 図１のようにレーザー光源《こうげん》を使ってガラスに光を通す実験をしました。

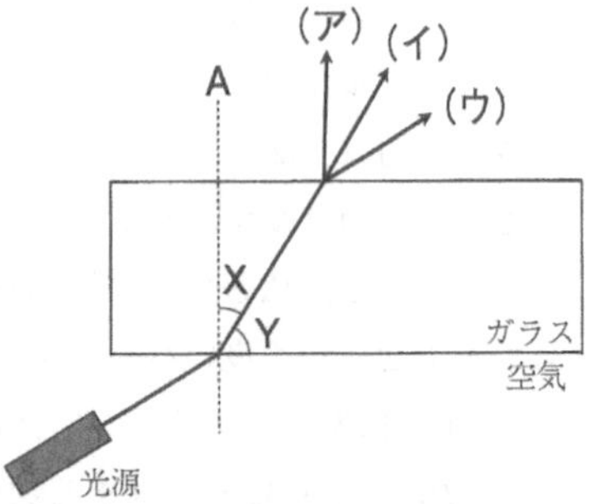

図１

問１　光源から出た光は，空気からガラスに入るときに折れ曲がって進みました。この性質を光の何といいますか。解答欄《らん》に合うように答えなさい。

問２　問１を表す角度は**X**と**Y**のどちらですか。１つ選んで記号で答えなさい。ただし破線**A**はガラスと垂直に交わる線を表します。

問３　ガラスの中を進んだ光が空気中に出るとき，どの方向に進みますか。**図１**の**（ア）～（ウ）**の中から１つ選んで記号で答えなさい。

問４　**［実験］**をしているとき，空気とガラスの境界面をよく見てみると，**図２**のようにはね返っている光も見えました。このとき，はね返った光を表したものを**図２**の**（ア）～（ウ）**の中から１つ選んで記号で答えなさい。

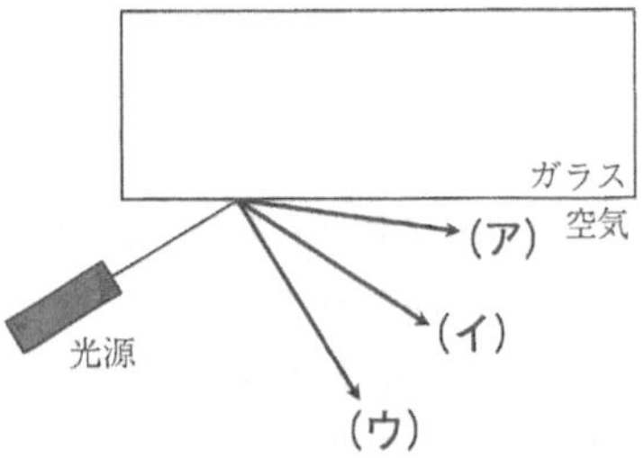

図２

問５　**［実験］**から光はガラスに当たると，折れ曲がったり，はね返ったりすることがわかりました。折れ曲がった光やはね返った光はそのあとどのように進みますか。

問６　光の性質を利用して，晴れた日に鏡を何枚か使って太陽の光を一点に集めました。このとき，光が一点に集まっている部分は，集める前と比べて温度はどうなりましたか。

２．中野さんはある日，鉄道のレールが暑さによりゆがんでしまったというニュースから，金属と温度の変化が気になり，以下の実験を行いました。次の各問いに答えなさい。ただし，鉄道のレールはほぼ鉄から作られており，他に含《ふく》まれているものの影響《えいきょう》はないとします。

［実験］ 図のような鉄道のレールと同じ材料の金属から作られているリングと金属球を用意しました。この金属球はリングをぎりぎりで通り抜《ぬ》けました。次に，この金属球をガスバーナーを用いて十分に加熱したところ，リングを通り抜けることができませんでした。

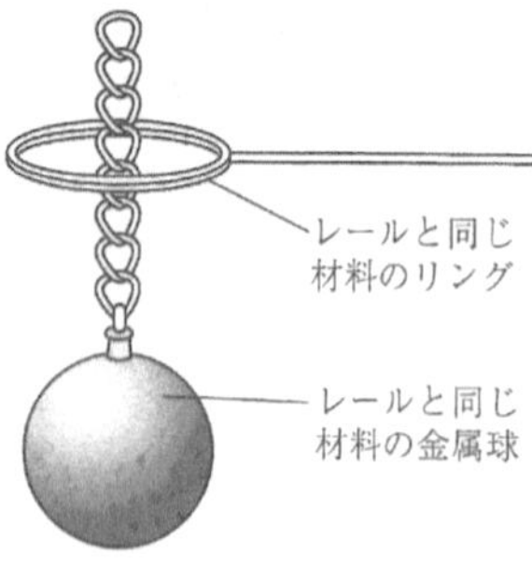

図

問１　固体・液体・気体のうち，熱を与《あた》えたときに最も体積の変化が大きいものはどれですか。

問２　加熱後に金属球がリングを通り抜けられなかったのはなぜですか。次の**ア**～**エ**の中から１つ選んで記号で答えなさい。

ア　金属球がぼう張したから。　　**イ**　金属球が収縮《しゅうしゅく》したから。

ウ　リングがぼう張したから。　　**エ**　リングが収縮したから。

問３　［**実験**］のあと，金属球を再びリングを通り抜けられるようにするには，金属球の温度をどのようにすればよいですか。

問４　［**実験**］で金属球のかわりにリングを十分に加熱した場合，この金属球は通り抜けることができますか。

問５　金属を加熱するとき，熱は加熱した部分からしだいに金属全体に伝わっていきます。これを何といいますか。漢字２字で答えなさい。

問６　鉄道のレールには，気温の変化によるレールの変化を少なくするための仕組みがあります。その仕組みを述べた次の文章の（Ｘ）にあてはまる言葉を書きなさい。

鉄道のレールは，レールのつなぎ目に（　Ｘ　）を作ることで，気温の変化による影響を最小限にしている。

３．季節と生き物について次の各問いに答えなさい。

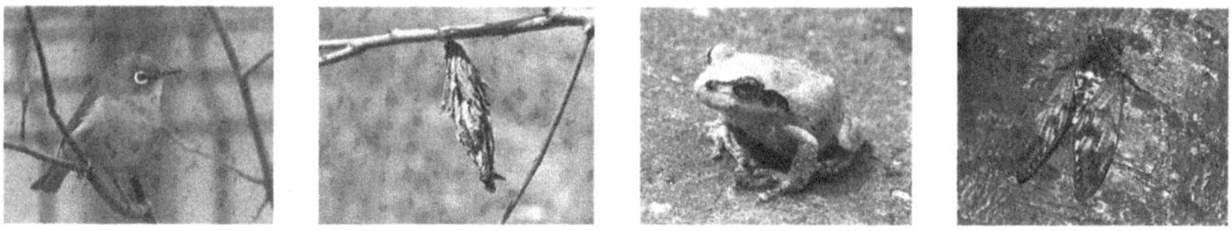

A　　B　　C　　D

図

問１　生態系の一番上位にいる生き物はどれですか。生き物**A**～**D**の中から１つ選んで記号で答えなさい。

問２　生き物**A**は春になると活動がさかんになります。どのような場所でよく見られますか。次の**ア**～**エ**の中から１つ選んで記号で答えなさい。

ア　海辺　　**イ**　ウメやサクラの木　　**ウ**　コンクリートの道路　　**エ**　竹林

問３　植物は春になると花を咲かせるものが多いです。この理由を答えなさい。

問４　生き物**B**の名前を答えなさい。

問５　秋になると活動がさかんになる生き物はどれですか。次の**ア**～**エ**の中から１つ選んで記号で答えなさい。

ア　カラス　　**イ**　スズムシ　　**ウ**　トカゲ　　**エ**　ミミズ

問６　生き物**C**は，冬をこすときにどのような場所で冬眠していますか。次の**ア**～**エ**の中から**２つ**選んで記号で答えなさい。

ア　枯れ葉の裏側　　**イ**　木の上　　**ウ**　水中　　**エ**　地中

問７　生き物**C**はイモリやサンショウウオと同じ生き物のなかまです。このなかまを何といいますか。漢字３字で答えなさい。

４．天気と雲の変化について次の各問いに答えなさい。

問１　図**A**～**C**の雲の名前をそれぞれ書きなさい。

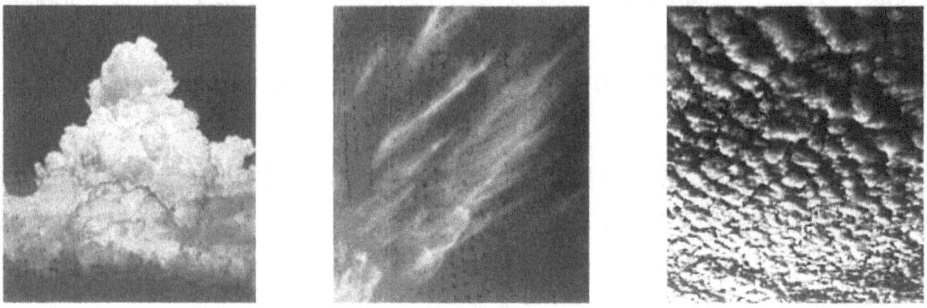

A　　　B　　　C

図

問２　夏の夕方によく発生し，雷雨をともなうことがある雲はどれですか。図**A**～**C**の中から１つ選んで記号で答えなさい。

問３　降水量を測定している気象観測システムを何といいますか。カタカナ４字で答えなさい。

問４　気象庁では，空全体を10としたときの雲の量を調べて天気を決めています。雲量が０～１のときは快晴とするとき，晴れとくもりの雲量はどのようになりますか。次の**表**の**ア**～**エ**の中から１つ選んで記号で答えなさい。

表

	晴れ	くもり
ア	２～６	７～10
イ	２～７	８～10
ウ	２～８	９～10
エ	２～９	10

問５　「夕焼けになると，次の日は晴れる」という言い伝えがありますが，これはなぜですか。天気の移り変わりに注目して答えなさい。

【社　会】（理科と合わせて50分）　　＜満点：50点＞

１．次の各問に答えなさい。

問１　次の**Ａ～Ｃ**の都道府県について，2021年の米の生産量が多い順番に並べ替えたものとして正しいものを次の中から１つ選び，記号で答えなさい。

A

B

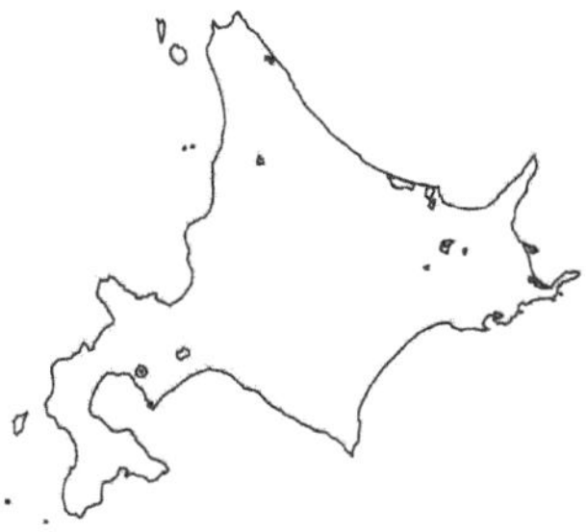

C

ア．A→B→C　　イ．A→C→B　　ウ．B→A→C
エ．B→C→A　　オ．C→A→B　　カ．C→B→A

問２　次の文章を読み，各問に答えなさい。

> この都道府県は，全面積のおよそ８割を山地が占めている。1,000メートルを越える山も数多くあり，北部に讃岐《さぬき》山脈，中央部には四国山地が連なっている。東部は紀伊《きい》水道，南部は太平洋に面し，北東部の（　①　）海峡《かいきょう》では，うず潮が見られる。
>
> 農業については，温暖な気候と，吉野川沿いの平野を中心とした恵まれた自然環境を活かし，野菜では，さつまいも・にんじん・れんこん，果樹ではみかん・すだち・なしなどの生産が盛んである。

⑴　上の文章はある都道府県の説明である。都道府県名を漢字で答えなさい。

⑵　空欄《くうらん》（①）に当てはまる語句を漢字で答えなさい。

⑶　この都道府県で毎年８月に行われている，400年を越える歴史をもつ伝統行事を，次の中から１つ選び，記号で答えなさい。

ア．七夕まつり　　イ．よさこい祭り　　ウ．竿燈《かんとう》まつり　　エ．阿波踊り

問３　あとのア～エは名古屋港・成田空港・東京港・神戸港の輸出品上位３位までを示した表である。名古屋港にあたるものを，次の中から１つ選び，記号で答えなさい。

ア．

1位	自動車
2位	自動車部品
3位	金属加工機械

イ．

1位	電子部品
2位	半導体等製造装置
3位	科学光学機器

ウ．

１位	事務用機器
２位	自動車部品
３位	半導体等製造装置

エ．

１位	プラスチック
２位	建設用・鉱山用機械
３位	原動機

問４　日本の世界自然遺産として適切でないものを次の中から１つ選び，記号で答えなさい。

ア．知床《しれとこ》半島　　イ．屋久島　　ウ．白神山地　　エ．伊豆諸島

２．次の先生と生徒の会話文を読み，各問に答えなさい。

先生：今日は関東地方の歴史について学んでいきたいと思います。教科書の中で関東地方が初めて大きく取り上げられるのは何時代の出来事でしょうか？

生徒：はい先生！それは「（　①　）」時代です。群馬県岩宿《いわじゅく》遺跡《いせき》の発見が大きく取り上げられていました。A私たちが住む埼玉県には，何か教科書に取り上げられるような歴史的な物事はありますか？

先生：もちろんありますよ！埼玉県は昔「武蔵国《むさしのくに》」と呼ばれていて，B鎌倉時代になると，政権の中心となった鎌倉を守る重要な拠点《きょてん》となりました。今も昔も，中心にはなれないけれど，Cそれを支える縁《えん》の下の力持ちが埼玉県の特徴《とくちょう》なのかもしれませんね。

生徒：なるほど。鎌倉幕府《ばくふ》が滅《ほろ》んだ後，再び関東が政権の中心となるのは江戸時代ですか？

先生：その通りです。D江戸幕府の初代将軍徳川家康《とくがわいえやす》が江戸に移封《いほう》されてから，関東地方を中心とする国家システムがつくられたと言っても過言ではないでしょう。江戸幕府滅亡後，明治時代以降は首都東京を中心とした国家運営が行われています。

問１　会話文中の空欄（①）に当てはまる語句を，次の中から１つ選び，記号で答えなさい。

ア．旧石器《きゅうせっき》　　イ．縄文《じょうもん》

ウ．弥生《やよい》　　エ．飛鳥《あすか》

問２　下線部Aについて，以下のア～エから「埼玉県の歴史的な遺跡・遺物」として正しいものを，次の中から１つ選び，記号で答えなさい。

ア．大仙陵古墳《だいせんりょうこふん》　　イ．三内丸山遺跡《さんないまるやまいせき》

ウ．稲荷山古墳出土鉄剣《いなりやまこふんしゅつどてっけん》　　エ．多賀城跡《たがじょうあと》

問３　下線部Bについて，鎌倉幕府を開いた初代将軍名を漢字３字で答えなさい。

問４　下線部Cについて，鎌倉幕府において３代将軍以降，将軍を補佐《ほさ》する役職がおかれた。この「⑴役職名」，「⑵役職についた一族」を，それぞれ漢字２字で答えなさい。

問５　下線部Dの人物や，**問３**の人物が朝廷《ちょうてい》より任じられた，元々は「蝦夷《えみし》を征討《せいとう》する」という意味を持つ役職名を，漢字５字で答えなさい。

問６　会話から，現在2023年までの間に関東地方に政権の中心がおかれていた期間をよみとり，おおよその年数として最も近い値を次の中から１つ選び，記号で答えなさい。

ア．200年　　イ．400年　　ウ．600年　　エ．800年

3．次の会話文を読み，各問に答えなさい。

ゆうき：2022年のゴールデンウィークは，久しぶりに遠くまで出かけることができたね。
かな　：そうだね，①緊急事態宣言《きんきゅうじたいせんげん》や，外出自粛《じしゅく》の要請《ようせい》がなかったからね。
ゆうき：ゴールデンウィークといえば，5月３日の憲法記念日があるよね。これっていったい何の祝日なの？
かな　：日本国憲法が（　②　）されたのが，1947年の５月３日で，それを記念したのがこの祝日だよ。2022年はそれからちょうど75年の節目だったんだね。
ゆうき：なるほど，大切な祝日だね。日本国憲法って，それまでの憲法とはどう違ったの？
かな　：日本国憲法では，三大原則の一つに「国民主権」を掲げていて，国の政治の方向性は国民が決定する，と定めているんだよ。
ゆうき：天皇は政治の決定には関わらない，ということだね。
かな　：そういうこと。天皇は国と国民の「（　③　）」として，憲法で定められた④国事行為を行っているんだよ。
ゆうき：でも75年も経つのに，内容は昔のままで変わっていないんだよね？
かな　：そうだね，憲法の改正《かいせい》はまだ一度も行われていないけれど，政府もいくつかの点で改正の必要性を主張しているね。憲法改正の時には国会での発議《はつぎ》後，（　⑤　）で投票総数の過半数の賛成が必要になるから，私たちもその時に備えて，憲法の話題に触れておくことが大切かもしれないね。

問１　下線部①について，緊急事態宣言の説明として適切でないものを次の中から１つ選び，記号で答えなさい。

ア．発令されると，各都道府県の全域が対象とされる。
イ．飲食店などに対し，休業や営業時間短縮の要請や命令ができる。
ウ．宣言に基づく命令に応じない場合は行政罰《ぎょうせいばつ》が科される．
エ．全国に宣言の範囲が拡大したことはない。

問２　空欄（②）にあてはまる語句を次の中から１つ選び，記号で答えなさい。

ア．公布《こうふ》　　イ．発布《はっぷ》　　ウ．施行《しこう》　　エ．発議

問３　空欄（③）にあてはまる語句を漢字２字で答えなさい。

問４　下線部④について，天皇の国事行為として適切なものを次の中から１つ選び，記号で答えなさい。

ア．法律の制定　　イ．衆議院・参議院の解散
ウ．栄典《えいてん》の授与　　エ．内閣総理大臣の指名

問５　空欄（⑤）にあてはまる語句を漢字４字で答えなさい。

2．動物の体は多くの部品からなり、じょうぶな構造をもつこと
3．食べた物と体の分子が分解・合成をくり返して置きかわること
4．食べ物が運動エネルギーにかわるため、体重は増えないこと
5．食べたものは体内で単に燃やされてしまうこと

問7 次のア～エを読み、この文章の内容として適切なものには1、適切でないものには2を書きなさい。

ア．食べ物を食べると私たちの体の分子は、やがて新たに摂取した食べ物の分子と置き換わる。
イ．ヘラクレイトスは「食べること」について、大発見をした研究者である。
ウ．シェーンハイマーはネズミにえさをやり、そのえさの分子が体のどこに行くか調べる実験をしたが、その時ネズミの体重は一グラム増えた。
エ．分子の置きかわりは、ネズミでも人でも関係なしに、様々な部分で起こっている。

問8 次の文を本文中に入れる箇所として最も適切だと思われるものを次の中から一つ選んで番号で答えなさい。

> つまり、私たちの体の細胞は、一年もすれば、その間に食べた物の分子と置き換わっているということです。

1．(ⅰ)　2．(ⅱ)　3．(ⅲ)　4．(ⅳ)　5．(ⅴ)

問9 傍線部イ「久しぶりに～〝正しい〟」とありますが、このように言えるのはなぜですか。文章中の言葉を使って四十字以内で書きなさい。

二 ※問題に使用された作品の著作権者が二次使用の許可を出していないため、問題を掲載しておりません。

（出典：灰谷健次郎『兎の眼』より）

ネズミの体を形作っていた分子は分解され、いま食べたものと置き換わった」と⑤ケツロンづけました。動物の体はミクロの部品が⑥ヨり集まってできた※2堅牢《けんろう》不変《ふへん》の構造ではなく、食べた物と体の分子がたえず分解と合成をくりかえし、体はやがて新たに摂取《せっしゅ》した食べ物の分子とすっかり置き換わることを発見したのです。

分子の置き換わりは、ネズミの体のどの部分でも、例外なく起こっていました。［D］、私たちヒトの体でもまったく同じことが起こっているのです。

「⑦万物はb流転する」。紀元前五世紀ごろのギリシャの哲学者《てつがくしゃ》ヘラクレイトスのことばです。ⅳシェーンハイマーの研究によって、分子のレベルで実際にそのようなことが起こっていることがわかったのです。ⅴですから、イ久しぶりに会った人には「お変わりありませんね。」ではなく、分子生物学的には「お変わりありまくりですね。」という挨拶《あいさつ》が〝正しい〟ことになります。

［E］、生命の実態は常に動いています。古いものが分解され、新しいものが合成される。生きるとは、そのc絶え間のない回転そのものなのです。そして、その回転を⑧ジゾクするために、私たちは食べ続けなければいけないわけです。

（福岡伸一『生きることと食べることの意味』より）

※1　コペルニクス的な転回……物事の見方が大きく変わってしまうこと
※2　堅牢不変……しっかりとしていて、変わることがない

問1　波線部①～⑧の漢字にはその読みを、カタカナにはその漢字を記しなさい。

問2　傍線部ａ～ｃの語句の意味として適切なものを次の中から一つずつ選んでそれぞれ番号で答えなさい。

ａ　本質的な
1．物事の具体的な　2．物事の部分的な
3．物事の基本的な　4．物事の興味深い

ｂ　流転する
1．あとかたもなく消え去る　2．とどまらずに移り変わる
3．大きな不幸に見まわれる　4．流れながら回転する

ｃ　絶え間のない
1．止まるばかりで、続かない
2．止められることがなく、続いていく
3．止まることもあるが、何とか続いていく
4．止められることはないが、続かない

問3　［A］～［E］に入る適語を次の中から一つずつ選んでそれぞれ番号で答えなさい。
1．けれども　2．では　3．やがて　4．このように
5．そして

問4　（Ⅰ）にあてはまる語句を文章中から五字で抜きだして記しなさい。

問5　（Ⅱ）にあてはまるものを次の中から一つ選んで番号で答えなさい。
1．耳　2．鼻　3．目　4．胸　5．口

問6　シェーンハイマーの研究の結果、新たにわかったこととして最も適切なものを次の中から一つ選んで番号で答えなさい。
1．食べ物をエネルギーに変えた残りはすべて捨てられること

【国　語】（五〇分）〈満点：一〇〇点〉

一　次の文章を読んで各問いに答えなさい。

私たちは毎日毎日、食べなければなりません。どんなにご馳走《ちそう》を食べたとしても、次の日にはもうお腹がすきます。もし、どうして食べ続けなければならないの？　と問われたら、あなたは何と答えるでしょう。生きるため？　A　生きているとはいったい、どんな状態のことをいうのでしょうか。（　Ⅰ　）の意味を問うためには、生きていることの意味を探る必要があります。

生きているとはどういうことか、生命とは何か――それは、誰にとってもa本質的な問題です。私が生物学を研究するのも、自分とはいったいどういう存在なのか、どういう状態なのかを知りたいがためです。「食」という①営みを考える上でも、「生命とは何か」ということが、基本となるに違いありません。

ファミリーレストランに行ってメニューを開くと、たとえば「ハンバーグ②テイショク、八九三キロカロリー」などと書いてあります。体重が気になる人は、できるだけカロリーの少ないものを選ぶかもしれません。

ⅰ食べ物はカロリー源《げん》であり、私たちはそれを燃焼させて熱エネルギーにし、体温や運動エネルギーに変える。私たちの体内には自動車のエンジンのようなものがあって、ガソリンを③ソソぎ込めば、それを燃やして運動エネルギーに変えて、自動車、つまり、体を走らせることができる。このように考えている人もいるかもしれません。

　B　、食べ物を単にカロリー源、エネルギー源としてだけ見ると、実は、生命④現象の非常に大事な側面を、見失ってしまうことになります。ⅱ

そこでここでは、〝食べること〟の意味を分子生物学的に考えてみましょう。

私が研究テーマとしているこの分野の開拓者に、ルドルフ・シェーンハイマーという研究者がいました。彼は今から七十年ほど前、〝食べること〟について、ある種のコペルニクス※1的な転回をもたらす発見をした研究者です。

彼は、ネズミに餌《えさ》を与え、その餌の分子がネズミの体のどこに行くかを調べました。ここで大事な点は、餌の分子一つ一つに印をつけて、それがネズミの体のどこに入っていき、どのように変化していったかを追跡《ついせき》できる仕組みを考えたことです。

シェーンハイマーは当時、ネズミは食べた餌を体内で燃やすことによって生命維持や運動するためのエネルギーに変え、燃え滓《かす》は捨ててしまうのだろうと考えていました。しかし研究を進めるうち、食べたものの大半がネズミの体の隅々《すみずみ》に散らばっていき、　C　体の一部になっていくことがわかったのです。「燃料（食べ物）」は単に燃やされるだけではなくて、体のいろいろな部品に置き換《か》わっていたのです。

ところが不思議なことに、そうやって食べた物がネズミの体の中に入り込んでいったのに、ネズミの体重は一グラムも増えていませんでした。

ⅲシェーンハイマーはこの現象を（　Ⅱ　）の当たりにして、「いま食べた物の分子は、ネズミの体の一部となってとどまると同時に、それまで

2023年度

西武台新座中学校入試問題（第１回特進選抜）

【算　数】（50分）　＜満点：100点＞

【注意】 1．定規，分度器，コンパス，計算機は使用できません。

2．問題中の図は必ずしも正確とはかぎりません。

3．比で答える場合は，一番小さい整数比で答えて下さい。

4．分数で答える場合は，それ以上約分できない分数で答えて下さい。

5．円周率は3.14で計算して下さい。

1 次の □ にあてはまる数を求めなさい。

⑴ $22.32\div 2.4=\square$

⑵ $1.7\div\frac{2}{5}-\frac{11}{6}\div 1.5\div\frac{4}{9}=\square$

⑶ $1-\frac{1}{6}\div\left(\frac{5}{7}-\frac{1}{2}\right)\times\frac{3}{5}=\square$

⑷ $\frac{3}{7}+\left(\frac{3}{5}\div\square-1\right)\div 0.2=\frac{13}{14}$

⑸ 15％の食塩水120ｇに食塩を □ ｇ加えて20％の食塩水を作ります。

⑹ 連続している４つの整数の和が50のとき，最も小さい整数は □ です。

⑺ 100円玉と50円玉があわせて55枚あります。金額の合計が4800円になるとき，100円玉は □ 枚です。

⑻ Ａさんは48個，Ｂさんは42個あめを持っています。ＡさんとＢさんがともに □ 個のあめを食べたら，残りのあめの個数の比が５：３になりました。

2 次の図の角 x と角 y の大きさを求めなさい。

⑴ 四角形ＡＢＣＤは正方形で，三角形ＡＤＥ，三角形ＡＣＦはそれぞれ正三角形です。

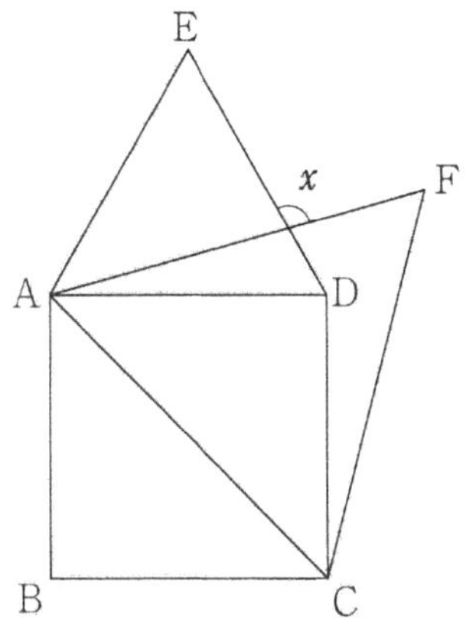

⑵ 三角形ＡＢＣはＡＢ＝ＡＣの二等辺三角形で，矢印は平行を表します。

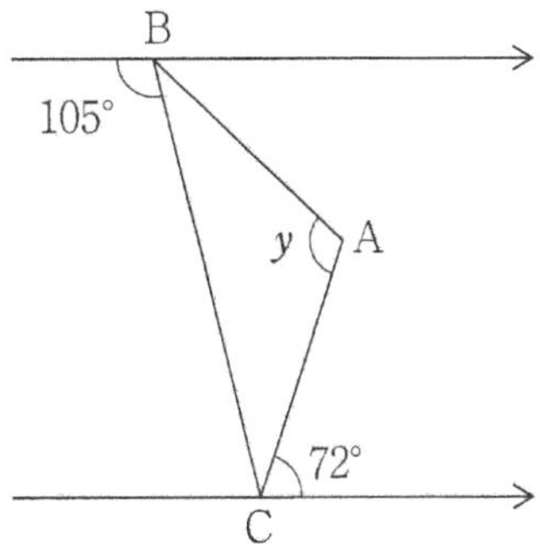

3 **色のついた部分の面積を求めなさい。**

⑴　長方形と円を組み合わせた図形です。

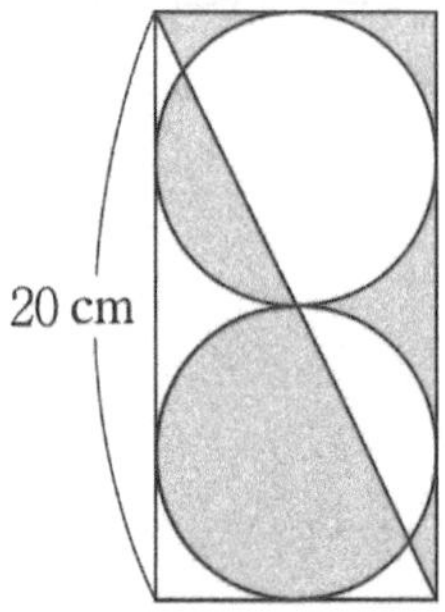

⑵　円の半径はすべて10㎝です。

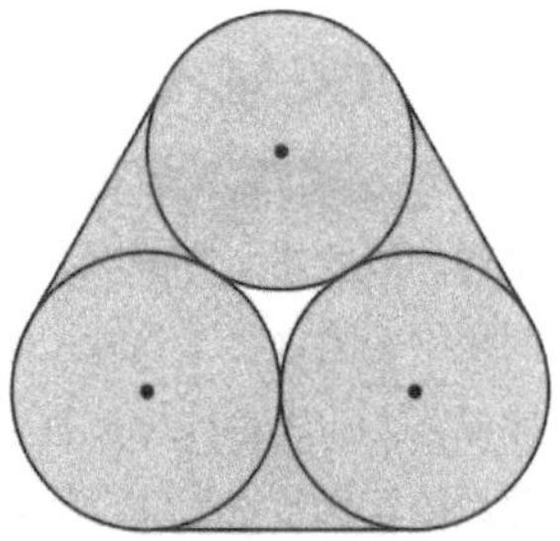

4 **右の図のような図形を，直線 ℓ を軸《じく》として１回転させて立体をつくります。次の各問いに答えなさい。**

⑴　体積は何cm^3ですか。

⑵　表面積は何cm^2ですか。

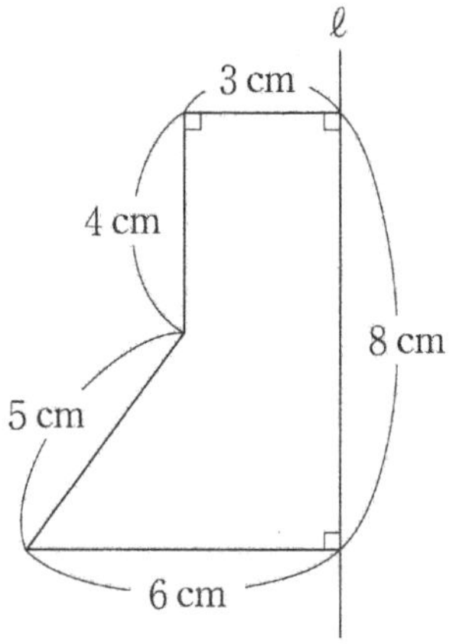

5 **Ａさんと先生は，長方形に直線を引いたときに長方形がいくつの部分に分けられるのかについて考えています。２人の会話文を読んで，次の各問いに答えなさい。**

先生　：長方形に直線を引いて，できるだけ多くの部分に分けてみましょう。

Ａさん：直線を２本引いてみると，このようになります。（図）

（図）

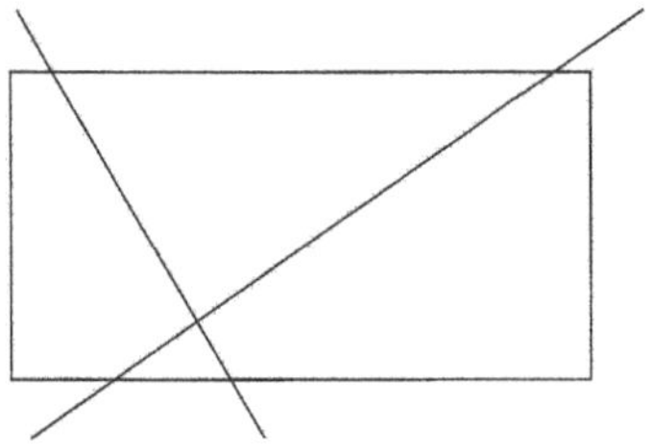

先生　：そうですね。長方形は４つの部分に分けられます。できるだけ多くの部分に分けるには，３本目の直線はどのようなルールで引けばいいと思いますか。

Ａさん：

・どの２本の直線も平行でない
・３本の直線が１つの点で交わることはない
・すでに引かれている２本の直線と長方形の中で交わる。

というルールで直線を引いていけばいいと思います。

先生　：素晴らしい。それでは，直線を１本増やして全部で３本の直線で長方形をいくつかの部分に分けてみましょう。何か気づくことはありますか。

Ａさん：ルールの通りに３本目の直線を引くと，すでに分かれている [あ] つの部分を通過します。それぞれ部分を２つに分けていることに注目すると，３本目の直線を引くと部分は [あ] 個増えます。

先生　：よく気が付きましたね。それでは，長方形に直線を引いて，できるだけ多くの部分に分けたときの直線の本数と長方形の分けられる部分の個数の関係を表にまとめましょう。

直線の本数	1	2	3	4	5
分けられる部分の個数	2	4	[　]	[　]	[い]

⑴ [あ] に当てはまる数は何ですか。

⑵ [い] に当てはまる数は何ですか。

6 **各駅停車の電車は7：00にＹ駅を出発し，急行の電車は7：15にＹ駅を出発し，それぞれＮ駅を通ってＴ駅に向かいます。右のグラフは，各駅停車の電車と急行の電車の時刻と距離の関係を表したものです。次の各問いに答えなさい。**

⑴ 急行の電車の速さは時速何㎞ですか。

⑵ 各駅停車の電車は，急行の電車がＴ駅に着いてから25分後にＴ駅に着きました。各駅停車の電車がＮ駅で停車していたのは何分間ですか。

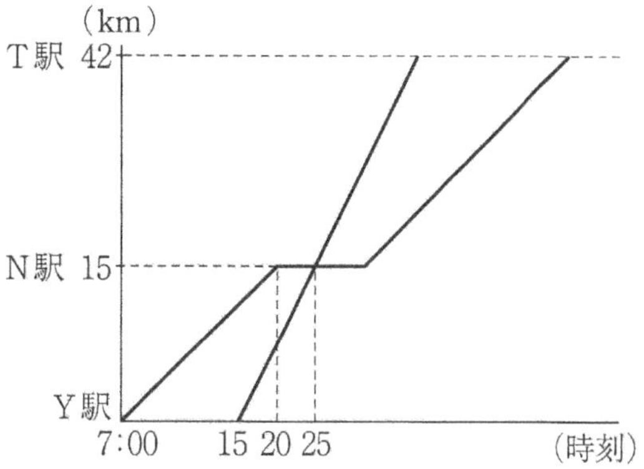

7 **文化祭で焼き鳥を販売するために，焼き鳥を１本80円で400本仕入れ，50％の利益を見込《こ》んで定価をつけました。１日目は仕入れた３割の本数を定価で売りました。２日目は，定価の25％引きで売りましたが，何本か売れ残ってしまったので，3日目に仕入れ値で売ったところ，すべて売れました。３日間の売り上げは39250円でした。次の各問いに答えなさい。**

⑴ ２日目の焼き鳥１本の販売価格は何円ですか。

⑵ ２日目に売れた焼き鳥は何本ですか。

【理　科】（社会と合わせて50分）　＜満点：50点＞

１．吉松さんは，方位磁針《ほういじしん》と磁石の関係について調べようとしたところ，方位磁針の針が動き続けてしまったため，正確な方位を知ることができませんでした。そこで，方位磁針の針を戻すために，磁石を使って方位磁針を直すことにしました。次の各問いに答えなさい。

問１　磁石に**つかない**ものはどれですか。次の**ア**～**エ**の中から１つ選んで記号で答えなさい。

ア　アルミホイル　　**イ**　スチール缶《かん》　　**ウ**　鉄のがびょう　　**エ**　鉄のスプーン

問２　磁石の力が一番強い部分は棒磁石のどの部分ですか。

問３　方位磁針の針を戻すために，吉松さんは**図１**のように磁石のＳ極を方位磁針に近づけました。このとき，方位磁針の何極が棒磁石に近づきますか。

図１

問４　**図１**の磁石を方位磁針から遠ざける方法として正しいものを次の**ア**～**ウ**の中から１つ選んで記号で答えなさい。

ア　別の磁石を用意して，方位磁針のもう一方の針が動かないように固定して遠ざける。

イ　ゆっくり磁石を方位磁針から遠ざける。

ウ　いそいで磁石を方位磁針から遠ざける。

問５　棒磁石をとりはずし，方位磁針と十分距離《きょり》をとった場所で，**図２**のように，棒磁石を発砲《はっぽう》スチロール上に固定して水に浮かばせました。このとき，棒磁石のＮ極は方位磁針のある方角と全く同じ方向を向いて止まりました。この方角を**東・西・南・北**の中から１つ選んで答えなさい。

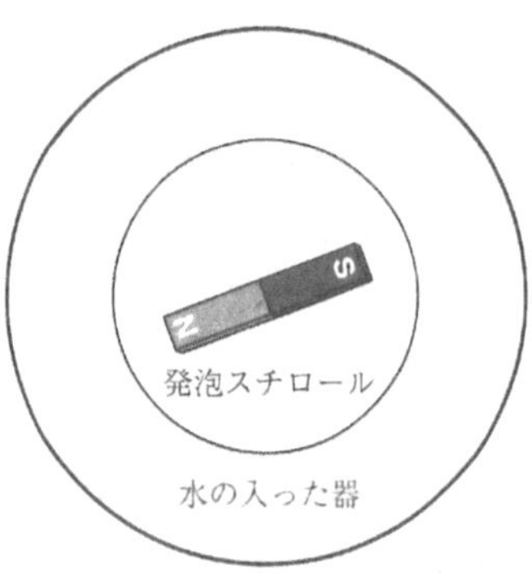

図２

問６　方位磁針を使って方角を知ることができるのはなぜですか。

２．ものの溶け方の実験について次の各問いに答えなさい。

室温と同じ温度の水100ｇをビーカーに入れ，その中にミョウバンを加えて，よくかき混ぜたところ，ビーカーの底にミョウバンの一部が溶け残りました。このミョウバンを溶かすために，ビーカーを加熱して温度を上げたところ，水温がちょうど60℃になったところで残っていたミョウバンが完全に溶けました。ただし，実験を行った部屋の温度は20℃で，水温の変化による水の蒸発は考えないものとします。

問１　下線部について，なぜ室温の水を実験に使うのですか。

問２　次のページの**図**は，水100ｇあたりに溶けるミョウバンの質量と水の温度の関係を表したグラフです。このようなグラフを何曲線といいますか。

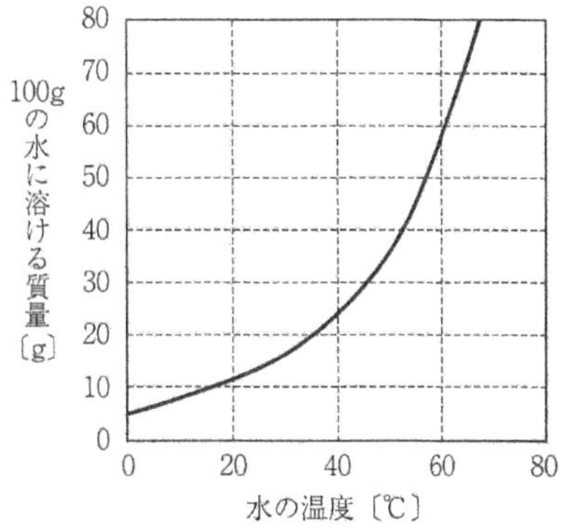

図

問３　20℃の水100ｇに溶けているミョウバンの質量はおよそ何ｇですか。次の**ア**～**エ**の中から１つ選んで記号で答えなさい。

ア　10ｇ　　**イ**　12ｇ　　**ウ**　15ｇ　　**エ**　18ｇ

問４　実験の最初に溶け残っていたミョウバンの質量はおよそ何ｇですか。次の**ア**～**エ**の中から１つ選んで記号で答えなさい。

ア　34ｇ　　**イ**　40ｇ　　**ウ**　46ｇ　　**エ**　52ｇ

問５　実験のあと，ビーカーをゆっくり室温まで冷やしていくと，ミョウバンの粒がビーカーの底に出てきました。この粒と溶液を分ける方法を何といいますか。

問６　ミョウバンの粒はどのような形ですか。次の**ア**～**ウ**の中から１つ選んで記号で答えなさい。

ア　　**イ**　　**ウ**

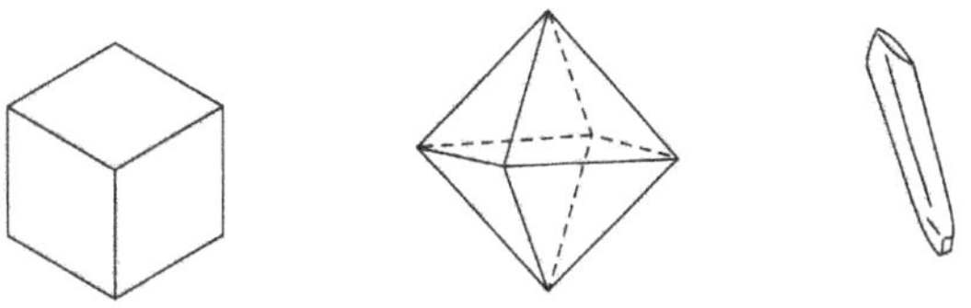

問７　水の温度を上げても溶ける質量がほとんど変化しないものはどれですか。次の**ア**～**エ**の中から１つ選んで記号で答えなさい。

ア　塩化カリウム　　**イ**　砂糖　　**ウ**　食塩　　**エ**　ホウ酸

３．身近に生息しているこん虫について次のページの各問いに答えなさい。

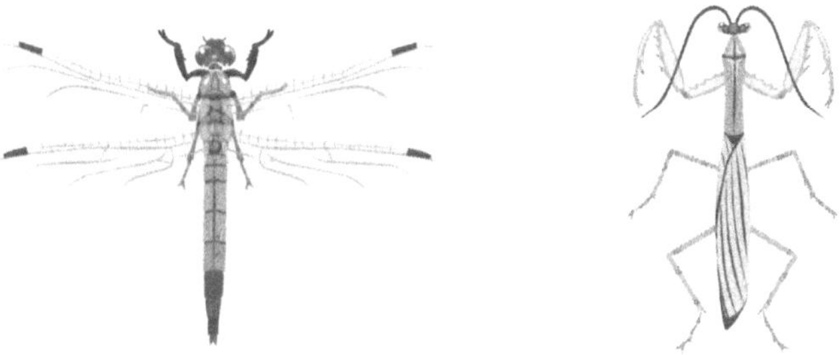

こん虫Ａ　　こん虫Ｂ

図

問１　こん虫Ａとこん虫Ｂの食べるものは似ています。主に何を食べていますか。

問２　こん虫Ａの幼虫はヤゴと呼ばれます。ヤゴはどのような場所で生息していますか。

問３　こん虫Ｂが冬をこすときはどのような姿ですか。次のア～ウの中から１つ選んで記号で答えなさい。

ア　成虫　　イ　たまご　　ウ　よう虫

問４　こん虫Ａを手で持って観察するとき，どの部分を持つとよいですか。次のア～エの中から１つ選んで記号で答えなさい。

ア　こん虫Ａの頭の部分を持つ。　　イ　こん虫Ａの羽の部分を持つ。

ウ　こん虫Ａのあしの部分を持つ。　　エ　こん虫Ａの腹の部分を持つ。

問５　こん虫Ｂを手で持って観察するとき，どのような点に気をつける必要がありますか。

問６　この２種類のこん虫のように，さなぎの時期がない育ち方を何と呼びますか。

問７　こん虫をつかまえたとき，つかまえた場所以外で逃《に》がしてはいけません。この理由を答えなさい。

４．火山活動について次の各問いに答えなさい。

問１　日本にある活火山はおよそ何個ですか。次のア～エの中から１つ選んで記号で答えなさい。

ア　55　　イ　110　　ウ　220　　エ　330

問２　火山のふん火によって地表に出てきたマグマを何といいますか。

問３　火山にはさまざまなものがあります。次の①～③に関係が深い火山はどれですか。次のア～ウの中から１つずつ選んでそれぞれ記号で答えなさい。

①　ふん火したあと，頂上付近が落ち込んで，大きなくぼみを形成した火山

②　日本で一番標高が高く，円すい状の形をしている火山

③　ふん火の様子が非常にはげしく，盛り上がったドーム状の形をしている火山

ア　阿蘇山《あそさん》　　イ　雲仙《うんぜん》・普賢岳《ふげんだけ》　　ウ　富士山

問４　火山がふん火したときに出てくる図のようなものを何といいますか。漢字で答えなさい。

問５　火山がもたらす被《ひ》害とめぐみについて，それぞれ１つずつ書きなさい。

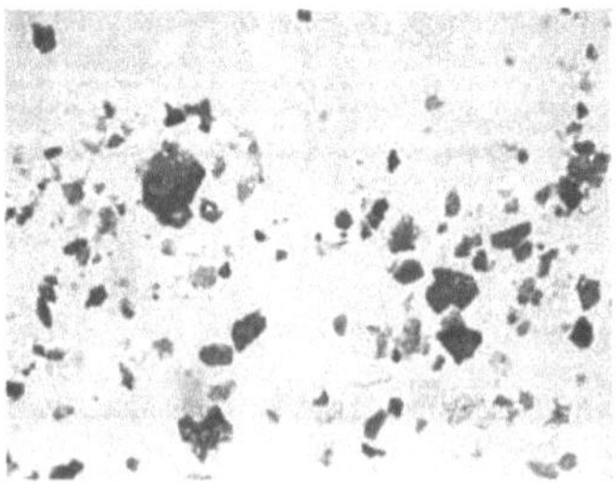

図

【社　会】（理科と合わせて50分）　　＜満点：50点＞

１．次の各問に答えなさい。

問１　以下の表は中部地方の各都道府県の各種統計《とうけい》について示している。表中のａ～ｉには地図中の①～⑨のいずれかの都道府県が，表中のＡ～Ｄには「米の収穫量（千ｔ）」「海面漁業漁獲量《かいめんぎょぎょうぎょかくりょう》（百ｔ）」「果実産出額（億円）」「森林面積（千ha）」のいずれかの項目が入る。表と地図を見て各問に答えなさい。

都道府県	面積（km^2）	人口（千人）	A	B	C	D
a	7,777	3,726	80	302	1,954	491
b	12,584	2,259	628	79	293	799
c	4,248	1,063	206	22	416	240
d	13,562	2,101	199	625	—	1,023
e	4,465	832	27	595	—	347
f	5,173	7,565	138	197	617	218
g	4,186	1,145	130	34	621	276
h	10,621	2,044	108	50	—	839
i	4,191	786	133	9	113	310

表のデータは森林面積は2015年、果実産出額は2017年、海面漁業漁獲量・面積・米の収穫量は2018年、人口は2019年。

（『地理データファイル2020年度版』より作成）

⑴　表中のＡ～Ｄのうち，「米の収穫量（千ｔ）」の項目を表しているものはどれか選び，記号で答えなさい。

⑵　表中ａ・ｅの都道府県を地図中①～⑨からそれぞれ選び，番号で答えなさい。

⑶　眼鏡《めがね》フレームの生産が盛んな都道府県を地図中①～⑨から選び，番号で答えなさい。

⑷　地図中⑥の都道府県の高地では，レタスの栽培《さいばい》が有名である。夏でも冷涼《れいりょう》な気候を利用して成長を遅《おく》らせ，ほかの地域と栽培する時期をずらしてレタスを出荷している。この栽培方法を何というか漢字で答えなさい。

⑸　地図中⑨の都道府県に位置する都市ではオートバイ・楽器の生産がさかんである。この都市の名称を漢字で答えなさい。

2．次の文章を読み，各問に答えなさい。

近畿《きんき》地方の歴史は，朝廷《ちょうてい》（天皇）・貴族を中心とする勢力によってつくられてきました。その始まりはヤマト政権とされており，A各地域の支配者は自らの権威《けんい》を示すために多くの古墳《こふん》を築造《ちくぞう》していきました。その中から大王《おおきみ》と呼ばれる統率者《とうそつしゃ》が現れ，Bそれが後に「天皇」と呼ばれるようになりました。

天皇が治める都として710年に（　①　），794年に（　②　）がつくられ政治が行われました。しかしながら，この間は常に天皇へ権力が集中していたわけではなく，C天皇家と婚姻《こんいん》関係を結び，政治を掌握《しょうあく》する貴族が現れることもありました。

鎌倉幕府《ばくふ》滅亡時には，（　③　）天皇が建武《けんむ》の新政を行い，天皇を中心とする政治を目指しました。しかしながら，最終的に新政は崩壊《ほうかい》し，足利氏が京都の室町《むろまち》を中心とする幕府をひらきました。

その後，安土《あづち》・桃山《ももやま》時代には，D豊臣秀吉《とよとみひでよし》が大坂城を拠点《きょてん》として政治を行い，近畿地方は大きく発展していきますが，江戸幕府の成立と同時に政権の中心は東へと移っていきました。

しかしながら，江戸時代以降も大坂・堺《さかい》は経済の中心，そしてE京都は文化の発信地として発展をしていきました。

問１　下線部Aについて，世界遺産に登録されている大仙陵《だいせんりょう》古墳に関する写真として最も適切だと考えられるものを，次の中から１つ選び，記号で答えなさい。

ア．

イ．

ウ．

エ．

問２　下線部Bについて，「天皇」という呼び名が使われはじめたのは，天武《てんむ》天皇からといわれている。天武天皇について説明した文章として正しいものを，次のページから１つ選び，記号で答えなさい。

ア．乙巳《いっし》の変で蘇我蝦夷《そがのえみし》・入鹿《いるか》親子を滅ぼした。

イ．奈良の大仏をつくった。

ウ．壬申《じんしん》の乱で勝利し，天皇となった。

エ．大宝律令《たいほうりつりょう》を公布《こうふ》した。

問３　文章中の空欄《くうらん》（①）・（②）にあてはまる都名と，その都がおかれた都道府県名の組み合わせとして正しいものを，次の中から１つ選び，記号で答えなさい。

ア．①平安京　都道府県：奈良県　　②平城京　都道府県：京都府

イ．①平安京　都道府県：京都府　　②平城京　都道府県：奈良県

ウ．①平城京　都道府県：奈良県　　②平安京　都道府県：京都府

エ．①平城京　都道府県：京都府　　②平安京　都道府県：奈良県

問４　下線部Ｃについて，天皇家と婚姻関係を結び勢力を伸ばした貴族が藤原氏であった。藤原氏について説明した文章として最も適切なものを，次の中から１つ選び，記号で答えなさい。

ア．藤原鎌足《かまたり》は，法隆寺《ほうりゅうじ》を建てた。

イ．藤原冬嗣《ふゆつぐ》は，中尊寺金色堂《ちゅうそんじこんじきどう》を建てた。

ウ．藤原道長《みちなが》は，東大寺《とうだいじ》を建てた。

エ．藤原頼通《よりみち》は，平等院鳳凰堂《びょうどういんほうおうどう》を建てた。

問５　文章中の空欄（③）にあてはまる天皇名を漢字３字で答えなさい。

問６　下線部Ｄについて，豊臣秀吉が行った政策のうち，以下の文章が表す政策は何か漢字で答えなさい。

> 国々の百姓は，刀，短い刀，弓，やり，鉄砲，そしてその他の武器については所持することを固く禁じる。その理由は，農作物をつくるのに不要な武器を持てば，年貢《ねんぐ》やその他の税を払うのを嫌がり，そのうち一揆《いっき》を計画することにもなるからだ。

問７　下線部Ｅについて，以下の写真は京都を代表する伝統的工芸品の西陣織《にしじんおり》である。西陣織の名前は，1467年に京都で起こった戦乱に由来している。この戦乱名を「○○の乱」と呼ぶ。○○に当てはまる漢字２字を答えなさい。

３．次の資料は，とある店で買い物をしたレシートの一部です。これを見て，以下の各問に答えなさい。

○×コンビニ　新座店

領収証

2023/01/01(日)　12:00　　　担当：◆◆

牛乳	￥250＊
食器用洗剤	￥200
カット野菜	￥150＊
冷凍食品	￥500＊
新聞	￥150
スポーツドリンク	￥150＊
スナック菓子	￥200＊
雑誌	￥400
	（金額は税抜）
小　計	￥2,000
	（金額は税抜）

：
：

問１　レシート内の＊は，軽減税率《けいげんぜいりつ》の対象となる商品を示している。この制度で軽減されている税は何か，漢字３字で答えなさい。

問２　上記のレシートにおいて，この買い物で発生する問１の税は全部でいくらとなるか，適切なものを次の中から１つ選び，記号で答えなさい。

ア．100円　　イ．160円　　ウ．175円　　エ．200円

問３　軽減税率が適用されない商品を次の中から１つ選び，記号で答えなさい。

ア．テイクアウトの食品　　イ．映画館での飲食
ウ．酒類　　エ．学校給食

問４　税金は，大きく直接税と間接税の２つに分けられる。直接税にあてはまるものを次の中から１つ選び，記号で答えなさい。

ア．酒税　　イ．住民税　　ウ．入湯税《にゅうとうぜい》　　エ．関税《かんぜい》

問５　直接税である所得税には，税金の負担を公平にするため，所得が大きいほど税率が高くなる制度が適用されている。この仕組みを何というか，漢字４字で答えなさい。

械全体に関するアドバイスができる存在

３．ジャンク店を訪れた人に商品だけでなく友人や新しい出会いなど、見えないものも提供することのできる存在

４．ジャンク店を訪れた人に商品だけでなく家族の温かさや、友人の大切さなど愛情についてもアドバイスができる存在

５．ジャンク店を訪れた人に古い商品の部品を提供し、そこにある思い出も共有することができる存在

問６　傍線部ロ「それ」とありますが、その内容となる二続きの文を探し、はじめの五字を抜きだして記しなさい。

問７　傍線部ニ「別に売れる必要は無かった」とありますが、その理由として適切なものを次の中から一つ選んで番号で答えなさい。

１．自作したコンピュータは世の中で求められている商品ではなく、カンさんや常連のために作ったものであったから。

２．自作したコンピュータは主人公が好んで作ったものではなく、ジャンク店を繁盛させたいという父の願いを叶えようとして作ったものであったから。

３．自作したコンピュータは最新の商品ではなかったが、店を訪れる二人組の男に対して警戒する気持ちを表現しているものだったから。

４．自作したコンピュータは客の要求に応えたものではなく、主人公がジャンク店のテーマや雰囲気を表現するためのものであったから。

５．自作したコンピュータは売り上げを考えて作ったものではなく、主人公も時間をつぶすために作っていたものであったから。

問８　本文の内容として適切なものを次の中から二つ選んで番号で答えなさい。

１．二人組の男たちは、ジャンク店を続けたくないという父の願いを聞いてやってきた男たちであった。

２．母はジャンク店を続けることに賛成しておらず、主人公の態度に最初は批判的な目を向けていた。

３．カンさんはジャンク店にある部品に自分を重ねて、いつかこの部品たちでスマートフォンを作りたいと考えている。

４．主人公の数々の取り組みと取材により店は大繁盛し、今では今後の経営についての心配は一切無くなった。

５．主人公はジャンク品も自分も、この世界を面白くするためのありかたの一つだと考え、前向きに受け止めている。

問９　次の文を本文中に入れる箇所として最も適切だと思われるものを次の中から一つ選んで番号で答えなさい。

慰めなどいらないという顔をされ、ぼくは押し黙ってしまった。

１．ⅰ　２．ⅱ　３．ⅲ　４．ⅳ　５．ⅴ

ながら客足も⑧フえた。すぐさま、母の手によって記事のプリントアウトが店に貼り出され、ぼくはなるべくそれを見ないようにしながら店の番をすることになった。

仕入れはあいかわらず厳しい。でも、いよいよとなったらそれこそ飲食店にするだけだ。〈中略〉

次の水曜、カンさんがこんなことを訊いてきた。

「二代目さんよう、あんた、まだ自分のことをジャンク品だと思うかい?」ⓥ

[Ⅲ]

ぼくは笑って答えた。

「でも、それでいいんです。ハズレのジャンク品がなきゃ、世界だって面白くないでしょう」

（宮内悠介『ジャンク』より）

※１　ジャンク店……本文では、電子機器のリサイクル品や動作しない商品を扱う店

問１　波線部①～⑧の漢字にはその読みを、カタカナにはその漢字を記しなさい。

問２　傍線部ａ～ｃの語句の意味として適切なものを次の中から一つずつ選んでそれぞれ番号で答えなさい。

ａ　一線を画する

１．ほとんど同じ　　２．少しだけ違う

３．少しだけ多い　　４．はっきり区別する

ｂ　素性の知れない

１．嘘をつかれている可能性のある

２．正体や出所がはっきりしない

３．パソコンの部品とは判断できない

４．明らかに偽物とわかる

ｃ　狐につままれたような

１．事情が分からずぼんやりするような

２．これから起こる出来事に期待するような

３．怪しい出来事を不審がるような

４．怒りを感じて悲しくなるような

問３　[Ａ]～[Ｅ]に入る適語を次の中から一つずつ選んでそれぞれ番号で答えなさい。

１．まさか　　２．やがて　　３．すでに　　４．どこか

５．でも

問４　[Ⅰ]～[Ⅲ]にあてはまる発言として適切なものを次の中から一つずつ選んでそれぞれ番号で答えなさい。

１．「ないかもしれない。ただ、やってやれないことはない」

２．「ハズレのジャンク品ですよ」

３．「そんなこと分かってたまるか!」

４．「ジャンクだなんて、とんでもない」

５．「実はぼくもなんです」

問５　傍線部イ、ハの「魔法使い」という表現から、「魔法使い」とはどんな存在であることがわかりますか。適切なものを次の中から一つ選んで番号で答えなさい。

１．ジャンク店を訪れた人に現在の商品だけではなく、これから流行するであろう商品の情報も提供できる存在

２．ジャンク店を訪れた人に最新の機械の部品だけでなく、最新の機

カンさんは割りこもうともせず、うん、うん、とときおり相槌《あいづち》を打つのみだった。それからやや言いにくそうに、自分も元技術者だったのが鬱病《うつびょう》で辞めたのだと語った。つづく話は、技術の⑥動向や好きなプログラミング言語は何かといった内容に及んだ。

ぼくらはとにかく喋った。

惹《ひ》かれあうように、とめどなくいろいろな話をした。そして思った。

ぼくにないのは未来ではなかった。友人だったのだ。西田には、そのことがわかっていた。

その日の晩のことだ。ぼくは、母に反旗《はんき》を翻《ひるがえ》した。

「店を継いでみたい」ⅲ

そう、はっきりと宣言したのだ。今度は、ぼくがハ魔法使いになる番なのだった。

最初に、ぼくはパーツを集めて小ぶりのコンピュータを自作した。安いなりに、計算能力の高いボードを積んだものだ。それにＡＩ用の開発環境を積み「ＡＩプログラミング入門キット」と称して店頭の目立つ場所に置いた。

ニ別に売れる必要はなかった。

いわば、寺の本尊《ほんぞん》のようなものだ。これまでの店とはａ一線を画する、何か象徴《しょうちょう》が必要だとぼくは考えたのだった。ところが、これがすぐに売れた。気をよくしたぼくは、新たに一台作ってまた店頭に並べた。少し時間を要したが、二台目も売れた。

三台目、四台目とつづくうちに、客からの質問が来るようになった。

買ったはいいが、ＡＩのプログラミングそのものが難しい、というものだ。そこでぼくはＡＩ開発の入門用の冊子を作り、西田に監修《かんしゅう》してもらい、コピー本にして店頭に飾った。

次に来たのは、電気代が高くつきすぎるという⑦クジョウだった。

そこで、ボードに頼るのではなく、外部のサーバーを借りるための手引き書を作った。

「これなら俺にできそうだな」

と真っ先に冊子を買ってくれたのはカンさんだ。

思わぬことにカンさんは囲碁の五段で、コンピュータを使って勉強してみることを思いついたらしい。

「驚いたよう」

とカンさんが報告に来たのはその翌週だ。ⅳ

「コンピュータの着手《ちゃくしゅ》がどれも俺の常識を外れててよう。だが、検討《けんとう》してくるといい手なんだ」

生き生きと語るカンさんに、ジャンク品と自分を重ねていたころの影はなかったが、それでもカンさんはやっぱりｂ素性の知れない電子部品を買っていくのだった。〈中略〉

そんなある日、記者を名乗る男がふらりと店を訪れ、ぼくから話を聞いていった。ｃ狐につままれたような思いだったが、その三日後、

「過去と現在をつなぐ店――秋葉原ジャンク店二代目の挑戦」

と題した記事がウェブに掲載され、突如、この店が注目の的となった。

インタビューは面映《おもは》ゆくて読めたものではなかったが、ぼくがフイに口にした、

「過去と現在をつなぎたいんです」

という一言が人心を打ったようで、記事はそこそこ拡散され、一時的

自分でも何を言っているのかわからなくなってきた。テナントが一階に入ってくれれば、ぼくが職場に復帰することだってできるというのに。

「あんた、［Ｂ］継ぐ気じゃないでしょうね」

早口にかぶせる母の目つきはこう語っていた。あんたはわたしの味方だと思ってたのに、だ。

ぼくが答えられずにいると、父がぽつりと言った。

「時代かな」

これまでになく小さい父の姿だった。

それを見て、はっきりとぼくは悟《さと》ってしまった。父はもう、イ魔法使いではないのだった。

結論の出ないままに迎えた水曜日、思わぬことに、カンさんが顔を腫《は》らして店にやってきた。当のカンさんは何事もなかったかのように商品をひっくり返したり、そうすれば透けて見えるとでもいうようにじっと見つめていたりするのだけれど、ぼくは訊《き》かずにはいられなかった。

「どうされたのですか」

「ああ、これなあ……」

恥じ入るように応えながら、カンさんが商品を元の棚《たな》に戻した。

「警備《けいび》の仕事の最中に酔っ払いに殴《なぐ》られちまってよう。それで、このざまってわけだ」

「それは……」

「たまにあるんだ、そういうことが。［Ｃ］いいさ、今日のこの時間、ここに来られるんだから」ⅱ

それよりもカンさんの台詞に、ラーメン店の話を思い出して胸が痛くなってきた。それにしても、だ。カンさんの素性《すじょう》はいま垣間見《かいまみ》られた。それでも、なぜ使いもしないパーツを買うのか。なぜ、ここに来るのを楽しみにしてくれているのか。③フイに、口を衝《つ》いて出た。

「なぜです？」

「え？」

「あ、えっと、いや……」

ぼくが口ごもっていると、［Ｄ］何か④サッしたようにカンさんが口角を歪めてみせた。

「俺にはこの店しかないんだよう」

飄々《ひょうひょう》としているように見えたカンさんの口調は、［Ｅ］人懐《ひとなつ》っこいものだった。

「別に、この店でパーツをいくら集めたところで、スマートフォンができたりはしないんだけどな。それでも、ここの商品がどうしても愛らしくてね。どうしても、自分自身を重ねて見ちまってよう」

どきりとさせられた。ロそれはまさに、ぼくが考えていたことであったからだ。

［Ⅱ］

そう明かした次の瞬間、何かが決壊した。無口でいようとする僕はもういなかった。

身体を壊して実家に転がりこんだことや、その前は技術者だったこと、今未来の⑤テンボウが見えないこと、そうしたあれこれを矢継ぎ早に喋った。もちろん、ぼく自身、ジャンク品に自分を重ねていることも話した。

ですか。適切なものを次の中から一つ選んで番号で答えなさい。

1．日常生活　2．メディア空間　3．電子的空間
4．身体的現実　5．ネットワーク

問10 次の文を本文中に入れる箇所として最も適切だと思われるものを次の中から一つ選んで番号で答えなさい。

こんなふうにいったからといって、昔を懐かしんでいるわけでは決してない。

1．(i)　2．(ii)　3．(iii)　4．(iv)　5．(v)

問11 二重傍線部「その意味」とありますが、どういうことですか。「～という意味。」につながるように、文中の言葉を使って次の空欄に二十五字以内で記しなさい。

〔　　　　　　　　〕という意味。

二　次の文章を読んで各問いに答えなさい。

【主人公は技術者（エンジニア）※1をしていたが体調を崩して休職し、復職するまで秋葉原にある父のジャンク店の店主として働いていた。その間に元の職場の同僚であり友人の西田が時々連絡をくれたが、職場に復帰する気持ちはわかないままだった。ジャンク店は毎週水曜日に店を訪れるカンさんという常連がいるものの、あまり売れ行きは良くない。そんな時、店が飲食店として買い取られる計画が立つのであった。】

事実、ぼくはこのジャンク店に①アイチャクのようなものを感じはじめていた。

ところが、また男たちが店に来た。

やはり二人組だった。展示品には目もくれず、店内の四隅《よすみ》に目を這わせたり、小声でリフォームの値段なんかを相談しあっている。そのうちに、一人が小声で口にするのをぼくは耳にした。

「いいんじゃないか」

母にとっては残念なことに、今回の話はタピオカ店ではなくラーメン店だった。［A］別の街に店があり、それが好調なので、この場所に二号店を出したいという話らしかった。

このころ父はすでに退院しており、リハビリのために病院に通う暮らしをしていた。

「いい話じゃない」(i)

このごろの家族会議の場で、発言をするのはほとんどが母だった。

「タピオカもラーメンも似たようなもの。あとはお父さんが判子をつくだけ。なんにしても、早く決めてよね。向こうは、すぐにでも契約したがってるから」

父はまだジャンク店に②未練があるらしく、返答も弱々しかった。

「でもなあ……」

それを見て取った母が、こちらに矛先を向けた。

「あんたはどうなの？　実際に店をやってみて、未来がないってこともわかったでしょう？」

［Ｉ］

ぼくは父と母の顔色を窺《うかが》いながら答えた。

「いったん落ちこんだ収益も、このごろは戻ってきてるし。常連さんもいて……」

それぞれ番号で答えなさい。

1．さて　2．けれど　3．もはや　4．あたかも
5．むしろ

問4　〔Ｘ〕〔Ｙ〕に入る適語を次の中から一つずつ選んでそれぞれ番号で答えなさい。

〔Ｘ〕
1．偶然　2．必要　3．自然　4．明確　5．幸運

〔Ｙ〕
1．無理　2．不要　3．偶然　4．不明　5．不運

問5　傍線部イ「これ」とはどういうことですか。適切なものを次の中から一つ選んで番号で答えなさい。

1．メディアの発達により、自分の悲しみや怒りや喜びといった感情を世界中に発信できるということ
2．メディアの発達により、自分は座ったままでショーを見ているように世界のできごとを知ることができるということ
3．メディアの発達により、世界中のさまざまなショーが日常生活の中で座ったまま見ることができるということ
4．メディアの発達により、自爆テロやオリンピックや国会の証人喚問が強い感情を引き起こすということ
5．メディアの発達により、世界中のさまざまな情報を知ることによっていろいろな研究ができるようになったこと

問6　傍線部ロ「これ」の指し示す内容として適切なものを次の中から一つ選んで番号で答えなさい。

1．自分自身は日常生活という「観客席」に座ったままなのに、強い感情を引き起こしていること
2．現実の時空間の中を自由に運動するという経験を通し、「旅」の目標を達成しようとすること
3．かつての「旅」のように現実の時空間の中を運動し、身体を通して世界を経験するということ
4．現実の時空間の中を運動する身体の経験を通し、かつての「旅」の意味を確かめるということ
5．自分自身は日常生活という「観客席」に座ったままで、「旅」の気分を味わえるということ

問7　傍線部ハ「オタク的な心性」の説明として適切なものを次の中から一つ選んで番号で答えなさい。

1．マンガやアニメ等の架空の世界には自己を忘れて熱中するが、現実のできごとには関心を示さないでいる空想的な心性
2．まるで幽体離脱したように現実の身体活動を行うことなく、ひたすらインターネットで楽しみ逃避《とうひ》しようとする心性
3．限られた言葉やシンボルに自己の夢をたくして語りながら、自分では決してものを作り出すことのない臆病《おくびょう》な心性
4．外の世界についての言葉やシンボルを操作するのは巧みだが、自分の世界の中で意味づけようとはしない心性
5．特定の分野に関連するものだけを深く楽しんで、他の人にもそれをすすめようとする心性

問8　傍線部ニ「それら」の指し示す語句を文中から七字で抜きだして記しなさい。

問9　傍線部ホ「また戻ってくる」とありますが、どこに戻ってくるの

とは、それを獲得し自分のものにしようとする強い⑤ドウキづけになってもいた。b逆説的に聞こえるかもしれないが、そうした「効率の悪さ」が、とても複雑な意味の場を形づくっていたのである。長い時間のかかる作業は人にいろいろなことを考えさせたし、その途中で思いがけないものが見つかったりした。それに対し、探しているものがすぐ見つかる情報空間とは、c裏をかえせば「単に探しているものしか見つからない」退屈な場所だともいえる。

ⓥそうではなく、人間が常に身体を伴《ともな》った存在であること、情報に意味を与えるのはこの身体を通してしかありえないことを、いま一度思い出そうといっているだけだ。インターネットにどっぷり⑥浸りきるのも、逆にそれを拒絶《きょぜつ》するのも⑦トクサクとは思えない。大切なのはむしろ「頻繁《ひんぱん》にスイッチを切る」習慣かもしれない。メディアという「観客席」からサッと立ち上がってはホまた戻ってくること。電子的空間と身体的現実との間の往復運動に、自分なりの軽快なリズムを見いだすこと。それこそが本当の情報リテラシー※9だ。IT革命※10も行きづまった今こそ、情報通信技術が人間にとってなんの役に立つのかを、産業や専門家任せにせず、日常生活の「中から」考えていく⑧ゼッコウの機会なのである。

（吉岡洋『情報と身体』より）

※1　メディア……情報を伝える手段
※2　喚問……呼び出して問いただすこと
※3　未曽有……今までに一度も起こったことがないこと
※4　アクセス……データの書き込みや読み出しをすること
※5　ウェブサイト……インターネット上で展開されている情報の集合体としてのホームページ
※6　既製品……商品として前もって作ってある品
※7　心性……心の本質や心のあり方や精神のこと
※8　幽体離脱……意識や霊魂《れいこん》が肉体を離れている状態
※9　リテラシー……物事を適切に理解・解釈することやそれを使える能力
※10　IT革命……インターネットを通して、経済・社会に大きな変革が起きること

問１　波線部①～⑧の漢字にはその読みを、カタカナにはその漢字を記しなさい。

問２　傍線部a～cの語句の意味として適切なものを次の中から一つずつ選んでそれぞれ番号で答えなさい。

a　猶予
1．ものごとを急がずに落ち着いてやること
2．ゆとりがあってあぶなげないこと
3．決まった日時を先に延ばすこと
4．ゆったりしてこまごましないこと

b　逆説的
1．前に述べた事柄に対して、逆の関係でつながること
2．間違っているようだが正しいこと
3．もっともらしい様々な考え方のこと
4．間違っていることを言わないこと

c　裏をかえせば
1．同じことをもう一度言えば　　2．逆のことを言えば
3．証拠《しょうこ》を示せば　　4．裏返しにすれば

問３　［A］～［E］に入る適語を次のページの中から一つずつ選んで

【国　語】〈五〇分〉〈満点：一〇〇点〉

一　次の文章を読んで各問いに答えなさい。

世界が、とても狭くなってしまった。

ここには二つの意味が含まれている。第一に、メディア※1の発達によって、世界のさまざまな場所で起こっているできごとを、簡単に知ることができるようになった。新聞、写真、電話、映画、テレビ、そしてインターネットのおかげで、空間的距離や時間的遅れはどんどん①シュクショウされてゆきその結果世界は確かに「狭く」なった。メディアの中では、自爆《じばく》テロもオリンピックも国会での証人喚問《かんもん》※2も、［A］目の前で繰り広げられている一連のショーのようだ。それらは悲しみや怒りや喜びといった強い感情を引き起こすけれど、自分自身は日常生活という「観客席」に座ったままなのである。

ⅰイこれは未曾有《みぞう》※3の状況である。人間は長い間、自分が住む小さな共同体＝ムラの外で何が起こっているかを確かめるには、旅に出るほかはなかった。「旅」とは身体がリアルな時空間の中を運動することであり、その運動を通して世界を経験することである。ロこれは、生き物として［　X　］なことでもあった。一方メディア環境においては、身体の運動なしに世界についての知識が獲得《かくとく》される。そこでは、より多くの情報を得るためには、より長くモニターの前に座っていること、つまりできるだけ身体を動かさないことが必要になる。そこでは知覚と運動とが分離されている。その意味で、生き物として大変［　Y　］なことを②強いられているわけだ。

ⅱ［B］、そのようにして膨大《ぼうだい》な情報にさらされているぼくたちは、これまでよりも世界をオープンに経験しているだろうか？　とてもそうは思えない。インターネットによって誰もが直接「世界」にアクセス※4できるはずなのに、ほとんどの人が仕事以外にやっているのは、仲間うちでメールを交換し、国内のごく限られたウェブサイト※5を眺め、掲示板でおしゃべりすることである。情報ネットワークは、それがただ存在するというだけでは、未知の人々どうしの出会いなど生み出さない。［C］現在のインターネット環境においては、人々は情報を既製《きせい》※6品のカタログのようなものとして経験するし、人間どうしの出会いすら、［D］思いがけないできごとではなくなり、一定の手続きに変えられてしまう。

ⅲこれが、世界が「狭く」なったということの、二番めの意味である。情報ネットワークの中で、人々はますます狭い世界の中に③安住するようになってしまったのだ。八〇年代末、オタクということがよく話題にのぼった。現在、多くの人がマニアという意味でのオタクになったということではないけれども、ハオタク的な心性※7は社会にしっかり根をおろしたようにみえる。すなわち人々は、外の世界「について」の言葉やシンボルを操作するのは④巧みだが、自分の世界「の中で」ニそれらを意味づけようとはしない。まるで「幽体離脱《ゆうたいりだつ》」※8のように、知識と身体とを切り離す術《すべ》を習得してしまったのである。

ⅳかつては、僅《わず》かな情報を手に入れるために、図書館に通ってかたっぱしから資料を調べたり、注文した外国雑誌を何か月も待ったりしなければならなかった。それは確かに、とても不便なことであった。［E］その「不便さ」がある意味では、情報の意味をゆっくり考えるa猶予《ゆうよ》を与えてくれていたともいえる。また、ある種の情報が手に入りにくいこ

第1回特進

2023年度

解　答　と　解　説

《2023年度の配点は解答欄に掲載してあります。》

＜算数解答＞《学校からの正答の発表はありません。》

1　(1)　1.8　(2)　$\frac{1}{14}$　(3)　0.45　(4)　0.6　(5)　32　(6)　127
(7)　9　(8)　16

2　(1)　81度　(2)　138度　3　(1)　30cm^2　(2)　15cm^2

4　(1)　282.6cm^3　(2)　7.174cm　5　(1)　12　(2)　イ

6　(1)　28　(2)　分速150m　7　(1)　24通り　(2)　24301

○推定配点○

各5点×20　計100点

＜算数解説＞

重要 1　(四則計算，割合と比，速さの三公式と比，通過算，年令算，消去算，仕事算)

(1)　145.8÷81＝48.6÷27＝1.8

(2)　$\frac{5}{6}-\frac{16}{21}=\frac{3}{42}=\frac{1}{14}$

(3)　(1.4－0.05)÷3＝0.45

(4)　$\square=2-1.1\div\left(3\frac{3}{2}-\frac{13}{4}\times\frac{8}{7}\right)=2-1.4=0.6$

(5)　0.8×0.85＝0.68，1－0.68＝0.32より，32％安くなった。

(6)　列車の秒速…(111－60)÷(14－11)＝17(m)　したがって，列車は17×11－60＝127(m)

(7)　□年後とする。父母の年令の和…50＋46＋□×2＝96＋□×2　子供の年令の和…7＋3＋1＋□×3＝11＋□×3　したがって，11＋□×3の3倍，33＋□×9が96＋□×2に等しく，□は(96－33)÷(9－2)＝9(年後)

(8)　全体の仕事量…30，20の公倍数60とする。1日の仕事量…Aさんは60÷30＝2，Bさんは60÷20＝3　したがって，Bさんの日数は(60－2×6)÷3＝16(日)

図ア

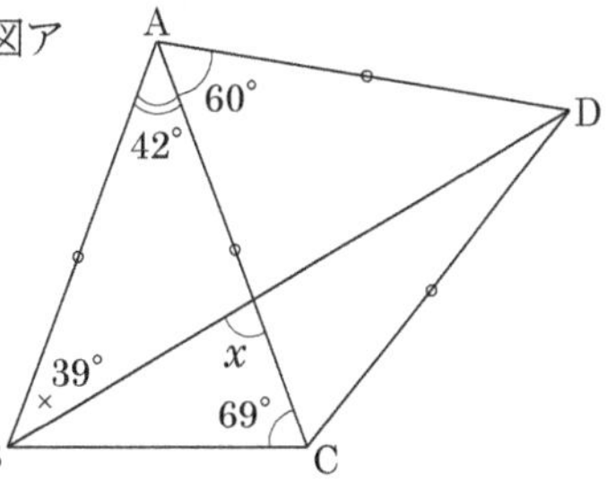

2　(平面図形)

重要 (1)　図ア…角CABは180－69×2＝42(度)　角ABDは{180－(42＋60)}÷2＝39(度)　したがって，角xは42＋39＝81(度)

基本 (2)　図イ…180－21×2＝138(度)

図イ

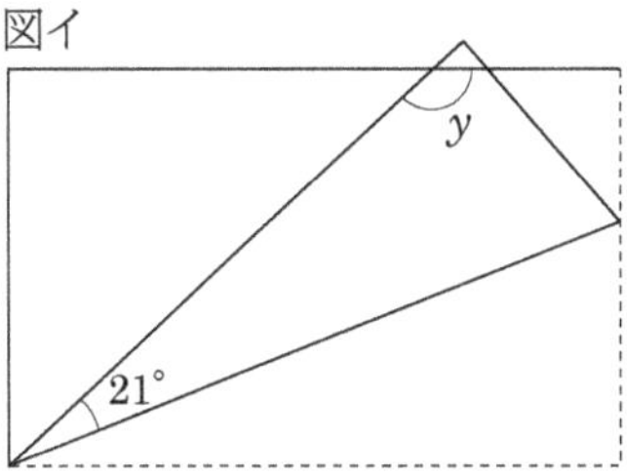

重要 3　(平面図形)

(1)　図ウ…90÷6×2＝30(cm^2)

(2)　図エ…90÷3÷2＝15(cm^2)

図ウ

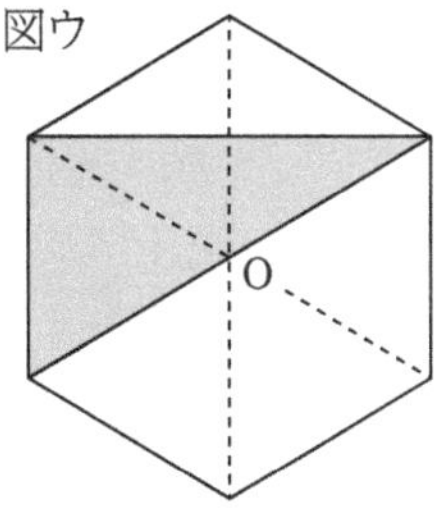

図エ

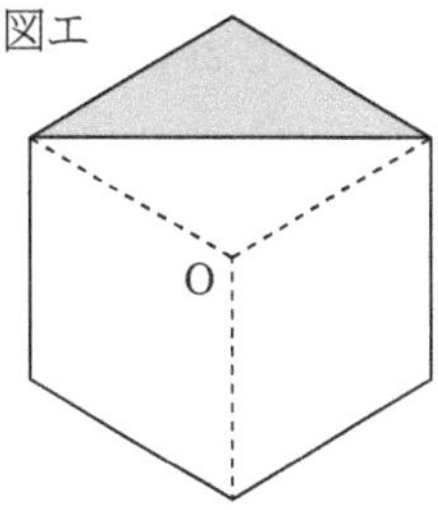

重要 4 (平面図形，立体図形)

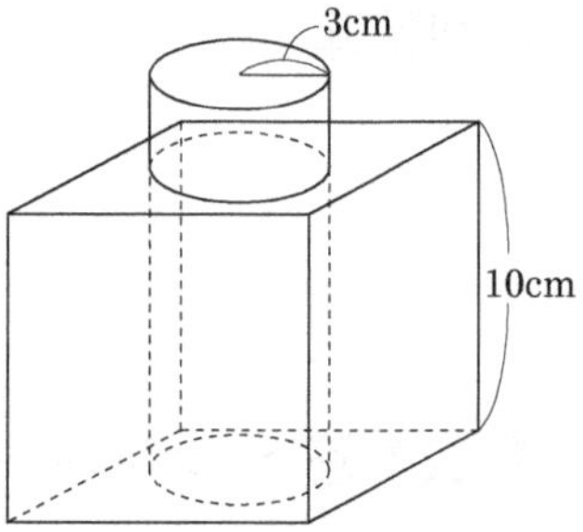

(1) 右図より，$3 \times 3 \times 3.14 \times 10 = 282.6$(cm^3)

(2) (1)より，$10 - 282.6 \div (10 \times 10) = 7.174$(cm)

重要 5 (速さの三公式と比，割合と比，単位の換算，概数)

(1) 目標の分速…$1500 \div 6 = 250$(m)　したがって，50mの時間は$60 \times 50 \div 250 = 12$(秒)

(2) 1km走る時間…$9.6 \times 10 \div 60 = 1.6$(分)　マラソンの時間…$1.6 \times 42 = 67.2$(分)　したがって，選択する記号はイ

6 (速さの三公式と比，グラフ，割合と比，単位の換算)

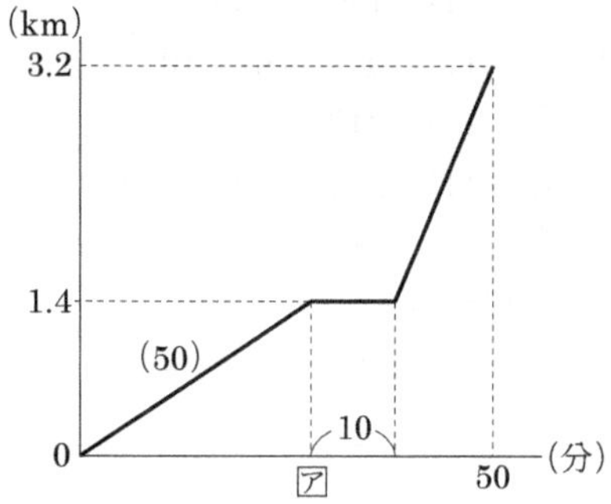

基本 (1) $1400 \div 50 = 140 \div 5 = 28$(分)

重要 (2) $(3200 - 1400) \div \{50 - (28 + 10)\} = 1800 \div 12 = 150$(m)

7 (場合の数)

重要 (1) $4 \times 3 \times 2 \times 1 = 24$(通り)

やや難 (2) 40000台，30000台の数…合計$24 \times 2 = 48$(個)
したがって，大きい方から50番目は24301

★ワンポイントアドバイス★

特に難しい問題はないが，1(7)「年令算」では，□年後には父母の年令の和が□×2ふえ，3人の子供の年令の和が□×3ふえる。7(2)「大きい方から50番目の数」では，(1)の答えを利用し，49番目の数は24310

＜理科解答＞《学校からの正答の発表はありません。》

1 問1 屈折　問2 X　問3 (ウ)　問4 (イ)　問5 まっすぐに進む。
問6 温度は(周りに比べて)高くなっている。

2 問1 気体　問2 ア　問3 金属球の温度を下げればよい。　問4 できる
問5 伝導　問6 すき間

3 問1 A　問2 イ　問3 花粉を運んでいる生き物の活動が盛んになるから。
問4 ミノムシ[ガ]　問5 イ　問6 ア・エ　問7 両生類

4 問1 A 積乱雲[入道雲]　B 巻雲[筋雲]　C 巻積雲[うろこ雲]　問2 A
問3 アメダス　問4 ウ　問5 日本の天気は，西から変化していくから。

○推定配点○

1 各2点×6　2 各2点×6　3 問1・問2 各1点×2　他 各2点×5(問6完答)
4 各2点×7　計50点

＜理科解説＞

重要 1 (光－光の性質)

問1 光が別の物質に入るとき，光の進行方向が曲がる性質を屈折という。

問2 屈折角はガラスと垂直に交わる線と光の進行方向をはさむ角である。

問3　ガラスから空気中に光が出ていくときは，光はガラス面に近づくように曲がる。

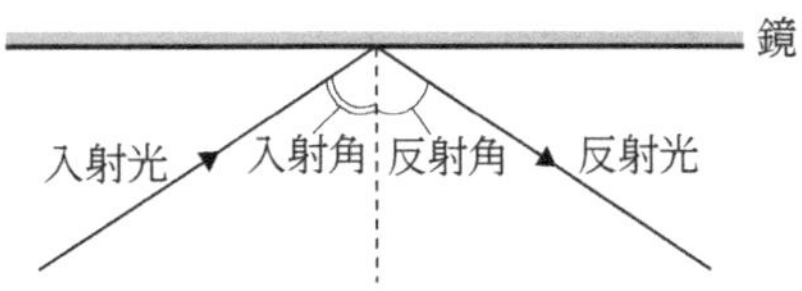

問4　入射角と反射角は等しくなるので(イ)である。

基本　問5　折れ曲がった光やはね返った光は，まっすぐ進む。

基本　問6　太陽の光が一点に集まるので，温度は集める前と比べると高くなる。

重要　**2**　**(物質と変化―金属の性質)**

問1　熱をあたえたとき，体積の変化が大きい順に並べると，気体，液体，固体の順になる。

問2　金属球は加熱すると体積が大きくなる(ぼう張する)ので，金属球はリングを通れなくなる。

基本　問3　金属球を冷やせば，金属球の体積が小さくなるので，再びリングを通ることができる。

基本　問4　リングを十分に加熱すると輪の大きさが大きくなるので，金属球はリングを通り抜けることができる。

問5　熱が加熱した場所から伝わっていくことを，熱の伝導という。

基本　問6　鉄道のレールは，レールのつなぎ目にすき間を作ることで，気温の変化による影響を最小限にしている。

3　**(生物―動物)**

問1・問2　生態系の一番上位にいる生き物はメジロ(鳥)である。メジロは，ウメやサクラの木で見かけられる。

基本　問3　春になると花粉を運ぶ生き物の活動が盛んになるため，植物は春に花を咲かせるものが多い。

問4　生物Bはミノガ(ミノムシ・ガ)である。

問5　秋になると活動が盛んになる生物は，選択肢の中ではスズムシである。

重要　問6　カエルは枯葉の裏側や，地中で冬眠する。

重要　問7　カエルは両生類の仲間である。

重要　**4**　**(気象)**

問1　Aは積乱雲(入道雲)，Bは巻雲(筋雲)，Cは巻積雲(うろこ雲)である。

問2　夏の夕方によく発生し，雷雨をともなうことがある雲は積乱雲である。

問3　降水量などを測定している気象観測システムをアメダスという。

問4　晴れの雲量は2～8，曇りの雲量は9～10である。

基本　問5　日本の天気は偏西風の影響で，西から東に変化しやすい。夕焼けが見えるということは，西の空に雲がないということなので，次の日は晴れることが多い。

★ワンポイントアドバイス★

比較的基本の問題が多いので，ケアレスミスに注意しよう。

＜社会解答＞《学校からの正答の発表はありません。》

1　問1　カ　　問2　(1)　徳島県　　(2)　鳴門　　(3)　エ　　問3　ア　　問4　エ

2　問1　ア　　問2　ウ　　問3　源頼朝　　問4　(1)　執権　　(2)　北条(氏)
問5　征夷大将軍　　問6　ウ

3　問1　エ　　問2　ウ　　問3　象徴　　問4　ウ　　問5　国民投票

○推定配点○

1　各3点×6　　2　問3～問5　各2点×4　　他　各3点×3　　3　各3点×5　　計50点

＜社会解説＞

1　(日本の地理－日本の国土と自然，都道府県の特徴，農業，貿易)

問1　Aは秋田県，Bは北海道，Cは新潟県を示している。2021年の米の生産量が最も多い都道府県は新潟県で，第2位が北海道，第3位が秋田県なので，2021年の米の生産量が多い順番に並べ替えるとC→B→Aとなり，カが正しい。

やや難　問2　(1)　北部に讃岐山脈，中央部に四国山地が連なり，東部は紀伊水道，南部は太平洋に面しているのは，徳島県である。　(2)　徳島県の北東部にある，うず潮が見られる海峡は，鳴門海峡という。　(3)　徳島県では毎年8月に，エの阿波踊りが行われている。アの七夕まつりは仙台七夕まつりなどが知られている。イのよさこい祭りは高知で行われており，ウの竿燈まつりは秋田で行われている。

問3　名古屋港は中京工業地帯に位置しており，中京工業地帯は自動車などの輸送機械工業が特に盛んであることから，名古屋港からの輸出品上位には自動車や自動車部品が含まれると考えられ，アと判断できる。なお，イは成田空港，ウは東京港，エは神戸港と考えられる。

重要　問4　エの伊豆諸島は世界自然遺産には登録されていない。アの知床半島は『知床』として2005年に，イの屋久島とウの白神山地は1993年に，いずれも世界自然遺産に登録されている。

2　(日本の歴史－古代～近世)

問1　群馬県の岩宿遺跡からは，旧石器時代の打製石器が発見されている。

問2　ウの稲荷山古墳出土鉄剣の出土した稲荷山古墳は埼玉県にあるので，ウが「埼玉県の歴史的な遺跡・遺物」として正しい。アの大仙陵古墳は大阪府に，イの三内丸山遺跡は青森県に，エの多賀城跡は宮城県にある。

基本　問3　鎌倉幕府を開いた初代将軍は，源頼朝である。

問4　(1)　鎌倉幕府において3代将軍以降に置かれた将軍を補佐する役職を，執権という。

(2)　執権には代々，北条氏がついた。

問5　源頼朝や徳川家康が朝廷より任じられた，元々は「蝦夷を征討する」という意味を持つ役職は，征夷大将軍である。源頼朝は1192年に，徳川家康は1603年に征夷大将軍に任じられている。

やや難　問6　会話からは，鎌倉時代と江戸時代以降が関東地方に政権の中心がおかれていた期間であることがよみとれる。鎌倉時代は12世紀末から鎌倉幕府が滅びる1333年までの約150年間である。江戸時代は17世紀初頭に始まっているので，江戸時代から現在までは約420年である。よって，鎌倉時代と江戸時代以降の関東地方に政権の中心がおかれていた期間に最も近いのはウの600年となる。

3　(政治－日本国憲法，時事問題)

問1　新型コロナウイルス感染症の感染者数が増加したことを受けて，「新型インフルエンザ等対策特別措置法」に基づく緊急事態宣言が2020年4月に政府から発出された。緊急事態宣言は都道府県単位で出されるもので，1回目の緊急事態宣言は4月7日に7都府県に出された後，4月16日に対象が全国に拡大しているので，アは適切であり，エは適切でないことが読み取れる。緊急事態宣言が発出されると，飲食店などに対し休業や営業時間短縮の要請や命令ができるようになるので，イは適切。緊急事態宣言に基づく命令に応じない場合は行政罰が科されるので，ウは適切。

問2　日本国憲法は1947年5月3日に施行されているので，(　②　)にはウがあてはまる。なお，日本国憲法は1946年11月3日に公布されている。

重要 問3　日本国憲法は第1条で「天皇は，日本国の象徴であり日本国民統合の象徴であつて，この地位は，主権の存する日本国民の総意に基く。」と規定しており，(　③　)には象徴があてはまる。

問4　天皇の国事行為には，内閣総理大臣の任命や最高裁判所長官の任命，憲法改正・法律・政令及び条約の公布，国会の召集，衆議院の解散，栄典の授与，外交文書の認証などがある。よって，ウの栄典の授与が天皇の国事行為として適切。法律の制定は国会の仕事なので，アは天皇の国事行為として適切でない。衆議院には解散があるが参議院には解散はないので，イは誤りとわかる。内閣総理大臣の指名は国会が行うので，エは天皇の国事行為として適切でない。

基本 問5　日本国憲法の改正には，国会で各議院の総議員の3分の2以上の賛成で発議が行われた後，国民投票で投票総数の過半数の賛成が必要になる。

★ワンポイントアドバイス★

地理の統計や歴史の出来事，政治の日本国憲法などについて，しっかりと覚えておこう。

＜国語解答＞《学校からの正答の発表はありません。》

一　問1　①　いとな　②　定食　③　注　④　げんしょう　⑤　結論　⑥　寄　⑦　ばんぶつ　⑧　持続　問2　a　3　b　2　c　2　問3　A　2　B　1　C　3　D　5　E　4　問4　食べること　問5　3　問6　3　問7　ア　1　イ　2　ウ　2　エ　1　問8　5　問9　(例)　私たちの体の細胞は，一年もすれば，その間に食べた食べ物の分子と置きかわるから。

二　問1　①　児童　②　指名　③　ひはん　④　才能　⑤　参観　⑥　発明　⑦　経験　⑧　皮肉　問2　a　1　b　4　c　2　問3　A　2　B　3　C　1　D　4　E　5　問4　Ⅰ　5　Ⅱ　2　Ⅲ　3　問5　1　問6　1・4

問7　(例)　毎日，うんどう会のけいこができて，とてもうれしいです。

問8　(例)　したこと　みたこと　感じたこと　問9　2

○推定配点○

一　問1　各1点×8　問4・問6・問8　各3点×3　問9　7点　他　各2点×13

二　問1　各1点×8　問5・問9　各3点×2　問7　4点　他　各2点×16　計100点

＜国語解説＞

一　(論説文－要旨・大意の読み取り，文章の細部の読み取り，接続語の問題，空欄補充の問題，脱文補充，ことばの意味，漢字の読み書き)

問1　①　「営み」は，物事をすること。「営」の音読みは「エイ」。「営業」「営利」などの熟語がある。　②　「定食」は，食堂や飲食店などで，献立の内容・組み合わせが決まっている料理。「定」には「ジョウ」の音もある。訓は「さだ‐める・さだ‐まる」。「推定」「定石(ジョウセキ)」などの熟語がある。　③　「注ぐ」は，流し込むの意味。音は「チュウ」。形の似た「柱」や「住」と区別する。「注入」「注水」などの熟語がある。　④　「現象」は，実際に形をとって現れる物事。

「現」の訓は「かぎ-る」。「実現」「現在」などの熟語がある。「象」には，動物の「アジア象」や「アフリカ象」を表す「ゾウ」の音もある。　⑤「結論」は「決論」と書く誤りが多いので注意する。また，「論」は形の似た「輪(リン)」や「輸(ユ)」と区別する。「結」の訓は「むす-ぶ・ゆ-う・ゆ-わえる」。「結」には「結集」「結晶」，「論」には「論争」「評論」などの熟語がある。
⑥「寄」の音は「キ」。「よ-せる」の訓もある。「寄付」「好奇心」などの熟語がある。
⑦「万物」は，宇宙に存在するすべてのもの。「万」の音は「マン・バン」。「万能」「万里」などの熟語がある。「物」の音は「ブツ・モツ」。「物品」「食物」などの熟語がある。　⑧「持続」は，長く続くこと。保ち続けること。「持」を「自」や「時」と誤らないこと。「持」には「持久」「所持」，「続」には「存続」「断続」などの熟語がある。

やや難 問2　a「本質的」の「本質」は，その物にとっていちばん大切で根本的な性質。「的」は「～についての」の意味。「本質的」は，物事の基本的なという意味。　b「流転」は，とどまることなく，移り変わること。　c「絶え間」は，ずっと続いていたものがとだえている間。それがないのだから，止められることがなく，続いていくの意味。

基本 問3　A　空欄の前では，食べるということを話題にして，食べ続ける理由は生きるためなのだろうか，と問いかけている。空欄のあとでは，その問いかけをもとに「生きているとはいったい，どんな状態のことをいうのでしょうか」と新たな話題を示している。話題を変える「では」が入る。　B　空欄の前では，食べ物はカロリー源，エネルギー源と考えられているという内容を述べている。空欄のあとでは，食べ物はカロリー源，エネルギー源としてだけ見ると大事な側面を見失うと述べている。前後で反対の内容を述べているので，逆接の「けれども」が入る。
C　空欄の前後は，「～(し)ていき，……なっていく」という形になっている。空欄には時間の経過を表す言葉が入るとわかる。「やがて」は，まもなく，そのうちにの意味。　D　空欄の前ではネズミの体に起こったことを述べている。空欄のあとでは，ヒトの体でも起こると付け加えている。付け加えることを表す「そして」が入る。　E　空欄のあとの「生命の実態は常に動いています」という内容は，ここまでに説明してきたことをまとめたもの。Eには「このように」と，説明してきたことをまとめる言葉が入る。

問4　(　I　)の前に「どうして食べ続けなければならないの？　と問われたら，あなたは何と答えるでしょう。生きるため？」とある。そして，「(　I　)の意味を問うためには，生きていることの意味を探る必要があります」とある。(　I　)には，食べることについての言葉が入るとわかる。読み進めると，「そこでここでは，〝食べること〟の意味を分子生物学的に考えてみましょう」とある。「食べること」の意味を問うのである。

基本 問5　「目の当たり」は，目のすぐ前。「目の当たりにする」で，この目で見るの意味。

問6　第10段落にシェーンハイマーが発見したことが説明されている。「食べた物と体の分子がたえず分解と合成をくりかえし，体はやがて新たに摂取した食べ物の分子とすっかり置き換わることを発見したのです」とある。「発見」とは，まだ知られていなかった物事を，初めて見つけ出すことで，発見によって新たなことがわかるのである。

問7　ア.は1。問6でとらえたように，「食べた物と体の分子がたえず分解と合成をくりかえし，体はやがて新たに摂取した食べ物の分子とすっかり置き換わる」のである。イ.は2。「食べること」について大発見をしたのはシェーンハイマーである。ウ.は2。第9段落に「ネズミの体重は一グラムも増えていませんでした」とある。エ.は1。第11段落に「分子の置き換わりは，ネズミの体のどの部分でも，例外なく起こっていました……私たちヒトの体でもまったく同じことが起こっているのです」とある。

やや難 問8　脱文の「分子と置き換わっている」に着目する。ⓥの前に「シェーンハイマーの研究によって，分子のレベルで実際にそのようなことが起こっていることがわかったのです」とある。「そのようなこと」が指しているのは「万物は流転する」という言葉だが，「万物は流転する」は前の段落の「分子の置き換わり」を言い換えたものである。脱文は「つまり」とあって，「万物は流転する」というのは，「分子と置き換わっている」ということの言い換えであることを説明している。

重要 問9　問8と関連させて考える。「ですから」とあるから，ⓥに入る内容の「つまり，私たちの体の細胞は，一年もすれば，その間に食べた物の分子と置き換わっているということです」が理由ということになる。「お変わりありまくり」は，置き換わることによって一年前とは異なる状態になっているということを言っているのである。

二　**(小説－心情・情景の読み取り，文章の細部の読み取り，空欄補充の問題，脱文補充，ことばの意味，漢字の読み書き)**

問1　①「児童」は，子ども，小学生。「児」の音は「ジ・ニ」。「育児」「小児科」などの熟語がある。「童」の訓は「わらべ」。「童話」「童顔」などの熟語がある。　②「指名」は，特定の人の名を指定すること。「指」の訓は「ゆび・さ-す」。「指示」「指揮」などの熟語がある。「名」の音は「メイ・ミョウ」。「名称」「名跡(ミョウセキ)」などの熟語がある。　③「批判」は，よしあしなどについて，論理的・科学的に検討して判定すること。「判」には「バン」の音もある。「批評」「判断」「裁判」「評判」などの熟語がある。　④「才能」は，ある物事を巧みになしとげる能力。「能」は形の似た「態(タイ)」と区別する。「才」には「才覚」「英才」，「能」には「機能」「能率」などの熟語がある。　⑤「参観」は，その場に出向いて行って実況を見ること。「参」の訓は「まい-る」。「参照」「持参」などの熟語がある。「観」には「観測」「悲観」などの熟語がある。⑥「発明」は，最初に考え出したり，作ったりすること。「発」には「ホツ」の音もある。「発作(ホッサ)」「発揮」などの熟語がある。「明」には「ミョウ」の音もある。「光明(コウミョウ)」「明快」などの熟語がある。　⑦「経験」は，生きていて実際に見たり聞いたりこころみたりすること。「経」は同音で形の似た「径」と区別する。訓は「へ-る」。「経過」「経歴」などの熟語がある。「験」は同音の「検」や「険」と誤らないように注意する。「実験」「体験」などの熟語がある。　⑧「皮肉」は，相手の欠点・弱点などを直接に指摘せず，遠回しに意地悪く非難すること。「皮」の訓は「かわ」。「表皮」「脱皮」などの熟語がある。「肉」には「筋肉」「肉眼」などの熟語がある。

やや難 問2　a「なごやか」は，気分がうちとけておだやかな様子。「なごやかな雰囲気」などと使う。b「偉大」は，価値や能力などがすぐれていて，りっぱなこと。「偉大な人物」「偉大な業績」などと使う。　c「涙をのむ」は，くやしいのをじっとこらえるの意味。「涙をのんでまんがの本を処分する」などと使う。

基本 問3　A「すこしも」は，あとに打ち消しの言葉が続いて，ちっとも……しない，全然(……しない)の意味を表す。　B「さすがに」は，どう見ても，どう考えてもの意味。5「なかなか」も入りそうだが，「なかなか」は，かなり，ずいぶんの意味で，文の良い悪いを判断するこの場面とは意味合いがずれてしまう。　C「そして」は，付け加えるはたらきをする。黒板に書いて，そして，「『したこと』の上に×をつけたのである。　D「いっせい」は，多くの者がみんなそろって同時に同じ事をすること。　E「なかなか」は，あとに打ち消しの言葉が続くと，簡単には，すぐにはの意味を表す。

問4　Ⅰ　ここで話題になっているのは，「赤いカニをならべた児童作品」である。そして，「同じことばっかりしてるからあかん」のくわしい説明だから，5「形が同じやろ先生，色もみんな同じやからたいくつ」があてはまる。　Ⅱ　続く足立先生の会話に「うしろで見ている先生なんか」とあるのに着目する。2があてはまる。　Ⅲ　続く足立先生の会話に「じゃ，これも×」とある。「したこと」はわるいやつで×をつけるのだから，「したことやからわるいやつや」があてはまる。

問5　イについては，直後に「二年生の子どもがちゃんと批判する」とある。小谷先生は，「自分の意見をしっかり言えること」に感心しているのである。ロについては，直前に理由が示されている。「みんな×印がついた」ことに感心しているのである。この理由を説明している選択肢はない。

問6　1については，「教えることがないからここで昼寝をする」という足立先生の冗談に対して，子どもが冗談で答えて，「なごやかな空気がじきうまれた。こどもたちの心をほぐすのに足立先生は独特の才能があるようだ」とある。適切。　2　子どもが，「うそつけ。いつでも苦労をして文をかけっていうてるやんか」と言っている。不適切。　3「足立学級の子どもたちは……あいかわらず，のびのび学習していた」とある。また，「授業中というのは，たいていだれかがおしゃべりをしたり，よそごと，よそ見をしているものだ。それを注意していて，さっぱり勉強がすすまなかった……足立学級はそういう心配がすこしもないようだ」とある。不適切。　4　授業の様子を描いて，「つぎの文はみんな○印がついた。一雄という子どもの文だったので，一雄はうれしそうな顔をした。わるい文にならないかとひやひやしていたのだ」とある。適切。
5「先生たちに反感を持っていた」という描写はない。不適切。

重要　問7「したこと」でなく，見たこと・感じたこと・思ったこと・いったこと・きいたことに書き直せばよい。解答例は，「まい日，うんどう会のけいこをしています」を，感じたことを加えて「毎日，うんどう会のけいこができて，とてもうれしいです」と書き直している。

問8　第一文の「ぼくは学校の……立ちどまって見ました」は，みたこと。第二文の「ブルドーザーにひかれたら……ペッチャンコになると思いました」は，思ったこと。第三文の「ブルドーザーが……あつかった」は，したことと感じたこと。第四文の「ぼくはなんで……あついんやろと思いました」は，思ったこと。「ひもでんきもついてないのにふしぎやな」は，思ったこと。解答は「したこと」「見たこと」「感じたこと」「思ったこと」のうちから三つを答えればよい。

重要　問9　脱文にある「子どもたちは笑って」，「気のどくそうな眼をして，うしろの先生を見た」に着目する。ⓘ~ⓥのうち，笑いをさそうような内容が前の部分にあるのは，ⅱとⅳだが，ⅳには「うしろの先生を見た」に対応する内容がない。ⅱに入れてみると，「小谷先生たちは鼻クソにされてしまった」→「子どもたちは笑って」，「気のどくそうな眼をして，うしろの先生を見た」→「先生たちはにが笑いをしている」と場面がつながる。

★ワンポイントアドバイス★

論説文は，筆者がどのように説明を進めているかを読み取っていこう。筆者が伝えたいことと具体例のかかわりをとらえて読むことが大切だ。小説は，場面の様子をとらえるとともに，心情と心情の理由や人物像，人物どうしのつながり，関係を読み取るようにしよう。

第1回特進選抜　　　**2023年度**

解　答　と　解　説

《2023年度の配点は解答欄に掲載してあります。》

＜算数解答＞《学校からの正答の発表はありません。》

1　(1)　9.3　　(2)　1.5　　(3)　$\frac{8}{15}$　　(4)　$\frac{6}{11}$　　(5)　7.5　　(6)　11　　(7)　41
　(8)　33

2　(1)　105度　　(2)　114度　　3　(1)　100cm^2　　(2)　1071cm^2

4　(1)　376.8cm^3　　(2)　357.96cm^2　　5　(1)　3　　(2)　16

6　(1)　時速90km　　(2)　12分間　　7　(1)　90円　　(2)　245本

○推定配点○

各5点×20　　計100点

＜算数解説＞

重要　1　**(四則計算，割合と比，倍数算，鶴亀算)**

(1)　223.2÷24＝9.3

(2)　$\frac{17}{10}\times\frac{5}{2}-\frac{11}{6}\times\frac{2}{3}\times\frac{9}{4}=\frac{17}{4}-\frac{11}{4}=1.5$

(3)　$1-\frac{1}{6}\times\frac{3}{5}\times\frac{14}{3}=\frac{8}{15}$

(4)　$\square=\frac{3}{5}\div\left\{\left(\frac{13}{14}-\frac{6}{14}\right)\times\frac{1}{5}+1\right\}=\frac{3}{5}\times\frac{10}{11}=\frac{6}{11}$

(5)　右図より，色がついた部分の面積が等しく□は(20－15)×120÷(100－20)＝60÷8＝7.5(g)

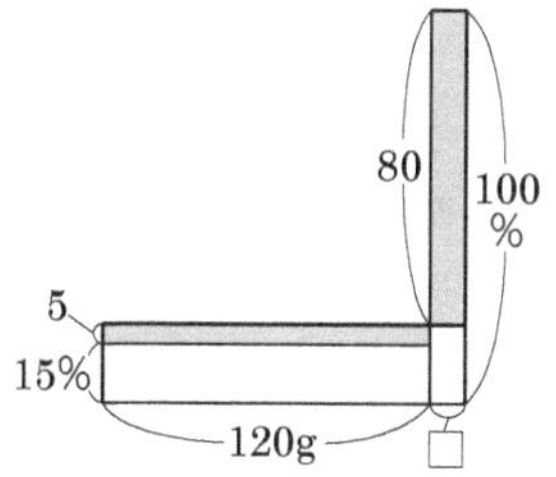

(6)　□＋□＋1＋□＋2＋□＋3＝□×4＋6＝50　　したがって，□＝(50－6)÷4＝11

(7)　(4800－50×55)÷(100－50)＝(480－5×55)÷5＝96－55＝41(枚)

(8)　個数の差が一定であり，42－(48－42)÷(5－3)×3＝33(個)

重要　2　**(平面図形)**

(1)　図ア…角xは45＋60＝105(度)

(2)　図イ…角yは180－(105－72)×2＝114(度)

図ア

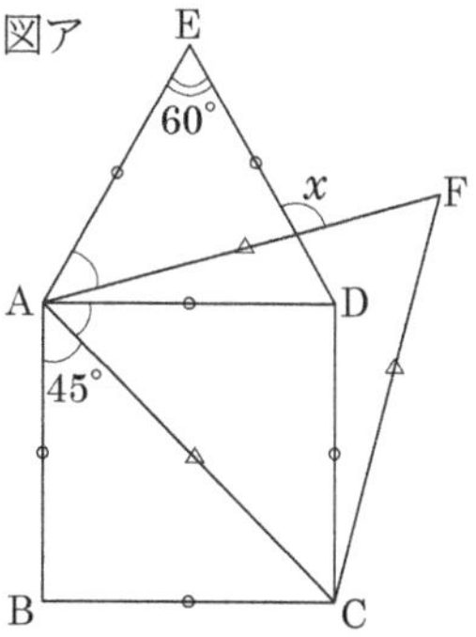

図イ

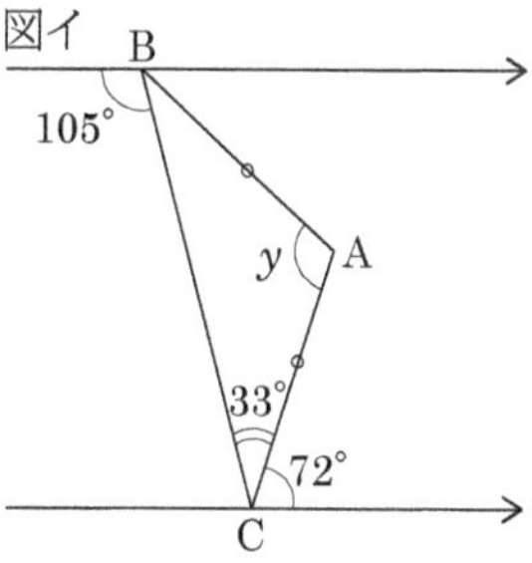

重要　3　**(平面図形)**

(1)　図ウ…10×20÷2＝100(cm^2)

(2)　図エ…長方形×3：20×10×3＝600(cm^2)
外側のおうぎ形：10×10×3.14＝314(cm^2)
内側のおうぎ形：314÷2＝157(cm^2)
したがって，600＋314＋157＝1071(cm^2)

図ウ

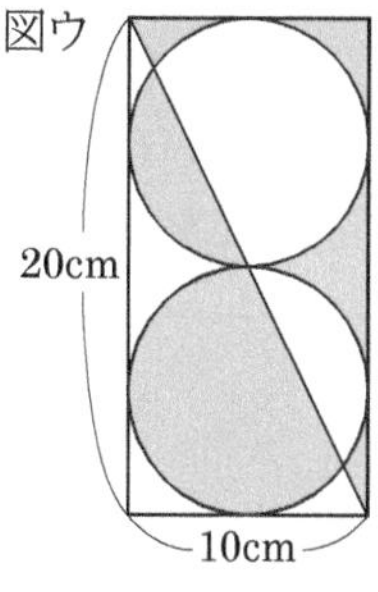

図エ

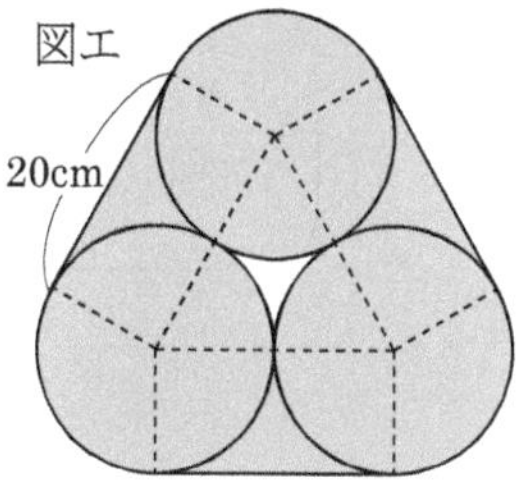

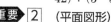

重要 4 **(平面図形，立体図形，図形や点の移動)**

(1)　円柱の体積…$3\times3\times3.14\times4=36\times3.14(\mathrm{cm}^3)$

高さ4cmと8cmの円錐の相似比…1：2

高さ4cmと8cmの円錐の面積比…1：4

高さ4cmと8cmの円錐の体積比…1：8

円錐台の体積…$6\times6\times3.14\times8\div3\div8\times(8-1)=84\times3.14(\mathrm{cm}^3)$

したがって，体積は$(36+84)\times3.14=120\times3.14=376.8(\mathrm{cm}^3)$

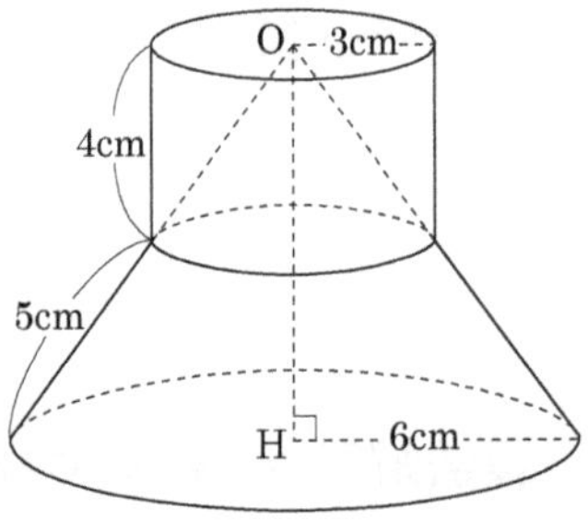

(2)　上下の面積…$(3\times3+6\times6)\times3.14=45\times3.14(\mathrm{cm}^2)$

円柱の側面積…$6\times3.14\times4=24\times3.14(\mathrm{cm}^2)$

円錐台の側面積…$10\times6\times3.14\div4\times(4-1)=45\times3.14(\mathrm{cm}^2)$

したがって，$(45\times2+24)\times3.14=114\times3.14=357.96(\mathrm{cm}^2)$

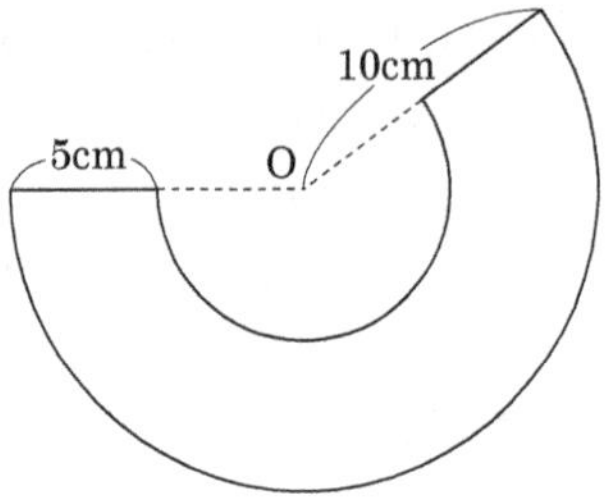

5 **(平面図形，規則性)**

基本　(1)　右図より，3本目の直線によって分けられる部分は3個増える。

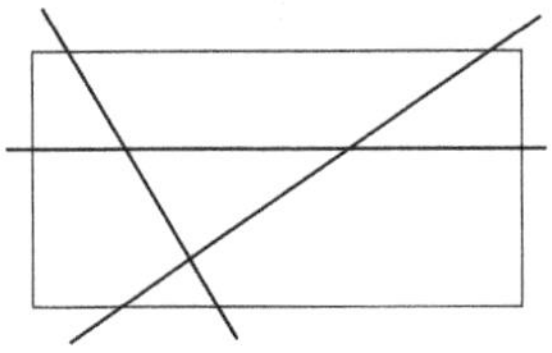

重要　(2)　分けられた部分の個数は，次の規則で増加する。

1本…2個　　2本…$2+2=4$(個)

3本…$4+3=7$(個)　　4本…$7+4=11$(個)　　したがって，5本で$11+5=16$(個)

重要 6 **(速さの三公式と比，グラフ，割合と比，単位の換算)**

(1)　グラフより，$15\div(25-15)\times60=90(\mathrm{km})$

(2)　急行がT駅に着いた時刻…$25+60\times(42-15)\div90=43$(分)　各駅停車の電車がT駅に着いた時刻…$43+25=68$(分)　各駅停車の電車の時速…$15\div20\times60=45(\mathrm{km})$　各駅停車の電車が42km走る時間…$60\times42\div45=56$(分)

したがって，停車時間は$68-56=12$(分間)

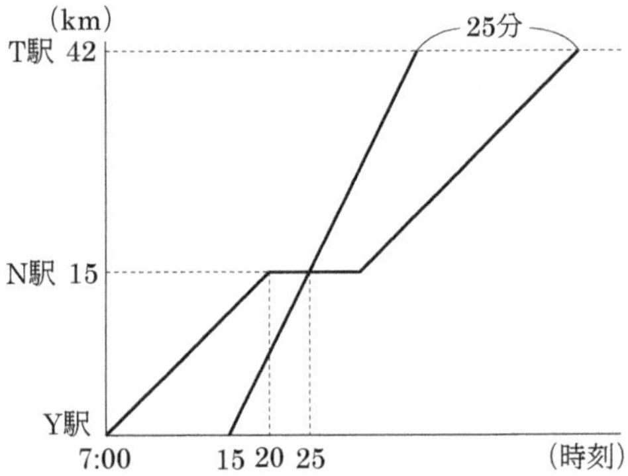

7 **(割合と比)**

重要　(1)　$80\times1.5\times0.75=90$(円)

やや難　(2)　仕入れ額…$80\times400=32000$(円)

1日目の利益…$80\times0.5\times400\times0.3=4800$(円)

2日目の利益…$39250-(32000+4800)=2450$(円)　したがって，2日目の本数は$2450\div(90-80)=245$(本)

★ワンポイントアドバイス★

1(5)「食塩水」の問題を解く方法は複数あるが，面積図を利用するときは食塩の濃さを100%と考える。4「回転体の計算」では体積比，面積比を利用し，5(2)の「規則」をつかみ，7「売買算」では3日目に利益がなかったことを利用する。

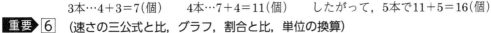

＜理科解答＞《学校からの正答の発表はありません。》

1 問1　ア　問2　磁石の先の部分　問3　N極　問4　イ　問5　北　問6　地球が巨大な磁石になっているから。

2 問1　実験データの誤りを少なくするため。　問2　溶解度　問3　イ　問4　ウ
問5　ろ過　問6　イ　問7　ウ

3 問1　他のこん虫　問2　水の中　問3　ア　問4　イ　問5　カマの部分に気をつける。
問6　不完全変態　問7　その地域の生態系を崩してしまう可能性がある。

4 問1　イ　問2　よう岩　問3　①　ア　②　ウ　③　イ　問4　火山灰
問5　(被害)　火山のふん火による気候変動　(めぐみ)　地熱による温泉

○推定配点○

1　問1　1点　他　各2点×5　　2　問6・問7　各1点×2　他　各2点×5
3　各2点×7　　4　問3　各1点×3　他　各2点×5　　計50点

＜理科解説＞

重要 1　(磁力)

問1　アルミホイルは磁石につかない。

問2　磁石の磁力が最も強いところは，磁石の先端部分である。

問3　磁石のS極はN極を引き付ける。

問4　磁石を方位磁針から遠ざける場合，ゆっくり磁石を方位磁針から遠ざける。

問5　方位磁針のN極は北を向く。

基本　問6　方位磁針のN極が北を向くのは，北極が巨大なS極であるためである。つまり，地球が巨大な磁石になっているからである。

重要 2　(物質と変化―ものの溶け方)

基本　問1　室温の水を実験に使うのは，実験データの誤りを少なくするためである。

問2　水100gあたりに溶ける物質と水の温度の関係を溶解度という。

基本　問3　溶解度のグラフから，20℃の水100gに溶けるミョウバンの質量は約12gである。

やや難　問4　60℃100gの水に溶けるミョウバンは約58gである。よって，実験の最初に溶け残っていたミョウバンの質量は58(g)－12(g)＝46(g)である。

問5　水に溶けているものと溶けきれなかったものを分ける方法をろ過という。

問6　ミョウバンの粒はイの形である。ちなみにアは食塩の粒である。

問7　水温をあげても溶ける量がほとんど変化しないのは，食塩である。

3　(生物―動物)

重要　問1　トンボやカマキリは肉食のこん虫である。

重要　問2　ヤゴは水の中で生活する。

重要　問3　カマキリは成虫の姿で冬を越す。

問5　トンボは翅の部分を持って，観察するとよい。

問6　カマキリは窯の部分に気を付けて胴を持ち観察するとよい。

やや難　問7　こん虫をつかまえた場所以外の場所で逃がすと，その場所の生態系が崩れる恐れがあるので，こん虫は捕まえた場所以外で逃がしてはいけない。

4 (地形—火山)

問1　日本にある活火山はおよそ110個である。

重要　問2　火山の噴火によって地表に出てきたマグマを溶岩という。

重要　問3　①　カルデラがあるのは阿蘇山である。　②　日本で一番標高が高いのは富士山である。
③　溶岩ドームを形成しているのは雲仙・普賢岳である。

重要　問4　火山が噴火した時に出てくる直径2mm以下のものを火山灰という。

基本　問5　(被害)　解答例の他にも，登山者が被災したり，溶岩流などが生じるがある。
(めぐみ)　解答例の他にも，西ノ島でみられるように，新しい大陸の形成などが考えられる。

★ワンポイントアドバイス★

ポイントを押さえた簡潔な文を書く練習をしよう。

＜社会解答＞《学校からの正答の発表はありません。》

1　問1　(1)　A　(2)　a　⑨　b　⑧　(3)　①　(4)　抑制(栽培)　(5)　浜松市

2　問1　イ　問2　ウ　問3　ウ　問4　エ　問5　後醍醐(天皇)　問6　刀狩
問7　応仁(の乱)

3　問1　消費税　問2　ウ　問3　ウ　問4　イ　問5　累進課税

○推定配点○

1　各3点×6　2　問5～問7　各3点×3　他　各2点×4　3　各3点×5　計50点

＜社会解説＞

1 (日本の地理－中部地方)

問1　(1)　A～Dのうち，Cはd，e，gが数値なしとなっていることから，内陸県では行われていない「海面漁業漁獲量(百t)」があてはまると判断できる。中部地方で最も面積が大きいdは長野県，人口が2番目に少ないeは山梨県なので，長野県と山梨県が中部地方のなかでも特に数値が大きいBは「果実産出額(億円)」と判断できる。残るAとDのうち，長野県が最も数値が大きいDは，長野県には木曽山脈など多くの山々があることから「森林面積(千ha)」と考えられ，Aは「米の収穫量(千t)」となる。

やや難　(2)　①は福井県，②は石川県，③は富山県，④は新潟県，⑤は岐阜県，⑥は長野県，⑦は愛知県，⑧は山梨県，⑨は静岡県を示している。表中で人口が最も多いfは愛知県，人口が最も少ないiは福井県，人口が2番目に少ないeは山梨県と判断できる。また，面積が最も大きいdは長野県，2番目に大きいbが新潟県，3番目に大きいhは岐阜県とわかる。人口が2番目に多く，海面漁獲量が最も多いaは静岡県となり，残るcは富山県，gは石川県となる。

(3)　眼鏡フレームの生産は福井県で盛んなので，①が適当。

重要　(4)　夏でも冷涼な気候を利用して成長を遅らせ，ほかの地域と栽培する時期をずらす栽培方法を，抑制栽培という。なお，冬でも比較的温暖な気候を利用して成長を早め，ほかの地域と栽培する時期をずらす方法は，促成栽培である。

(5) 地図中⑨の静岡県にある，オートバイ・楽器の生産がさかんな都市は，浜松市である。

2 (日本の歴史－古代～近世)

問1 大仙陵古墳は大阪府堺市にある前方後円墳なので，前方後円墳が写っているイが適切。

問2 天武天皇は天智天皇の弟で，天智天皇の死後に起こった壬申の乱(672年)に勝利して天皇となったので，ウが正しい。アの乙巳の変で蘇我蝦夷・入鹿親子を滅ぼしたのは中大兄皇子(後の天智天皇)や中臣鎌足らである。イの奈良の大仏をつくったのは聖武天皇である。エの大宝律令は701年に完成しており，この時の天皇は文武天皇である。

基本 問3 710年に遷都したのは平城京，794年に遷都したのは平安京である。平城京は現在の奈良県北部に，平安京は現在の京都府京都市につくられたので，ウの組み合わせが正しい。

問4 藤原頼通は宇治に平等院鳳凰堂を建立しているので，エが適切。アについて，法隆寺を建てたのは聖徳太子(厩戸皇子)なので，誤り。イについて，中尊寺金色堂は藤原冬嗣ではなく奥州藤原氏の藤原清衡なので，誤り。ウについて，東大寺を建てたのは聖武天皇なので，誤り。

問5 1333年に鎌倉幕府が滅亡した後，建武の新政を行ったのは後醍醐天皇である。

重要 問6 豊臣秀吉が行った，農民(百姓)から刀や鉄砲などの武器を取り上げた政策は，刀狩である。豊臣秀吉は1588年に刀狩令を出している。

問7 1467年に京都で起こった戦乱は，応仁の乱である。応仁の乱は，室町幕府8代将軍足利義政のあとつぎ問題をめぐる対立などから始まった。

3 (政治－経済のしくみ)

問1 軽減税率は，消費税において採用されている制度である。

問2 消費税の税率は，通常は10%であるが，軽減税率の対象品目は8%となっている。レシートのうち，軽減税率の対象となっているのは牛乳(250円)，カット野菜(150円)，冷凍食品(500円)，スポーツドリンク(150円)，スナック菓子(200円)であり，その税額は(250円＋150円＋500円＋150円＋200円)×8%＝100円となる。また，軽減税率の対象とならない税率10%のものは食器用洗剤(200円)，新聞(150円)，雑誌(400円)であり，その税額は(200円＋150円＋400円)×10%＝75円となる。よって，レシートにおける税額の合計は100円＋75円＝175円となり，ウが適切となる。

やや難 問3 消費税の軽減税率制度においては，対象品目は「酒類・外食を除いた飲食料品」と「定期購読契約が締結された週2回以上発行される新聞」となっており，ウの酒類は軽減税率が適用されない。アのテイクアウトの食品は「外食を除いた飲食料品」にあてはまり，軽減税率が適用される。イの映画館での飲食は，売店で飲食料品を販売しているものであることから「外食を除いた飲食料品」にあてはまり，軽減税率が適用される。エの学校給食は軽減税率の対象とされている。

問4 直接税にあたるものには，イの住民税や所得税，相続税などがある。アの酒税，ウの入湯税，エの関税は，いずれも税を納める納税者と税を負担する担税者が異なる間接税である。

基本 問5 所得税など採用されている，所得が大きいほど税率が高くなる制度を，累進課税制度という。

★ワンポイントアドバイス★

資料・史料を使った問題に慣れておこう。

＜国語解答＞《学校からの正答の発表はありません。》

一　問1　①　縮小　②　し　③　あんじゅう　④　たく　⑤　動機　⑥　ひた
⑦　得策　⑧　絶好　問2　a　3　b　2　c　2　問3　A　4　B　1
C　5　D　3　E　2　問4　X　3　Y　1　問5　2　問6　3　問7　4
問8　言葉やシンボル　問9　4　問10　5　問11　(例)　情報を得るために身体を動かさないことが必要になる(という意味)。

二　問1　①　愛着　②　みれん　③　不意　④　察　⑤　展望　⑥　どうこう
⑦　苦情　⑧　増　問2　a　4　b　2　c　1　問3　A　3　B　1　C　5
D　2　E　4　問4　Ⅰ　1　Ⅱ　5　Ⅲ　2　問5　3　問6　それでも,
問7　4　問8　2・5　問9　2

○推定配点○
一　問1　各1点×8　問2～問4　各2点×10　問11　8点　他　各3点×6
二　問1　各1点×8　問2～問4・問8　各2点×13　他　各3点×4　計100点

＜国語解説＞

一　(論説文－文章の細部の読み取り，指示語の問題，接続語の問題，空欄補充の問題，脱文補充，ことばの意味，漢字の読み書き)

問1　①　「縮小」は，縮んで小さくなること。「縮」は同音で形の似た「宿」と区別する。「縮」の訓は「ちぢ‐む・ちぢ‐まる・ちぢ‐める・ちぢ‐れる・ちぢ‐らす」。「縮図」「圧縮」などの熟語がある。　②　「強いる」は，むりやりにさせるの意味。「強」には「ゴウ」の音もある。「強引(ゴウイン)」「屈強」などの熟語がある。　③　「安住」は，安心して住むこと。「住」の訓は「す‐む・す‐まう」。「居住」「定住」などの熟語がある。　④　「巧み」は，物事のやり方がうまい様子。「巧」の音は「コウ」。「精巧」「巧妙」などの熟語がある。　⑤　「動機」は，人に行動を起こさせる内的な要因。「機」を「気」と書かないように注意する。「機」には「はた」の訓もある。「機織り」という言葉がある。　⑥　「浸る」は，ある状態に入りきるの意味。「浸」の音は「シン」。「浸水」「浸食」などの熟語がある。　⑦　「得策」は，得になる方法。「得」を「特」と書かないように注意する。「得」の訓は「え‐る・う‐る」。「得失」「納得」などの熟語がある。「策」の熟語には「策略」「画策」などの熟語がある。　⑧　「絶好」は，あることを行うのに，この上なくよいこと。「絶高」と書かないように注意する。「絶」の訓は「た‐える・た‐やす・た‐つ」。「絶滅」「断絶」などの熟語がある。「好」の訓は「この‐む・す‐く」。「友好」「好評」などの熟語がある。

やや難　問2　a　「猶予」は，決められた日時を伸ばすこと。「余裕」と混同しないように注意する。
b　「逆説」は，一見，正しい道理ではないことを述べているようで，よく考えると正しい道理を述べている説。「的」は「～らしく」の意味。　c　「裏をかえせば」の「裏」は，反対のこと。「裏を返せば」で，逆の言い方をすればの意味。

基本　問3　A　「あたかも」は，下に「～のよう」の意味を表す語が続いて「まるで」の意味を表す。
B　「さて」は，話題を変えるときに使う。「……だろうか？」と問いかけの形で新たな話題を提示している。　C　「むしろ」は，二つの事柄のうちどちらを選ぶかといえば，こちらの方がよりよいという意味を表す語。どちらかといえばの意味。ここでは，「未知の人々どうしの出会いなど生み出さない」で，どちらかといえば「思いがけないできごとではなくなり，一定の手続きに変えられてしまう」ということ。 D 「もはや」は，もうすでにの意味。下に「～ない」のような打消しの意味の語が続くことが多い。 E 「けれど」は，逆接を表す接続語。「とても不便なことであった」けれど，「不便さ」が良い方向に働いたというつながり。

問4 Xの前では，人間は長い間，自分の住む共同体の外で何が起こっているかを確かめるには，旅に出るほかはないと述べ，「旅」は身体がリアルな運動をして世界を経験することであるとしている。旅は，「生き物として自然なこと」であった，というつながり。Yの前では，現在のメディア環境においては，情報を得るためには「できるだけ身体を動かさないことが必要になる」と述べ，「生き物として大変無理なことを強いられている」というつながり。X・Yは，生き物として「自然なこと」「無理なこと」という対比になっている。

問5 直前の段落で，メディアから発信されているものは「目の前で繰り広げられている一連のショーのようだ」と比喩表現をつかって説明している。選択肢の2では，それを「自分は座ったままでショーを見ているように」と同じく比喩表現を使って説明している。3は紛らわしいが，ショーが見ることができるのではない。

問6 問4のXで確かめたように，かつての「旅」は身体がリアルな運動をして世界を経験することである。「リアルな時空間」とは「現実の時空間」ということである。

問7 続く文が「すなわち」で始まっていることに着目する。「すなわち」は，前に述べたことを，さらに別の語で説明するときに使う言葉である。「オタク的な心性」とは，「外の世界『について』の言葉やシンボルを操作するのは巧みだが，自分の世界『の中で』それらを意味づけようとはしない」心性である。

問8 「外の世界」と「自分の世界」が対比されていることに着目する。「言葉やシンボル」について，「外の世界」についての「言葉やシンボル」を操作するのは巧みだが，「自分の世界」の中のものとして「言葉やシンボル」を意味づけようとはしないというつながり。

問9 続く文に，「電子的空間と身体的現実との間の往復運動」とある。「往復」は，行って戻ってくることである。「メディアという『観客席』」である電子的空間に行き，そこから「サッと立ち上がっては」また「身体的現実」に戻ってくるのである。

重要 問10 脱文は，「こんなふうにいったからといって，昔を懐かしんでいるわけでは決してない」とあるから，「こんなふう」の内容は昔のことを言っているのだとわかる。ⓥの直前の段落は「かつては(＝以前は)」で始まり，昔の情報の手に入れ方を説明している。二つの段落は，「昔の情報の手に入れ方を懐かしんでいるわけではない。そうではなく，人間が常に身体を伴った～」とつながっていく。

重要 問11 問4でとらえたように，続く部分には「その意味で，生き物として大変無理なことを強いられているわけだ」と続いている。どういう意味で「生き物として大変無理なことを強いられている」のかを前の部分から探すと，「そこでは知覚と運動とが分離されている」とある。つまり，知覚と運動が分離されているという意味で無理を強いられているということである。「知覚と運動が分離されている」ということを具体的に説明しているのは，その前の「情報を得るためには……できるだけ身体を動かさないことが必要になる」の部分である。この内容を25字以内でまとめる。

二 (小説－心情・情景の読み取り，文章の細部の読み取り，指示語の問題，空欄補充，脱文補充，ことばの意味，漢字の読み書き)

問1 ① 「愛着」は，ある物・物事に心がひかれて思いきれないこと。「愛」の熟語には「親愛」「愛好」などがある。「着」の訓は「きる・きせる・つく・つける」。「着脱」「密着」などの熟語がある。 ② 「未練」は，あきらめきれないこと。「未」の熟語には「未熟」「未満」などがある。

「練」の訓は「ね - る」。「修練」「熟練」などの熟語がある。 ③ 「不意」は，予期していないこと。「不意に」は，突然にの意味。「不意をつく(相手が予期しない攻撃をする)」という言葉がある。 ④ 「察する」は，状況・雰囲気などから，事情をそれと知る。形の似た「際」や「祭」と区別する。「考察」「察知」などの熟語がある。 ⑤ 「展望」は，社会のできごとなどを広くながめること。「展」には「進展」「展示」などの熟語がある。「望」には「モウ」の音もある。訓は「のぞ - む」。「本望(ホンモウ)」「望郷」などの熟語がある。 ⑥ 「動向」は，人の行動や物事の情勢が，どういう傾向をもって動いてゆくかということ。似た意味の言葉に「動静」がある。「向」には「傾向」「意向」などの熟語がある。 ⑦ 「苦情」は，他から受けた害悪や不都合な状態に対する不平・不満。「情」を同音の「条」や「状」を書かないように注意する。「苦」の訓は「くる - しい・くる - しむ・くる - しめる・にが - い・にが - る」。「苦境」「苦難」などの熟語がある。「情」は「セイ」の音もある。訓は「なさ - け」。「風情(ふぜい)」「情緒(ジョウショ・ジョウチョ)」などの熟語がある。 ⑧ 「増」には「ま - す」の訓もある。音は「ゾウ」。「増減」「増進」などの熟語がある。

やや難 問2 a 「一線」は，はっきりした区切り。「画する」は，はっきりと区別する。「一線を画する」で，はっきり区別するの意味。 b 「素性」は，人なら血筋や家柄，経歴で，物の場合は，今まで経てきたすじみち。「素性の知れない」は，正体や出所がはっきりしないということ。

c 「狐につままれる」は，予期しないことが起こって，何だかわからずぽかんとすること。「狐」は人をだますとされている。

基本 問3 A 「すでに」は，今となってはもう，もはやの意味。「もう別の街に店があり」ということ。 B 「まさか」は，打ち消しの言葉が続いて，いくらなんでもの意味を表す。 C 「そういうことが」あっても，それでも，いいというつながり。 D 「やがて」は，まもなく，そのうちにの意味。時間の経過を表す。「口ごもっている(＝言葉がすらすら出ない)と，そのうちになにか察したように～」というつながり。 E 「どこか」は，はっきりわからない事柄を指して言う。「なんとなく」に同じ。

やや難 問4 Ⅰ 母親の「未来がないってこともわかったでしょう」という言葉を受けて，「ないかもしれない。ただ，やってやれないことはない」と答え，さらに，収益が戻ってきていること，常連さんがいることという，やれないことはない理由を話している。 Ⅱ 「ぼくが考えていたこと」をカンさんに言われて，「実はぼくもなんです」と明かしている。 Ⅲ カンさんに「自分のことをジャンク品だと思うかい？」と問われて，「笑って答えた」とあるから，自分を低めるように「ハズレのジャンク品ですよ」と言っている。そのうえで，「それでいい」「ハズレのジャンク品がなきゃ，世界だって面白くない」と自分を肯定している。

問5 「魔法使い」は，ふつうの人間ではできないような不思議なことを起こす存在。「ぼく」にとっては父親がそのような存在であったが，「これまでになく小さい父の姿」を見て，「父はもう，魔法使いではない」と悟ったのである。そして，自分にないものは未来でなく，友人だったと気づいた「『ぼく』が魔法使いになる番」だと決心したのであるから，友人についてふれている3. か4. にしぼれる。さらに，「過去と現在をつなぎたいんです」という「ぼく」の言葉からは，3. の「新しい出会いなど，見えないものも提供する」という内容が読み取れる。「見えないものも提供する」という点が「魔法使い」の説明になっている。

問6 問4と関連させて考える。カンさんの言葉を聞いて，「それはまさに，ぼくが考えていたことであったから」，「実はぼくもなんです」と答えている。「ぼく」もどうなのかは，カンさんに話しているなかの「ぼく自身，ジャンク品に自分を重ねている」に説明されている。「それ」が指している，カンさんと「ぼく」が考えていたこととは，「それでも，ここの商品が……自分自身を重ねてみちまってよう」の二続きの文である。

重要 問7 続く二つの文に理由が説明されている。「寺の本尊のようなもの」「何か象徴が必要」とある。「本尊」は，寺院で祈りの対象となる最も重んじられる仏像。物事の中心となるもののたとえ。「象徴」は，目に見えない物事を，形のある別のもので端的に表すこと。つまり，自作したコンピュータは「ジャンク店のテーマや雰囲気を表現するためのもの」である。

やや難 問8 1.「ジャンク店を続けたくないという父の願いを聞いてやってきた」という描写はない。不適切。 2. 母の言葉として，「未来がないってこともわかったでしょう」，「継ぐ気じゃないでしょうね」とある。「批判的な目を向けていた」のである。適切。 3.「この店でパーツをいくら集めたところで，スマートフォンができたりはしない」とある。不適切。 4.「仕入れはあいかわらず厳しい。でも，いよいよとなったらそれこそ飲食店にするだけだ」とある。経営については，まだ心配があるのである。不適切。 5. 問4のⅢと関連している。主人公は自分を「ハズレのジャンク品ですよ」と言い，「ハズレのジャンク品がなきゃ，世界だって面白くない」と自分を肯定している。適切。

やや難 問9 ⓘ〜ⓥを見ると，脱文の「慰め」「ぼくは押し黙ってしまった」と関連しそうなのは，ⓘかⅱだが，ⓘの「いい話」はジャンク店に未練のある父にとっては慰めにはならない。また，「ぼく」が押し黙る理由にもならない。ⅱは，殴られたカンさんが「慰めなどいらないという顔」をしたので，「ぼく」は「それは……」と言ったまま押し黙ってしまったのである。

★ワンポイントアドバイス★

論説文は，筆者がどのような説明の筋道をたどって自分の考えを主張しているかをつかもう。指示語の指す内容を正確にとらえよう。小説は，会話文や人物の様子，行動に注目して心情をとらえよう。また，場面の様子を読み取って，出来事のいきさつや人物の関係をつかもう。

MEMO

大切なことはメモしておこうネ！

2022年度

★★★★★★★★★★★★★★★★★★★★★★★★

入　試　問　題

2022年度

西武台新座中学校入試問題（第1回特進）

【算　数】（50分）　＜満点：100点＞

【注意】 1. 定規，分度器，コンパス，計算機は使用できません。
2. 問題中の図は必ずしも正確とはかぎりません。
3. 比で答える場合は，一番小さい整数比で答えて下さい。
4. 分数で答える場合は，それ以上約分できない分数で答えて下さい。
5. 円周率は3.14で計算して下さい。

1 次の $\square$ にあてはまる数を求めなさい。

(1) $62.16 \div 7.4 = \square$

(2) $\frac{3}{7} - 0.75 \times \frac{1}{6} \div \frac{9}{16} = \square$

(3) $63 - 7 \times \{21 - (63 - 29) \div 2 + 3\} = \square$

(4) $\frac{1}{7} + \left(\frac{7}{18} \times \square + \frac{2}{3}\right) \times \frac{9}{19} = \frac{10}{21}$

(5) 16％の食塩水200ｇに食塩を $\square$ ｇ加えて20％の食塩水を作ります。

(6) 100から200までの整数の中に，３でも５でも割り切れる数は $\square$ 個あります。

(7) 長さ120mの列車が，長さ580mの鉄橋を通り過ぎるのに28秒かかりました。
この列車が同じ速さで進むとき，長さ545mのトンネルの中に完全に隠《かく》れるのは $\square$ 秒間です。

(8) ３人で４日働くと全体の $\frac{1}{5}$ が終わる仕事があります。この仕事を $\square$ 人で働くと６日で終わります。

2 次の図の角 x と角 y の大きさを求めなさい。

(1) 四角形ABCDは正方形で，
三角形CDEは正三角形です。

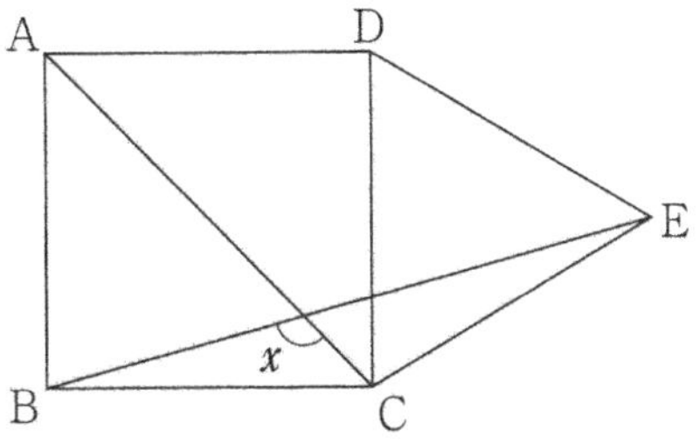

(2) 長方形を折りまげた図形です。

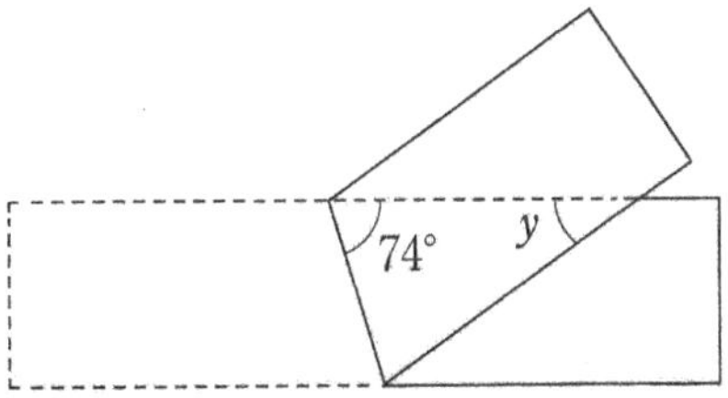

3 次の図において，色のついた部分の面積を求めなさい。

(1) 円周上のすべての点は等間隔《かく》に並んでいます。

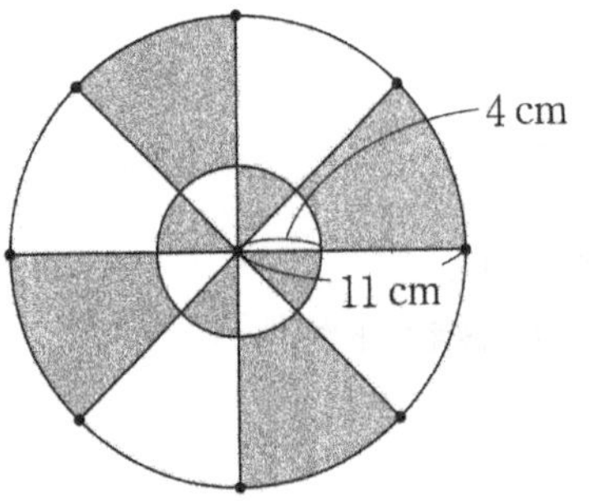

(2) 円の半径はすべて６㎝です。

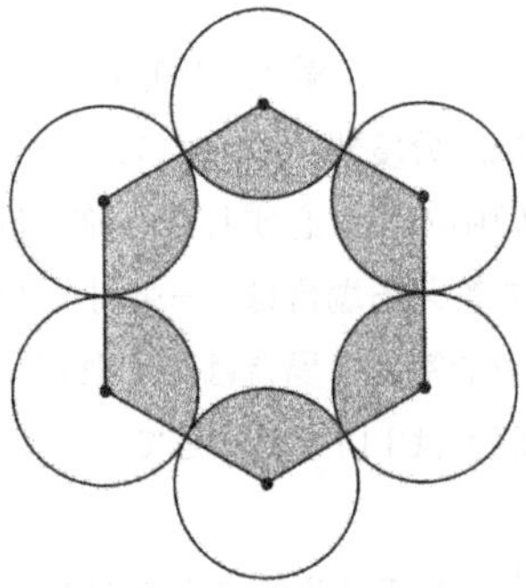

4 １辺２㎝の正方形を５個，図のように並べ，ℓ を軸として１回転させて立体をつくります。次の各問いに答えなさい。

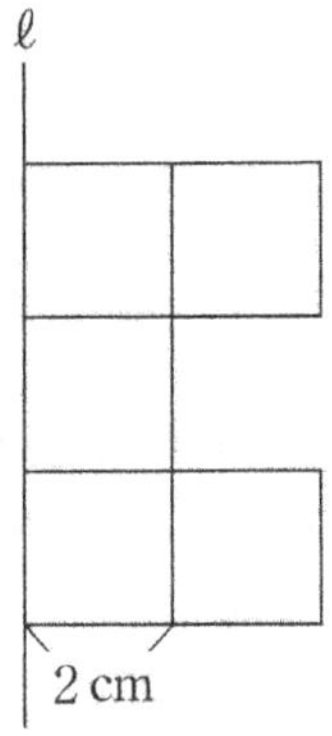

(1) 体積は何cm^3ですか。

(2) 表面積は何cm^2ですか。

5 毎分一定の割合で水を入れるＡ管と，水を出すＢ管を取り付けた水そうがあります。はじめ，Ａ管だけを40分間開き，その後，Ｂ管も開きました。右のグラフは，Ａ管を開いてからの時間と水そうの中に入っている水の量の変化を表したものです。次の各問いに答えなさい。

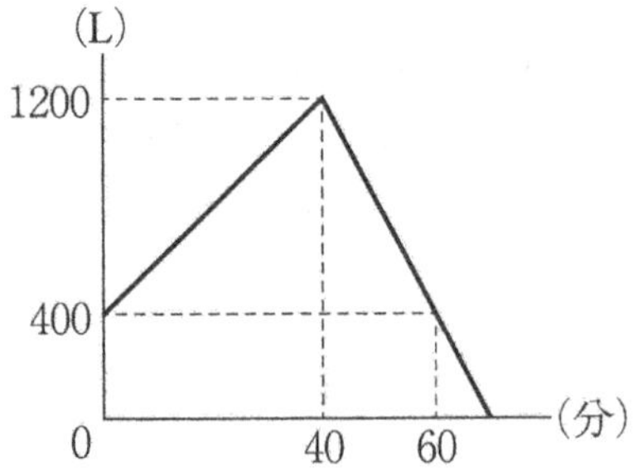

(1) Ａ管から入る水の量は毎分何Ｌですか。

(2) Ｂ管から出る水の量は毎分何Ｌですか。

6 1000円の品物を何個か仕入れ，仕入れ値の４割の利益を見込《こ》んで定価をつけて売ったところ，そのうち８割が売れて売り上げ金額が89600円になりました。売れ残った品物は割引きしてすべて売ることができました。この結果，利益の合計は定価通りにすべて売った場合の86％になりました。次の各問いに答えなさい。

(1) 仕入れた品物は何個ですか。

(2) 売れ残った品物は定価の何割引きで売りましたか。

7 ＡさんとＢさんの会話を読んで，次の各問いに答えなさい。

Ａさん：この前長崎のおばあちゃんの家に行ったときに，近くにあったハウステンボスに行ったよ。

Ｂさん：ハウステンボスって日本一広いテーマパークなんだよね。どれくらい広いの？よく言う東京ドーム何個分とかで言うと何個分？

Ａさん：何個分なんだろう。まず東京ドームの大きさから調べてみようか。

Ｂさん：そうだね。調べてみると，東京ドームは4.7ヘクタールなんだって。

Ａさん：ヘクタール？ヘクタールってどんな単位？

Ｂさん：１辺が100mの正方形の面積を１ヘクタールって考えるんだって。

Ａさん：なるほど。

Ｂさん：そしてハウステンボスの面積は1520000m^2だから……

Ａさん：つまり計算して，小数第１位を四捨五入すると東京ドーム（　①　）個分ということになるね。でも東京ドームの大きさってイメージわかないなあ。西武園ゆうえんちの方がよく行くから西武園ゆうえんち何個分かで考えたいなあ。

Ｂさん：西武園ゆうえんちは東京ドーム4.5個分の大きさらしいよ。

Ａさん：となると，ハウステンボスは西武園ゆうえんち約（　②　）個分ということだね。

Ｂさん：そうだね，本当に大きいんだね。

(1)（①）にあてはまる数を答えなさい。

(2)（②）にあてはまる数を次から選び，記号で答えなさい。

ア：7

イ：8

ウ：9

エ：10

【理　科】（社会と合わせて50分）　　＜満点：50点＞

1.　磁石について次の各問いに答えなさい。

問１　磁石には特定の物体を引きつけたり，しりぞけたりする力があります。この力を何といいますか。

問２　磁石どうしがしりぞけ合うのはどのようなときですか。

問３　磁石に引きつけられるものはどれですか。次の**ア**～**オ**の中から全て選んで記号で答えなさい。

ア　アルミ缶　　**イ**　アルミホイル　　**ウ**　１円玉　　**エ**　乾電池　　**オ**　スチール缶

問４　図１のような方位磁針を図２の**A**～**D**の位置に置きました。方位磁針の針はどうなりますか。解答用紙に図をかきなさい。

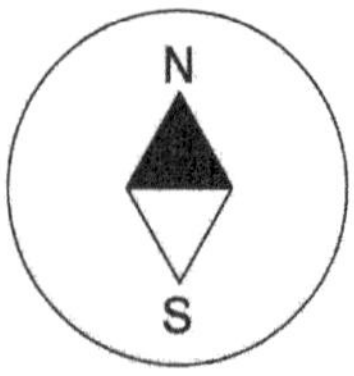

図１

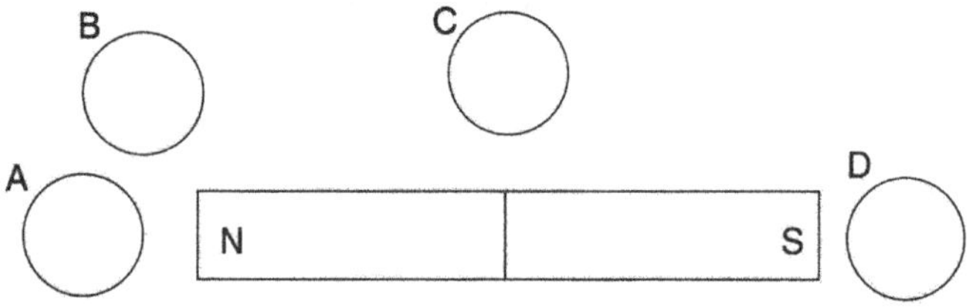

図２

問５　図３の磁石を矢印のところで切って半分にしたとき，**X**は何極になりますか。

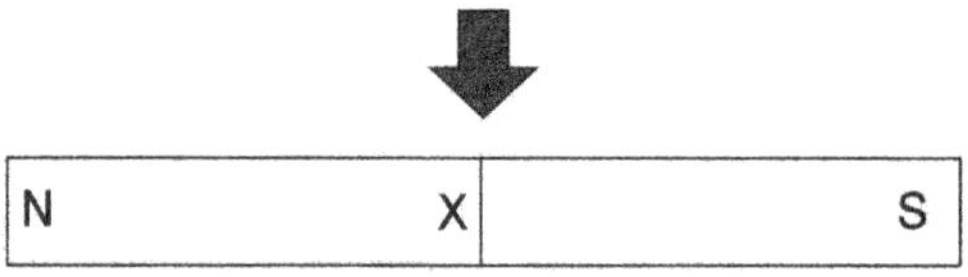

図３

2.　新しい10円玉は赤色に光っていますが，古くなると黒ずんでしまいます。また，10円玉を特定の液体などにつけるともとの色に近くなります。この反応について次の各問いに答えなさい。

問１　10円玉の主な成分は何ですか。次の**ア**～**オ**の中から１つ選んで記号で答えなさい。

ア　アルミニウム　　**イ**　金　　**ウ**　銀　　**エ**　鉄　　**オ**　銅

問２　10円玉の表面が黒ずんでしまう現象は，10円玉がある物質と反応しているために起こります。ある物質とは何ですか。

問３　10円玉の表面が黒ずんでしまう現象と同じ仕組みの反応はどれですか。次の**ア**～**エ**の中から１つ選んで記号で答えなさい。

ア　パン生地をこねて，しばらく置くと生地がふくらむ。

イ　海水を加熱すると食塩が残る。

ウ　マッチをこすると火がつく。

エ　洗濯物を干すとかわく。

問４　次のページの**表**は10円玉をさまざまな液体につけたときに，表面がどうなったかを記録したものです。**A**～**C**に当てはまる言葉をそれぞれ答えなさい。

表

10円玉をつけた液体	結果
水	変わらなかった
レモンの汁	きれいになった
酢	A
漂白剤	B
ケチャップ	C

問５　10円玉をつけたときに表面がもとの色に近づく液体は，どのような性質をもつ液体ですか。

3. 身のまわりの植物について次の各問いに答えなさい。

問１　サクラの一種であるソメイヨシノの花の花弁は何枚ですか。

問２　一般に「三つ葉」や「四つ葉」，「クローバー」と呼ばれる植物の名前は何ですか。次の**ア**～**オ**の中から１つ選んで記号で答えなさい。

ア　オオイヌノフグリ　**イ**　サクラソウ　**ウ**　シジミソウ
エ　シロツメクサ　**オ**　パンジー

問３　一般に「ネコジャラシ」と呼ばれる植物の名前は何ですか。次の**ア**～**オ**の中から１つ選んで記号で答えなさい。

ア　アブラナ　**イ**　イグサ　**ウ**　ウキクサ　**エ**　エノコログサ　**オ**　オオバコ

問４　近年よく見られる「緑のカーテン」を作るときに適切な植物はどれですか。次の**ア**～**オ**の中から２つ選んで記号で答えなさい。

ア　エンドウ　**イ**　ゴーヤ　**ウ**　サツマイモ　**エ**　トマト　**オ**　ヘチマ

問５　一般に「ドングリ」と呼ばれる実をつける植物はどれですか。次の**ア**～**オ**の中から２つ選んで記号で答えなさい。

ア　ウメ　**イ**　クヌギ　**ウ**　コナラ　**エ**　サクラ　**オ**　マツ

問６　秋に紅葉または黄葉が見られる植物はどれですか。次の**ア**～**オ**の中から全て選んで記号で答えなさい。

ア　イチョウ　**イ**　カエデ　**ウ**　キンモクセイ　**エ**　ツバキ　**オ**　モミジ

問７　冬になると落葉をする植物は多くあります。落葉をする利点は何ですか。

4. 天気について次の各問いに答えなさい。

問１　そのときの天気が「晴れ」か「くもり」かは雲の量で決められます。「晴れ」とは空全体の広さを10としたとき，雲の量がどれくらいのときのことをいいますか。次の**ア**～**カ**の中から１つ選んで記号で答えなさい。

ア　0～5　**イ**　0～8　**ウ**　1～9　**エ**　2～9　**オ**　4～8　**カ**　9～10

問２　天気が「晴れ」になりやすいとされるのは低気圧と高気圧のどちらですか。

問３　低気圧の中心で起こる空気の流れは上昇気流と下降気流のどちらですか。

問４　次のページの**ア**～**エ**の状況のうち，上昇気流が発生しやすいものはどれですか。全て選んで記号で答えなさい。

ア　平地から山に向かって風がふいているとき。

イ　異なる性質の気団がぶつかったとき。

ウ　高層ビルがたくさんある地域に風がふいているとき。

エ　地面があたためられたとき。

問５　次の**ア**～**エ**の現象のうち，気圧の変化が原因となって起きたと考えられるものはどれですか。全て選んで記号で答えなさい。

ア　山を登っていたら，頭がいたくなった。

イ　山のふもとよりも頂上付近の方が，自販機の飲み物の値段が高かった。

ウ　山に登っていたら，空気がおいしく感じた。

エ　山のふもとで買ったお菓子の袋が，頂上付近では膨らんでいた。

問６　山の天気は変わりやすいと言われます。なぜ山の天気は変わりやすいのか答えなさい。

【社　会】（理科と合わせて50分）　　＜満点：50点＞

1. **次の各問いに答えなさい。**

問１　三重県四日市市などにある，石油精製《せいせい》工場を中心に，関連する企業《きぎょう》や工場が集まっている地域を何と呼ぶか答えなさい。

問２　以下の地図中Ａ～Ｄは，おもな伝統的工芸品《でんとうてきこうげいひん》の産地を示している。Ａ～Ｄの産地と伝統的工芸品の正しい組み合わせを次の中から１つ選び，記号で答えなさい。

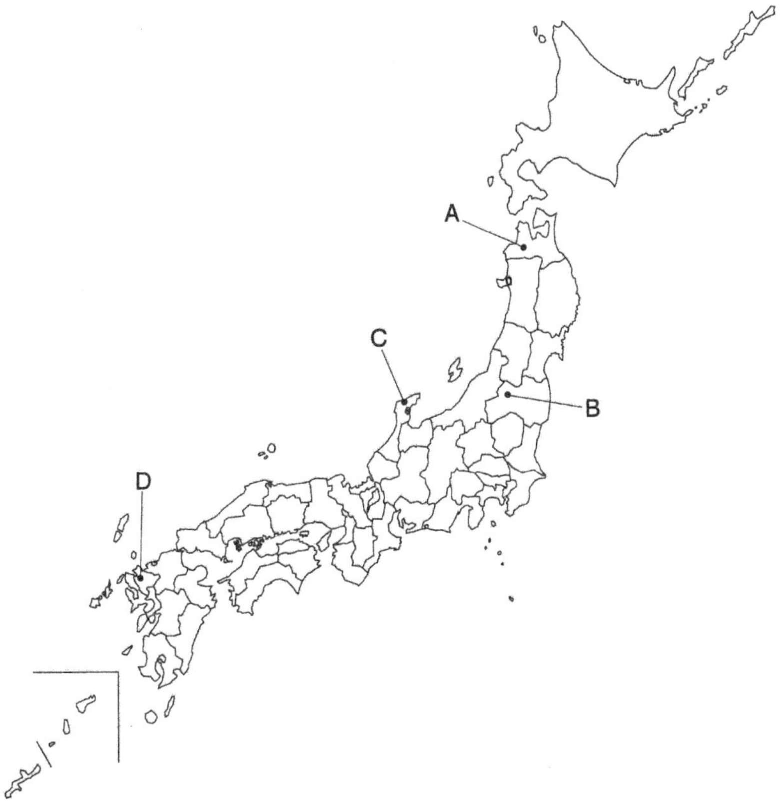

ア．Ａ－津軽塗《つがるぬり》　Ｂ－会津塗《あいづぬり》　Ｃ－輪島塗《わじまぬり》　Ｄ－有田焼《ありたやき》

イ．Ａ－会津塗　Ｂ－津軽塗　Ｃ－有田焼　Ｄ－輪島塗

ウ．Ａ－輪島塗　Ｂ－有田焼　Ｃ－津軽塗　Ｄ－会津塗

エ．Ａ－会津塗　Ｂ－輪島塗　Ｃ－有田焼　Ｄ－津軽塗

問３　次の文章を読み，各問いに答えなさい。

> 静岡県浜松市や富士市などを中心に広がる（　①　）工業地域では，オートバイや楽器の製造，豊富《ほうふ》な富士山からのわき水を利用した製紙《せいし》などの工業が発達しています。
>
> 日本では②原料を輸入し，高い技術力で優れた工業製品をつくって輸出する（　③　）貿易に頼ってきました。しかし最近では④海外に工場を移転する企業《きぎょう》が増え，世界各地で生産を行っています。

(1) 空欄（①）に当てはまる語句を漢字で答えなさい。

(2) 下線部②について，以下の資料は日本における，ある原料の輸入国の割合である。ある原料とは何か，次の中から１つ選び，記号で答えなさい。

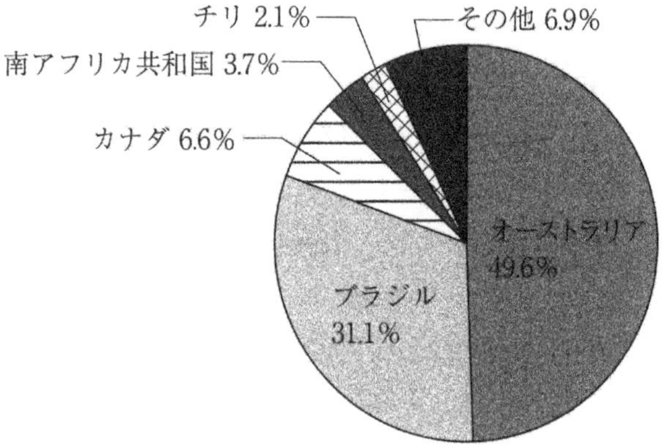

（2018年）

（地理データファイル2020年度版より作成）

ア．石油　　イ．鉄鉱石　　ウ．硫黄《いおう》　　エ．石炭

(3) 空欄（③）に当てはまる語句を漢字で答えなさい。

(4) 下線部④について，工場が海外に多く移転したために，国内の産業がおとろえることを「産業の○○○」と呼ぶ。○○○にあてはまる漢字３字を答えなさい。

2. 次の文章は，日本の歴史における「戦い」についてまとめたものです。これを読み，各問いに答えなさい。

日本の歴史上には，数多くの戦いがありました。①弥生《やよい》時代の遺跡には，集落の周りには堀《ほり》や柵《さく》がつくられ，他の集落《しゅうらく》との戦いに備えた様子が見られます。稲作《いなさく》の広がりによって，食料や水，土地の争いが激しく行われていた証と考えられます。

その後，戦いの目的の中心は，政治権力の争いとなっていきます。672年の天智天皇《てんじてんのう》の後継《あとつ》ぎ争いとして起こった（　②　）などの，天皇家における争いや，③12世紀に続いた平氏《へいし》と源氏《げんじ》の戦いなど，武士の勢力争いが代表的です。

なかでも戦国時代には，各地の武将《ぶしょう》が戦いによって領地を拡大し，激しい勢力争いを繰り広げていました。鉄砲を用いて武田勝頼《たけだかつより》の騎馬隊《きばたい》と戦った（　④　）の戦いなどで有名な織田信《おだのぶ》長《なが》や，関白《かんぱく》や太政大臣《だいじょうだいじん》の位《くらい》に就き天下統一を成《な》し遂《と》げた（　⑤　），「天下分け目の戦い」と呼ばれた1600年の（　⑥　）の戦いで勝利し江戸幕府《えどばくふ》を開いた（　⑦　）など，戦いで名をあげた人物が多数挙げられます。

問１ 下線部①について，弥生時代の遺跡として適切なものを次の中から１つ選び，記号で答えなさい。

ア．三内丸山遺跡《さんないまるやまいせき》　　イ．稲荷山古墳《いなりやまこふん》　　ウ．吉野ヶ里遺跡《よしのがりいせき》　　エ．大森貝塚《おおもりかいづか》

問２ 空欄（②）にあてはまる戦いを次の中から１つ選び，記号で答えなさい。

ア．保元《ほうげん》の乱《らん》　　イ．壬申《じんしん》の乱　　ウ．平治《へいじ》の乱　　エ．承久《じょうきゅう》の乱

問３　下線部③について，この当時の平氏と源氏の戦いとして適切でないものを次の中から１つ選び，記号で答えなさい。

ア．壇ノ浦《だんのうら》の戦い　　イ．桶狭間《おけはざま》の戦い　　ウ．一《いち》の谷《たに》の戦い　　エ．屋島《やしま》の戦い

問４　空欄（④）にあてはまる語句を，漢字で答えなさい。

問５　空欄（⑤）にあてはまる人物を，漢字４字で答えなさい。

問６　空欄（⑥）にあてはまる語句を答えなさい。

問７　空欄（⑦）にあてはまる人物を，漢字４字で答えなさい。

3. 次の文章を読み，各問いに答えなさい。

SDGs（持続可能《じぞくかのう》な開発目標《かいはつもくひょう》）の，目標10では「人や国の不平等をなくそう」が掲《かか》げられています。

現在，A世界の総人口は約76億7696万人です。このうち，約8240万人が「難民《なんみん》」とされています。B難民とは，自国にいると迫害《はくがい》を受ける可能性があり，他国へ逃《のが》れた人々のことです。

C2021年，東京オリンピック時に来日したある国の代表選手が，難民申請《しんせい》をしたことが大きなニュースとしてクローズアップされました。こうした機会に，私たちも「難民問題」について深く考えていかなければなりません。

問１　国際連合の機関のうち「国連難民高等弁務官事務所《べんむかんじむしょ》」を示すものを以下から１つ選び，記号で答えなさい。

ア．WHO　　イ．WTO　　ウ．UNHCR　　エ．UNICEF

問２　下線部Aについて，世界の総人口のうち，難民とされる人々の割合に最も近いものを以下から１つ選び，記号で答えなさい。

ア．約１％　　イ．約10％　　ウ．約20％　　エ．約30％

問３　下線部Bについて，以下の表は「難民出身国」と「難民受入国」の上位５カ国を示しています。この表について，各問いに答えなさい。

	１位	２位	３位	４位	５位
難民出身国 上位５カ国	シリア	ベネズエラ	アフガニスタン	南スーダン	ミャンマー
難民受入国 上位５カ国	トルコ	コロンビア	ドイツ	パキスタン	ウガンダ

（国連難民高等弁務官事務所「グローバル・トレンズ・レポート2020」より作成）

(1)「シリアートルコ」,「ベネズエラーコロンビア」,「アフガニスタンーパキスタン」,「南スーダンーウガンダ」という組み合わせについて，全てにおいて共通点が見出されます。その共通点として適切なものを次の中から１つ選び，記号で答えなさい。

ア．隣国同士である　　イ．キリスト教の国同士である

ウ．イスラム教の国同士である　　エ．仏教の国同士である

⑵　前のページの表から読み取れることで，最も適切なものを次の中から１つ選び，記号で答えなさい。

ア．Ｇ７の国々は難民の受け入れに積極的である。

イ．難民受入国の上位５カ国は島国である。

ウ．難民出身国の上位５カ国には，アジアの国はない。

エ．難民出身国の上位５カ国には，ヨーロッパの国はない。

問４　下線部**C**について，オリンピックは平和の祭典です。次のうち，日本国憲法において「平和主義」について記載されているのは憲法の何条か，次の中から１つ選び，記号で答えなさい。

ア．９条　　イ．13条　　ウ．20条　　エ．25条

問３　A ～ E に入る適語を次の中から選んで番号で答えなさい。

１．ずっと　２．つまり　３．そして
４．でも　５．せめて

問４　（Ｘ）に入る適語を次の中から選んで番号で答えなさい。

１．一　２．二　３．三　４．四　５．五

問５　（Ｙ）に入る適語を次の中から選んで番号で答えなさい。

１．創立　２．設立　３．創業　４．建立　５．開設

問６　傍線部イ「二度目の夏は、去年よりさらに多くのホタルが夜の闇を舞った」とあるが、そこから読み取れる町の変化として最も適切なものを次の中から選んで番号で答えなさい。

１．町の住人が昨年よりも減少したことを示している。
２．時代の変化とともに、農薬を使わない方法が主流になったことを表している。
３．街灯が減り、邪魔するものが減ったおかげでホタルの光が確認しやすくなったことを表している。
４．地震で亡くなった人が、ホタルになって帰ってきた様子を表現している。
５．一度目に訪れた夏よりも、ホタルにとって過ごしやすい気候に町が変化したことを表している。

問７　次の一文が入るのに最も適切な場所を探し、その直前の五字を抜き出して記しなさい。

左に曲がれば海に向かい、右に曲がれば山に向かう。

問８　次の文章を読んで本文と合致しているものには「１」を、合致していないものには「２」を記しなさい。

ア．秀樹は望美のためだけに小学生最後の勝負に勝ち、良いところを見せたいと思っている。
イ．秀樹は勝つために、暗くなるまで勝負を粘ったことを大介に指摘されて、きまりが悪くなり、「わかったよ、じゃあ明日だ！」と返した。
ウ．秀樹は二番目に会いたかった人を忘れないためにも、中学の練習中にその人の面影を思い浮かべ、幻の大介を打席に立たせた。
エ．「ゆっくりと投球動作に入った」という部分には、あの地震が起きた時から、ようやく秀樹の気持ちも動き出したことが表現されている。
オ．秀樹は小学校時代ライバルであった大介と、中学では相棒になるという事実にうれしくも恥ずかしい気持ちになっている。

二番目に会いたかったひととも、話すことはできなかった。黒御影石《くろみかげいし》の碑に彫り込まれた大介の名前は、あまりにも字が堂々としすぎていて、同姓同名の赤の他人のように――もしもそうだったら、どんなにいいだろう。

＊

式典が終わると、秀樹は中学の野球部の練習に出た。三年生が七月に引退した。⑧シドウしたばかりの新チームで、秀樹はエースナンバーの背番号1を勝ち取っていた。

相棒役のキャッチャーは、別の小学校から来た笹山《ささやま》という奴《やつ》だった。野球以外でも気が合うし、いい奴だし、なにより大介より上手い。おまえの負けー、とブルペンでピッチング練習をする合間に空を見上げて、声に出さずにつぶやいた。こんなふうにして、大介は少しずつ遠ざかっていくのだろう。

［D］、バッティングはやっぱり大介のほうが上かなあ。空を見たまま首をかしげ、くすぐったそうに笑って、忘れないからな、と自分自身のために語りかけた。

顔を戻す。マウンドの足元の土をスパイクで均《なら》し、セットポジションをとった。

あの日、二塁ランナーだった井上《いのうえ》は、津波に呑まれて亡くなった。三塁ランナーの片山《かたやま》は両親と祖父母を亡くし、幼い弟とともに親戚に引き取られた。シュビに就く一組のメンバーも、半分以上、遠い町に引っ越してしまった。応援の女子もクシの歯が欠けたように減った。それでも、「がんばって！」と、望美の声だけはちゃんと聞こえる。

笹山が怪訝《けげん》そうに腰を浮かせるのを、手振りで制した。

ワンアウト二、三塁。点差は一点。打席には、幻の大介が、確かに――。

いないんだ、と奥歯を噛《か》みしめる。

いないんだよ、もう、［E］。

かすかに震える息をついて、もう一度吸って、ゆっくりと投球動作に入った。

（重松清『きみの町で』より）

問1　波線部①～⑧の漢字にはその読みを、カタカナにはその漢字を記しなさい。

問2　傍線部a～cの語句の意味をそれぞれ選んで番号で答えなさい。

a　ヤマ場
1．偶然をあてにする場面
2．不幸を回避する場面
3．頼りとなる重要な場面
4．最も盛り上がった重要な場面

b　うながしても
1．憤りを感じても
2．思い通りの行動へ導いても
3．早くするようにせきたてても
4．落ち着かせても

c　ほどなく
1．時があまりたたないうちに
2．数秒もかからずに
3．数か月間たってから
4．思った通りに

〈中略〉

卒業証書を受け取って、自分の席に戻るとき、大介と目が合った。お互いに照れ隠しでしかめっつらをして、口の動きだけで伝えた。

じゃあ、あとで——。

卒業式が終わると、いったん家に帰って、午後三時にグラウンドに集合することになっていた。

最後の勝負だ。中学では一緒に野球部に入って、バッテリーを組むことにしていた。ライバルが相棒になる。マンガでおなじみのパターンを自分たちがやるというのが、うれしいような、恥ずかしいような……。

だが、その前にとにかく勝負だ。決着をつけてやる。

＊

午後三時前に、大きな地震が町を襲った。cほどなく、沖で発生した津波が防波堤《ぼうはてい》を越えた。濁流となった波は、港の周辺の建物を根こそぎさらって、秀樹や大介の待っていた「あとで」も呑み込んでしまった。

＊

その年の夏、秀樹の家がある山ぎわの⑥シュウラクでは、ホタルが例年になく多かった。

農薬を使わなくなったからだろう、と秀樹のお父さんは言った。それは［ C ］、耕作をしなくなった田んぼや畑が増えたということで、もっとさかのぼって理由をたどれば、農地の持ち主がいなくなってしまったから、ということでもある。

町の住民はずいぶん減った。津波で亡くなったひとや行方不明になったひとは、百人を超えた。家を流されたひとたちは身寄りを頼って荒れ野同然の町を離れ、仕事をうしなったひとたちも散り散りになってしまった。

たくさんのひとの、たくさんの「明日」が、ついえた。〈中略〉

五回表。一組が一点リードで、二組の攻撃はワンアウト二、三塁。

一組と二組の最後の試合はそこで止まったまま、季節が（　X　）巡りした。

＊

イ二度目の夏は、去年よりさらに多くのホタルが夜の闇を舞った。その盛りの時季が終わった頃、厄災から二度目のお盆に合わせて、小学校に慰霊碑《いれいひ》が（　Y　）された。

中学二年生になった秀樹も、当時の⑦ザイコウ生ということで、同級生とともに除幕式に出席した。遠くの町に引っ越してしまった友だちとは、ひさしぶりの再会になる。

一番会いたかったひとは、式典には姿を見せなかった。

津波でお父さんとお兄さんを喪《うしな》った望美は、お母さんと二人で、隣町の仮設住宅に住んでいた。その頃は六年一組で仲良しだった優香《ゆうか》とメールのやり取りをしていたが、今年の春お母さんが再婚して、仮設住宅を引き払ったあとは連絡がつかなくなった。優香はとても心配していた。望美は中学に入ってからお母さんとケンカが絶えず、悪い先輩とも遊ぶようになっていたという。

厄災さえなければ、望美は栄転したお父さんとともに家族で仙台に引っ越して、どんな中学生活を送っていただろう。いつか、おとなになってからでも、もう一度会えることはあるのだろうか。

いつか、また——。その約束のはかなさを、秀樹はもう知ってしまったのだけれど。〈中略〉

【国　語】（五〇分）〈満点：一〇〇点〉

一　※問題に使用された作品の著作権者が二次使用の許可を出していないため、問題を掲載しておりません。

（清水眞砂子『大人になるっておもしろい？』より）

二　次の文章を読んで設問に答えなさい。

試合は大きなaヤマ場を迎えていた。

七イニングあるうちの五回表だった。六年二組の攻撃は、ワンアウト二、三塁。①シュビについた六年一組のリードはわずかに一点。マウンドに立つ秀樹《ひでき》が迎える打者は、二組の主砲・大介《だいすけ》……。

逆転に向けて勢いづく二組は、女子の応援にも元気がある。押され②気味の一組の女子を、秀樹はちらりと見た。まだ寒い三月、吹きさらしのグラウンドで応援してくれている女子のために――正直に言えば、その中でも特に、ひそかに片思いをしている望美《のぞみ》のために、なんとしてもこのピンチを切り抜けたい。

明日、六年生は卒業式を迎える。五年生の頃からなにかにつけて張り合ってきた一組と二組の野球の対決も、今日で終わる。［A］、中学からはお父さんの転勤で仙台に引っ越してしまう望美の前でカッコいいところを見せられるのも、これが最後なのだ。〈中略〉

教頭先生のしわがれた声だった。生活指導にうるさくて、おっかない先生だ。

「グラウンドの六年生、③シキュウ下校しなさい。明日は卒業式なんだから、明るいうちに早く帰りなさい」

わかっている。三十分ほど前に下校の合図の『遠き山に日は落ちて』が鳴ったときには、みんなで目配《めくば》せして、舌をペロッと出して試合をつづけたのだ。

だが、いまの教頭の怒った④クチョウだと、試合に決着がつくまでねばるのは無理だろう。

［B］、大介との勝負だけでも――。

急いでセットポジションをとると、今度は大介が打席をはずし、両手で×印をつくった。

「ヒデ、ダメだ、もうボール見えない！」

夢中になっていたせいで、言われるまで気づかなかった。日が沈みかけた空はずいぶん暗くなっていた。

「できるできる、早く構えろよ」

秀樹がbうながしても、「無理だって。これで試合やったら、俺、⑤ゾンだよ」と言う。

なんだか、教頭の言葉に乗って逃げられたような気もする。だが、「ボールが見えなくなるまで時間稼ぎしてたんじゃないのか？」とまで言われると、こっちも「わかったよ、じゃあ明日だ！」と返すしかなかった。

みんなそろって、一組も二組もなく、男女入り交じって学校を出た。校門のすぐ先で、道は二手に分かれる。海と山に挟まれた小さな町だ。〈中略〉

「じゃあ、また明日！」

大介もすぐに振り向いて「おう、じゃあ明日な！」と応《こた》え、その隣で望美が「バイバイ」と笑って手を振ってくれた。

2022年度

西武台新座中学校入試問題（第1回特進選抜）

【算　数】（50分）　＜満点：100点＞

【注意】 1．定規，分度器，コンパス，計算機は使用できません。
2．問題中の図は必ずしも正確とはかぎりません。
3．比で答える場合は，一番小さい整数比で答えて下さい。
4．分数で答える場合は，それ以上約分できない分数で答えて下さい。
5．円周率は3.14で計算して下さい。

1　**次の □ にあてはまる数を求めなさい。**

(1)　$19.52 \div 3.2 =$ □

(2)　$1.8 \div \frac{9}{10} - 2.5 \div \frac{15}{4} \times 2\frac{1}{4} =$ □

(3)　$1 - \left(\frac{2}{5} - \frac{2}{7}\right) \div \frac{2}{9} =$ □

(4)　$15 + 4 \times \{5 - (12 -$ □ $) \div 3\} = 27$

(5)　３％の食塩水200ｇに食塩を６ｇ加えて，水を □ ｇ加えると，４％の食塩水ができます。

(6)　全部で □ ページの本を１日目に13ページ，２日目に残りのページの$\frac{3}{5}$を読みました。まだ，62ページ残っています。

(7)　長さ110m，時速54㎞の列車Ａと，長さ70m，時速90㎞の列車Ｂがあります。この２台が反対方向に進んでいるとき，すれちがうのに □ 秒かかります。

(8)　正解すると５点もらえ，まちがえると２点ひかれる計算問題がありました。りおんさんは20問といて □ 問まちがえたので，得点は51点でした。

2　**次の図の角 x と角 y の大きさを求めなさい。**

(1)　AB＝ACの二等辺三角形を折りまげた図形です。

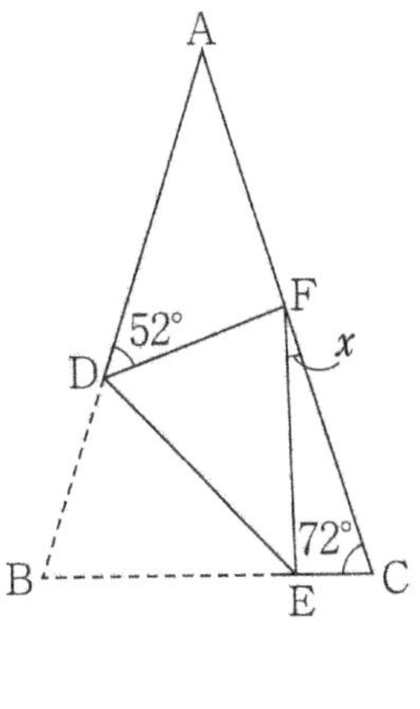

(2)　中心がOの円に三角形ABCが接しています。

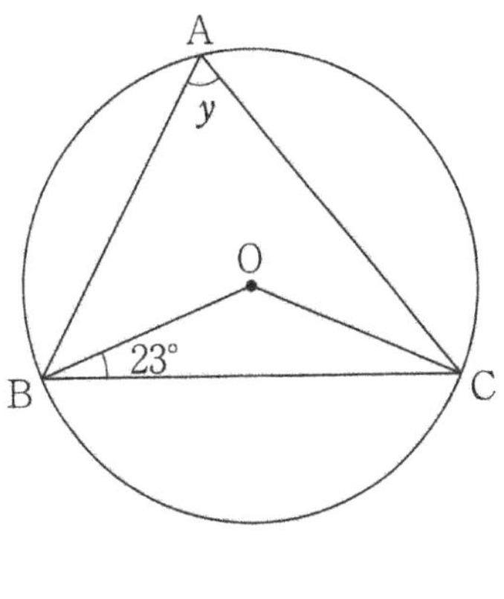

3 右の図のように，上から見ると正方形の形をした建物の角に，10mのリードで犬がつながれています。次の各問いに答えなさい。

(1) 正方形の１辺の長さが12mのとき，この犬が動くことができる部分の面積は何m^2ですか。

(2) 正方形の１辺の長さが８mのとき，この犬が動くことができる部分の面積は何m^2ですか。

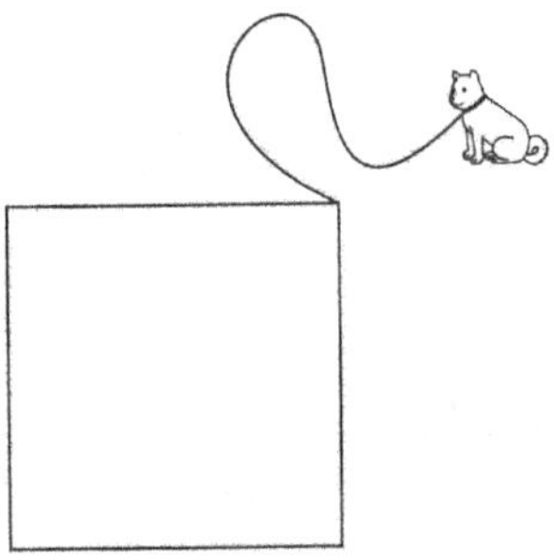

4 半径８cmの円を底面とする高さ12cmの円柱に，１辺５cmの正方形を底面とする角柱の穴があいています。次の各問いに答えなさい。

(1) 体積は何cm^3ですか。

(2) 表面積は何cm^2ですか。

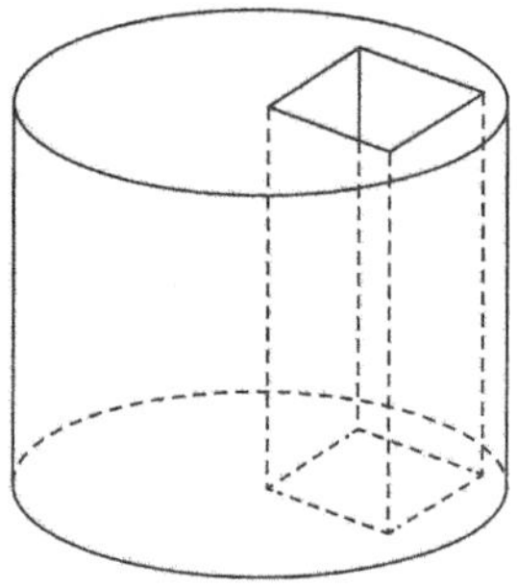

5 鉛《えん》筆が何本か用意されています。この鉛筆をＡ組で１人に５本ずつ配ろうとすると６本余り，Ｂ組で１人に３本ずつ配ろうとすると16本余ります。Ｂ組の人数はＡ組の人数より12人多いです。次の各問いに答えなさい。

(1) Ｂ組の人数は何人ですか。

(2) 用意されている鉛筆は何本ですか。

6 文化祭でジュースを販売するために，ジュースを１本50円で300本仕入れ，仕入れ値の３割の利益を見込《こ》んで定価をつけました。１日目には仕入れた本数の30%が定価で売れました。２日目には，１日目の残りを定価の20%引きにして販売し，すべて売れました。次の各問いに答えなさい。

(1) １日目の売り上げは何円ですか。

(2) ２日目の利益は何円ですか。

7 ＡさんとＢさんが2《に》進法《しんほう》について話をしています。２人の会話を読んで，次の各問いに答えなさい。

Ａさん：２進法って知ってる？

Ｂさん：なにそれ！聞いたことない！

Ａさん：僕たちは整数を表すのに０から９までの10個の数字を使って表しているよね。これは，「10進法《じっしんほう》」というものなんだよ。

Ｂさん：では私たちが普段使っている数は「10進法」という表し方だったんだね！

Ａさん：そうそう。それで，「２進法」っていうのは，０と１の２つの数字だけを使って整数を表す方法のことを言うんだ。

Bさん：2つの数字だけで整数を表すなんて難しそう…

Aさん：規則性を理解すればそんなに難しくないよ！！早速，普段使い慣れている10進法と比べて2進法を考えてみよう。

10進法	0	1	2	3	4	5	6	7	・・・
2進法	0	1	10	11	100	101	110	111	・・・

この表のようになっていくんだけど，何となくわかったかな？

Bさん：0と1しか使えないから，桁がどんどん増えていくんだね！すごい何となくだけど，わかった気がする…！

Aさん：じゃあここで問題です。10進法の9は2進法で表すとどうなるかな？

Bさん：この流れで行くと8は（　①　）と表せるから，9は（　②　）かな？

Aさん：正解！お～すごいね！

Bさん：やったー！楽しくなってきたー！

Aさん：じゃあ次は逆に，2進法の1111を10進法で表すとどうだろう？

Bさん：時間かかりそうだけど考えてみるね。……

1111を10進法で表すと（　③　）だね？

Aさん：お見事！正解！これで2進法というものをマスターできたね。他にも3進法《さんしんほう》，4進法《よんしんほう》…などなどたくさんの表し方がたくさんあるんだよ！！

Bさん：え！ほかにもあるんだ！家で調べてみよ！教えてくれてありがとう！！

(1)（①）と（②）にあてはまる数字の組み合わせを選び，記号で答えなさい。

ア：① 1000　② 1100　　　イ：① 1000　② 1001

ウ：① 1110　③ 1100　　　エ：① 1110　② 1001

(2)（③）にあてはまる数は何ですか。

【理　科】（社会と合わせて50分）　＜満点：50点＞

1．天井からつるした長さ50cmのひもに，重さ20ｇのおもりをつけたふりこをつくり，左右に小さくふらせる実験を行いました。図は，そのふりこがふれている様子を表しています。これについて次の各問いに答えなさい。

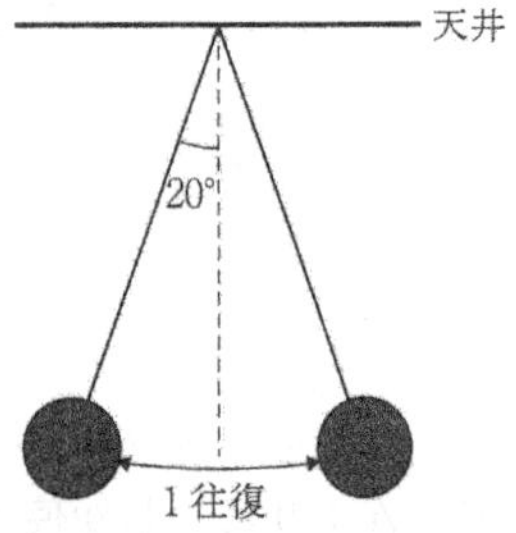

図　ふりこがふれている様子

問１　天井に付いているひもの先の部分を何といいますか。漢字で答えなさい。

問２　ふりこが５往復する時間を３回測定したところ，それぞれ7.5秒，7.2秒，6.9秒でした。ふりこが１往復するのにかかる時間は平均何秒ですか。小数第２位を四捨五入して答えなさい。

問３　ひもの長さを２倍にすると，ふりこが１往復する時間はどうなりますか。次の**ア**～**ウ**の中から１つ選んで記号で答えなさい。

ア　短くなる。　**イ**　変わらない。　**ウ**　長くなる。

問４　ふりこに付けているおもりの重さを２倍にすると，ふりこが１往復する時間はどうなりますか。次の**ア**～**ウ**の中から１つ選んで記号で答えなさい。

ア　短くなる。　**イ**　変わらない。　**ウ**　長くなる。

問５　ひもの長さとおもりの重さは変えずに，ふりこのふれはばを２倍にすると，ふりこが１往復する時間はどうなりますか。次の**ア**～**ウ**の中から１つ選んで記号で答えなさい。

ア　短くなる。　**イ**　変わらない。　**ウ**　長くなる。

問６　おもりがふれる速さが１番大きくなるのは，おもりがどの部分にきたときですか。

2．まきさんは，ろうそくを使って以下のような観察・実験をしました。これについて次の各問いに答えなさい。

観察１　ろうそくに火をつけて燃え方を観察した。

実験１　ろうそくを入れた100mLのビーカーを熱湯につけて，全てのろうそくをとかした。

観察２　とけたろうの様子をしばらく観察すると，ろうが（　Ｘ　）体から（　Ｙ　）体になった。

問１　図はろうそくの炎を拡大したものです。温度が最も高いのはどの部分ですか。Ａ～Ｃの中から１つ選んで記号で答えなさい。

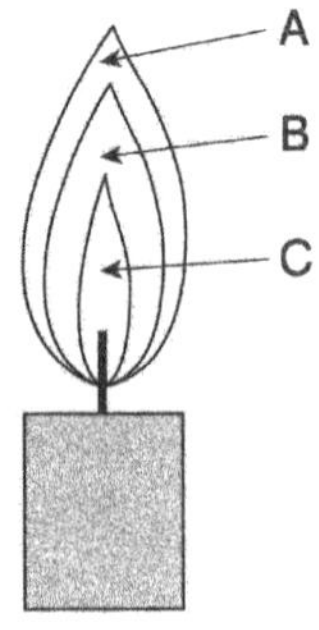

図

問２　**観察１**をしていると，ろうそくはどうなっていきますか。

問３　ものが燃えるときは，空気中に存在するある気体が必要です。ある気体とは何ですか。

問４　**観察２**の（Ｘ）と（Ｙ）に当てはまる言葉をそれぞれ漢字１文字で答えなさい。

問５　Ｙ体になったろうの密度はＸ体のときの密度と比べてどうなりましたか。次の**ア**～**ウ**の中から１つ選んで記号で答えなさい。

ア　大きくなった。　**イ**　変わらなかった。　**ウ**　小さくなった。

さらにまきさんは，水でもろうと同じような変化がみられると考え，**実験２**を行いました。

実験２　ろうと同じ重さの水をはかりとり，100mLのビーカーに入れた。このビーカーをボウルに入れた多量の氷につけて冷やし，水を完全に氷にした。このとき，ボウルの中の氷は，とける前に新しい氷と取りかえるようにした。

問６　水が完全に氷になったとき，その表面はどのようになっていますか。次の**ア**～**オ**の中から１つ選んで記号で答えなさい。

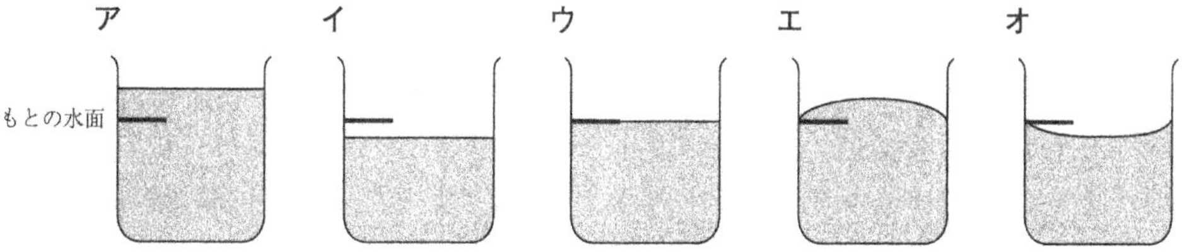

問７　問６のようになるのはなぜですか。

3. モンシロチョウについて次の各問いに答えなさい。

問１　モンシロチョウはキャベツの葉に産卵することがよくあります。それはなぜですか。

問２　モンシロチョウの幼虫は大きくなると緑色になります。この理由として当てはまるものを次の**ア**～**ウ**の中から１つ選んで記号で答えなさい。

ア　外敵から見つかりにくくするため。

イ　モンシロチョウの成虫に見つかりにくくするため。

ウ　太陽の光をさけて，干からびないようにするため。

問３　モンシロチョウは昆虫の仲間です。昆虫に分類される理由について，次の文の（**Ｘ**）には当てはまる漢字を，（**Ｙ**）には当てはまる数字をそれぞれ答えなさい。

からだが頭，（　**Ｘ**　），腹にわかれており，足が（　**Ｙ**　）本あるから。

問４　さなぎから成虫になることを何といいますか。

問５　モンシロチョウはどのような姿で冬をすごしますか。次の**ア**～**エ**の中から１つ選んで記号で答えなさい。

ア　成虫　　**イ**　さなぎ　　**ウ**　幼虫　　**エ**　たまご

問６　モンシロチョウの成虫の主なえさは何ですか。

4. 次のページの図のような道具を用いて，水の作用について実験をしました。どろ・砂・れきを混ぜたものをかたむけた板の上に均等に広げました。Ａ点から水を少しずつ流したところ，Ａ点から川のような水の流れができました。また，Ｂ点から流れ出る水は全てバケツで受け止めたところ，茶色くにごった水がたまりました。これについて次の各問いに答えなさい。

問１　Ａ点付近の水の流れとＢ点付近の水の流れはどのようになっていますか。それぞれ簡単に答えなさい。

問２　Ａ点からＢ点に向かう水の通り道はけずられていました。これは水の何というはたらきによるものですか。

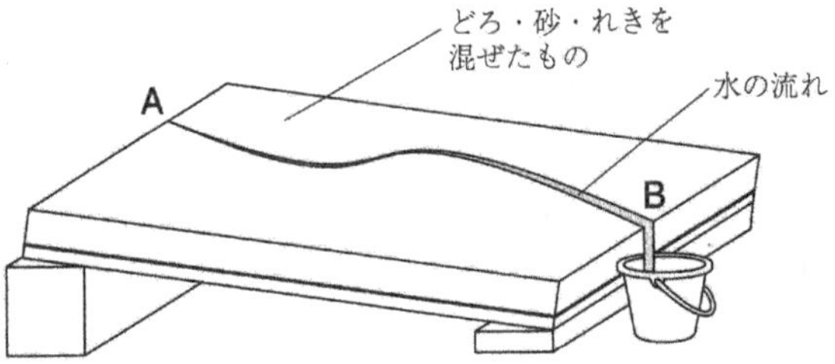

図

問３　バケツの中の茶色い水にはどろ・砂・れきが含まれていました。これは水の何というはたらきによるものですか。

問４　バケツの中の茶色い水をペットボトルにとり，よく振ったあと，平らな地面におきました。しばらくすると，3層にわかれました。このとき，どろ・砂・れきは下からどのような順番にたい積しますか。次の**ア**～**エ**の中から１つ選んで記号で答えなさい。

ア　れき→どろ→砂

イ　どろ→砂→れき

ウ　れき→砂→どろ

エ　砂→れき→どろ

問５　B点付近の水の通り道を観察すると，中央が外側に比べて深くけずれていました。それはなぜですか。

問６　川の流れの速さが急激に変化する地点で，多量の土砂がたい積してできる地形を１つ答えなさい。

【社　会】（理科と合わせて50分）　　＜満点：50点＞

1．次の各問いに答えなさい。

問１　次の地形図は静岡県のものである。これを見て，各問いに答えなさい。

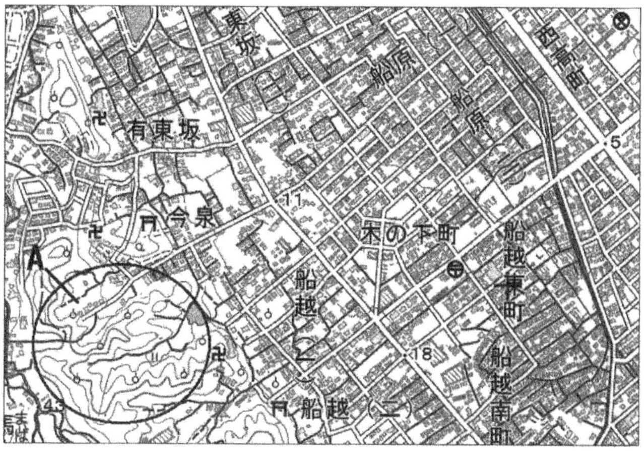

（国土地理院地形図より作成）

⑴　地図中Ａの地域で多くつくられていると想定される作物は何か，次の中から１つ選び，記号で答えなさい。

ア．みかん　　イ．わさび　　ウ．洋なし　　エ．チンゲンサイ

⑵「郵便局」からみた「高等学校」の方位を８方位で答えなさい。

問２　次の表は，群馬県・静岡県・滋賀県・鹿児島県の４県の人口などを表している。静岡県に当てはまるものを表中ア～エの中から１つ選び，記号で答えなさい。

項目／県	人口（千人）（2019年）	農業（畜産）産出額《さんしゅつがく》（億円）（2017年）	海面漁業 漁獲量《ぎょかくりょう》（百ｔ）（2018年）	工業製造品出荷額（億円）（2017年）
ア	1,420	109	―	78,229
イ	1,981	1,123	―	90,985
ウ	3,726	486	1,954	169,119
エ	1,643	3,162	636	20,990

（地理データファイル2020年度版より作成）

問３　次のページの地図を見て，各問いに答えなさい。

⑴　地図中の矢印Ｘは，初夏に北東から吹く冷たく湿《しめ》った風のことである。この風を何と呼ぶか答えなさい。

⑵　地図中の矢印Ｙは，海流を表している。この海流の名前を漢字で答えなさい。

⑶　次のページの文章にあたる漁港を地図中Ａ～Ｄの中から１つ選び，記号で答えなさい。

沖合漁業《おきあいぎょぎょう》の基地で，利根川《とねがわ》の河口に位置している。沖合には潮目《しおめ》ができ，いわし・さんまなどが水揚《みずあ》げされている。

2. 次の文章は，日本の歴史における「宗教」についてまとめたものです。これを読み，各問いに答えなさい。

古代の日本では，邪馬台国《やまたいこく》の女王である（　①　）に代表されるように，呪術《じゅじゅつ》による政治が行われていました。やがて６世紀に大陸から仏教が伝わってくると，仏教の教えを政治に反映するようになりました。役人の心構えを示した「憲法十七条《けんぽうじゅうしちじょう》」を制定した（　②　）や，東大《とうだい》寺《じ》の大仏や全国に国分寺《こくぶんじ》の建設を命じた（　③　）がその代表的な人物です。

仏教は時代ごとにいくつかの新しい宗派《しゅうは》が生まれていきました。平安時代には，（　④　）を中心に最澄《さいちょう》が天台宗《てんだいしゅう》を，（　⑤　）を中心に空海《くうかい》が真言宗《しんごんしゅう》を広めました。また鎌倉時代には，「南《な》無阿弥陀仏《むあみだぶつ》」の念仏《ねんぶつ》を唱えることで救われると法然《ほうねん》が説いた（　⑥　）や，一遍《いっぺん》が「踊念仏《おどりねんぶつ》」という形で教えを広めた（　⑦　）などが成立しました。

仏教はその後も人々に広く信仰《しんこう》されましたが，16世紀に（　⑧　）が鹿児島に来航しキリスト教を伝えると，戦国大名の間で信仰する人も現れるなど，人々の間に広がっていきました。人々の平等を掲げるキリスト教の教えは⑨江戸幕府《えどばくふ》から弾圧《だんあつ》され，人々の信仰も大きく制限されました。

問1　空欄（①）にあてはまる人物を，漢字3字で答えなさい。

問2　空欄（②）にあてはまる人物を，漢字で答えなさい。

問3　空欄（③）にあてはまる人物を次の中から1つ選び，記号で答えなさい。

ア．天武天皇《てんむてんのう》　イ．持統《じとう》天皇　ウ．白河《しらかわ》天皇　エ．聖武《しょうむ》天皇

問4　空欄（④）・（⑤）にあてはまる語句の組み合わせとして適切なものを次の中から1つ選び，記号で答えなさい。

ア．④－唐招提寺《とうしょうだいじ》　⑤－延暦寺《えんりゃくじ》　イ．④－延暦寺　⑤－金剛峯寺《こんごうぶじ》

ウ．④－金剛峯寺　⑤－延暦寺　エ．④－唐招提寺　⑤－金剛峯寺

問5　空欄（⑥）・（⑦）にあてはまる語句の組み合わせとして適切なものを次の中から1つ選び，記号で答えなさい。

ア．⑥－浄土宗《じょうどしゅう》　⑦－時宗《じしゅう》　イ．⑥－浄土宗　⑦－日蓮宗《にちれんしゅう》

ウ．⑥－時宗　⑦－日蓮宗　エ．⑥－時宗　⑦－浄土宗

問6　空欄（⑧）にあてはまる人物を，カタカナで答えなさい。

問7　下線部⑨について，以下の画像が表す江戸幕府のキリスト教に対する政策を何というか，漢字2字で答えなさい。

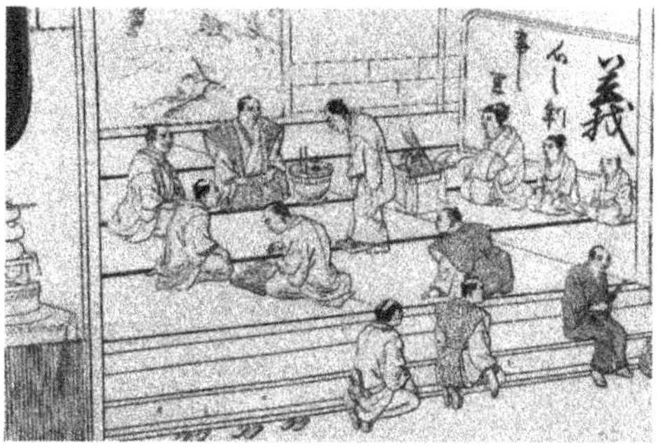

3.　次の文章を読み，各問いに答えなさい。

SDGs（持続可能《じぞくかのう》な開発目標《かいはつもくひょう》）の，目標5では「ジェンダー平等を実現しよう」が掲《かか》げられています。

世界で活躍する女性首脳《しゅのう》を見ると，ドイツで2005年～2021年まで首相を務めた「　A　」氏，先進国の首脳として初めて育児《いくじ》休業・産前産後《さんぜんさんご》休業を取得したニュージーランドの首相の「　B　」氏があげられます。

Cジェンダーとは「男性はこうあるべき，女性はこうあるべき」と私たちが無意識に決めつけている男性と女性の違いを指します。

Dジェンダーの平等が達成され，男性，女性に関わらず，自分らしく生きることができる世の中の実現が求められます。

問1　「A」，「B」に入る人物名の組み合わせとして適切なものを次のページの中から1つ選び，記号で答えなさい。

ア．Ａ：メルケル　　　Ｂ：ジャシンダ・アーダーン
イ．Ａ：メルケル　　　Ｂ：ヒラリー・クリントン
ウ．Ａ：サッチャー　　Ｂ：ジャシンダ・アーダーン
エ．Ａ：サッチャー　　Ｂ：ヒラリー・クリントン

問２　下線部Ｃについて，私たちが生活をする中には，無意識に存在しているジェンダーがあります。無意識に存在するジェンダーとして適切でないものを次の中から１つ選び，記号で答えなさい。
ア．男性は青色，女性はピンク色が好き。
イ．男性はズボン，女性はスカートを履く。
ウ．女性は化粧《けしょう》をする，男性は化粧をしない。
エ．女性専用車両の設置。

問３　下線部Ｃについて，次の表から読み取れることとして適切でないものを次の中から１つ選び，記号で答えなさい。

表：「夫は外で働き、妻は家庭を守るべきである」という考え方に関する意識の調査

性別	年代	賛成	どちらかといえば賛成	分からない	どちらかといえば反対	反対
男性	2014年	14.2	32.3	7.0	32.0	14.5
	2019年	8.6	30.8	4.9	34.4	21.2
女性	2014年	11.2	32.0	5.1	34.2	17.4
	2019年	6.5	24.6	5.5	38.5	24.9

（内閣府男女共同参画局「令和２年版　男女共同参画白書」より作成）

ア．2014年の男性意識では，「賛成，どちらかというと賛成」と「反対，どちらかというと反対」の意見が同数であった。
イ．2014，2019年ともに，「反対，どちらかというと反対」の意識は，男性よりも女性の方が高い。
ウ．2019年には男女ともに，「賛成，どちらかというと賛成」の意見が過半数を超えた。
エ．2014～2019年の間で，ジェンダーの平等に向けた意識は進展したといえる。

問４　下線部Ｄについて，日本政府は「女性管理職を30％にする」という目標を掲げていますが，なかなか進展をしません。そこで，2018年に国会や地方議会に女性議員を増やす法律が制定されました。この法律として適切なものを次の中から１つ選び，記号で答えなさい。
ア．男女雇用《こよう》機会均等《きかいきんとう》法　　イ．育児・介護《かいご》休業法
ウ．労働基準法　　エ．候補者《こうほしゃ》男女均等法

問５　下線部Ｄについて，女性が活躍できる社会に向けた政府の支援策について適切でないものを次の中から１つ選び，記号で答えなさい。
ア．男性との賃金《ちんぎん》格差をなくす。
イ．女性だけでなく，男性も育児休業をとれるようにする。
ウ．出産・育児で女性が離職《りしょく》しない環境づくり，および復職《ふくしょく》の支援をすること。
エ．女性管理職《かんりしょく》を増やすため，無条件で男性よりも昇進《しょうしん》させる。

問3　A ～ E に入る適語を次の中から選んで番号で答えなさい。

1．たぶん　　2．だから　　3．だって

4．それでも　　5．たいして

問4　傍線部イ「『1』『2』『3』と数字を書いた」とあるが、この数字が意味するものを本文中から漢字一字で抜き出して記しなさい。

問5　傍線部ロ「困惑した笑顔が微妙にゆがんだ」とあるが、その理由を「――と提案していることに気づいたから。」につながる形で三十字以内で記しなさい。

問6　傍線部ハ「頬で溶けて口に入った雪」とあるが、それが表していると思われるもう一つのものを漢字一字で記しなさい。

問7　次の文章を読んで本文と合致しているものには「1」を、合致していないものには「2」を記しなさい。

ア．泰司は小学校に入ってからすでに四回転校している。

イ．三上くんは去年、毎年「かまくら」を作っていると泰司に話したことがある。

ウ．泰司や三上くんが住んでいる町の近くには海がある。

エ．泰司に転校すると告げられて三上くんは泣きたくなるほど悲しく思っている。

オ．泰司はケンカをした後、校門を出たところで自分から三上くんにあやまろうと待っていた。

問8　次の一文が入るのに最も適切な場所を探し、その直前の五字を抜き出して記しなさい。

雪合戦は、冬が寒い町で、雪の積もった日に、その町の友だちとしかできない。

くて、黙って口をぱくぱくと動かした。

ずっと上を向いていたので⑦クビスジが痛くなってきた頃、三上くんの声が、やっと聞こえた。

「なんで?」

思わず振り向くと、三上くんは空を見上げたまま、「なんで転校しちゃうの?」と重ねて訊いてきた。

「なんでって……お父さんが転勤するから」

「それで一緒に行くの?」

「うん……」

ふうん、と三上くんはまたうなずいて、「いそうろうは?」と訊いた。

「ドラえもんとか、オバケのQ太郎みたいなの」

あまりにもa唐突な一言にどう応えていいのかわからず、泰司はちょっと困った顔で笑うだけだった。

でも三上くんは「オレ、二段ベッドでもいいけど」と怒った声でつづけた。「二段ベッドの下のほうでも、いいけど」

一瞬bきょとんとした泰司だったが、あ、そうか、と気づくと、ロ困惑《こんわく》した笑顔が微妙にゆがんだ。

三上くんも自分の言葉に急に照れてしまったみたいに、いきなり駆けだした。空を見上げたまま。口を開けたまま。飛行機みたいに両手を広げて。

しばらく走ったところで立ち止まり、振り向いた。

三上くんの顔もゆがんでいた。なにか言いたげに口が動きかけた。でも、それを振り払うように、「走ってたほうが、雪、たくさん食える」と笑う。「ほんとほんと、今度はほんと」と念を押して、また空を見上げ、口を開けて、走りだす。

泰司も追いかけた。

さっきの三上くんを真似して両手を⑧ツバサのように広げ、口を大きく開けた。

雪が降る。雪が口に入る回数は止まっているときと［D］違わないような気がしたが、不思議なほど目のまわりによく当たる。まぶたに。まつげに。目尻に。目頭《めがしら》に。ひやっとした雪が降り落ちて、溶けて、また当たって、また溶けて。だから、目がひくひくしてしかたない。

雪が降る。ハ頬で溶けて口に入った雪は、cほのかにしょっぱかった。時化《しけ》た海の波しぶきを風が運んで、雪と混じり合ったせいだ。

［E］。

（重松清『その年の初雪』より）

問1　波線部①～⑧の漢字にはその読みを、カタカナにはその漢字を記しなさい。

問2　傍線部a～cの語句の意味として正しいものを選んで番号で答えなさい。

a　唐突

1．急いでいること　2．だしぬけであること
3．人をばかにしていること　4．下心を持っていること

b　きょとんとした

1．怒っている様子　2．落ち込んでいる様子
3．あっけにとられた様子　4．笑い出したくなる様子

c　ほのかに

1．とても　2．思いがけず
3．あっという間に　4．ほんの少し

泰司は「ふざけるな！」と怒鳴って、三上くんにつかみかかった。〈中略〉

仲直りはしなかった。 A 悪いのはあいつなんだから――三上くんも同じように思っているはずだから、よけい自分から⑤アヤマるのは嫌だった。

ランドセルがやけに重い。半ズボンからのぞく太股《ふともも》や⑥膝小僧が寒い。ジャンパーの袖に手を隠して、とぼとぼと校門を出たとき、後ろから呼び止められた。

「なにやってんだよ、待てって言ってるだろ」

三上くんにランドセルを叩かれた。

「……そんなのオレの勝手だろ」

うつむいたまま低い声で答えると、三上くんはへへッと笑って、「さっき、っていうか……去年、ごめんな」と言った。

なんだこいつ、あっさりアヤマっちゃって、ばーか。

泰司は足を速めた。三上くんもついてきた。泰司は逃げる。三上くんは追いかける。逃げる。追いかける。逃げる。追いかける。逃げる……。

頬に冷たいものが触れた。

あっ、と泰司は声にならない声をあげて立ち止まった。雪だ。風に乗って、白いものが舞い落ちていた。積もるような振り方ではない。ほんの少し雲が晴れればすぐにやんでしまいそうな、頼りなげな初雪だった。

B ――雪だ。

三上くんも立ち止まって、空を見上げた。

「雪だなあ……」

なに言ってんだ、そんなの見ればわかるだろ、と泰司はにらむように空を見上げる。

「これだと、意外と奇跡で積もるんじゃないか？」

調子のいいことばっかり言って。

ばーか、とつぶやくと、自然に頬がゆるんで、まつげに雪が降り落ちた。

三上くんは泰司が笑ったので安心したように、その場でぴょんぴょん跳びはねた。口もぱくぱく開けている。

「なにしてんの？」

「雪、食ってんの。これだったら、積もらなくても遊べるだろ」

ぱくっ、ぱくっ、と降ってくる雪を食べる。ほんとうに口の中に雪が入っているかどうかはわからなかったが、三上くんは、とてもおいしそうな顔をしていた。

ばーか、ばーか、雪合戦より一兆倍ガキっぽいだろ、こんなの。

心の中でつぶやきながら、泰司もやってみた。意外と難しい。 C 、たまに口の中に冷たいものが入ってジュッと溶けると、やった、と声をあげたくなるほどうれしかった。

ばーか、ばーか、ばーか……。

心の中のつぶやきは、最後に、変わった。

「オレ……三月で転校するんだ」

三上くんは、ふうん、とうなずいただけで雪を食べつづけた。

それだけ？

泰司はちょっと拍子抜けして、でも、がっかりしたのを悟られたくな

問8　次の文章が入るのに最も適切な場所を探し、その直前の七字を抜き出して記しなさい。

> 学歴はゼロなので後がたいへんだろうと思うのですが、日曜日の晩に「明日学校、楽しみ！　休みの日も楽しみだし学校もみんなに会えるから楽しみだし、ほんとうに幸せ」と言っています。

二　**次の文章を読んで設問に答えなさい。**

泰司《たいじ》は黙って、窓にィ「1」「2」「3」と数字を書いた。一月は、もう半分近く終わってしまった。二月は二十八日までしかないし、三月は二十四日に終業式だ。

頭の中で足し算と引き算をして、〈71〉と窓に書いた。あ、でも、日曜日も引かなきゃいけないのか、①ケンコク記念日もあるんだ、と気づいたが、計算がややこしくなりそうなので、まあいいや、とやめた。

どっちにしても、残り少ない日々であることに変わりない。三学期が終わると泰司は転校する。お父さんの②転勤で、遠くの町に引っ越してしまう。小学校に入ってからの四年間で、転校は三度目だった。〈中略〉

「雪合戦しようよ」

「そんなのガキっぽくて、つまらないって。サッカーのほうが一億倍面白いだろ」

なに言ってるんだ、と泰司は口をとがらせた。サッカーは確かに面白い。でも、サッカーは、いつでも、どこでも、誰とでもできる。これからもずっと南のほうの暖かい町にばかり引っ越していくのなら、雪合戦は、もう一生できないかもしれないのだ。

「積もったら、『かまくら』つくろう」

せいいっぱい気を取り直して言った。「オレ、つくり方知らないから、教えてよ」と笑った。

でも三上くんはそっけなく「オレだって知らないし、そんなのつくれないよ、どうせ」と言った。「『かまくら』ができるほど積もるわけないだろ」

「だって、去年、毎年つくってるって……」

「そんなこと言ったっけ？」

頬がカッと熱くなった。

「……嘘だったの？」

「嘘っていうか、冗談っていうか、よく覚えてないけど」

三上くんは、ハハッと軽く笑った。

その笑い声が、耳の奥——いや、胸の奥のいちばん③ビンカンな場所に④ハリを刺した。

「それに、タイ、今日は絶対に積もらないって。おまえ、去年引っ越してきたからわかんないと思うけど、オレ、知ってるもん。初雪って、毎年ぱらっと降るだけなんだから」

三上くんはそう言って、まわりの友だちにも「なあ、そうだよな？」と一人ずつ訊《き》いていった。まっちゃん、すぎちゃん、タンカくん、いっしゃん……全員、三上くんの言葉にうなずいた。

三上くんは「そうだろ、そうだろ、そうだよなあ」と満足そうにうなずいて、泰司を振り向いた。

「な？　わかっただろ？　タイも来年から覚えとかないと」

胸の奥のハリが——深々と沈んだ。

楽しさの中のたいへんさ（自分で決める、早起きの日がある、歳上の友だちと遊ぶのでついていかなくてはいけないなど）に関して苦労はｃいとわないようなので、どうかそのまま行ってくれ、と願うばかりです。

そしてこれを読んでいるみなさんが少しでも「自分の人生は自分のもの、限られた自由な時間しかなくても、ロそこは自由に動きたい」と思ってくれれば嬉《うれ》しいです。

（吉本ばなな『おとなになるってどんなこと』より）

問１ 波線部①～⑧のカタカナを漢字で記しなさい。

問２ 傍線部ａ～ｃの語句の意味として正しいものを選んで番号で答えなさい。

ａ 易きに流れて
1．楽な方を選んで
2．難しいことを学んで
3．価格の安いものを選んで
4．安全な方を選んで

ｂ トラウマ
1．体の安全を求めること
2．気持ちを奮い立たせること
3．心楽しい時間を思い描くこと
4．心に傷を負うこと

ｃ いとわない
1．楽しみに変える
2．嫌がらない
3．ゆったりと向き合う
4．避けて通る

問３ [A]～[E]に入る適語を次の中から選んで番号で答えなさい。
1．よほど　2．やっと　3．たとえ
4．つい　5．かっちり

問４ （Ｘ）に入る語句を次の中から選んで番号で答えなさい。
1．知識を自分のものにするため
2．友だちの意外な一面を知るため
3．本の中では得られない自由な発想を育むため
4．社会に順応するため
5．人生を楽しいものだと感じるため

問５ 傍線部イ「あのきつい気持ち」とあるが、その具体的な内容を「――という気持ち」につながる形で三十字以内で説明しなさい。

問６ 傍線部ロ「そこ」の具体的な内容を本文中より九字で抜き出して記しなさい。

問７ 次の文章を読んで本文と合致しているものには「1」を、合致していないものには「2」を記しなさい。
ア．作者はトラウマから同じ場所に長い時間座っていられないという問題を抱えている。
イ．作者は夏休みの終わりにいとこと別れる時、泣きそうになった経験がある。
ウ．作者の子どもは学校に行くことを楽しみにしている。
エ．ドストエフスキー、トルストイ、ミステリ、マンガ、サガンはいずれも外国文学の作家名である。
オ．作者は五十歳になるまでにひととおりの古典文学を全て読んでいる。

【国　語】（五〇分）〈満点：一〇〇点〉

一　次の文章を読んで設問に答えなさい。

実際、私は高校までドストエフスキーとかトルストイとか夏目漱石とか①イッサイ読んでいませんでした。古典の②カンタンなもの少しと、ミステリとSFとマンガとサガンと太宰《だざい》治と立原正秋《まさあき》ばかり読んでいました。それでも自分が読んだものをイラストにおこしてみたり、感想文を書いたり、自分なりになにかを必死に学んでいました。

そういう意味では人生に学ぶ時間はたくさんあるのです。五十近くになって初めて読んだ古典もたくさんありますし、昔の③エイガも少しずつ観ています。勉強はいくつになってもできるし、この姿勢は高校のとき、ひとりぼっちで授業中学んでいたあり方と全く変わっていません。

なんだ、あれでよかったんだ、と［A］今自分を肯定できる気持ちです。

本来、人間はなにかを勉強して時間を区切れるものではないし、十分間のやすみ時間のあと急に別のことをできるものでもないと思います。学校というのは（　X　）の訓練の時間をすごすところなんですよね。

だから、④ソツギョウ証書がほしいとか、この勉強がしたいからこの学校に入ってあとはまあまあでいい、みたいな場合は割り切っていろいろな時間の使い方を考えるもよし、思いもよらず予想外の勉強にはまってみるもよし、a易きに流れてあとでたいへんなことになってもよし、とにかく［B］考えすぎないのがいいんじゃないかと私は思います。

私は高校のときくらいから、前に書いたように本来ならもうそこでやめてもいいと思われる授業にあまりにもいやいや参加して、いやでいやでしょうがないのに机にしばりつけられていたbトラウマで、今も長い時間同じ場所に座っていることができません。［C］好きなコンサートやセミナーでも、あの頃を思い出すとぞっとしてしまうのです。

［D］いやだったんですね……。

たまに会社に勤めている友だちと旅行して、帰る日の夕方になるとその友だちがもうほとんど泣き出しそうなくらい元気がなくなるようすを見ると、いつも夏休みの終わりに別れるとき泣きそうだったいとこのことを思い出します。

自由業＝自由ではなく、たくさんの⑤セイヤクがあるし⑥ホショウもなにもないし、私の仕事はほんとうにしんどい仕事なのですが、そういうときだけは、ああ、イあのきつい気持ちを日常で持たなくてもいいというのはなんとすばらしいことだろう、と思います。

うちの子どもは今自由な学校に通っています。後でどんなに苦労しようとも、一度しかない子ども時代にこんなことが言えるなんてもうそれだけでいい、と私は［E］自分と比べて思ってしまいます。

この間も会社勤めの友だちとの旅行から帰ってきて、私までちょっと月曜日が憂鬱なようなどんよりした気持ちになっていたのですが、家のドアを開けたら子どもがげらげら笑いながらiPadで「⑦ジコ物件サイト」を観ていて、そのあまりの自由さに言葉を失いました。

人によっては私のこの親としてのあり方を⑧ヒハンするかもしれないし、うちの子どもだって将来「やっぱり自由なんて子どもには与えちゃだめだったよ」っていうことになるかもしれないのですが、あの笑顔を思うと、今はこれでいい、ゆっくり育ってくれ、何度でもやり直していいから、人生を楽しいと感じてくれ、と思います。

第1回特進

2022年度

解　答　と　解　説

《2022年度の配点は解答欄に掲載してあります。》

＜算数解答＞《学校からの正答の発表はありません。》

1 (1) 8.4　(2) $\frac{13}{63}$　(3) 14　(4) $\frac{2}{21}$　(5) 10　(6) 7　(7) 17
(8) 10

2 (1) 120度　(2) 32度　3 (1) 189.97cm^2　(2) 226.08cm^2

4 (1) 226.08cm^3　(2) 301.44cm^2　5 (1) 毎分20L　(2) 毎分60L

6 (1) 80個　(2) 2割引き　7 (1) 32　(2) ア

○推定配点○

各5点×20　　計100点

＜算数解説＞

1 (四則計算，割合，数の性質，速さの三公式と比，通過算，割合と比，仕事算)

(1) $621.6 \div 74 = 16.8 \div 2 = 8.4$

(2) $\frac{3}{7} - \frac{1}{8} \times \frac{16}{9} = \frac{27}{63} - \frac{14}{63} = \frac{13}{63}$

(3) $63 - 7 \times (24 - 17) = 63 - 49 = 14$

(4) $\square = \left\{\left(\frac{10}{21} - \frac{3}{21}\right) \times \frac{19}{9} - \frac{2}{3}\right\} \times \frac{18}{7} = \left(\frac{19}{27} - \frac{18}{27}\right) \times \frac{18}{7} = \frac{2}{21}$

重要 (5) $200 \times (1 - 0.16) \div (1 - 0.2) - 200 = 10$(g)…水の重さが一定

【別解】 右図より，色がついた部分の面積が等しく$200 \times (20 - 16) \div (100 - 20) = 10$(g)

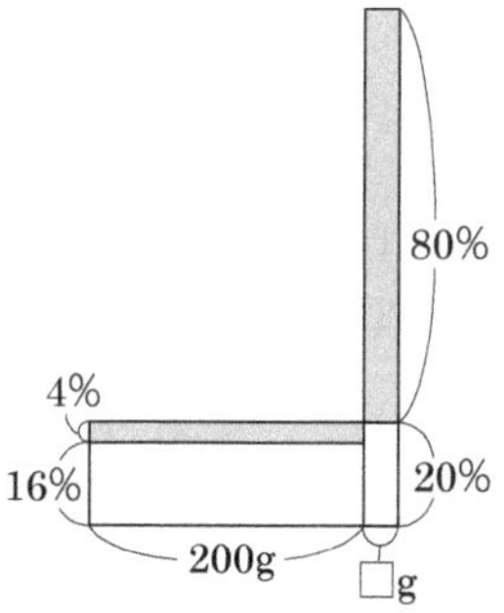

基本 (6) $15 \times 7 = 105$から$15 \times 13 = 195$まで，$13 - 6 = 7$(個)

重要 (7) 列車の秒速…$(120 + 580) \div 28 = 25$(m)
$(545 - 120) \div 25 = 17$(秒)

重要 (8) $3 \times 4 \times 5 \div 6 = 10$(日)

重要 2 (平面図形)

(1) 図ア…xは$45 + 60 + \{180 - (90 + 60)\} \div 2 = 120$(度)

(2) 図イ…yは$180 - 74 \times 2 = 32$(度)

図ア

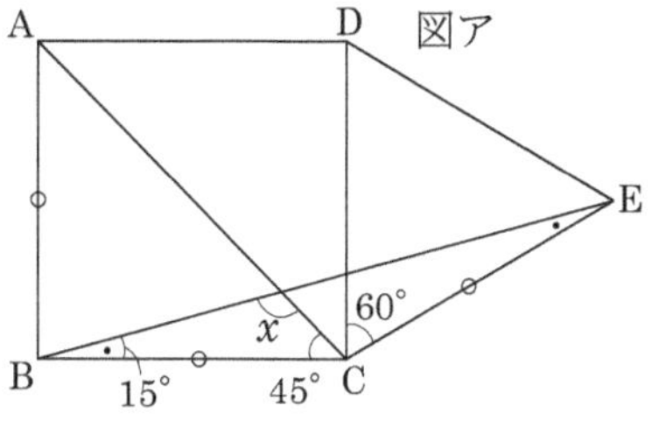

図イ

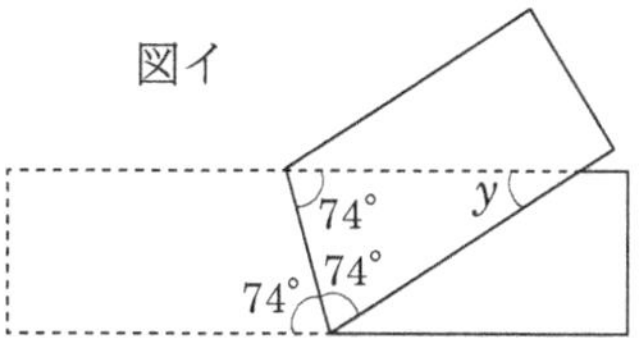

基本 3 (平面図形)

(1) 図ウ…$11 \times 11 \times 3.14 \div 2 = 189.97$(cm^2)

(2) 図エ…$6 \times 6 \times 3.14 \times 2 = 226.08$(cm^2)

図ウ

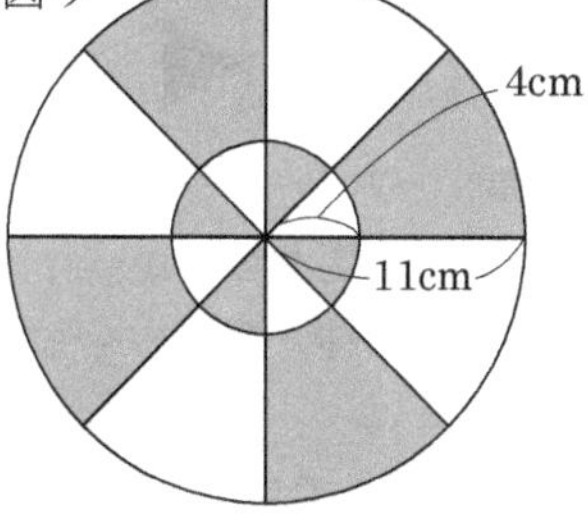

図エ

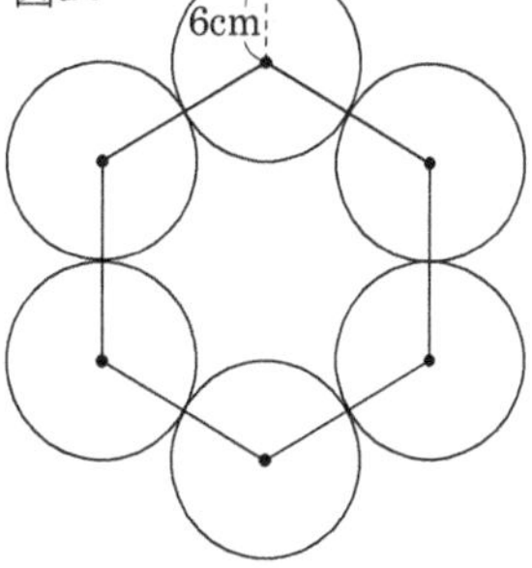

重要 4 **(平面図形，立体図形，図形や点の移動)**

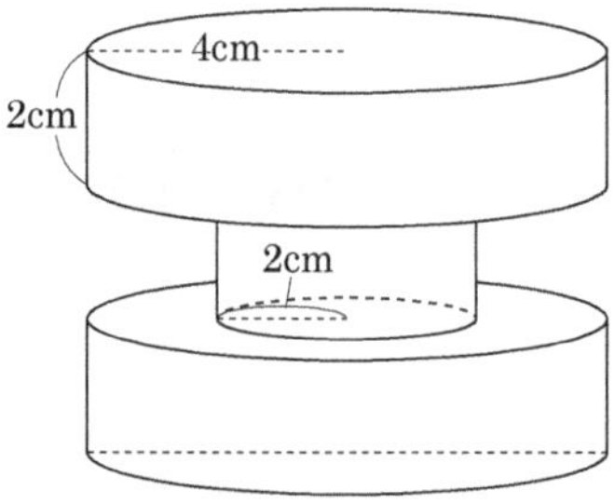

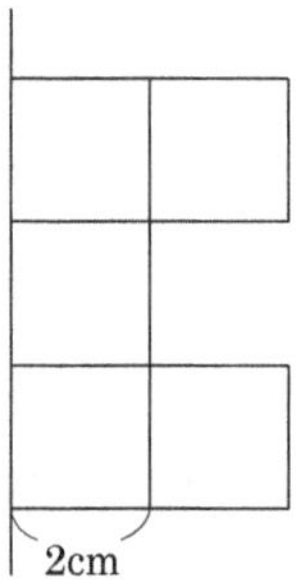

(1)　右図より，4×4×3.14×4＋2×2×3.14×2＝72×3.14＝226.08(cm^3)

(2)　底面と底面に平行な面の面積…4×4×3.14×4－2×2×3.14×2＝(64－8)×3.14＝56×3.14(cm^2)　　側面積…8×3.14×4＋4×3.14×2＝40×3.14(cm^2)　　したがって，表面積は96×3.14＝301.44(cm^2)

重要 5 **(グラフ，割合と比)**

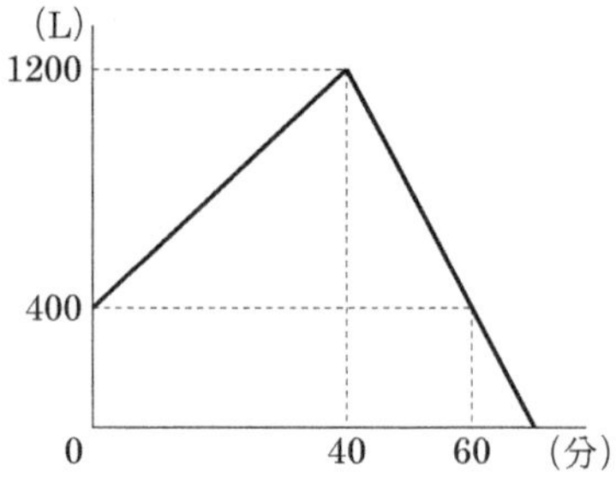

(1)　(1200－400)÷40＝20(L)

(2)　20＋(1200－400)÷(60－40)＝60(L)

やや難 6 **(割合と比，単位の換算)**

定価で売った1個の利益…1000×0.4＝400(円)

予定の□個を売った利益の合計の86%…400×□×0.86＝344×□(円)

(1)　□の8割の個数…89600÷(1000＋400)＝89600÷1400＝64(個)　　したがって，仕入れた個数□は64÷0.8＝80(個)

(2)　割引きして売った個数…80－64＝16(個)　　実際の利益の合計…344×80＝27520(円)　定価で売れた64個の利益の合計…400×64＝25600(円)　　割引きして売った1個の利益…(27520－25600)÷16＝120(円)　　したがって，割引きの割合は1－(1000＋120)÷1400＝0.2　すなわち2割

基本 7 **(平面図形，割合と比，単位の換算，概数)**

(1)　①　1520000÷10000÷4.7≒32.3より，32個分

(2)　②　32÷4.5≒7.1　　したがって，ア

★ワンポイントアドバイス★

1(7)「鉄橋を渡る」ときは列車の長さをふくめ，「トンネルに隠れている」ときは列車の長さをふくめない。5(2)「排水量」は，給水しながら排水している点に注意しなければいけない。6「売買算」で，差がつきやすい。

<理科解答> 《学校からの正答の発表はありません。》

1　問1　磁力　　問2　同じ極どうしを近づけたとき。　問3　エ・オ　問4　右図　　問5　S極

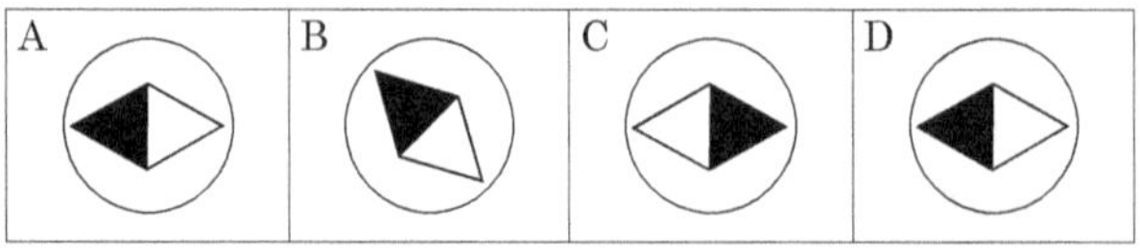

2　問1　オ　　問2　酸素　　問3　ウ
問4　A　きれいになった　　B　変わらなかった[黒くなった]　　C　きれいになった
問5　酸性の液体[金属を溶かす液体／還元力をもつ液体]

3　問1　5枚　　問2　エ　　問3　エ　　問4　イとオ　　問5　イとウ　　問6　ア・イ・オ
問7　冬の間に使う栄養分を少なくできる　など

4　問1　イ　　問2　高気圧　　問3　上昇気流　　問4　ア・イ・エ　　問5　ア・エ
問6　気圧が低く，上昇気流が発生し，雨が降りやすいから　など

○推定配点○

1　問4　各1点×4　　他　各2点×4(問3完答)　　2　問1　1点　　他　各2点×6
3　問1　1点　　他　各2点×6(問4～問6各完答)　　4　各2点×6(問4・問5各完答)
計50点

＜理科解説＞

重要 1 (磁力)

問1　磁石の性質を示す力を磁力という。

問2　磁石は，同じ極どうしを近づけると，互いにしりぞけあう。

問3　磁石に引き付けられる金属は，鉄である。

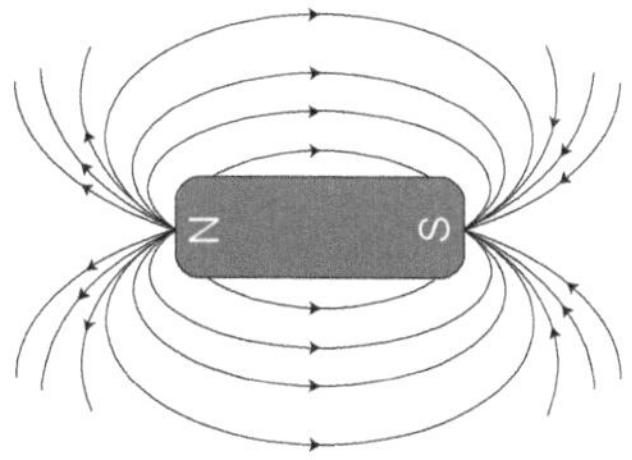

基本　問4　磁石には右図のように磁力線がN極からS極に流れている。方位磁針のN極は磁力線の流れる向きに向く。

問5　N極の反対側は必ずS極になる。

2 (物質と変化―金属の性質)

問1　10円玉の主成分は銅である。

問2　銅と酸素が結びつくと酸化銅という黒い物質ができる。

基本　問3　選択肢の中で，酸素と結びついて起こる現象は，ウである。

基本　問4・問5　酸性の性質を持つ酢やケチャップは酸化銅を溶かすため，10円玉の表面はきれいになる。塩素系の漂白剤を10円玉につけると，10円玉の表面が黒くなる。

3 (生物―植物)

重要　問1　ソメイヨシノの花弁は5枚である。

問2　一般にクローバーと呼ばれる植物は，シロツメグサである。

問3　一般にネコジャラシと呼ばれる植物は，エノコログサである。

問4　緑のカーテンはつるをつくる植物に向いている。選択肢の中で，つるを作る植物はゴーヤとヘチマである。

問5　一般にドングリと呼ばれる植物はブナ科の植物である。選択肢の中では，クヌギとコナラが該当する。

問6　秋に葉の色を変化させる植物は，選択肢の中では，イチョウ，カエデ，モミジである。

基本　問7　冬になると日照時間が少なくなり，光合成量が減るので葉で作る養分が少なくなり，葉を維持する養分の方が多くなる。そのため，落葉させると，冬の間に使う栄養分を少なくできる。

重要 4 (気象)

問1　晴れとは雲量が0～8の範囲をいう。

問2　晴れになりやすいのは高気圧の時である。

問3　低気圧は，低気圧の中心に風が反時計回りに吹き込み，上昇気流を生じる。

基本　問4　ア　平地から山に向かって風が吹いているときは，上昇気流になりやすい。　イ　寒い空気と暖かい空気がぶつかったとき，暖かい空気は上昇し，上昇気流になりやすい。　ウ　ビル風は，上昇気流になりにくい。　エ　地面があたためられると，あたためられた空気が軽くなり，上昇気流になりやすい。

基本　問5　アとエは山を登ることで周囲の気圧が下がることによっておこる現象である。

やや難　問6　山の頂上近くは気圧が低く，また，上昇気流も発生しやすいため，雨が降りやすくなる。

★ワンポイントアドバイス★

選択肢の問題は，消去法で対応しよう。

＜社会解答＞《学校からの正答の発表はありません。》

1　問1　石油化学コンビナート　問2　ア　問3　(1)　東海　(2)　イ　(3)　加工　(4)　空洞化

2　問1　ウ　問2　イ　問3　イ　問4　長篠　問5　豊臣秀吉　問6　関ケ原　問7　徳川家康

3　問1　ウ　問2　ア　問3　(1)　ア　(2)　エ　問4　ア

○推定配点○

1　各3点×6　2　問1～問4　各2点×4　他　各3点×3　3　各3点×5　計50点

＜社会解説＞

1　(日本の地理－工業，貿易)

問1　石油精製工場を中心に，関連する企業や工場が集まりパイプラインなどで結びついている地域を，石油化学コンビナートという。石油化学コンビナートは，日本国内では三重県四日市市や千葉県市原市，神奈川県川崎市など臨海部に立地している。

基本　問2　津軽塗は青森県の，会津塗は福島県の，輪島塗は石川県の，有田焼は佐賀県の伝統的工芸品である。地図のAは青森県に，Bは福島県に，Cは石川県に，Dは佐賀県に位置している。よって，アの組み合わせが正しい。

問3　(1)　静岡県浜松市や富士市は，東海工業地域に含まれる。浜松市ではオートバイや楽器の製造が盛んであり，富士市では製紙業が盛んである。　(2)　オーストラリアからの輸入が最も多く，ブラジルからの輸入が2番目に多い原料は，イの鉄鉱石である。　(3)　原料を輸入し，工業製品をつくって輸出する貿易形態を，加工貿易という。　(4)　工場が海外に多く移転したために，国内の産業がおとろえることを，「産業の空洞化」という。

2　(日本の歴史－古代～近世)

問1　アの三内丸山遺跡は青森県にある縄文時代の遺跡，イの稲荷山古墳は埼玉県にある古墳時代の古墳，ウの吉野ケ里遺跡が佐賀県にある弥生時代の遺跡，エの大森貝塚は東京都にある縄文時代の遺跡である。

重要　問2　天智天皇の後継ぎ争いとして672年に起こったのは，イの壬申の乱である。天智天皇の死後，天智天皇の弟の大海人皇子と天智天皇の子の大友皇子の間で皇位をめぐって争いが起こり，大海人皇子が勝利し，天武天皇として即位した。アの保元の乱は1156年に起こった天皇と上皇の対立に摂関家の対立がからんで起こった戦い。ウの平治の乱は1159年に起こった，平清盛が源義朝を破った戦い。エの承久の乱は1221年に後鳥羽上皇が鎌倉幕府をたおそうとして兵をあげたが，鎌倉幕府に鎮圧された出来事。

問3　イの桶狭間の戦いは，1560年に織田信長が今川義元を破った戦いであり，平氏と源氏の戦いではない。アの壇ノ浦の戦い，ウの一の谷の戦い，エの屋島の戦いは，いずれも平氏と源氏の戦いである。

問4　織田信長が鉄砲を用いて武田勝頼の騎馬隊を破った戦いは，1575年の長篠の戦いである。

問5　関白や太政大臣の位に就き，天下統一を成し遂げたのは，豊臣秀吉である。天下統一は，豊臣秀吉が1590年に小田原の北条氏を滅ぼして完成した。

基本　問6 「天下分け目の戦い」と呼ばれた1600年の戦いは，関ヶ原の戦いである。関ヶ原の戦いでは，徳川家康の率いる東軍と，石田三成の率いる西軍が戦い，東軍が勝利した。

問7　関ケ原の戦いに勝利した徳川家康は，1603年に江戸幕府を開いた。

3 (政治－日本国憲法，国際社会)

問1 「国連難民高等弁務官事務所」の略称は，ウのUNHCRである。アのWHOは世界保健機関の，イのWTOは世界貿易機関の，エのUNICEFは国連児童基金の略称。

問2　下線部Aから，世界の総人口が約76億7696万人で，「難民」が約8240万人であることから，世界の総人口に占める「難民」の割合は，8240万÷76億7696万×100(%)で約1.1%となる。よって，アが最も近い。

やや難　問3 (1) 「シリア－トルコ」「ベネズエラ－コロンビア」「アフガニスタン－パキスタン」「南スーダン－ウガンダ」の組み合わせは，いずれも隣国同士という共通点が見られるので，アが適当。「シリア－トルコ」「アフガニスタン－パキスタン」の組み合わせはイスラム教の国同士であるが，南米に位置するベネズエラやコロンビアはキリスト教の国なので，イ，ウ，エは適切でないとわかる。 (2) 難民出身国の上位5か国のうち，シリア，アフガニスタン，ミャンマーの3か国がアジアに位置している。また，ベネズエラが南アメリカに，南スーダンがアフリカに位置している。よって，難民出身国の上位5か国には，ヨーロッパの国はないので，エが適切と判断できる。また，ウは適切でないとわかる。G7は，ドイツ，アメリカ合衆国，イギリス，フランス，日本，イタリア，カナダの7か国である。難民受入国上位5か国にはG7ではドイツのみが入っており，他のG7の国々は難民受入国上位に入っていないので，G7の国々が難民の受け入れに積極的であるとは言えず，アは適切でないと判断できる。難民受入国の上位5か国には島国はないので，イは適切でない。

問4　日本国憲法において，「平和主義」について記載されているのは，アの第9条である。日本国憲法第9条は第1項で「日本国民は，正義と秩序を基調とする国際平和を誠実に希求し，国権の発動たる戦争と，武力による威嚇又は武力の行使は，国際紛争を解決する手段としては，永久にこれを放棄する。」，第2項で「前項の目的を達するため，陸海空軍その他の戦力は，これを保持しない。国の交戦権は，これを認めない。」と規定している。イの第13条は個人の尊重と公共の福祉について規定している。ウの20条は信教の自由について規定している。エの25条は生存権及び国民生活の社会的進歩向上に努める国の義務について規定している。

★ワンポイントアドバイス★

地理・歴史・政治の基本的な内容をしっかりと覚えておこう。

＜国語解答＞《学校からの正答の発表はありません。》

一　問1　①　勤務　②　痛感　③　けんじん　④　しくはっく　⑤　号泣
⑥　まず　⑦　素直　⑧　ぜんじゅつ　問2　a　1　b　1　c　2
問3　A　2　B　1　C　5　D　4　E　3　問4　X　2　Y　1　問5　3
問6　2　問7　4　問8　ア　1　イ　4　問9　りました。
問10　(例)　作者は自分自身との対話があって初めて他者との対話が成立すると考えており，黙すことやひとりでいることは重要だと考えている。

二　問1　①　守備　②　ぎみ　③　至急　④　口調　⑤　損　⑥　集落
⑦　在校　⑧　始動　問2　a　4　b　3　c　1　問3　A　3　B　5　C　2
D　4　E　1　問4　1　問5　4　問6　1　問7　分かれる。
問8　ア　2　イ　2　ウ　1　エ　1　オ　1

○推定配点○
一　問1　各1点×8　問2～問4　各2点×10　問10　8点　他　各3点×6
二　問1　各1点×8　問2・問3・問8　各2点×13　他　各3点×4　計100点

＜国語解説＞

一　(論説文－要旨・大意の読み取り，文章の細部の読み取り，接続語の問題，空欄補充の問題，脱文補充，ことばの意味，漢字の読み書き)

問1　①「勤務」は，職務をもって勤めること。「勤」も「務」も，訓は「つと - める・つと - まる」。「勤勉」「皆勤」「任務」「業務」などの熟語がある。　②「痛感」は，身にしみて強く心に感じること。　③「賢人」は，賢い人。「賢」の訓は「かしこ - い」。「賢明」「賢察」などの熟語がある。　④「四苦八苦」は，事がうまく運ばず非常に苦しむこと。「読書感想文を四苦八苦しながら書き上げた」のように使う。　⑤「号泣」は，大声を上げて泣くこと。「号」は，大声で泣く，さけぶの意味。「怒号」という熟語がある。「泣」の熟語で一般的なのは「号泣」くらい。
⑥「貧しい」は，貧乏だということ。「貧」の音は「ビン・ヒン」。「ビン」と読む熟語は「貧乏」くらい。「貧困」「貧富」などの熟語がある。　⑦「素直」は，音＋訓の重箱読み。「素」の音は「ソ・ス」。「ス」と読む熟語は「素足」「素性(スジョウ)」などがある。「直」の訓は「ただ - ちに・なお - す・なお - る」。音は「チョク・ジキ」。「ジキ」と読むのは「直筆」「直伝」などの熟語がある。　⑧「前述」は，前に述べてあること。「述」の訓は「の - べる」。「述語」「著述」などの熟語がある。

やや難　問2　a「気がかり」は，心配で心からはなれない様子。「かかり」は，ひっかかること。気持ちがひっかかるということ。　b「挙げ句の果て」は，いきついた結果の意味。「挙げ句」は，歌を続けてよんでいった最後の句のこと。　c「しばしば」は，数多くくり返す様子。たびたび。何度も。

基本　問3　A「もっとも」は，前の文にある条件を付加するのに使う接続語。ここは，「考えてはいけない」条件を付け加えている。　B「ただ」は，前に述べたことがらに条件・例外を付け加えるときに使う言葉。ここは，前に述べた肯定的な内容についての例外として「気がかりな」ことを挙げている。　C「いずれにしろ」は，二つのうちのどちらにしてもということ。ここは，自分自身の内なる声を聞くにしろ，他者との対話をするにしろということ。　D　前の段落では「ひとりになる必要がある」と述べ，空欄のあとでは「ひとりになるのはつらい？」と問いかけている。前後の内容が反対である。　E 「小学校・中学・高校・大学」という内容に，「その後の日々」を付け加えている。

基本 問4 （ X ）の前に「その逆かもしれません」とある。「その」が指す部分には，「自分自身との対話ができてこそ，他者との対話もできる」とある。これの逆だから，「(X・他者の声)に耳を傾けることができてこそ，初めて(Y・自らの声)に耳を傾けることができる」となる。

問5 文のつながりをとらえると，〈我慢していた→ついに【 1 】を選んだ→自分の内側の声に従った〉という流れになる。【 1 】には「我慢」と反対の内容が入るから「無理しないこと」があてはまる。

問6 直後に，「本という扉をあけて中に入っていけば，そこには時間，空間をこえて語り合える人……が大勢いてくれたのです。架空の人物もそうなら，実在の人物もそうでした」とある。4はまぎらわしいが，「ひとりでいるのがさみしかったため」ということではなく，本を読めばさみしくはなかったのである。

問7 問5と関連させて考える。「死を身近に意識し始めたこと」で，まわりに気兼ねなく，自分の内側の声に従って「いつ死んでも後悔しないように今現在を生きなくては，と思い始めた」のである。

問8 ア 「無理をしてでも，しゃべらなくてはいけないと考える」のは，「しゃべるという行為そのものを(価値)と考える」からである。「価値」は，大切さ，ねうちの意味。　イ 「前述したように」とあるのは，「ひとりでいるときのほうが，みんなといるときよりずっとたくさんのことばが自分のなかで飛び交っている。対話がある」という部分を指している。つまり，「ひとりでいることは……自分自身との対話に(不可欠)で」あるのである。「不可欠」は，なければいけないという意味。

重要 問9 ぬき出した文に「また一方では」とあるのは，「私」自身がひとりでいたいと思う一方で，「また一方では，ひとりでいるのはよくないことかもしれないとちらちら思っていた」というつながりである。「私」自身についてのひとりでいること，みんなといることについて述べているのは，傍線部イで始まる段落である。そこに「それでも時々はみんなといっしょにいるべきかと考えて，我慢してみんなのあとについていることもありました。」とある。「ひとりでいるのはよくないことかもしれない」と「みんなといっしょにいるべきか」は同じことを述べているので，この文のあとに入る。

重要 問10 問4と関連させて考える。筆者は，「自分自身との対話ができてこそ，他者との対話もできると思う」と述べている。そして，自分自身の中のたくさんの他者の声を聞くためには，「まず自ら口をつぐまなくてはね。そのためには，やはりひとりになる必要があるように思います」と述べている。これは，傍線部ロのあとで「黙すこと，そしてひとりでいること」とくり返されている。これらの内容をまとめたものが解答例である。

二 (小説－心情・情景の読み取り，文章の細部の読み取り，空欄補充の問題，ことばの意味，慣用句，漢字の読み書き)

問1 ① 「守備」は，陣地を守り攻撃を防ぐこと。「守」には「ス」の音もある。「留守」「攻守」などの熟語がある。「備」の訓は「そな‐える・そな‐わる」。「配備」「設備」などの熟語がある。② 「気味」は，「押され気味」のように名詞・動詞について「ある様子がある」の意味を表す。単独では「きみ」と読み，体や心に感じたその感じのこと。「気」には「ケ」の音もある。「気配」「気勢」などの熟語がある。　③ 「至急」は，非常に急ぐこと。「至」の訓は「いた‐る」。「必至」「至高」などの熟語がある。　④ 「口調」は，話すときの調子。「口」を「ク」と読む熟語は「口伝」「異口同音」などがある。　⑤ 「損」の訓は「そこ‐なう・そこ‐ねる」。「損失」

「損傷」などの熟語がある。 ⑥ 「集落」は，人家が集まっているところ。「集」は同音の「収」や「周」「終」と誤らないようにする。 ⑦ 「在校」は，その学校に籍があること。「在校生」は，学校にいる児童・生徒・学生のこと。「在」は，形の似た「存(ソン)」と区別する。「在」の訓は「あ-る」。「存在」「不在」などの熟語がある。 ⑧ 「始動」は，動き始めること。同音異義語の「指導」と区別する。

やや難 問2 a 「ヤマ場」は，物事の最も盛んな，重大な場面。物語やドラマなどでは，最も盛り上がった重要な場面。 b 「うながす」は，早くするように言う，急がせるの意味。「せきたてる」も，早くするようにうながすの意味。 c 「ほどなく」は，まもなく，やがての意味。

基本 問3 A 「そして」は，前に述べた動作や状態を受けて，その後に次の動作・状態が起こる意味。それから。卒業によって野球の対決が今日で終わることで，望美にカッコいいところを見せられるのも最後なのである。 B 「せめて」は，最小限の願望を表す言葉。満足できないけれど，少なくともということ。 C 「つまり」は，前に述べたことを言い換えたり要約したりする言葉。要するにということ。農薬を使わなくなったということは，耕作をしなくなった田んぼや畑が増えたということである，ということ。 D 前では「大介より上手い」とあって，「でも」バッティングは大介のほうが上，というつながり。 E 震災で亡くなった大介は，もう，これから「ずっと」いない，ということ。

問4 まとまりの初めにある「その年の夏」は，震災の年の夏のこと。次のまとまりの初めには「二度目の夏」とある。「季節が一巡りした」ので，二度目の夏がやってきたのである。

基本 問5 「慰霊碑」は，死者の魂を慰めるためのもので石でできている。「建立」は，寺院やお堂，塔などを建てること。 1 「創立」は，学校・会社などの組織や機関を初めて作り設けること。 2 「設立」は，学校・会社などの団体や機関を新しく作ること。 3 「創業」は，事業を新しく始めること。 5 「開設」は，施設を新しく設けて，仕事を始めること。

問6 問3のCと関連させて考える。ホタルが増えたのは，耕作をしなくなった田んぼや畑が増えたために農薬を使わなくなったということである。言いかえれば，住民が減少して耕作をする人が減ったということである。そして，去年よりホタルが増えたということは，町の住人が昨年よりも減少したということである。

重要 問7 ぬき出した文には，左右の道と海・山の位置関係が描かれている。本文で「道・海・山」にかかわる表現を探すと，最初の〈中略〉の前に「校門のすぐ先で，道は二手に分かれる。海と山に挟まれた小さな町だ。」とある。この二つの文の間にぬき出した文を入れると，左右の道と海・山の位置関係が明確になる。

重要 問8 ア 最初の「*」の前に，秀樹は大介との勝負を「最後の勝負だ……決着をつけてやる」と考えていることが描かれている。望美のためだけではないので合致しない。 イ 「きまりが悪くなる」は，体裁が悪く，はずかしいの意味。秀樹の「わかったよ，じゃあ明日だ！」は，大介の指摘に対して「～とまで言われると，こっちも」とあり，きまりが悪いのではなく反発なので合致しない。 ウ 「二番目に会いたかったひととも，話すことはできなかった。黒御影石の碑に彫り込まれた大介の名前は」とあり，大介は震災で亡くなっている。最後の場面に，「秀樹は中学の野球部の練習に出た」とあり，「打席には，幻の大介が，確かに――」とあって合致する。 エ 同じく最後の場面で「いないんだ，と奥歯を噛みしめる。いないんだよ，もう」とあり，「ゆっくりと投球動作に入った」秀樹は大介の死を認めて，気持ちも動き出したことが表現されているので合致する。 オ 地震が起きる前の場面に「中学では一緒に野球部に入って，バッテリーを組むことにしていた。ライバルが相棒になる。マンガでおなじみのパターンを自分たちがやるというのが，うれしいような，恥ずかしいような……」とあるので合致する。

★ワンポイントアドバイス★

論説文は，筆者がどのように説明を進めているかを読み取っていこう。筆者の主張と具体例のかかわりをとらえて読むことが大切。小説は，出来事と人物の心情のかかわりをとらえるとともに，人物どうしの関係も心情にどう関連しているかも読み取るようにしよう。

第1回特進選抜

2022年度

解　答　と　解　説

《2022年度の配点は解答欄に掲載してあります。》

＜算数解答＞《学校からの正答の発表はありません。》

1　(1)　6.1　(2)　0.5　(3)　$\frac{17}{35}$　(4)　6　(5)　94　(6)　168　(7)　4.5　(8)　7

2　(1)　16度　(2)　67度　3　(1)　235.5m^2　(2)　241.78m^2

4　(1)　2111.52cm^3　(2)　1194.8cm^2　5　(1)　35人　(2)　121本

6　(1)　5850円　(2)　420円　7　(1)　イ　(2)　15

○推定配点○

各5点×20　計100点

＜算数解説＞

1　(四則計算，割合と比，相当算，速さの三公式と比，通過算，単位の換算，鶴亀算)

(1)　$195.2\div32=12.2\div2=6.1$

(2)　$2-10\div15\times\frac{9}{4}=2-\frac{3}{2}=0.5$

(3)　$1-\frac{4}{35}\times\frac{9}{2}=\frac{17}{35}$

(4)　$\square=12-(5-12\div4)\times3=6$

重要　(5)　4%の食塩水の量…$(200\times0.03+6)\div0.04=300$(g)　したがって，加える水量は$300-(200+6)=94$(g)

基本　(6)　$62\div\left(1-\frac{3}{5}\right)=155$(ページ)　$155+13=168$(ページ)

重要　(7)　時速54kmの秒速…$54000\div3600=15$(m)　時速90kmの秒速…$90000\div3600=25$(m)　$(110+70)\div(15+25)=4.5$(秒)

重要　(8)　$(5\times20-51)\div(5+2)=7$(問)

重要　2　(平面図形)

(1)　図ア…xは$180-72\times2+52-72=16$(度)

(2)　図イ…yは$(180-23\times2)\div2=90-23=67$(度)

3　(平面図形)

基本　(1)　図ウ…$10\times10\times3.14\div4\times3=235.5$(m^2)

重要　(2)　図エ…$235.5+2\times2\times3.14\div2=241.78$(m^2)

図ア

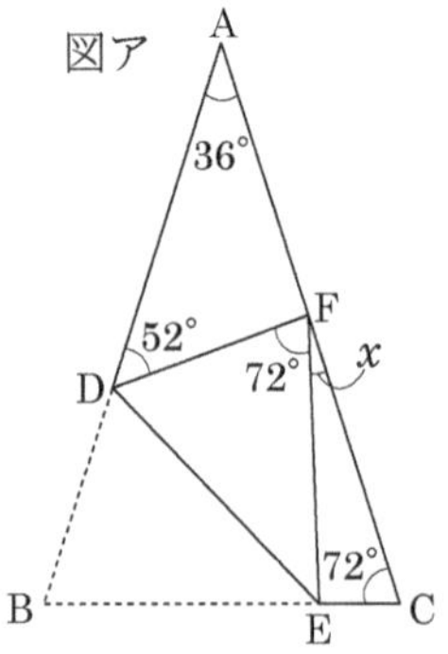

図イ

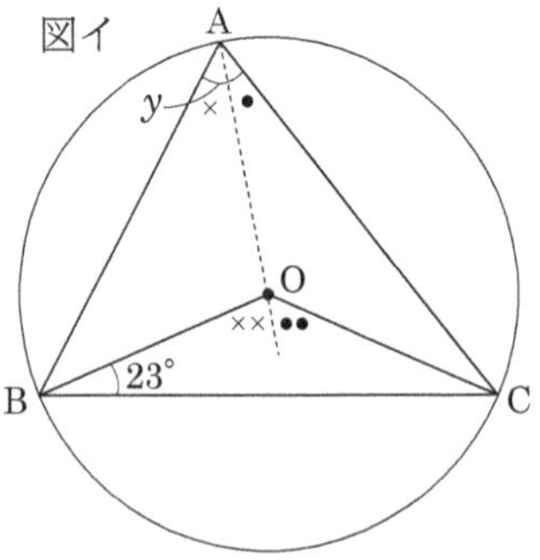

図ウ

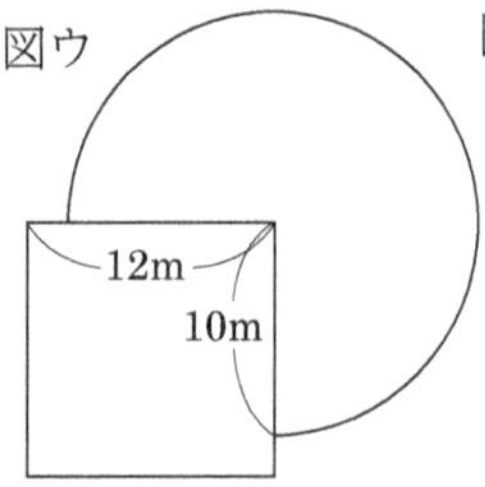

図エ

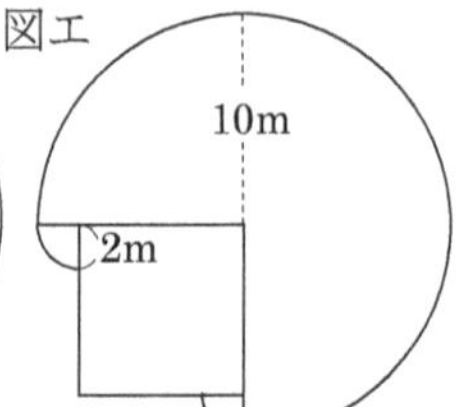

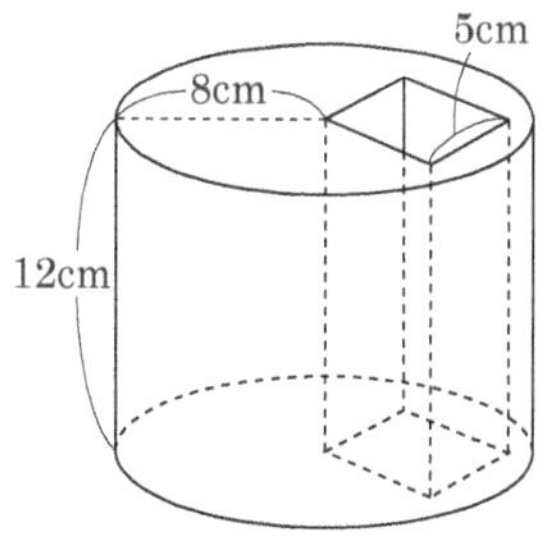

4 (平面図形，立体図形，図形や点の移動)

基本 (1) (8×8×3.14−5×5)×12＝2111.52(cm^3)

重要 (2) 底面積×2…(8×8×3.14−5×5)×2＝351.92(cm^2)
側面積…(16×3.14＋5×4)×12＝842.88(cm^2) したがって，表面積は351.92＋842.88＝1194.8(cm^2)

重要 5 (割合と比，過不足算)

(1) 右表より，B組の人数は(3×12＋16−6)÷(5−3)}＋12＝35(人)…「5本×A組の人数」−「3本×A組の人数」は3×12＋16−6(本)に等しい

A	5……5		6
B	3……3	3×12	16

(2) 5×(35−12)＋6＝121(本)
【別解】 3×35＋16＝121(本)

6 (割合と比，単位の換算)

定価…50×1.3＝65(円)
1日目の本数…300×0.3＝90(本) 2日目の本数…300−90＝210(本)

(1) 65×90＝5850(円)
(2) (65×0.8−50)×210＝420(円)

10進法	0	1	2	3	4	5	6	7	…
2進法	0	1	10	11	100	101	110	111	…

7 (規則性，表とグラフ)

(1) ① 2が＜10＞，4が＜100＞，8が＜1000＞ ② 9が＜1001＞ したがって，イ
(2) (1)より，＜1001＞＝9，＜110＞＝6 したがって，9＋6＝15
【別解】 2×2×2＋2×2＋2＋1＝15

★ワンポイントアドバイス★

1(5)「加える水量」では，4%の食塩水の「食塩の量」から「食塩水の量」を求めるのがポイントである。

＜理科解答＞《学校からの正答の発表はありません。》

1 問1 支点 問2 1.4秒 問3 ウ 問4 イ 問5 イ
問6 支点の真下に来たとき など

2 問1 A 問2 溶け始める[短くなる／液体になる など] 問3 酸素 問4 X 液 Y 固 問5 ア 問6 エ 問7 密度が小さくなり，表面張力がはたらくから。

3 問1 キャベツの葉が幼虫のえさになるから。 問2 ア 問3 X 胸[胸部] Y 6
問4 羽化 問5 イ 問6 花のみつ

4 問1 A 流れが速い B 流れがゆるやか 問2 侵食 問3 運搬 問4 ウ
問5 中央の方が外側よりも流れが速いから。 問6 三角州[扇状地]

○推定配点○

1 各2点×6 2 問1・問4 各1点×3 他 各2点×5
3 問2・問5 各1点×2 他 各2点×5 4 問4 1点 他 各2点×6 計50点

＜理科解説＞

重要 **1** (力のはたらき―物体の運動)

問1　天井についているひもの先の部分をふりこの支点という。

基本 問2　(7.5(秒)＋7.2(秒)＋6.9(秒))÷3÷5＝1.44(秒)より，1.4秒である。

問3　ふりこのひもの長さを長くすると，ふりこが1往復にかかる時間が長くなる。

問4　ふりこのおもりの重さを変えても，ふりこが1往復にかかる時間は変わらない。

問5　ふりこの長さが同じであれば，ふりこが1往復にかかる時間は変わらない。

問6　おもりが支点の真下に来たとき，おもりがふれる速さが最も大きくなる。

2 (物質と変化―燃焼)

問1　温度が最も高いのは外炎(A)の部分である。

基本 問2　模範解答の他に，ろうの固体が液体になる，ろうそくが短くなるなどが考えられる。

問3　ものが燃えるためには酸素が必要である。

基本 問4　溶けたろう(液体)は，空気中で冷やされ固体に変化する。

基本 問5　液体のろうより，固体のろうの方が密度は大きい。

やや難 問6・問7　水を凍らすと体積は約1.1倍となり，上部が丸い形になる。上部が丸くなるのは，水から氷になると密度が小さくなり，表面張力がはたらくからである。

重要 **3** (生物―動物)

問1　モンシロチョウの幼虫はキャベツの葉を食べて育つため，モンシロチョウは，キャベツの葉に卵を産む。

問2　モンシロチョウの幼虫は葉の上で生活するため，緑色になると外敵から見つかりにくくなる。

問3　昆虫は体が，頭，胸，腹の3つに分かれ，胸から6本の足が出ている。

問5　さなぎから幼虫になることを羽化という。

問6　モンシロチョウの成虫は主に花のみつをえさとする。

重要 **4** (地形―流水)

問1　Aは上流となるので流れが速く，Bは下流になるので流れが遅い。

問2　流水のけずる働きを侵食作用という。

問3　流水の侵食された土砂を運ぶ働きを，運搬作用という。

問4　重いものから順に沈むので，れき→砂→どろの順に堆積する。

基本 問5　流れが速いところで，深くけずられるので，中央の方が外側よりも流れが速いとわかる。

問6　山から平地にかけて流れが急激に遅くなり，堆積作用によってできる地形が扇状地である。また，三角州も，川から海にかけて流れが急速に遅くなり，堆積作用によってできる地形である。

★ワンポイントアドバイス★

問題文の意図を正確に早く読み取る練習をしよう。

＜社会解答＞《学校からの正答の発表はありません。》

1 問1 (1) ア (2) 北東 問2 ウ 問3 (1) やませ (2) 対馬海流
(3) B

2 問1 卑弥呼 問2 聖徳太子[厩戸皇子] 問3 エ 問4 イ 問5 ア
問6 ザビエル 問7 絵踏

3 問1 ア 問2 エ 問3 ウ 問4 エ 問5 エ

○推定配点○

1 各3点×6 2 問1・問2・問7 各3点×3 他 各2点×4
3 各3点×5 計50点

＜社会解説＞

1 (日本の地理－地形図，日本の国土と自然，都道府県の特徴，水産業)

問1 (1) 地図中Aの地域では，果樹園(ó)が多くみられる。よって，地図中Aの地域では果物が多くつくられていると想定される。ア～エのうち，アのみかんとウの洋なしが果物であるが，地形図が静岡県のものであることから，温暖な気候での栽培に適しており，静岡県での生産量が多いアのみかんが，地図中Aの地域で多くつくられていると想定できる。 (2) 郵便局(〶)は「木の下町」付近にあり，高等学校(⊗)は「西高町」付近にある。郵便局から見て高等学校は右上に位置しており，地形図には特に方位記号は示されていないことから北が上となるため，郵便局から見て高等学校は北東に位置していると判断できる。

問2 ア～エのうち，アとイは海面漁業漁獲量がないことから内陸に位置している県であるとわかり，群馬県か静岡県のいずれかであると判断できる。残るウとエのうち，静岡県は東海工業地域が立地しており工業が盛んなことから，工業製造品出荷額が鹿児島県よりも多いと考えられるので，ウが静岡県となる。なお，アが滋賀県，イが群馬県，エが鹿児島県である。

基本 問3 (1) 東北地方の太平洋側に，初夏に北東から吹く冷たく湿った風は，やませという。やませが吹くと冷害が発生することがある。 (2) Yは，日本海側を南から北へ向けて流れていることから，暖流の対馬海流とわかる。 (3) 利根川は群馬県や埼玉県，茨城県，千葉県などを流れているので，Bとわかる。利根川の河口に位置している沖合漁業の基地は，銚子である。

2 (日本の歴史－古代～近世)

問1 邪馬台国の女王としては，卑弥呼が知られる。卑弥呼は，239年に魏に使いを送り，魏の皇帝から「親魏倭王」の称号などを授かったことが，『魏志』倭人伝に記されている。

重要 問2 「憲法十七条」を制定したのは，聖徳太子(厩戸皇子)である。聖徳太子は，「憲法十七条」の制定のほか，「冠位十二階」を制定したことや，法隆寺を建立したことなどでも知られる。

問3 東大寺の大仏や全国に国分寺の建設を命じたのは，奈良時代の天皇であるエの聖武天皇である。アの天武天皇とイの持統天皇は飛鳥時代の天皇。ウの白河天皇は平安時代の天皇で，1086年に上皇となって院政を始めたことで知られる。

問4 最澄は比叡山に延暦寺を開き，空海は高野山に金剛峯寺を開いているので，イの組み合わせが適切である。なお，唐招提寺は奈良時代に鑑真が建立している。

問5 法然は浄土宗を，一遍は時宗を開いているので，アの組み合わせが適切である。なお，日蓮宗を開いたのは日蓮である。

基本 問6 16世紀に鹿児島に来航し，キリスト教を伝えたのは，(フランシスコ＝)ザビエルである。ザビエルはイエズス会の宣教師で，1549年に鹿児島に上陸し，日本でキリスト教を布教した。

問7　江戸幕府は1612年に天領に禁教令を出してキリスト教を禁止し，翌1613年には全国でキリスト教を禁止した。キリスト教を禁止した後，江戸幕府はキリシタンを摘発するために絵踏を行っており，画像はその様子が描かれている。

3 (政治ー国民生活と福祉，時事問題)

問1　2005年～2021年にドイツで首相を務めたのはメルケルで，2017年からニュージーランドの首相を務め，2018年に首相在任中に産休を取得したのはジャシンダ・アーダーンなので，アの組み合わせが適切である。サッチャーは1979年から1990年にかけてのイギリスの首相。ヒラリー・クリントンは第42代アメリカ大統領であるビル・クリントンの妻で，国務長官や上院議員を務め，大統領選挙にも出馬した経験がある人物である。

問2　女性専用車両の設置は無意識のものではなく明確に女性専用をうたっていることから，エが無意識に存在するジェンダーとして適切でない。アの男性は青色が好きで女性はピンク色が好きといった考えや，イの男性はズボンを履き女性はスカートを履くといった考え，ウの女性は化粧をして男性は化粧をしないといった考えは，いずれも無意識に存在しているジェンダーとしてあてはまる。

問3　2014年の男性意識では，「賛成，どちらかというと賛成」の合計は14.2％＋32.3％＝46.5％，「反対，どちらかというと反対」の合計は32.0％＋14.5％＝46.5％で同数なので，アは適切。「反対，どちらかというと反対」の合計は，2014年の男性が46.5％で女性は51.6％，2019年の男性が55.6％で女性が63.4％となっており，いずれの年も男性よりも女性の方が高いので，イは適切。2019年の「賛成，どちらかというと賛成」の合計は，男性が39.4％で女性が31.1％となっており，男女ともに過半数に達していないので，ウが適切でない。「夫は外で働き，妻は家庭を守るべきである」という考えは，男女ともに2014年から2019年にかけて「賛成，どちらかといえば賛成」の割合が減少し，「反対，どちらかといえば反対」の割合が増加しているので，2014年～2019年の間で，ジェンダーの平等に向けた意識は進展したといえるので，エは適切。

問4　2018年に制定された，国会や地方議会に女性議員を増やすことを目指した法律は，候補者均等法(政治分野における男女共同参画推進法)なので，エが適切。アの男女雇用機会均等法は1985年に成立している。イの育児・介護休業法は1991年に育児休業法として成立し，1995年に育児・介護休業法に改称されている。ウの労働基準法は1947年に成立している。

やや難　問5　女性管理職を増やすために働き方の支援などを行うことは，女性が活躍できる社会に向けた政府の支援策として適切といえるが，エのように女性管理職を増やすために無条件で男性よりも昇進させることは，女性が活躍できる社会をつくるための政府の支援策としては適切ではない。アについて，男性と女性の不合理な賃金格差をなくすことは，女性が活躍できる社会に向けた政府の支援策として適切といえる。イとウについて，女性だけでなく，男性も育児休業をとれるようにすることで，女性が出産・育児で離職しない環境づくりや復職の支援につながる。女性が出産・育児で離職しないことは女性が活躍できる社会につながると考えられるので，イとウは適切と判断できる。

★ワンポイントアドバイス★

各分野の基本的な事項をしっかり整理するようにしておこう。

＜国語解答＞《学校からの正答の発表はありません。》

一 問1 ① 一切 ② 簡単 ③ 映画 ④ 卒業 ⑤ 制約 ⑥ 保証 ⑦ 事故 ⑧ 批判 問2 a 1 b 4 c 2 問3 A 2 B 5 C 3 D 1 E 4 問4 4 問5 (例) 休みが終わって決められた仕事に戻らなければならない(という気持ち) 問6 限られた自由な時間 問7 ア 1 イ 2 ウ 1 エ 2 オ 2 問8 通っています。

二 問1 ① 建国 ② てんきん ③ 敏感 ④ 針 ⑤ 謝 ⑥ ひざ ⑦ 首筋 ⑧ 翼 問2 a 2 b 3 c 4 問3 A 3 B 4 C 2 D 5 E 1 問4 月 問5 (例) 三上くんが泰司だけ自分の家にいそうろうして残ればいい(と提案していることに気づいたから。) 問6 涙 問7 ア 2 イ 1 ウ 1 エ 1 オ 2 問8 もできる。

○推定配点○

一 問1 各1点×8 問4・問6・問8 各3点×3 問5 7点 他 各2点×13

二 問1 各1点×8 問4・問6・問8 各3点×3 問5 7点 他 各2点×13

計100点

＜国語解説＞

一 (論説文－文章の細部の読み取り，指示語の問題，接続語の問題，空欄補充の問題，脱文補充，ことばの意味，漢字の書き取り)

問1 ①「一切」は，下に打ち消しの語がきて，全然，まったくの意味を表す。「切」を「サイ」と読む熟語は「合切」があり,「一切合切(＝残らずみんな)」という四字熟語がある。 ②「簡」は，たけかんむりをくさかんむりで書いてしまう誤りが多い。また「単」を「短」と誤る例も多いので注意する。 ③「映」の訓は，「うつ-る・うつ-す・は-える」。「映像」「反映」などの熟語がある。「画」には「カク」の音もある。「画一」「参画」などの熟語がある。 ④「卒」を同音で形の似た「率(リツ・ソツ)」と区別する。「業」は横棒の数に注意する。 ⑤「制約」は，ある条件をつけて範囲をせばめること。「制」は同音で形の似た「製」と区別する。「制」の熟語には「規制」「強制」などがある。「約」は同音の「役」や「訳」と区別する。 ⑥「保証」は，「補償」「保障」などの同音異義語があるので注意する。「保証」は，間違いがないとうけあうこと。「補償」は，与えた損害をつぐなうこと。「保障」は，地位や状態がおかされないように保護することをうけあうこと。 ⑦「事故」は，悪い出来事。「事故物件」は，ここでは，事件などが起きた家やアパートなどのこと。同音異義語の「自己」と誤らないように注意する。

⑧「批判」は，よしあしなどについて，論理的・科学的に検討して判定すること。「批」は，同音で形の似た「比」と区別する。「批」の熟語には「批評」がある。「判」は，同音の「半」や「反」と誤らないように注意する。「裁判」「評判」などの熟語がある。

基本 問2 a「易きに流れて」の「易き」は，簡単であるということ。簡単な方に流れるということで，「楽な方を選んで」の意味になる。 b「トラウマ」は心理学の用語で，恐怖・ショック・異常な経験などにより精神に傷を受けること。 c「いとわない」は，「いとう」を打ち消した言葉。「いとう」は，嫌ってさけること。その打ち消しだから「嫌がらない」。

やや難 問3 A「あれでよかったんだ」と，時間がたっていまそう思えるということであるから，「やっと」が入る。 B いろいろな考え方，やり方があるということであるから，かたくるしく

「『かっちり』考えすぎないのがいい」というつながり。　C 「たとえ……でも」の形で，ある条件を仮定し，その条件のもとでも結果が変わらないことを表す言い方。もしそうでも。
D 「よほど」は，相当，かなりの意味。程度を表す。　E 「つい」は，しようという意識を持たないままに，そのことをしてしまう様子。自分の子どもと自分とを思わず比べてしまうということ。

問4　直前の文の「なにかを勉強して時間を区切れる」「十分間の休み時間のあと急にべつのことをできる」ということを，筆者はできなかった。そのことで，学校になじめなかったのである。学校というのは，そのような筆者とは違って「社会に順応するための訓練の時間をすごすところ」だというのである。「順応」は，環境・刺激などの変化に従って性格・行動が変わり，それに適するようになること。

問5 「あのきつい気持ち」とは，自由業の作者が「日常で持たなくてもいい」気持ちである。自由業の作者と比べられているのは，旅行から帰る日の夕方に「泣き出しそうなくらい元気がなくなる」「会社に勤めている友だち」であり，作者も学校に通っていたころの「夏休みの終わりに別れるとき泣きそうないとこ」である。この二人と自由業の作者の違いは，「休みが終わって決められた仕事に戻らなければならないという気持ち」を，「日常で持たなくてもいい」ということである。

問6 「どこ」で「自由に動きたい」のかと考えると，「限られた自由な時間」であると判断できる。

やや難　問7　ア　第六段落に「机にしばりつけられていたトラウマで，今も長い時間同じ場所に座っていることができません」とある。合致している。　イ 「泣きそうだったいとこ」とある。泣きそうになったのは作者ではない。合致していない。　ウ 「うちの子どもは今自由な学校に通っています」とある。そして，自由であることによる「あの笑顔を思うと」とある。学校に行くことを楽しみにしているので合致している。　エ 「マンガ」は作家名ではない。合致していない。
オ 「五十近くになって初めて読んだ古典もたくさんありますし」とあるので，合致していない。

重要　問8　第九段落に「一度しかない子ども時代にこんなことが言えるなんて」とあるが，「こんなこと」が指し示す内容が述べられていない。ぬき出した文章は作者の子どもの発言で，「こんなこと」が指し示す内容である。そこで，「～今自由な学校に通っています。」の次に入ると判断できる。

二　(小説－心情・情景の読み取り，文章の細部の読み取り，接続語の問題，脱文補充，ことばの意味，漢字の読み書き)

問1　① 「建国」は，新たに国家をつくること。「建」は，同音で形の似た「健」と区別する。「建」は「コン」の音もある。「創建」「建立(コンリュウ)」などの熟語がある。「建」の訓は「た-てる・た-つ」。「健」の訓は「すこ-やか」。　② 「転勤」は，同じ会社・官庁などの中で，勤務地が変わること。「転」の訓は「ころ-がる・ころ-げる・ころ-がす・ころ-ぶ」。「機転」「好転」などの熟語がある。「勤」の訓は「つと-める・つと-まる」。「勤勉」「皆勤」などの熟語がある。　③ 「敏感」は，物事を鋭く感じ取る様子。「過敏」「機敏」などの熟語がある。
④ 「針」は，つくりを「斗」としないように注意する。「針」の音は「シン」。「方針」「指針」などの熟語がある。　⑤ 「謝る」は同訓の「誤る」と区別する。「謝」の音は「シャ」。「謝罪」「謝礼」などの熟語がある。　⑥ 「膝」は，「膝小僧」や「膝頭(ひざがしら)」などの言葉の一部としても覚えておく。　⑦ 「首筋」は訓＋訓で読む熟語。「筋」は，たけかんむりをくさかんむりにしないように注意する。「筋」の音は「キン」。「筋骨」「鉄筋」などの熟語がある。　⑧ 「翼」は「羽」と「異」の組み合わせ。「翼」の音は「ヨク」。「尾翼」「主翼」などの熟語がある。

基本　問2　a 「唐突」は，突然で思いがけない様子。三上くんの，ドラえもんやオバケのQ太郎のようないそうろうの提案が突然で思いがけなかったのだ。「だしぬけ」は，物事が突然起こる様子。 b 「きょとん」は，驚いたり，相手の言うことがわからなかったりして目を大きくあけてぼんやりしている様子。「あっけにとられる」は，驚きあきれてぼんやりすること。 c 「ほのか」は，わずかではっきり見分けられない様子。雪がほんの少ししょっぱかったのである。

やや難 問3 A 「仲直りはしなかった」理由が，「悪いのはあいつなんだから」ということなので，理由を補う言い方の「だって」が入る。 B 「頼りなげな初雪だった」けれど，「それでも」雪だというのである。逆接の関係。 C 「意外と難しい」から，たまに口の中に雪が入って溶けると，うれしくなるのである。理由を表す「だから」が入る。 D 「たいして……ない」の形で，とりあげて言うほど，それほどの意味を表す。走っても立ち止まっていても，雪が口に入る回数はそれほど違わないということ。 E 泰司は，三上くんとはけんか中なので，涙が流れていることを認めたくないのである。それで，雪がしょっぱい理由を，「たぶん」「波しぶきを風が運んで，雪と混じり合ったせいだ」と推定して，自分は泣いていないと言いたいのである。

問4 直後に「一月は～二月は～三月は～」とあって，月日を数えているのだと分かる。「1」「2」「3」は，月を表す数字である。

問5 三上くんが「いそうろうは？」と聞いて，さらに「オレ，二段ベッドでもいいけど」，「二段ベッドの下のほうでも，いいけど」と言うのを聞いて，「三上くんが泰司だけ自分の家にいそうろうして残ればいい」と提案していることに気づいたから，うれしかったけれど，どう返事していいかわからずに，泰司は「困惑した笑顔が微妙にゆがんだ」のである。

問6 問3のEでとらえたように，「頬で溶けて口に入った雪」が「ほのかにしょっぱかった」のは，涙と混じり合っていたからである。

やや難 問7 ア 〈中略〉とある直前に「転校は三度目だった」とある。合致していない。 イ 泰司の三上くんに言っている会話に「だって，去年，毎年つくってるって……」とある。合致している。 ウ 最後の場面に「時化た海の波しぶきを風が運んで，雪と混じり合ったせいだ」とある。合致している。 エ 最後の場面に「三上くんの顔もゆがんでいた」とある。問3のE，問6でとらえたように泰司は泣いている。「三上君くんの顔も」とあるので，三上くんも泣いているのである。「顔がゆがむ」は，泣いていることを表している。合致している。 オ 問3のAでとらえたように，泰司はけんかの原因は三上くんにあると思っている。「自分から謝るのは嫌だった」とある。合致していない。

重要 問8 「雪合戦」を話題にしているのは，文章の初めの「『雪合戦しようよ』……雪合戦は，もう一生できないかもしれないのだ。」の部分だけである。この部分では，サッカーと雪合戦を比べていることに注目する。「でも，サッカーは，いつでも……誰とでもできる。雪合戦は，冬が寒い町で……友だちとしかできない。」というつながりになる。

★ワンポイントアドバイス★

論説文は，筆者が自分の考えを説明するために，どのような例を挙げているかをつかみ，例と考えの関係をつかみながら読もう。小説は，人物の言葉や様子，行動に注目して心情をとらえよう。また，場面の様子を読み取って，出来事のいきさつや人物の関係をつかもう。

MEMO

大切なことはメモしておこうネ！

2021年度

★★★★★★★★★★★★★★★★★★★★★★★★

入　試　問　題

2021
年
度

2021年度

西武台新座中学校入試問題（第１回特進）

【算　数】（50分）　　＜満点：100点＞

【注意】　１．定規，分度器，コンパス，計算機は使用できません。
２．問題中の図は必ずしも正確とはかぎりません。
３．比で答える場合は，一番小さい整数比で答えて下さい。
４．分数で答える場合は，それ以上約分できない分数で答えて下さい。
５．円周率は3.14で計算して下さい。

１　次の □ にあてはまる数を求めなさい。

⑴　60.84÷5.2＝ □

⑵　$\frac{1}{15}\div 2.8+\frac{4}{7}\div 0.3\times\frac{11}{16}=$ □

⑶　$\left\{1-\left(2-1\frac{1}{3}\right)\div\frac{4}{5}\right\}\div\frac{3}{4}=$ □

⑷　□ $+2\frac{1}{3}\div 1\frac{1}{3}-5\frac{5}{6}\times\frac{4}{21}=1$

⑸　６％の食塩水400ｇから水を □ ｇ蒸発させると，８％の食塩水ができます。

⑹　50円玉と100円玉があわせて25枚あります。金額の合計が1800円になるとき，50円玉は □ 枚あります。

⑺　Ａくんが分速 □ ｍで歩いています。２時間歩き続けると，歩いた道のりは9.6㎞です。

⑻　ある仕事をするのにＡさんは３日間，Ｂさんは６日間かかります。Ｂさんが１人で２日間仕事をした後，２人で残りの仕事をしました。仕事が終わるまでに全部で □ 日かかります。

２　次の図の角 x と角 y の大きさを求めなさい。

⑴　矢印は平行を表します。

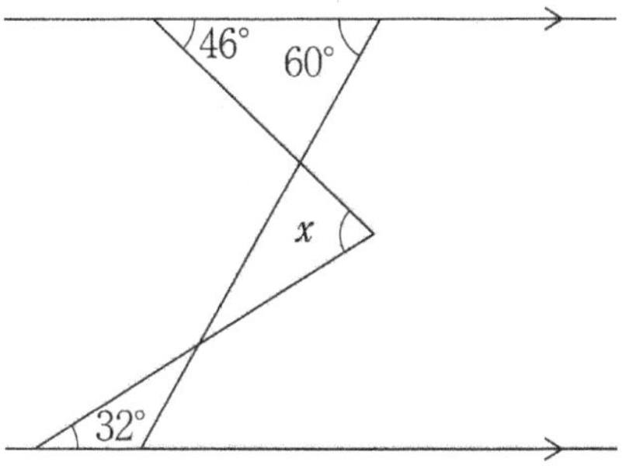

⑵　四角形ＡＢＣＤは正方形でＡＤ＝ＡＥです。

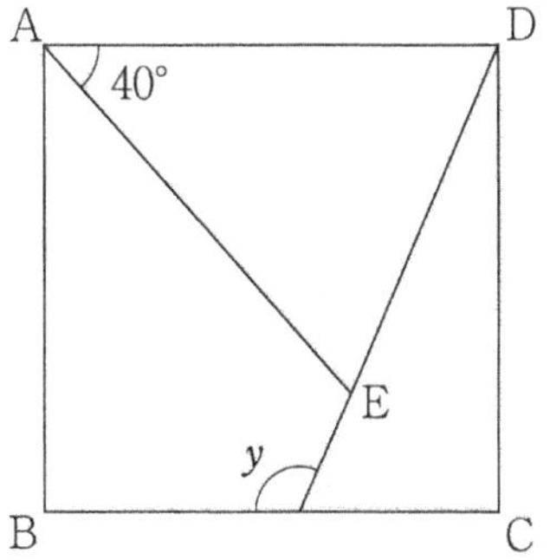

3 次の図において，色のついた部分の面積を求めなさい。

⑴ 正方形とおうぎ形を組み合わせた図形です。

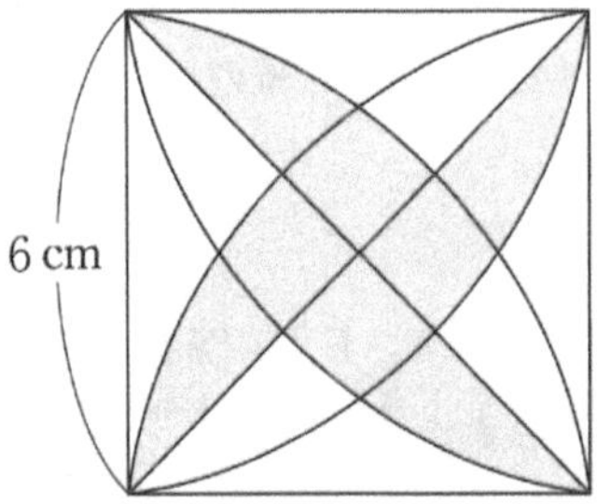

⑵ 正方形と円，おうぎ形を組み合わせた図形です。

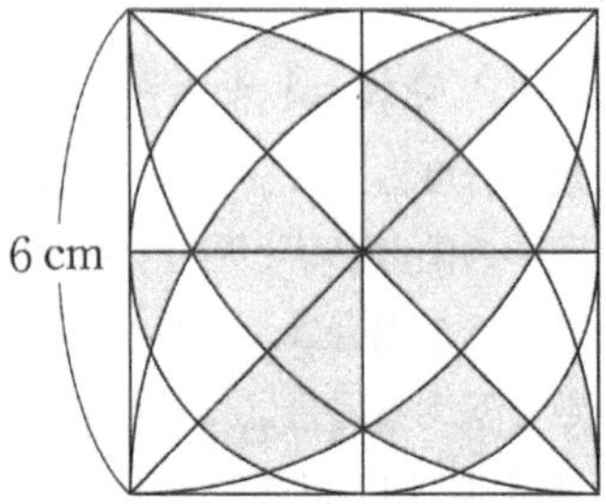

4 右の図のような長方形を，直線 ℓ を軸として90°回転させて立体をつくります。次の各問いに答えなさい。

⑴ 体積は何cm^{3}ですか。

⑵ 表面積は何cm^{2}ですか。

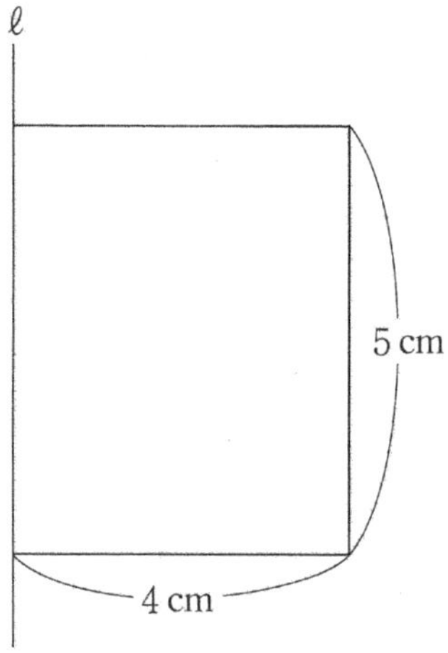

5 Ａさんと先生は，平面上のいくつかの円が交わってできる点の個数について話をしています。２人の会話文を読んで，次の各問いに答えなさい。

先生　：次の決まりに従って，平面上に円をかいてみましょう。

【決まり】　・どの２つの円も２点で交わる

・どの３つの円も１点で交わらない

Ａさん：この決まりに従って２つ円をかいてみると，このようになります（図１）。

先生　：そうですね。このとき，円が交わってできる点は全部で何個ありますか。

Ａさん：２個です。

先生　：正解です。それでは，円を１個増やして，全部で３つの円をかいてみましょう。

Ａさん：かけました（図２）。円が交わってできる点は全部で６個です。

図１

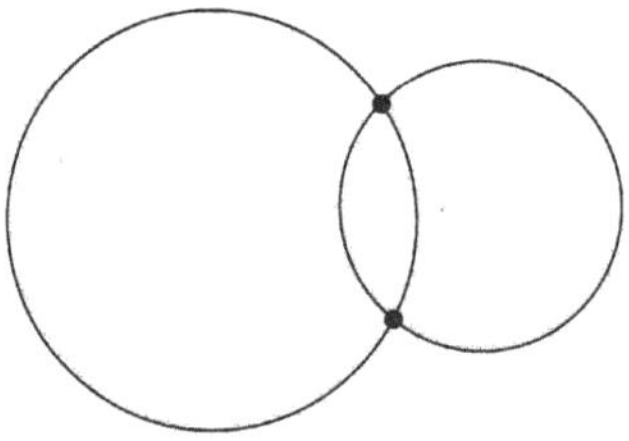

図２

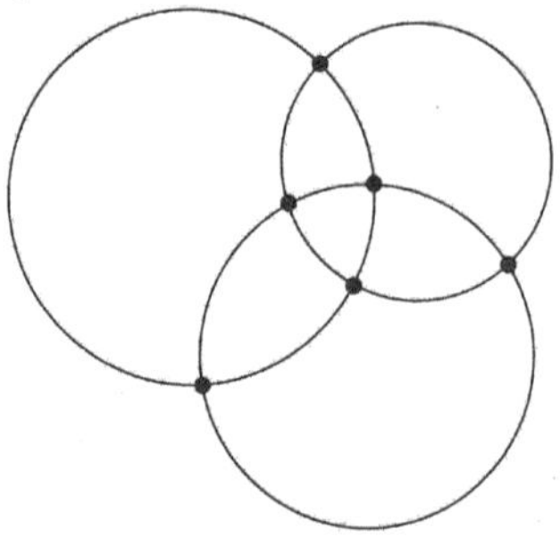

先生　：素晴らしい。では，さらに円を１個増やしてみましょう。全部で４つの円をかいて，円が交わってできる点の個数を考えてみましょう。

Ａさん：わかりました。円が交わってできる点は全部で12個ですね。

先生　：その通り。円をかいてみて，なにか気づくことはありますか。

Ａさん：新しく円をかくと，すでにかかれているすべての円と [あ] 回ずつ交わります。だから，（すでにかかれている円の個数）× [あ] だけ交わる点が増えていくことがわかります。

先生　：よく気が付きましたね。それでは，円の個数と交わってできる点の個数の関係を表にまとめてみましょう。

円の個数	2	3	4	5	6
点の個数	2	6	12	[ ]	[い]

⑴ [あ] に当てはまる数は何ですか。

⑵ [い] に当てはまる数は何ですか。

6 ショーンさんは，午前９時に家を出て，歩いて駅へ向かいました。何分後かに，ショーンさんのお兄さんが忘れ物に気がついて，同じ道を追いかけました。右の図はショーンさんが家を出てからの時間と，お兄さんとの距離《きょり》の関係をグラフにしたものです。次の各問いに答えなさい。

⑴ お兄さんが家を出たのは午前何時何分ですか。

⑵ お兄さんが追いかける速さは分速何ｍですか。

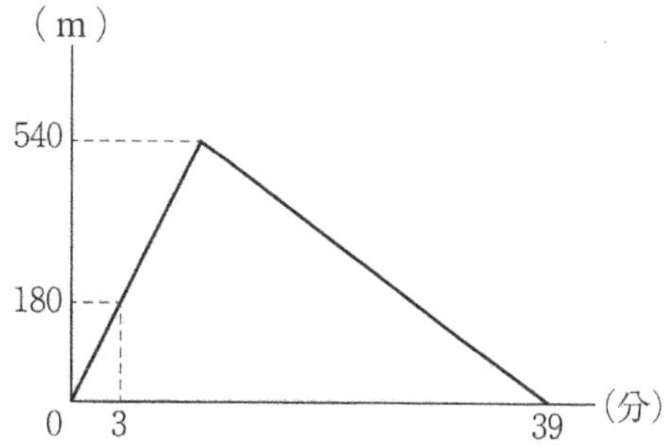

7 最初，兄と妹の所持金の比は４：３でした。兄が600円，妹が725円使った後，妹は父から800円もらったので，兄と妹の所持金の比は７：６になりました。その後，兄は妹に何円か渡《わた》したので，２人の所持金は等しくなりました。次の各問いに答えなさい。

⑴ 最初の妹の所持金は何円ですか。

⑵ 兄が妹に渡したのは何円ですか。

【理　科】（社会と合わせて50分）　＜満点：50点＞

1．かっ車のはたらきについて各問いに答えなさい。ただし，使用されているかっ車の重さは十分に軽いものとします。

図のように物体にかっ車が取り付けられています。そのときのひもを引っぱる力について調べました。

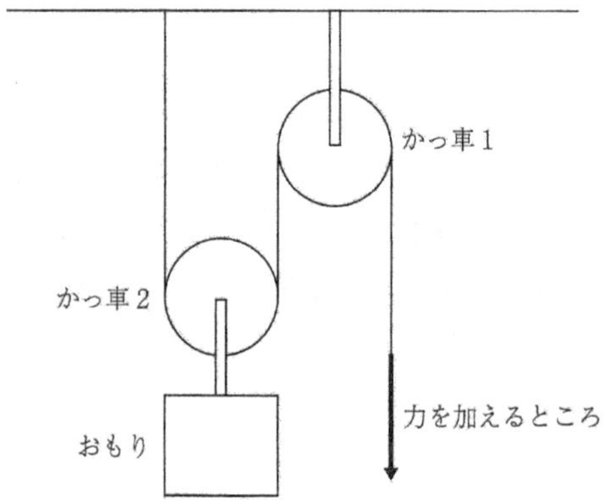

図

問1　図のかっ車1，かっ車2のようなかっ車を何といいますか。

問2　かっ車2に500gのおもりをつけました。このおもりを持ち上げるには，何gの力でひもを引けばよいですか。

問3　問2において，このおもりを30cm引き上げるには，何cmひもを引けばよいですか。

問4　問2において，図の装置に1つだけかっ車を取り付けて，ひもを引く力の大きさをこれより小さくするためには，かっ車1，かっ車2のどちらを取り付ければよいですか。

問5　図の装置を使って体重40kgのAさんが20kgのおもりを引き上げるとき，Aさんの足元に体重計を置くと，体重計の示す値は何kgになりますか。

問6　問5において，Aさんが図の装置を使って引き上げるとき，引き上げることのできるおもりの重さは最大何kgですか。

2．ものの燃え方について各問いに答えなさい。

集気びんやガラス板を使って，図の装置**ア**～**ウ**をつくりました。ただし，装置**ア**～**ウ**の集気びんとろうそくはすべて同じものとします。

装置**ア**：集気びんの口をガラス板でふさいだ。

装置**イ**：集気びんの口は開いたままにした。

装置**ウ**：集気びんの口は開いたままで，さらに底の一部を開けた。

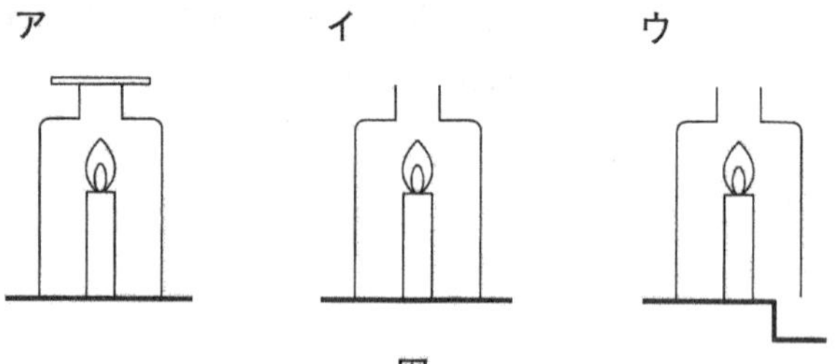

図

問1　ものが燃えるときに必要な条件を3つ答えなさい。

問2　装置**イ**で，燃えているろうそくのしんをピンセットでつまみました。このとき，ろうそくの火はどうなりますか。

問3　装置**イ**で，ろうそくを燃やした後にろうそくを取り除き，石灰水を入れたところ，石灰水は白くにごりました。この結果より，ろうそくから何の気体が発生したと考えられますか。

問４　装置**イ**で，ろうそくが燃えることによってできた気体や空気の流れはどのようになっていると考えられますか。次の①～④の中から１つ選んで番号で答えなさい。なお，矢印は気体や空気の流れを表しています。

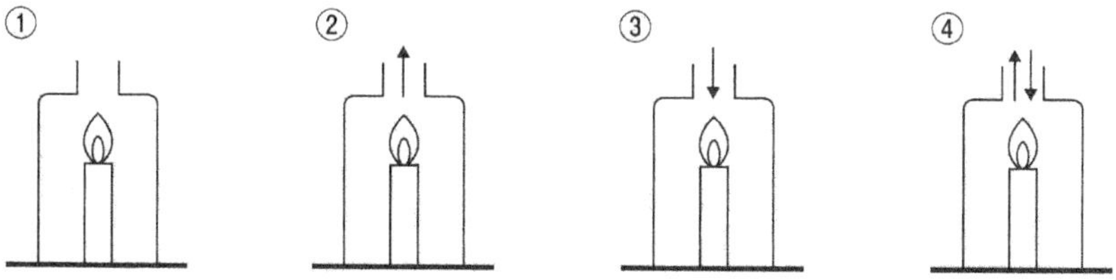

問５　装置**ア**～**ウ**のうち，集気びんの中の空気が入れかわりやすく，ろうそくがいちばんよく燃えるのはどれですか。

問６　装置**ア**～**ウ**のろうそくに同時に火をつけたとき，火が早く消える順に並びかえなさい。

３．魚のたんじょうについて各問いに答えなさい。

問１　図は，成長したメダカを表したものです。図のメダカはおすですか。めすですか。

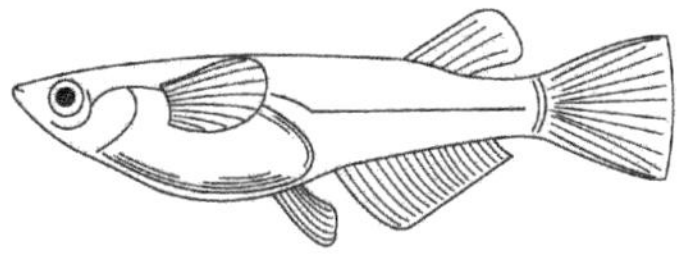

図

問２　問１のように判断できる理由を，簡単に次の文にしました。文の（１）～（３）に当てはまる言葉を次の①～⑧の中からそれぞれ１つずつ選んで番号で答えなさい。

図の（　１　）びれには切れこみがなく，また，（　２　）がふくらんでいて，（　３　）びれの形が三角形に近い形をしているから。

①　むな　②　えら　③　せ　④　しり
⑤　お　⑥　はら　⑦　せなか　⑧　おしり

問３　水そうでのメダカの飼い方として，正しいものを次の①～⑤の中から１つ選んで番号で答えなさい。

①　水そうは，日光が直接当たる明るいところに置く。
②　水道水をくんできて，そのまま使う。
③　エサが足りなくなると困るので，食べ残しが出るくらいの量を与えるのがよい。
④　水がよごれたら，半分くらいを１日置いたくみ置きの水と入れかえる。
⑤　たまごをたくさん産ませたいので，水そうにめすを８匹，おすを２匹いれ飼育する。

問４　めすが産んだたまごと，おすがたまごにふりかけた精子が結びつくことを何といいますか。

問５　メダカのたまごの変化を観察し，カードに記録しました。次のページの４枚のカード①～④を月日の順に並べなさい。

①

めだかのたまごの育ち
６月■日 水温 23℃
森そうすけ

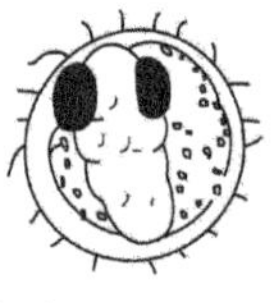

たまごの中で、メダカがひんぱんに動いた。

②

めだかのたまごの育ち
６月▲日 水温 23℃
森そうすけ

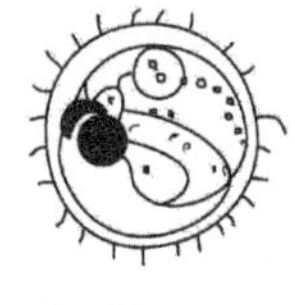

心ぞうが動いているのがわかった。
血液が流れているのも見えた。

③

めだかのたまごの育ち
６月●日 水温 24℃
森そうすけ

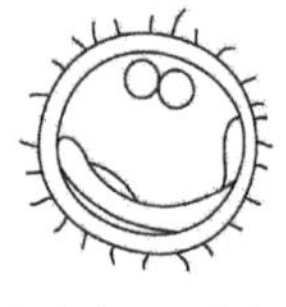

何となく、メダカの形をしたものが見えてきた。たまごの大きさは、変化していないようだ。

④

めだかのたまごの育ち
６月◆日 水温 23℃
森そうすけ

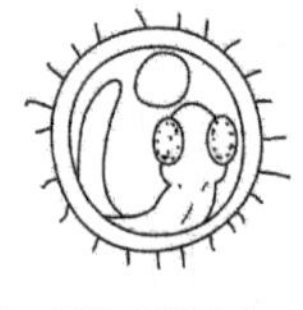

目の部分が黒くなっていた。体の形がはっきりしてきた。

問６　メダカのたまごは，どこで育ちますか。次の①～④の中から１つ選んで番号で答えなさい。

①　水草に産みつけられて育つ。

②　めすのからだについたまま育つ。

③　産みつけられた砂の中で育つ。

④　水に浮《う》かびながら育つ。

問７　かえったばかりのメダカの子どもは，生まれてから２～３日の間は，何も食べません。この間，メダカの子どもが何も食べなくても生きていけるのはなぜですか。その理由を答えなさい。

４．気温について各問いに答えなさい。

問１　図はある１日の太陽高度，地温，気温の変化を表したグラフです。A，B，Cはそれぞれ何を表しているか答えなさい。

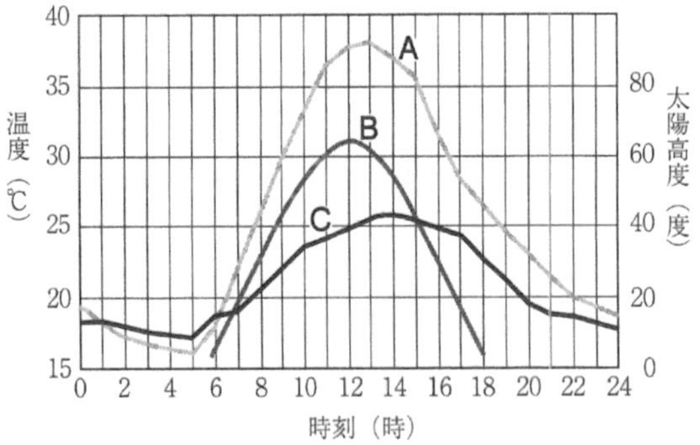

図

問２　気温や地温が，午前中は上昇し，午後はだんだんと低下するのはなぜですか。正しく説明している文を次のア～エの中から１つ選んで記号で答えなさい。

ア　太陽までの距離が変化するから。

イ　太陽の方角が変わるから。

ウ　太陽の高さが変わるから。

エ　太陽から出る熱の量が変化するから。

問３　気温が最高になる時刻と，地温が最高になる時刻が異なるのはなぜですか。その理由を答えなさい。

問４　１日の最高気温が35℃以上になる日を何といいますか。

問５　夕方から翌日の朝までの最低気温が25℃以上になる夜を何といいますか。

問６　次の文章の（ａ），（ｂ）に当てはまる言葉の組み合わせを次の**ア**～**エ**の中から１つ選んで記号で答えなさい。

> これまで，最高気温がかなり高くなると予想されるときに気象庁から（　ａ　）が発表されていました。令和２年７月から関東甲信地方において，気温だけでなく湿度や地面からの照り返しなどを含めた暑さ指数が高くなる日に（　ｂ　）が発表されることになりました。

ア　（ａ）熱中症《ねっちゅうしょう》注意情報　　（ｂ）熱中症警戒《けいかい》アラート

イ　（ａ）熱中症注意情報　　（ｂ）高温警戒アラート

ウ　（ａ）高温注意情報　　（ｂ）熱中症警戒アラート

エ　（ａ）高温注意情報　　（ｂ）高温警戒アラート

【社　会】（理科と合わせて50分）　　＜満点：50点＞

１．次の各問いに答えなさい。

問１　縮尺が50000分の１の地図上で，２㎝の長さは実際には何ｍになるか，答えなさい。

問２　日本最南端の島を漢字で答えなさい。

問３　下の表は令和元年産の米(水陸稲)収穫量をあらわしたものである。表を見て設問に答えなさい。

	都道府県	収穫量（ｔ）
１位	新潟県	646,100
２位	北海道	588,100
３位	（　**Ａ**　）県	526,800
４位	山形県	404,400
５位	宮城県	376,900

（農林水産省作物統計調査）

⑴　（**Ａ**）にあてはまる都道府県を漢字で答えなさい。

⑵　米の収穫量２位の北海道について，北海道は米の収穫量が多いにもかかわらず，地図中**Ｂ**の地域では稲作よりも酪農《らくのう》がさかんである。その理由として正しいものを，次の中から１つ選び，記号で答えなさい。

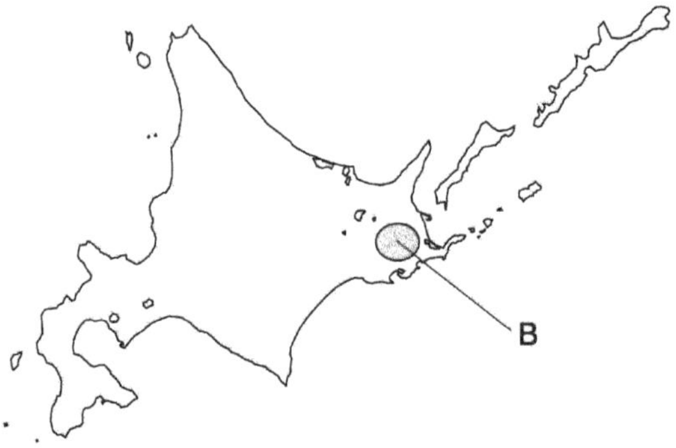

ア．山脈があり，稲作に不向きな地形であるから。

イ．降雪量が多く，夏になっても雪が残っているから。

ウ．梅雨時から秋にかけての台風によって，川が氾濫《はんらん》することが多いから。

エ．夏に霧が発生することが多く，また土地は火山灰や泥炭地でやせているから。

⑶　米の収穫量４位の山形県について，稲作がさかんな最上川《もがみがわ》流域に広がる平野を漢字で答えなさい。

⑷　コシヒカリ，ひとめぼれ，ヒノヒカリなど良質米の作付《さくつけ》面積は，別々の品種をかけ合わせることによって新しい品種を生み出す方法によって増加した。この方法とは何か，漢字４字で答えなさい。

2．次の文章は，ゆうき君がある世界遺産について調べ，関連する歴史についてまとめたものです。これを読み，各問いに答えなさい。

この寺院は，現存する世界最古の木造建築物といわれています。建造した人物は，593年に推《すい》古天皇《こてんのう》の（　①　）となり，当時の有力な豪族《ごうぞく》であった（　②　）と協力して政治を行いました。彼らの政治では，③冠位十二階《かんいじゅうにかい》の制度を定めたり，（　④　）を制定し，仏教や儒学《じゅがく》の考え方を取り入れ役人の心得として示しました。また中国の進んだ政治制度や文化を学ぶために，（　⑤　）に国書を持たせ，⑥使節として派遣しました。

問１　空欄（①）にあてはまる語句を，漢字２字で答えなさい。

問２　空欄（②）にあてはまる人物を次の中から１つ選び，記号で答えなさい。

ア．藤原純友《ふじわらのすみとも》　イ．蘇我馬子《そがのうまこ》　ウ．菅原道真《すがわらのみちざね》　エ．中臣鎌足《なかとみのかまたり》

問３　下線部③について，この説明として適切なものを次の中から１つ選び，記号で答えなさい。

ア．戦いで功績《こうせき》をあげた武士を重用《ちょうよう》する。

イ．家柄《いえがら》にとらわれず才能や功績のある人物を役人に取り立てる。

ウ．占いの結果によって役人の地位を決定する。

エ．古くから力を持ってきた貴族に高い役職を与える。

問４　空欄（④）にあてはまる語句を答えなさい。

問５　空欄（⑤）にあてはまる人物を次の中から１つ選び，記号で答えなさい。

ア．小野妹子《おののいもこ》　イ．物部守屋《もののべのもりや》　ウ．蘇我入鹿《そがのいるか》　エ．鑑真《がんじん》

問６　下線部⑥について，この使節のことを当時の中国の王朝名を用いて何と呼ぶか，次の中から１つ選び，記号で答えなさい。

ア．遣宋使《けんそうし》　イ．遣唐使《けんとうし》　ウ．遣明使《けんみんし》　エ．遣隋使《けんずいし》

問７　この文章で述べている世界遺産のある都道府県はどこか，次の中から１つ選び，記号で答えなさい。

ア．大阪府　イ．京都府　ウ．奈良県　エ．滋賀県

3．次の文章を読み，各問いに答えなさい。

A新型コロナウイルス感染症拡大により，2020年は世界史上に残る大きな節目の年となりました。BWHOを中心に世界中の国々が協力し，C対策をしていますが，まだまだ収束まで時間がかかると予測されています。D100年前の1920年も国際連盟《こくさいれんめい》が結成され，世界の国々が第一次世界大戦後の平和に向けて協力をしました。新型コロナウイルスに打ち勝ち，世界に日常が取り戻される日も近いことでしょう。

問１　下線部Aについて，新型コロナウイルス感染症の正式名称を次の中から１つ選び，記号で答えなさい。

ア．ＳＡＲＳ　イ．ＭＥＲＳ　ウ．ＥＶＤ　エ．ＣＯＶＩＤ-19

問２　下線部Bについて，ＷＨＯの正式名称を次の中から１つ選び，記号で答えなさい。

ア．世界貿易機構《せかいぼうえききこう》　イ．国際通貨基金《こくさいつうかききん》　ウ．国際復興開発銀行《こくさいふっこうかいはつぎんこう》　エ．世界保健機関《せかいほけんきかん》

問３　下線部Cについて，新型コロナウイルス感染症拡大防止のため，「都市封鎖《としふうさ》」を行う国もあ

りました。「都市封鎖」をあらわす語句を，次の中から１つ選び，記号で答えなさい。

ア．パンデミック　　　　イ．クラスター

ウ．オーバーシュート　　エ．ロックダウン

問４　下線部Ｄについて，国際連盟の設立を提唱したアメリカ大統領を次の中から１つ選び，記号で答えなさい。

ア．ウィルソン　　　　　イ．セオドア・ルーズベルト

ウ．ワシントン　　　　　エ．モンロー

問５　下線部Ｄについて，国際連盟の本部が置かれていた，スイスの都市名を答えなさい。

c　目を逸らして

1．じっと見つめて　　2．まぶたを閉じて

3．瞳をこらして　　4．視線をはずして

問３　A　～　E　に入る適語を次の中から選んで番号で答えなさい。

1．でも　　2．ゆっくりと　　3．よく　　4．ずっと

5．ぜんぜん

問４　傍線部イ「そんなこと」の具体的な内容を「――こと」につながる形で本文中より十字で抜き出して記しなさい。

問５　傍線部ロ「美子さんと、ひなたちゃんと、父で、聴いていることが不思議な気がした」とあるが、なぜ不思議な気がしたのか、次の中から最も適切だと思われるものを選んで番号で答えなさい。

1．ひなたちゃんはまだ幼いのでその曲の良さは分からないだろうと思ったから。

2．美子さんがその曲を好きかどうかを父が確かめること無くレコードをかけたから。

3．以前、父と二人で暮らしていたときに聴いていたイメージが強く脳裏に残っていたから。

4．父がどうして以前よく聴いていた曲をこの状況で選んだのかが分からなかったから。

5．歌っている人も、曲のタイトルも分からないその曲を好きになれなかったから。

問６　（X）に入る適語を次の中から選んで番号で答えなさい。

1．強い女の人

2．自分の意志を持っていない女の人

3．子供に対して公平に接することができる女の人

4．料理のうまい女の人

5．素敵な絵を描く女の人

問７　次の文章を読んで本文と合致しているものには「1」を、合致していないものには「2」を記しなさい。

ア．陽は自分がまだ美子さんのことを「お母さん」と呼んだことがないのに陸君がそう呼ぶことで「お母さん」と呼べない自分が少し責められているように感じた。

イ．陸君は血のつながらない親子は本当の親子にはなれないと考えている。

ウ．美子さんは陽の母が描いたサンカヨウの花の絵を見て、本当はもっと白い花のはずだと思っている。

エ．たくさんの試練を受け止めて生きてきたであろう美子さんを見て、陽は自分も強く生きていきたいと思うようになった。

オ．陽が最後に言う「いってきます、お母さん」という言葉は美子さんに伝える目的以上に自分の生き方に対する決意を表わす意味を持っている。

問８　次の文章が入るのに最も適切な場所を探し、その直前の五字を抜き出して記しなさい。

「そのべたべたした手で『おねえたーん』と言いながら、私の腕をつかもうとする。」

ンテープを細かく切って破れたページを貼り合わせ、ひなたちゃんがちぎってしまった部分をパズルのピースを合わせるようにつなげていた。

「ごめんねぇ、ほんとうにひなたがばかで。私も⑤ブキヨウだから、うまく直せるかどうかわからないんだけど……」

そう言いながら、貼り合わせた部分を指でなぞる。ネイルも何もしていない手。手の⑥甲は筋張っていて、すべすべではない。［ D ］働いて、年齢を重ねてきた手。さっき、窓のそばで見た父のひじのように、生まれてから、長い時間がたった人の体の一部だった。そういう二人が出会い、暮らしていくことの不思議を思う。

「この花、きれいねぇ……」

美子さんが一枚の絵を指さした。サンカヨウの花だ。元の白い花ではなく、朝露や雨を受けて、段々に透明になっていった花。

「……それね。母が、描いたの……」

そうなの、と顔を上げ、私の顔を見てちょっと驚いたような顔をしたあとに、そのページにまた視線を落とす。

「陽さんのお母さんは、素敵な絵を描く方なんだねぇ」

美子さんの言葉に胸がきゅっとつまる。

父が美子さんを好きになったわけが、少しわかったような気がした。

美子さんのことを全部知ったわけではないけれど、もっともっと透明になりたいと私は強く思った。美子さんのように。もっともっと透明で、（ X ）に。

「ありがとう……」

そう言うのが、やっとだった。

八月の終わりに⑦シュジュツを控えた陸君と、その一週間前にまた会うことになった。

美術館の帰りには、家に寄ってごはんを食べていってね。そう美子さんが提案して、うちで食事をする予定だった。〈中略〉

「ひなたもいく、ひなたもいくの――」

⑧絶叫するように泣くひなたちゃんを、美子さんが陸君の足からはがして、抱きかかえる。〈中略〉

小さくなるひなたちゃんと美子さん、小さくなっていくひなたちゃんの泣き声に振り返って言った。

「いってきます、お母さん」

［ E ］、その声は隣にいる陸君にしか聞こえなかったと思う。

（窪美澄『かそけきサンカヨウ』より）

問1 波線部①～⑧の漢字にはその読みを、カタカナにはその漢字を記しなさい。

問2 傍線部a～cの語句の意味として正しいものを選んで番号で答えなさい。

a ためらいもなく

1．何度も考え直して
2．思い切って
3．決めかねてぐずぐずしていることもなく
4．思ったままを口にすることもなく

b めったに

1．とても珍しいこと　2．いつもしていること
3．何度も繰り返すこと　4．時々すること

ど、ちょっと心細い声が出てしまったことが恥ずかしかった。

「そうだよ。お母さん、すごくいい人」

　お母さん、って誰のことだろう、と一瞬思ってしまった。陸君が、美子さんのことをお母さんと呼ぶのが不思議な気がした。私は美子さんをお母さんと呼んだことはないのだ。父に①キョウセイされたこともない。aためらいもなく陸君がそう呼んだことで、なぜだが、美子さんのことをお母さんと呼んでいない自分を、ほんの少し責められているような気持ちにもなった。

「でも、血がつながっていないよ」

　陸君が足をとめた。私たちの横をバスが通り過ぎていく。くらやみに、照明で照らされた車内が浮かび上がる。数人の人が乗っているが、なんだか②ユウレイのようにも見える。

「……イそんなことはあんまり関係がないんだよ」

　怒ったような声だったのでびっくりした。

　陸君がそんなふうに言うのを初めて聞いた気がした。〈中略〉

　その日の夕食は、美子さんがずいぶんがんばったみたいだった。パエリア、ガスパチョ、子羊のクリーム煮、アスパラガスのサラダ、ひなたちゃんのために、小さなミートボールを煮こんだトマトスパゲッティ。美子さんはテーブルいっぱいに料理を並べた。父は家にいるときにはbめったにのむことはないのだが、その日はふたつのワイングラスがテーブルに並んでいた。美子さんのグラスにワインを③注ぐときの父は、なんだかとてもおだやかな顔をしていた。ひなたちゃんはフォークが上手に使えなくて、手でミートボールをつかみ、口に運ぶ。体をよじらせながら、

「なーに」と答えると、大きな口を開けて、笑う。ひなたちゃんの口の中が見えて、思わずc目を逸《そ》らしてしまう。

「さっきはごめんね」とあやまったものの、ひなたちゃんはもうさっきのことなど忘れているのか、

「おねえたん、ごはん、おいしいね」としか、言わない。

　夕食が終わると、父は時間をかけて一枚のレコードを選び、ターンテーブルにのせて針を落とした。父と二人で暮らしていたときに、［B］父がかけていた曲が。ジャズみたいな、黒人の女の人のゆっくりとしたボーカル。誰が歌っているのかも、曲のタイトルもしらない。けれど、私はその曲が大好きだった。それを、ロ美子さんと、ひなたちゃんと、父で、聴いていることが不思議な気がした。

　久しぶりに四人で過ごす夜は、［C］過ぎていった。私はソファでひなたちゃんとDVDを観ているうちに、いつのまにか眠ってしまったようだった。

　私に寄りかかるように眠っているひなたちゃんの肌は、まるで両生類みたいに汗でしっとりとしている。ひなたちゃんの体を自分の体からそっと離し、ソファに横にした。うしろを振り返ると、美子さんがテーブルの上に本を積み重ねてなにかしている。仕事だろうか。書斎《しょさい》にいるのか、④ヨクシツにいるのか、父はそこにはいなかった。

「ひなたのそばで寝てると汗まみれになるでしょう、暑くて。子どもは体温が高いけどひなたは特に高いような気がするわ」

　私が近づくと、美子さんが顔を上げて笑った。美子さんの横にあるのは、ひなたちゃんが私の部屋に入っていたずらをした本だった。セロハ

４．観光地などを計画し発展させる力

ｂ　尺度

１．長さ大きさの基準のこと

２．計算・評価などの基準のこと

３．角度の大きさを表す量のこと

４．程度が最適であるかの評価のこと

ｃ　還元

１．物事をもとの形・性質・状態にもどすこと

２．壊れたり傷んだりしたものをもとの状態にもどすこと

３．失ったものを取り戻してもとの状態にもどすこと

４．一度悪い状態になったものがもとの状態になること

問３　[A]～[E]に入る適語を次の中から選んで番号で答えなさい。

１．例えば　　２．いきなり

３．今まさに　　４．なかなか

５．いっせいに

問４　（ア）（イ）に入る適語を次の中から選んで番号で答えなさい。

１．面の思考

２．線の思考

問５　文中の空欄【1】に入る文章を次の中から選んで番号で答えなさい。

１．全体を捉えてから部分を適度に推測していく能力です

２．時間とは関係なく適度に現れてくるものを認識する能力です

３．直線と曲線などを適切に分析し記憶する能力です

４．時間と共に順番に現れてくるものを認識する能力です

問６　文中の空欄【2】に入る文章を次の中から選んで番号で答えなさい。

１．論理的な順番に時間をかけずに進んでいく思考のタイプです

２．想像的な理論を展開しながら進んでいく思考のタイプです

３．論理的な順番に時間を費やして進んでいく思考のタイプです

４．論理的な順番などとらわれずに独自に思考するタイプです

問７　文中の空欄【3】【4】に入る適切な文章を次の中から選んで番号で答えなさい。

１．感性的な思考で、主観的で個別性の高い思考

２．論理的な思考で、客観性があり、他人と容易に共有できる思考

問８　傍線部イ「欲求段階説のように考える」とあるが、人間の欲求は原始的な生理的欲求から始まって、どのようになっていくと考えたのか、本文中から五字で抜き出しなさい。

問９　文中の空欄【5】入る適切な語句を本文中から六字で抜き出しなさい。

問10　傍線部X「昔から、貧しい生活をしながらも優れた芸術を生み出した人が多くいることからすれば、この説は、必ずしも正しくないかもしれません」とあるが、なぜこの説が正しくないと言えるのかを本文の語句を用いて八十字以内で記しなさい。

二　**画家の母を持つ陽《よう》は父の再婚相手の美子《よしこ》さんとその連れ子のひなたちゃんと四人で暮らしている。陽は同じ美術部の陸《りく》君に好意を抱いている。続く文章を読んで設問に答えなさい。**

「仲が良くていいなぁ」

陸君がひとりごとのように言った。

「そうかなぁ……」自分では[A]そんなつもりはなかったのだけれ

ても、成績だけでなく性格やリーダーシップなどを総合的に考えると、【E】順位はつけられません。「面の思考」は単純に量にc還元して済ませずに、質を問題にするのです。

さらにつけ加えると、「線の思考」と「面の思考」との違いは、「分けることができるものかどうか」であるともいえます。⑥ブンカイして要素に還元できるかどうかです。

例えば、「プリンは卵と牛乳と砂糖でできている」と捉えるのは「線の思考」です。

一方、「面の思考」は「プリンを食べる時に、卵と牛乳と砂糖の元の味を分けて味わうことはできず、〝プリンの味〟というひとつの味になっていて、プリンとしか呼びようのないものになっている」と捉えます。

他の例ですと、「絵本」は文章と絵からできています。これは「線の思考」です。

一方、絵本は「絵本」というひとつの作品になっていて、文章と絵はお互いに切り離せない関係になっています。これは「面の思考」です。

頭の中だけに存在する目に見えない世界にも「線の思考」と「面の思考」は存在しています。

人間の欲求のあり方を説明するのによく⑦トウジョウするのが、マズロー※1の「欲求段階説」です。

これは、人間の欲求は原始的な生理的欲求から始まって、安全の欲求→親和の欲求→自我の欲求と徐々に高度の欲求になっていき、最後は自己実現の欲求に至るという説です。

こう説明されるとよくわかった感じがしますが、本当にそうなっているかどうかは確認することができません。X昔から、貧しい生活をしながらも優れた芸術を生み出した人が多くいることからすれば、この説は、必ずしも正しくないかもしれません。

でも、イ欲求段階説のように考えることで、人は腑《ふ》に落ちた感じがするのです。

他にも、神は存在するかどうか、⑧ウチュウの始まりにビッグバン※2があったのかどうかも、目で見て確かめることができません。しかし、哲学の論理思考や数式を使って、それが確かにあると理解されています。これらは、目に見えない「線の思考」です。

一方の「面の思考」は、「かわいい」とか「かっこいい」という感じ方のイメージや、自分が「犬」だと判断する動物のイメージ、自分自身に対するイメージの他、自分の夢などが含まれます。

このように、【　5　】世界にも「線の思考」と「面の思考」はちゃんと存在しているのです。

（袖川芳之『線と面の思考術』より）

※1　マズロー……アブラハム・マズロー。米国の心理学者。

※2　ビッグバン……宇宙は非常に高温・高密度の状態から始まり、それが大きく膨張することで低温・低密度になっていったとする膨張宇宙論。

問1　波線部①～⑧のカタカナを漢字で記しなさい。

問2　傍線部ａ～ｃの語句の意味として正しいものを選んで番号で答えなさい。

ａ　直観力

1．将来の展望をふまえて分析する力

2．直接見たことを認識する力

3．過去の経験に基づいて認識する力

【国　語】（五〇分）〈満点：一〇〇点〉

一　次の文章を読んで設問に答えなさい。

「線と面の思考術」というと難しそうに聞こえるかもしれませんが、これは、私たちの脳が現実を捉えようとする時の２通りの方法そのものです。

自分の頭で考える力を身につけるために、まずは「線の思考」と「面の思考」という２つの思考法を理解しましょう。

例えば、本を読む時に、目で追っている文字の列は「線の思考」で認識しています。一方で、今まで読んできた内容を覚えていて、[A]読んでいる文章の全体意味を把握しようとするのが「面の思考」です。

車でよく知っている道を運転する時も、目の前に見えている道や①ショウガイ物を認識するのは「（　ア　）」ですが、目的地までの全体の道のりを思い浮かべて、これから信号を３つ通過すると目的地だ、などと考えるのが「（　イ　）」です。

簡単に言うと、「線の思考」は、【　1　】。音楽のメロディも、時間の流れと共に一つひとつの②オンプを追っていって初めてメロディになります。全ての音を一瞬で演奏されてもメロディは聞き取れません。

人の話も、10人に[B]話しかけられると内容をつかめませんが、ひとりずつ順番に聞けばわかります。そのひとりの人の話も、話の発端、展開、結果と順番に話されれば内容がわかりますが、[C]展開から話されても混乱してしまいます。「線の思考」は、【　2　】。

一方、「面の思考」は時間を必要とせず、一瞬にして把握する能力です。とある街の駅に降り立った時に感じるなつかしい雰囲気、初めて会う人に感じる親しみや違和感、相手の意見を聞いた時に正しいとか間違っていると直感する判断、犬を見た瞬間に犬だと見分ける認識力などです。

何がその感じをもたらしてくれるのかは、その時にはわからないため、原因を後で分析することはあるでしょう。でも、分析しなくてもはっきりと感じることのできるa直観力が「面の思考」です。

もう少し一般的な言い方をすると、「線の思考」とは【　3　】の原理です。

一方の「面の思考」とは【　4　】の原理です。

世の中にある対立する概念、[D]、量か質か、静（写真など）か動（動画など）か、部分か全体か、文明か自然か、お金か人の信頼か、性悪説か性善説か……。

いずれも前者は数や量で捉えられるもので、輪郭《りんかく》がハッキリしていてコントロールしやすい「線の思考」です。後者は質的にしか捉えられないもので輪郭がハッキリせず③フクザツ、明解に定義しづらい「面の思考」です。

数や量で捉えられるものは誰にとっても同じ意味を持つので、客観性があり共有しやすいものです。生徒の④ユウシュウさを比較するには、試験の点数というb尺度をつくることで順位をつけることができます。優れた会社かどうかを知るには、株価の時価総額の順に並べれば誰が並べても同じ順番になります。

一方、「面の思考」は主観的で誰もが異なる⑤インショウを抱く可能性があります。クラスの中で誰がユウシュウかという順位をつけようとし

2021年度

西武台新座中学校入試問題（第１回特進選抜）

【算　数】（50分）　＜満点：100点＞

【注意】　１．定規，分度器，コンパス，計算機は使用できません。
２．問題中の図は必ずしも正確とはかぎりません。
３．比で答える場合は，一番小さい整数比で答えて下さい。
４．分数で答える場合は，それ以上約分できない分数で答えて下さい。
５．円周率は3.14で計算して下さい。

1　次の □ にあてはまる数を求めなさい。

⑴　$20.74 \div 6.1 =$ □

⑵　$\frac{8}{9} \div \frac{1}{2} - \frac{6}{7} \div \frac{3}{4} =$ □

⑶　$\left(\frac{7}{12} + \frac{7}{2}\right) \times \frac{1}{7} + \frac{5}{24} =$ □

⑷　$6 \div \frac{4}{5} -$ □ $\times 0.125 = \frac{5}{12}$

⑸　４％の食塩水200ｇに食塩を２ｇ加え，水を □ ｇ蒸発させると，８％の食塩水ができます。

⑹　全部で □ ページの本があります。１日目に全体の$\frac{1}{4}$より10ページ多く読み，２日目に残りの$\frac{1}{2}$を読んだところ，31ページ残りました。

⑺　整数を１から36までかけあわせた数１×２×３×…×35×36は，12で □ 回割り切ることができます。

⑻　秒速20ｍで走る長さ120ｍの列車Ａと，秒速12ｍで走る長さ168ｍの列車Ｂがあります。２つの列車が同じ向きに進むとき，列車Ａが列車Ｂに追いついてから追い越すまでに □ 秒かかります。

2　次の図の角 x と角 y の大きさを求めなさい。

⑴　三角形ＡＢＣはＡＢ＝ＡＣの二等辺三角形で，ＢＣ＝ＢＤ＝ＡＤです。

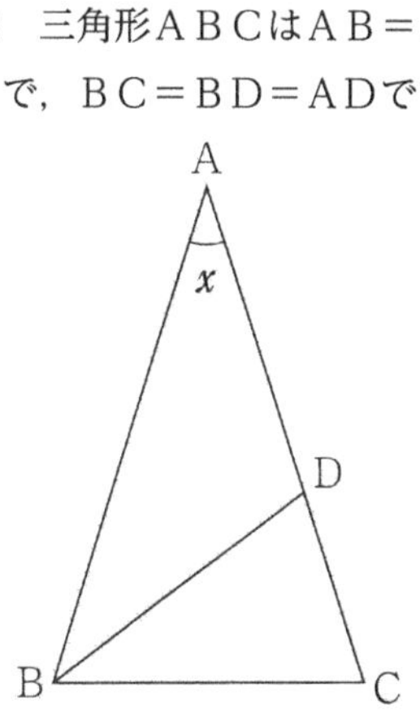

⑵　三角形ＣＡＢと三角形ＥＢＣはそれぞれＣＡ＝ＣＢ，ＥＢ＝ＥＣの二等辺三角形で，ＡＢ＝ＡＤ＝ＣＤ，角 a は角 y の２倍です。

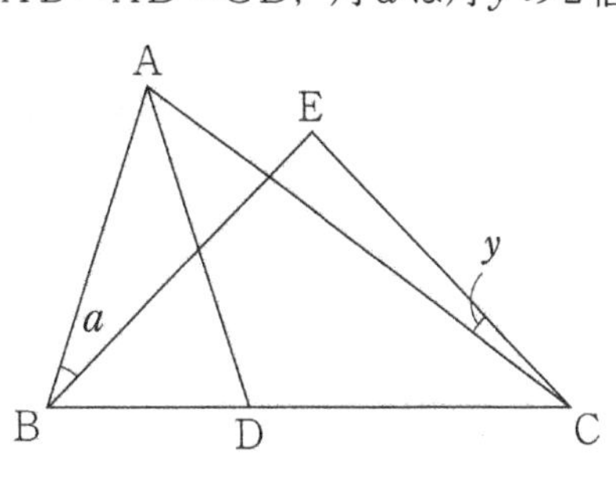

3　**右の図は，正方形とおうぎ形を組み合わせた図形です。**
次の各問いに答えなさい。

(1)　色のついた部分のまわりの長さは何㎝ですか。

(2)　色のついた部分の面積は何㎠ですか。

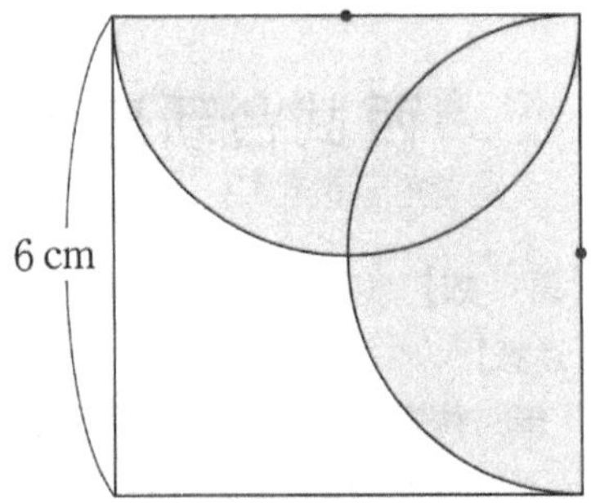

4　**次の図は円柱を組み合わせた立体です。次の各問いに答えなさい。**

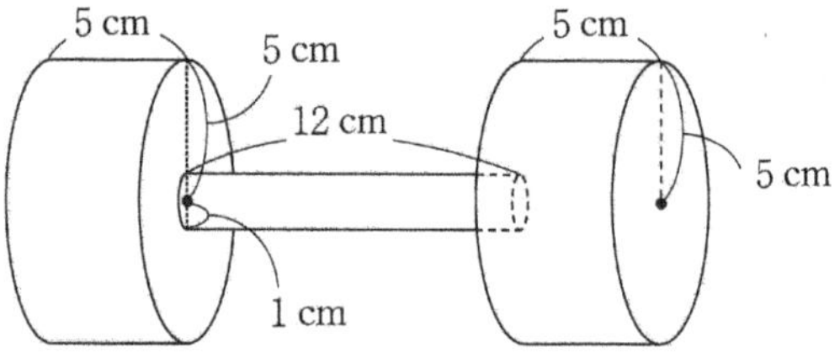

(1)　体積は何㎤ですか。

(2)　表面積は何㎠ですか。

5　**次の会話文の(1)，(2)にあてはまる数を答えなさい。**

生徒Ａ：ねえねえ，サンタクロースって世界中に何人いると思う？

生徒Ｂ：急にどうしたの？

生徒Ａ：クリスマスイヴの一晩で，世界中の子どもたちにプレゼントを配って回るなんて，1人じゃ不可能だよね，と思って…。

生徒Ｃ：なるほどね，たしかにそう考えるとサンタさんってたくさんいそうだ。

生徒Ｂ：世界の人口は77億人として，子どもは何人になるかな。

生徒Ｃ：男女別・年齢別の世界の人口に対する割合のデータ（次のページの図１）を見つけたよ。何歳までを子どもと考えようか。

生徒Ｂ：中学生くらいまでは，クリスマスプレゼント欲しいな～。

生徒Ａ：じゃあ15歳未満の子どもたちがクリスマスプレゼントをもらえることにしようか。

生徒Ｂ：やった！そうしたら，サンタさんは一晩で世界中の［(1)　　億　　万］人の子どもたちにプレゼントを配ることになるね。

生徒Ｃ：それは，サンタさん大変だね…。ところで一晩って何時間？

生徒Ｂ：夜11時だとワクワクしてまだ寝れない子どもたちがいそうだから，夜11時30分から朝の５時までに配ると考えるのはどう？

生徒Ｃ：そうしよう！あとはサンタさん１人でどのくらい配れるかがわからないと…。

生徒Ａ：調べていたら，Ｓ運送という運送会社では１時間で平均35件の配達をしているみたいだ。

生徒Ｂ：そのデータは使えそうだ！これでサンタさんの人数が出せそうだね！

生徒Ｃ：いや，その考え方で行くなら，一世帯に子ども１人とは限らないから，もう一歩だと思う。

生徒Ａ：そうだね。世界に目を向けるから，一世帯に３人の子どもがいると考えて計算してみようか。

生徒Ｂ：ＯＫ！そうしたら，１万人未満の人数は四捨五入して，サンタさんが ⑵　　万 人必要ということになるね！

生徒Ａ：すごい！そんな人数のサンタさん，クリスマスまでにどこに隠れているのだろう!?

生徒Ｂ，Ｃ：いやいや…。

図１

年齢	世界人口に対する男性の割合	世界人口に対する女性の割合
15～19歳	4.1%	3.8%
10～14歳	4.3%	4.0%
５～９歳	4.4%	4.1%
０～４歳	4.5%	4.3%

6 太郎くんは家から1.8㎞はなれた駅に８時20分に着くように，分速60mで歩き始めました。ところが道のりのちょうど真ん中まで来たときに忘れ物に気づいたので，すぐに分速150mの速さで家に戻りました。家で忘れ物を探すのに４分かかったので，自転車で時速18㎞で駅に向かいました。次の各問いに答えなさい。

⑴　太郎くんが家を出発したのは何時何分ですか。

⑵　太郎くんは予定より何分遅れることになりますか。

7 あるドラッグストアで，マスクに原価の５割の利益を見込《こ》んで定価をつけましたが，全体の個数の$\frac{4}{7}$しか売れませんでした。次の日，定価の２割引きで売ったところ，残りの個数の$\frac{5}{9}$は売れて，さらに次の日に定価の３割引きで売ったところ，定価の２割引きのときに売れ残った88個はすべて売りきれました。結果的に，すべて定価で売ったときとの利益の差は3630円でした。次の各問いに答えなさい。

⑴　３日間で売れたマスクの個数は何個ですか。

⑵　マスクひとつの原価は何円ですか。

【理　科】（社会と合わせて50分）　＜満点：50点＞

1．豆電球のつなぎ方について各問いに答えなさい。

図１のように２つのかん電池と，４つの豆電球Ｂ～Ｅ，３つのスイッチ①～③と電流計Ａをつないで回路をつくりました。この回路のかん電池と豆電球はすべて同じ種類のもので，スイッチ①はＸかＹにつなぐことができるものです。

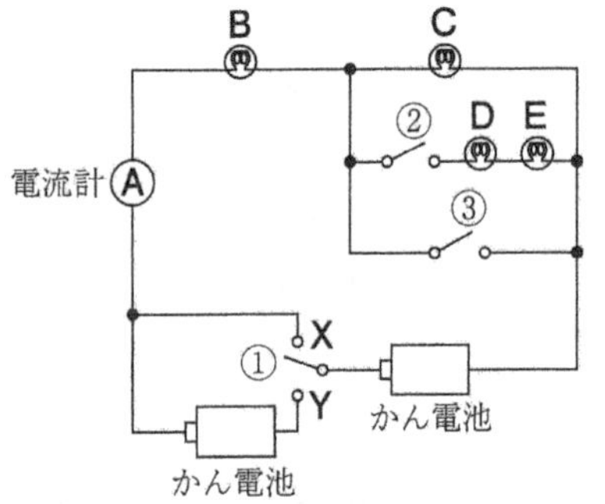

図１

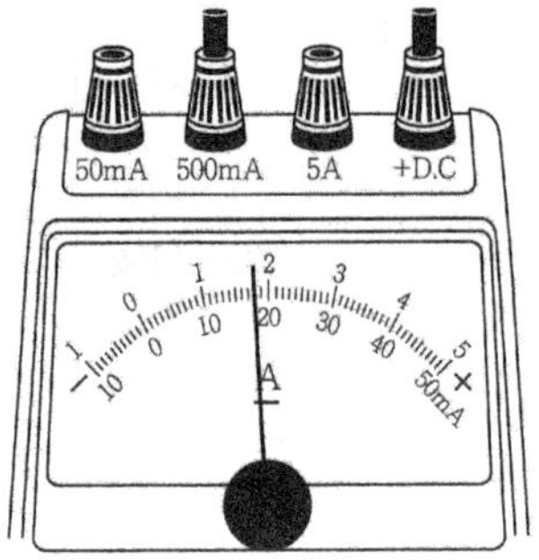

図２

問１　豆電球とかん電池を回路図にかくとき，どのような記号で表しますか。それぞれ解答用紙にかきなさい。ただし，解答用紙の左側をプラス極とします。

問２　スイッチ②と③を切り，スイッチ①をＸにつなげたところ，電流計Ａの針は図２のようになりました。このときの電流の値はいくらですか。単位もつけて答えなさい。

問３　Ｂ～Ｅの豆電球のうち，**問２**の状態で点灯するものを２つ選んでそれぞれ記号で答えなさい。

問４　スイッチ①をＸにつなげたまま，スイッチ②をつけました。このとき，最も明るく点灯する豆電球を，Ｂ～Ｅの中から１つ選んで記号で答えなさい。

問５　次に，スイッチ①をＸにつなげたまま，スイッチ②，③もつけました。このとき，４つの豆電球はどうなりますか。次の**ア**～**オ**の中から１つ選んで記号で答えなさい。

ア　すべての豆電球が点灯した。
イ　豆電球Ｂ，Ｃは点灯し，豆電球Ｄ，Ｅは点灯しなかった。
ウ　豆電球Ｂ，Ｄ，Ｅは点灯し，豆電球Ｃは点灯しなかった。
エ　豆電球Ｂは点灯し，豆電球Ｃ，Ｄ，Ｅは点灯しなかった。
オ　すべての豆電球が点灯しなかった。

問６　４つの豆電球をいちばん明るく点灯させるには，スイッチ①～③をどのようにつなげばよいですか。それぞれに当てはまる言葉を選び，文を完成させなさい。

スイッチ①は【　Ｘ　・　Ｙ　】につなぎ，スイッチ②は【　つなぎ　・　つながず　】，スイッチ③は【　つなぐ　・　つながない　】と，4つの豆電球がいちばん明るく点灯する。

2．ものの溶け方について各問いに答えなさい。

食塩やホウ酸を水に溶かしたときの様子を調べるために，50ｇの水に溶ける食塩やホウ酸の量を調べた結果，下の表のようになりました。

表

水の温度　（℃）	0	10	20	30	40	50	60
食塩　　　（ｇ）	17.8	17.9	17.9	18.0	18.2	18.3	18.5
ホウ酸　　（ｇ）	1.4	1.8	2.4	3.4	4.4	5.7	7.4

問１　食塩とホウ酸の結晶の形はどれですか。次の①～④の中からそれぞれ１つずつ選んで番号で答えなさい。

①
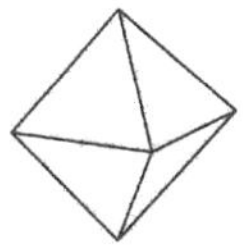
②
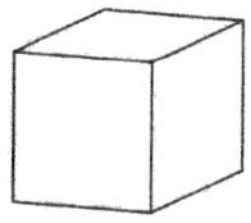
③
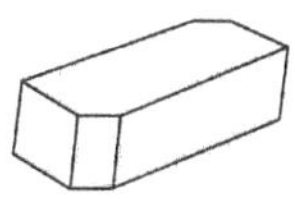
④
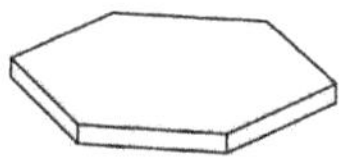

問２　20℃の水100ｇに22ｇの食塩を溶かして，水溶液を作りました。このときの水溶液の濃度は何％になりますか。小数第１位を四捨五入して整数で答えなさい。

問３　30℃の水50ｇにある物質を10ｇ溶かしたとき，結晶が出てくるのは食塩，ホウ酸のどちらですか。

問４　水に食塩とホウ酸が溶ける量について，正しく説明しているものはどれですか。次の①～④の中から１つ選んで番号で答えなさい。

①　決まった量の水に溶ける食塩の量にはかぎりがあるが，ホウ酸の量にはかぎりがない。

②　水の温度が高くなっていくとき，溶ける量のふえ方はホウ酸のほうが大きい。

③　水の温度が高くなっていくとき，溶ける量のふえ方は食塩のほうが大きい。

④　60℃では食塩よりホウ酸のほうがたくさん溶ける。

問５　50℃の水50ｇにホウ酸５ｇを加え，十分に混ぜて溶かしたあと，水溶液の温度を10℃まで冷やしたところ，結晶が出てきました。このときの結晶の量は何ｇになりますか。

問６　水100ｇに食塩40ｇを溶かそうとしたところ，溶け残りが3.6ｇ出ました。このときの水の温度は何℃と考えられますか。

3．植物について各問いに答えなさい。

問１　インゲンマメのように発芽に必要な養分を子葉にたくわえている種子のことを何といいますか。

問２　問１の植物の例を，次の①～⑤の中から１つ選んで番号で答えなさい。

①　イネ　　②　トウモロコシ　　③　オシロイバナ　　④　カキ　　⑤　ダイズ

問３　薬品を使って種子にふくまれているでんぷんを調べました。このときに使った薬品は何ですか。その名前を答えなさい。

問４　問３の薬品は，でんぷんがあると何色に変化しますか。次の①～⑤の中から１つ選んで番号で答えなさい。

①　白色　　②　黄緑色　　③　オレンジ色　　④　茶色　　⑤　青むらさき色

問５　問３の薬品を芽が出た後の子葉につけても，ほとんど色が変化しませんでした。その理由を答えなさい。

インゲンマメの種子の発芽に必要な条件を調べるため，**実験Ａ～Ｅ**を行いました。結果は下の**表**のようになりました。

実験Ａ　空気の温度が25℃の明るい部屋の中で，インゲンマメの種子をかわいただっし綿の上に置き，数日間，観察した。

実験Ｂ　空気の温度が25℃の明るい部屋の中で，インゲンマメの種子を水でしめらせただっし綿の上に置き，数日間，観察した。

実験Ｃ　空気の温度が25℃の明るい部屋の中で，インゲンマメの種子をだっし綿の上に置き，インゲンマメが完全に水中に入るまで十分に水を注《そそ》ぎ，数日間，観察した。

実験Ｄ　空気の温度が25℃の光の当たらない箱の中で，インゲンマメの種子を水でしめらせただっし綿の上に置き，数日間，観察した。

実験Ｅ　空気の温度が６～７℃の冷蔵庫の中で，インゲンマメの種子を水でしめらせただっし綿の上に置き，数日間，観察した。

表

実験Ａ	実験Ｂ	実験Ｃ	実験Ｄ	実験Ｅ
発芽しなかった	発芽した	発芽しなかった	発芽した	発芽しなかった

問６　種子が発芽するために水が必要かどうかを調べるには，**実験Ａ～Ｅ**の中で，どの２つを比べるとよいですか。２つ選んで，解答用紙に合わせてそれぞれ記号で答えなさい。

問７　種子が発芽するために明るさが必要かどうかを調べるには，**実験Ａ～Ｅ**の中で，どの２つを比べるとよいですか。２つ選んで，解答用紙に合わせてそれぞれ記号で答えなさい。

問８　実験の結果から種子の発芽に必要な条件を，次の①～⑤の中から３つ選んでそれぞれ番号で答えなさい。

①　日光　　②　水　　③　肥料　　④　発芽に適した温度　　⑤　空気

４．太陽の動きと地面の様子について各問いに答えなさい。

問１　次の文の（ア）～（ウ）に当てはまる方角をそれぞれ漢字で答えなさい。

太陽は（　ア　）からのぼって，（　イ　）の空高いところを通り，（　ウ　）にしずみます。

問２　右の**図１**のように棒を立てたところ，かげができました。このかげができたときの太陽の位置として正しいものを**図１**の㋐～㋒の中から１つ選んで記号で答えなさい。

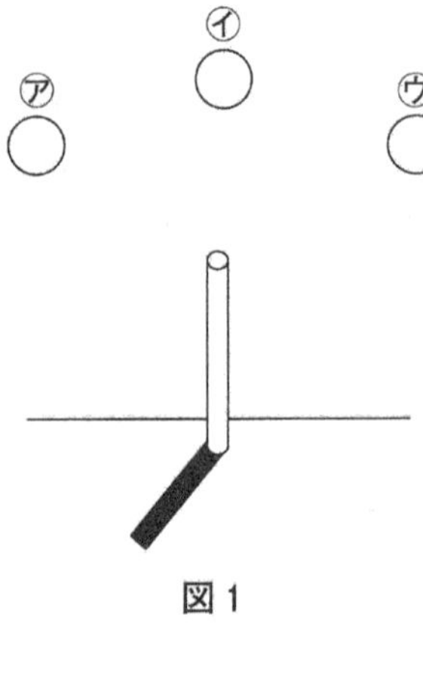

図１

問３　問２の棒を使って，１日のかげの変化を記録しました。棒のかげの記録として正しいものを次の**ア**～**ウ**の中から１つ選んで記号で答えなさい。

ア

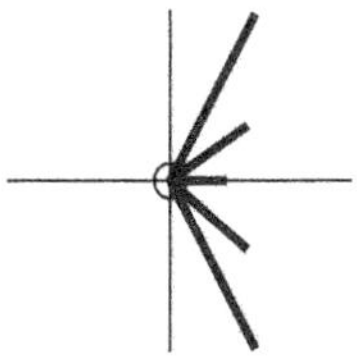

イ

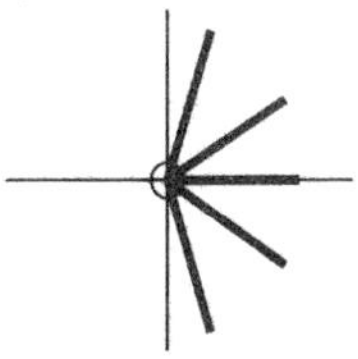

ウ

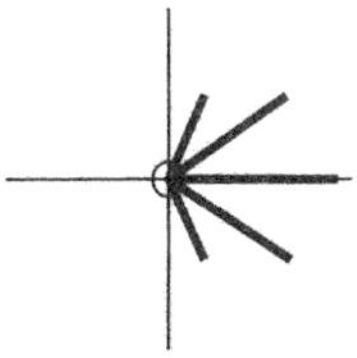

別の日に１日のかげの動きを調べたところ，右の**図２**のようになりました。

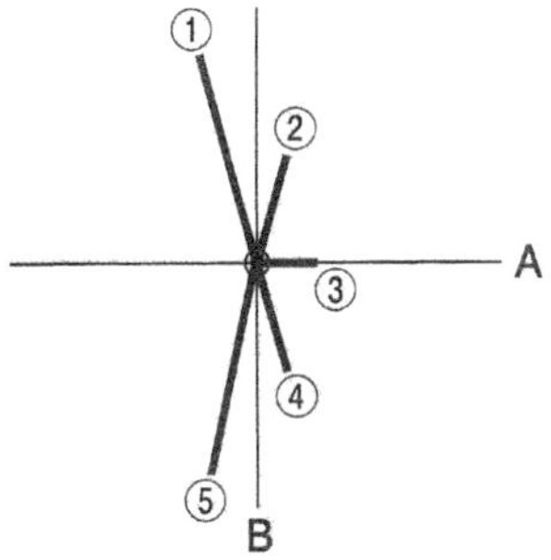

図２

問４　**A**と**B**にあてはまる方角を漢字で答えなさい。

問５　最も早い時間に記録されたかげは，**図２**の①～⑤の中のどれですか。１つ選んで番号で答えなさい。

問６　**図２**の③のかげが記録されたのは何時頃だと考えられますか。

問７　日なたと日かげの気温を午前10時と午後２時にはかってグラフにしました。その結果として正しいグラフを次の**ア**～**ウ**の中から１つ選んで記号で答えなさい。また，それを選んだ理由も答えなさい。

ア

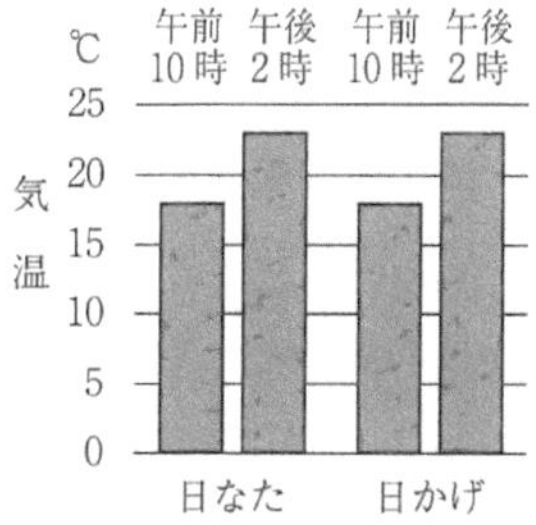

イ

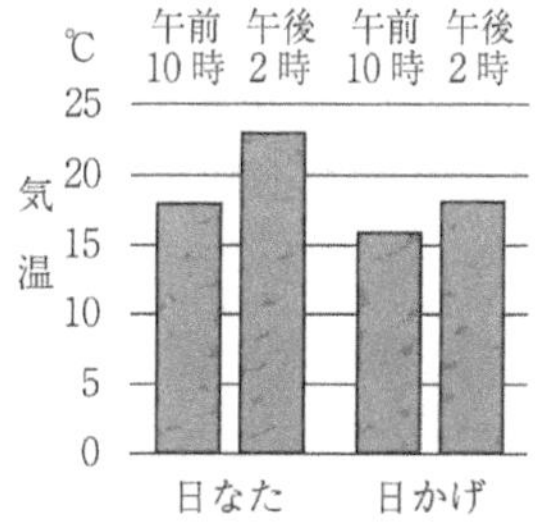

ウ

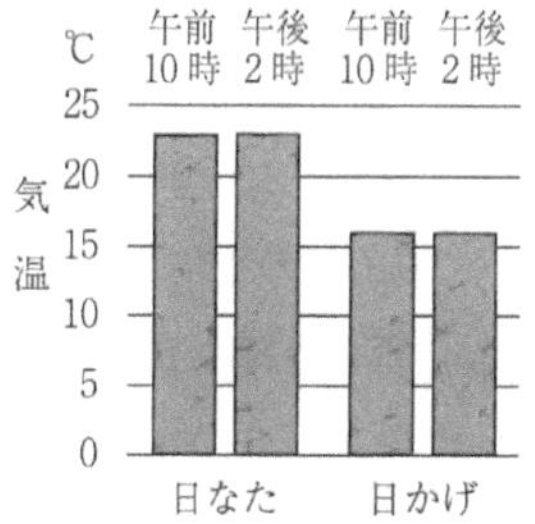

【社　会】（理科と合わせて50分）　＜満点：50点＞

１．次の各問いに答えなさい。

問１　縮尺が25000分の１の地図上で，６㎝の長さは実際には何㎞になるか，答えなさい。

問２　東北地方の中央を南北に走る山脈を漢字で答えなさい。

問３　次の文を読み，設問に答えなさい。

> 2020年７月３日から九州に梅雨前線《ばいうぜんせん》が停滞し，そこに形成された線状降水帯《せんじょうこうすいたい》によって局地的に猛烈《もうれつ》な雨が降り，熊本県では（　Ａ　）川が氾濫《はんらん》して広範囲が浸水しました。４日に熊本県と鹿児島県に，６日から７日には福岡県，佐賀県，長崎県に①大雨特別警報が発表されました。この「令和２年７月豪雨《ごうう》」によって多くの地域で②農業の甚大《じんだい》な被害が確認されています。

⑴　（Ａ）川は日本三大急流として知られ，過去にも水害に見舞われたことから「暴れ川」の異名も持つ。（Ａ）にあてはまる語句を漢字で答えなさい。

⑵　下線部①は気象庁が警告のために発表する情報である。水害のみならず，私たちは自分の地域でどんな災害が起こりうるか確認する必要がある。自然災害による被害を予測し，その被害範囲をあらわした地図を何というか，カタカナで答えなさい。

⑶　下線部②について，九州地方の農業について述べた文として適切でないものを次の中から１つ選び，記号で答えなさい。

ア．宮崎平野では，温暖な気候を利用した野菜の促成栽培《そくせいさいばい》がさかんである。

イ．筑紫《つくし》平野の佐賀県側では稲作がさかんである。

ウ．阿蘇山のカルデラの内部では，肉用牛・乳用牛を放牧している。

エ．鹿児島県のシラス台地では高原野菜の生産がさかんである。

⑷　「令和２年７月豪雨」は熊本県を中心に記録的な大雨となった。熊本県熊本市の雨温図（1981～2010年の平均値）を次の中から１つ選び，記号で答えなさい。

ア．

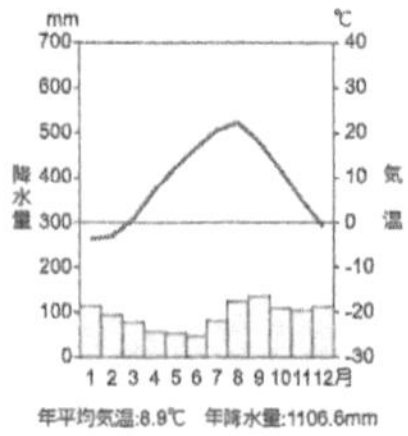

イ．

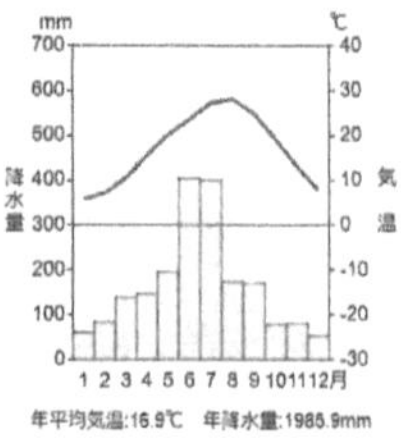

ウ．

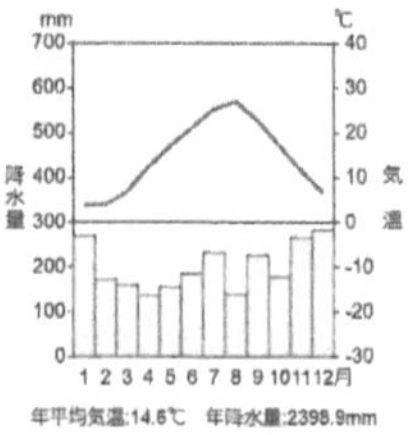

エ．

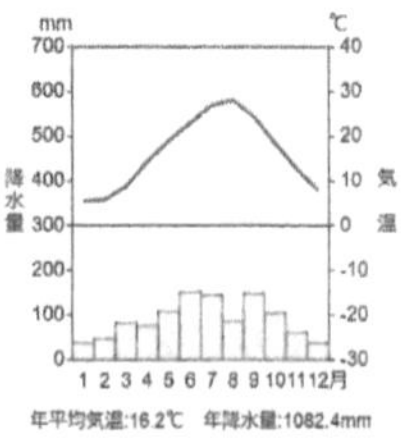

（地理データファイル2020年度版より作成）

２．次の文章は，たくや君がある世界遺産について調べ，関連する歴史についてまとめたものです。これを読み，あとの各問いに答えなさい。

> この神社は，海上に立つ社殿《しゃでん》が非常に有名で，平氏一族から厚く信仰されました。平氏は

1159年に起こった（　①　）において，源義朝《みなもとのよしとも》を破った平清盛《たいらのきよもり》が勢力を広げていきました。平清盛は後白河上皇《ごしらかわじょうこう》の（　②　）を助け，武士として初めて（　③　）に就任しています。平氏一族は朝廷《ちょうてい》の高位を独占して政治の実権を持ちましたが，その政治に武士たちの不満が高まり，結果として（　④　）が平氏一族を壇ノ浦《だんのうら》の戦いにおいて滅ぼすこととなりました。その後に成立した鎌倉幕府《かまくらばくふ》では，将軍と将軍に忠誠《ちゅうせい》を誓《ちか》った御家人《ごけにん》との間で，⑤御恩《ごおん》と奉公《ほうこう》による主従関係を結んでいます。

問１　空欄（①）にあてはまる語句を次の中から１つ選び，記号で答えなさい。

ア．保元《ほうげん》の乱　　イ．平治《へいじ》の乱　　ウ．承久《じょうきゅう》の乱　　エ．応仁《おうにん》の乱

問２　空欄（②）にあてはまる，上皇が行う政治のことを何というか，漢字２字で答えなさい。

問３　空欄（③）にあてはまる語句を，漢字４字で答えなさい。

問４　空欄（④）にあてはまる人物を次の中から１つ選び，記号で答えなさい。

ア．源義経《みなもとのよしつね》　　イ．源義仲《みなもとのよしなか》　　ウ．源頼家《みなもとのよりいえ》　　エ．源実朝《みなもとのさねとも》

問５　下線部⑤について，この主従関係は将軍と御家人の間でどのように結ばれているか，矢印を２つ使って，その関係性を図式化しなさい。ただし，どちらの矢印が「御恩」・「奉公」であるのかを判別できるようにすること。

問６　この文章で述べている世界遺産のある都道府県はどこか，次の中から１つ選び，記号で答えなさい。

ア．神奈川県　　イ．兵庫県　　ウ．福岡県　　エ．広島県

３．次の文章を読み，各問いに答えなさい。

新型コロナウイルス感染症拡大防止のため積極的に活動する，A地方自治体の首長《しゅちょう》の動向が連日メディアによって取り上げられました。B「地方自治は○○○○の学校」といわれるように，C地域住民が直接政治に参加し，首長や議会に意思を表明できる権利が認められています。Dまた，地域住民が直接選挙によって首長や議員を選べるところも，中央政治との大きな違いです。

問１　下線部Aについて，都道府県の首長を「都道府県○○」と呼ぶ。○○にあてはまる語句を漢字２字で答えなさい。

問２　下線部Bについて，「○○○○」にあてはまる語句を次の中から１つ選び，記号で答えなさい。

ア．民主主義　　イ．社会主義　　ウ．共産主義　　エ．自由主義

問３　下線部Cについて，こうした権利を「○○○○」権という。○○○○にあてはまる語句を漢字４字で答えなさい。

問４　下線部Cについて，「問３の権利」のうち，首長や議員を解職することを「○○○○」と呼ぶ。○○○○にあてはまる語句をカタカナ４字で答えなさい。

問５　下線部Dについて，都道府県の首長に立候補《りっこうほ》できる年齢（被選挙権《ひせんきょけん》）は何歳以上であるか。次の中から１つ選び，記号で答えなさい。

ア．満18歳以上　　イ．満20歳以上　　ウ．満25歳以上　　エ．満30歳以上

2．琴美はツトムの告白を受け入れた。

3．琴美はツトムに廉太郎がいかに嘘つきであるかを訴えた。

4．琴美はツトムにあの日公園で見た猫が今どこにいるかをたずねた。

5．琴美はツトムにあの日公園で見た猫の様子を確かめに行こうともちかけた。

問7　次の文章を読んで本文と合致しているものには「1」を、合致していないものには「2」を記しなさい。

ア．廉太郎が小山内さんの横で食べたのはコンビニで買ってきたツナ&マヨネーズのサンドイッチである。

イ．廉太郎はクラゲの写真集を眺めているところを小山内さんに見られたことがある。

ウ．廉太郎はツトムと小山内さんの出会いのエピソードに自分が入らない方が良いと考えて嘘をついている。

エ．廉太郎は公園の猫に板きれで屋根を作ったのが自分だと主張する小山内さんの誤解を解こうと必死になっている。

オ．大雨の降った日、廉太郎と同じように、ツトムと小山内さんは担任の先生に訳を話して早退した。

問8　次の文章が入るのに最も適切な場所を探し、その直前の五字を抜き出して記しなさい。

「ほんとうはここ、立ち入り禁止なんだ。」

ね」

「全部、（　Ｘ　）だ」

「白鳥さんも、私も、猫のことは心配だったけど、すぐには駆けつけなかった。学校がおわるまで、じっとしていた。それなのに、廉太郎さんは……」

「猫なんてしらなかったよ。ツトムに話を聞くまでは」

小山内さんは、無言で俺を見つめたあと、目をふせる。まっげの影が白い頬におちた。

今さら大雨の日のことが話題に出るとはおもわなかった。ツトムから彼女の話を聞いて以来、公園にも近づかないようにしていたというのに。

せっかくの出会いのエピソードに、俺が介入すべきではない。ツトムと小山内さんが、二人同時に、猫の安否を気にしていたというほほえましいおもいでは、二人だけが共有すべきなのだ。

「なにをかんがえて、しらないふりをしているのか、わかります。廉太郎さんは、やさしい人です。でも、ひどい人です。もう、馬鹿！」

彼女はたちあがり、そう言いのこして、c脱兎《だっと》のごとくかけだした。屋上の扉をぬけて、彼女の背中が見えなくなる。走り出す直前、小山内さんは、泣きそうな顔をしていた。

放課後、小山内さんがツトムにロどのような返事をしたのか、噂はすぐに聞こえてきた。

（中田永一『三角形はこわさないでおく』より）

問1　波線部①～⑧の漢字にはその読みを、カタカナにはその漢字を記しなさい。

問2　傍線部ａ～ｃの語句の意味として正しいものを選んで番号で答えなさい。

ａ　経緯
1．場所　2．時刻　3．いきさつ　4．日付

ｂ　安否
1．安全かどうかということ　2．無事かどうかということ
3．安心かどうかということ　4．安いか高いかということ

ｃ　脱兎のごとく
1．とても早く　2．とても恐れて
3．非常にゆっくりと　4．迷いながら

問3　Ａ ～ Ｅ に入る適語を次の中から選んで番号で答えなさい。
1．でも　2．ちょうど　3．まさか　4．もう
5．きっと

問4　傍線部イ「二つの世界」とあるが、それが表わしているものを次の中から選んで番号で答えなさい。
1．男子と女子　2．子供と大人
3．人間と動物　4．生き物と無生物
5．現実と幻想

問5　（Ｘ）に入る適語を次の中から選んで番号で答えなさい。
1．真実　2．嘘っぱち　3．明らか　4．確認済み
5．推測

問6　傍線部ロ「どのような返事をしたのか」とあるが、琴美とツトムはどのような会話を交わしたと思われるか。次の中から最も適切だと思われるものを選んで番号で答えなさい。
1．琴美はツトムの告白の真偽を問うた。

「ツトムに、もう、返事したの？」

「いえ、まだです。廉太郎さんは、どうおもいますか」

俺は返事をせずに、ツナ&マヨネーズを、ずっと噛《か》んでいた。

「おいしいですか」

「まあまあだね」

彼女はまばたきして、ため息をついた。ふう、と吐き出された息が風にとばされる。金網のむこうを見て、耳の上端にかかった髪の毛をすこしだけいじり、彼女はまた俺にむきなおる。

「まだ、クラゲの写真集、ながめてますか」

「いや、最近は」

「書店でおじいさんに話しかけられてましたよね」

「そんなこと、あったっけ？」

「あのおじいさん、どこかで、お見かけしたような気がしていたのですが。あれから三日後くらいに、公園でお会いしましたよ。猫に餌《えさ》をあげていました。いつも猫をかわいがっていた人だったんです」

「偶然、というのはすごいね」

髪が短いせいなのか、頭のてっぺんから、顔の輪郭《りんかく》、首から鎖骨《さこつ》、そして肩までのラインがはっきりと見えるのだ。男子との体格のちがいが明確にわかる。女子の体が、ほっそりして、もろくて、⑥繊細であることを、彼女の輪郭は、見ている者に感じさせる。イ二つの世界の境界線上にいる者はうつくしいとおもう。現実離れした、幻想的なものが、その人の周囲にはただよう。

「白鳥さんと私が、知りあいになったa経緯は、廉太郎さんもお聞きになってますよね」

「話題がとぶね」

「とんでなんか、いません。廉太郎さんと私が書店でお会いした、ひと月ほど前のこと、大雨の日のことです」

「公園のベンチのところで、いっしょに雨やどりしたんだよね」

「猫のb安否《あんぴ》を確かめるために、私たちは公園に行ったんです。B、猫は、木の板でつくられた屋根の下で、雨をよけていました。私と白鳥さんは、C、いつも猫をかわいがっているおじいさんが、大雨のなか、屋根をつくってくれたんだろうってかんがえました」

「たぶん、そうだよ」

「いえ、ちがいました。十月に入って、廉太郎さんと書店でお会いしたあと、そのことをしりました。おじいさんに話を聞いてみたら、自分がつくったんじゃないって、おっしゃったんです。あれは、制服を着た、高校生の男の子がつくったって。雨の中、猫が心配になって、様子を見に来たら、男の子が傘をささずに、板きれをあつめていたって」

「D、それが、俺だって言うんじゃないだろうね」

「もう、いいですから、そういう、わからないふり」

彼女は眉を、すこしだけ、怒ったような⑦カクドにする。

「おじいさんに裏付けをとったんですから。廉太郎さんは、白鳥さんや私と同様に、公園にすみついていた猫のことをしっていたんです。大雨の中、廉太郎さんは早退しましたよね。後で先生の出席簿を確認して、何時ごろから廉太郎さんが消えたのか、しらべておきました。E、雨がはげしくなった直後の授業から、早退していましたよね」

「⑧探偵みたいなことを……」

「早退は、猫のことが心配になって、様子を見に行くためだったんです

問８　傍線部ハ「人間だってそうだ」とあるが、その内容として正しいものを選んで番号で答えなさい。

１．人間もカラスも、遊んでいるかどうかを判断するにはいくつもの観点から考える必要があるということ。

２．人間もカラスも、遊んでいるように見えて実は真剣に行動している、ということが多々あるということ。

３．人間もカラスも、機械的に決められた動作を繰り返していても、実は遊んでいるということが多々あるということ。

４．人間もカラスも、ニホンザルのように追いかけっこをしたり、ターザンごっこをしたりするということ。

５．人間もカラスも、遊んでいるかどうかを判断するためには生態を詳しく観察し、科学的に分析する必要があるということ。

問９　（Ｙ）に入る適語を次の中から選んで番号で答えなさい。

１．生きていくうえで必要不可欠な行動

２．どんな生き物にでもできる行動

３．自分の知的好奇心を満たすために必要不可欠な行動

４．生きていくのに直接必要がない行動

５．二本足で行動する生き物にしかできない行動

問10　次の文章が入るのに最も適切な場所を探し、その直前の五字を抜き出して記しなさい。

「さかさまに見える景色が新鮮だったのかもしれない。」

問11　本文の内容を踏まえて、あなたが「頭がいい」と考える身近な人を挙げ、その理由を八十字以内で説明しなさい。

二　**白鳥《しらとり》ツトムと小山内《おさない》琴美《ことみ》と主人公の「俺」（鷲津《わしづ》廉太郎《れんたろう》）の三人は高校一年生の時からの友人である。ツトムが琴美に告白したことを知った「俺」はいつものように昼休みの屋上で昼食をとろうとツトムを待っている。そこに琴美が訪れる。続く文章を読んで設問に答えなさい。**

「あれ？　ツトムは？」

俺は①ドウヨウをかくして彼女に聞いた。

「友だちにさそわれて、今日は、ほかの場所でご飯をたべています」

めずらしいこともあるものだ。コンビニで②コウニュウした三角形を一口、食べる。小山内さんは、金網に指をひっかけ、青空を背にし、高校の③シュウイにひろがっている景色をながめる。飛行機雲が彼女をつらぬくように、背後の青空を横切る。

「座ったほうがいい。先生に見つかると、やっかいなことになる」

「はい」

小山内さんがスカートの裾《すそ》を乱さないように④行儀良く俺の横にすわる。屋上で二人きりか、こまったな、とかんがえる。いつもツトムがいる位置に彼女がいるのは、不思議な感じだった。俺が食事をしている様を、彼女が、ガラス玉のような瞳で、じっと見つめる。俺が無言でいると、彼女も口を開かない。

「ご飯、［　Ａ　］、食べた？」

沈黙に耐えかねて、たずねてみる。

「食欲が、ないんです」

今日ばかりは、⑤メイロウな声を出せないらしい。どこか、声にかげりがある。

問３　[A]～[E]に入る適語を次の中から選んで番号で答えなさい。

１．たしかに　２．だから　３．しかし　４．では
５．そして

問４　[Ⅰ]・[Ⅱ]には、それぞれ後の文章に続く小見出しが入る。それぞれの小見出しの内容として正しいものを選んで番号で答えなさい。

Ⅰ
１．すぐれた観察力＋洞察力
２．様々な生き物の知能と遊び
３．カラスの知能は高くない
４．本当の「頭の良さ」とは
５．知的行動とカラスの子育ての関連

Ⅱ
１．日本と海外のカラスの遊びの違い
２．人間の子供とカラスは似ている
３．人間は遊んでいない
４．遊びをする様々な生き物たち
５．滑って遊び、ぶら下がって遊ぶ

問５　傍線部イ「感心してしまうのである」とあるが、その理由として正しいものを選んで番号で答えなさい。

１．カラスと人間の知能はほぼ同じだという研究結果があるにも関らず、人間よりも優れたカラスの知能に感動しているから。
２．カラスの知能の高さが、人間の思惑を見破るほどの行動を見せる程だとは考えていなかったから。
３．鳥は人間より知能が低いので、そんなカラスが偶然とはいえ人間の思惑を見破るようなことがあるのかと驚いたから。
４．カラスと常に敵対している人間にとって、カラスに思惑を見破られることは許しがたいことであるから。
５．カラスの知能の高さを引き出したのは人間の工夫なので、人間の文明的な営みを改めて感じることができたから。

問６　傍線部ロ「成鳥が捕まることはほとんどない」とあるが、その理由として正しいものを選んで番号で答えなさい。

１．成鳥は計算ができるので、人間の数が多いと警戒心が強くなり、巣に近づかなくなるから。
２．成鳥は若鳥の時に何度もトラップに入っているので、トラップを危険な場所として認識しているから。
３．成鳥は子育てをするために警戒心が強くなり、群れで行動することが増えるから。
４．成鳥は仲間の若鳥からトラップの場所を聞いており、子供を守るためにトラップに近づかなくなるから。
５．成鳥は若鳥よりも危機回避能力が発達し、人間の罠にかからなくなるから。

問７　（Ｘ）に入る適語を次の中から選んで番号で答えなさい。

１．こんなことができるなんて、思ってもいなかった
２．これをやることに、なんの意味もない
３．これをやったら、このあとどうなるか
４．こんなことができるかもしれない
５．こんなことは、他のカラスにはできないだろう

り返しているだけで、遊びと思える行動はしない。反対にサル山のニホンザルは、追いかけっこをしたり、ターザンごっこをしたり、遊んでいるふうに見える。

賢いと評判のカラスも、「あれは遊んでいるんだよ」なんてよくいわれる。しかし、見ただけでは遊びかどうか判断するのはとても難しい。

考えてみれば、ハ人間だってそうだ。私なんか、平日も家にいてプラプラしているので、遊んでいるように見えるらしいが、本人の意識では遊んでいるわけではない。反対に、会社に通っていても、じつは何もしないで遊んでいる人もいる。遊びかどうかは当人の意識の問題でもあり、他人によって判断できない部分もある。

[D]、何をもって遊びと判断するかは難しいのだが、遊びの定義を「（　Y　）」とするならば、カラスの行動には遊びがあるといえる。

たとえば、イギリスのワタリガラスは雪の⑥シャメンを滑って遊ぶ。それも翼を閉じて仰向けになって背中で滑る。〈中略〉

日本のカラスも滑りを楽しむ。

山口県周南市では、ハシボソガラスが児童公園のすべり台を何度も滑り降りるところが観察されている（唐沢、二〇〇三）。私も映像で見たことがあるが、楽しそうに何度も繰り返し滑る姿は、人間の子どもと同じに見える。〈中略〉

もう一つカラスが遊んでいると思われる行動に、ぶら下がり遊びというのがある。ハシボソガラスやハシブトガラス、ミヤマガラスが電線や枝でこの遊びをする。

私も見たことがある。電線にとまっていたハシブトガラスが、突然バランスを⑦クズしたと思ったら、片足でぶらーんとぶら下がった。[E]、そのままの姿勢でじっとし、しばらくしてからパッとつかんでいた脚を離して飛んでいった。

こんなc芸当ができても、おそらく生きていくのに何の役に立たないであろうから、おもしろくて遊んでいると⑧解釈をしてもいいのではないか。人間も股の間から逆さまの景色を見ると新鮮に見えるという、あれに近いのかな、と思ったりする。

（柴田佳秀『カラスのジョウシキ』より）

問1　波線部①〜⑧の漢字にはその読みを、カタカナにはその漢字を記しなさい。

問2　傍線部ａ〜ｃの語句の意味として正しいものを選んで番号で答えなさい。

ａ　抜群

１．多くのものの中で唯一誰からも許されること
２．多くのものの中で特にすぐれていること
３．多くのものの中で一際明るく見えること
４．多くのものの中で特別目立つこと

ｂ　朝飯前

１．むずかしいこと　　２．やさしいこと
３．たのしいこと　　４．とくいなこと

ｃ　芸当

１．お金を払ってでも見たくなるような行為
２．見た人の気持ちを明るくする行為
３．細部まで工夫を凝らした興味深い行為
４．普通ではできそうにない行為

【国　語】（五〇分）〈満点：一〇〇点〉

一　次の文章を読んで設問に答えなさい。

Ⅰ

カラスは頭がいいというのは、みんな知っている。もはや①ジョウシキといってもいいかもしれない。ゴミにカラスが来ないように何かしかけても、すぐに見破られてしまい、「カラスって頭がいいんだなあ」と実感することも多いだろう。人の②思惑がカラスに見抜かれているようで、イ感心してしまうのである。

　Ａ　、「頭がいい」というのは、どういう能力をいうのであろうか。人間界では、a抜群の記憶力をもつ人を「頭がいいね」なんていう。この点でいえば、鳥は「三歩歩くと忘れる」というくらい記憶力が悪い動物とされる。ところがカラスには、それは当てはまらない。

　宇都宮大学の杉田研究室では、いろいろな実験をしてカラスの能力を調べている。たとえば、一五人の顔写真を貼った容器の一つだけに、大好物のドックフードを入れて覚えさせると、一〇〇%近い正解率を出す。しかも三週間ほどブランクを開けても③セイセキはほとんど変わらないというから驚きである。三歩どころか三週間たっても忘れないのだ。

　Ｂ　、カラスの仲間のマッカケスは一万か所も貯食場所を覚えているのだから、こんなことはb朝飯前なのかもしれない。

　状況を的確に判断して行動する人も、賢いといわれる。カラスはこの点でもすぐれた能力を見せる。

　鳥の子育てを観察するときには、ブラインドと呼ぶ小さなテントを巣の近くに張って身を隠す。そうすればこちらの姿が見えないため、おおかたの鳥は警戒することなく子育ての様子を見せてくれる。

　しかし、カラスにはそうはいかない。渋谷のハシブトガラスの子育てを観察したときは、ほんとうに苦労した。たいていの鳥は、④ルスチュウにブラインドに入れば、意外とすぐに巣に戻る。もし、なかなか戻らなければ、ブラインドにいったん二人入り、一人だけ出る。そうすれば中にはもう人がいないと思って巣に戻る。鳥は算数ができないためである。しかし、この方法でもカラスはだませない。もしかしたら、計算ができるのかもしれないと思ってしまう。このときは結局、無人カメラ以外では観察ができなかった。的確な状況判断をし、危険を回避する能力がカラスはほかの鳥よりもすぐれているという実例である。

　じつは、カラスのこの能力が研究の障害になっている。鳥の研究は、脚環《あしわ》などの目印をつけて個体識別をするのが第一歩である。それにはどうしても捕まえなければならないのだが、カラスの場合、これがままならない。　Ｃ　捕獲することはできる。しかし、トラップに入るのはたいていが若鳥で、ロ成鳥が捕まることはほとんどない。成鳥を捕まえて研究するのはまず無理である。ニホン⑤ユウスウの鳥の研究者で捕獲の名人といわれる人でも、カラスだけはあきらめたという。

　おそらくカラスは、「（　Ｘ　）」ということを理解できるのであろう。すぐれた観察力＋洞察力があるのだ。この能力が、ほかの鳥類ではありえないような、カラス特有の知的行動を生み出している。

Ⅱ

　知能が高い動物は遊ぶといわれる。たしかにあまり知的とは思えない生きもの、たとえばゾウリムシなんかは、機械的に決められた動作を繰

第1回特進

2021年度

解 答 と 解 説

《2021年度の配点は解答欄に掲載してあります。》

＜算数解答＞《学校からの正答の発表はありません。》

1 (1) 11.7 (2) $1\frac{1}{3}$ (3) $\frac{2}{9}$ (4) $\frac{13}{36}$ (5) 100 (6) 14 (7) 80
(8) 4

2 (1) 78度 (2) 110度 3 (1) 20.52cm² (2) 17.325cm²

4 (1) 62.8cm³ (2) 96.52cm² 5 (1) 2 (2) 30

6 (1) 午前9時9分 (2) 分速78m 7 (1) 4125円 (2) 350円

○推定配点○

各5点×20 計100点

＜算数解説＞

1 (四則計算，四則混合計算，四則混合逆算，濃度，つるかめ算，速さ，仕事算)

基本 (1) 小数のわり算では小数点の位置に気を付けて筆算を書いて計算する。割られる数，割る数どちらも10倍しても商は変わらない。$60.84 \div 5.2 = 608.4 \div 52 = 11.7$

(2) 四則混合計算では，かけ算わり算はたし算より先に計算する。小数は分数にして計算する。分数のわり算ではわる数の逆数にしてかけ算する。$\frac{1}{15} \div \frac{14}{5} + \frac{4}{7} \div \frac{3}{10} \times \frac{11}{16} = \frac{1}{15} \times \frac{5}{14} + \frac{4}{7} \times \frac{10}{3} \times \frac{11}{16} = \frac{1}{42} + \frac{55}{42} = \frac{56}{42} = \frac{8}{6} = 1\frac{1}{3}$

(3) 四則混合計算でかっこがある場合はかっこの中を先に計算する。$\left\{1 - \left(2 - 1\frac{1}{3}\right) \div \frac{4}{5}\right\} \div \frac{3}{4} = \left(1 - \frac{2}{3} \times \frac{5}{4}\right) \times \frac{4}{3} = \left(1 - \frac{5}{6}\right) \times \frac{4}{3} = \frac{1}{6} \times \frac{4}{3} = \frac{2}{9}$

(4) 計算する順に番号をふり逆にたどる。①$2\frac{1}{3} \div 1\frac{1}{3} = \frac{7}{3} \times \frac{3}{4} = \frac{7}{4} = 1\frac{3}{4}$，②$5\frac{5}{6} \times \frac{4}{21} = \frac{35}{6} \times \frac{4}{21} = \frac{10}{9} = 1\frac{1}{9}$，④$1 + 1\frac{1}{9} = 2\frac{1}{9}$，③$2\frac{1}{9} - 1\frac{3}{4} = 1\frac{40}{36} - 1\frac{27}{36} = \frac{13}{36}$

重要 (5) 6％の食塩水400gに食塩は400×0.06＝24(g)含まれる。水を蒸発させた8％の食塩水に含まれる食塩の重さは24(g)，食塩水の重さは食塩÷濃度で求められる。24÷0.08＝300(g)になる。よって，蒸発した水は400－300＝100(g)である。

(6) もし100円玉ばかり25枚の場合100×25＝2500(円)になり，実際との差2500－1800＝700(円)は50円玉があるため，700÷(100－50)＝14(枚)　よって，求める答えは14である。

(7) 道のり＝速さ×時間より，速さ＝道のり÷時間で求める。9.6km＝9600m，2時間＝120分，9600m÷120分＝80m/分，よって，求める答えは80である。

(8) 全体の仕事量を3日と6日の最小公倍数の⑥にする。1日あたりにする仕事量は，Aくん⑥÷3＝②，Bくん⑥÷6＝①，Bくん1人で2日間この仕事をすると残りは，⑥－①×2＝④，④÷(②＋①)＝$1\frac{1}{3}$，2＋2＝4，よって，求める答えは，4である。

重要 2 (平面図形・角度)

図①

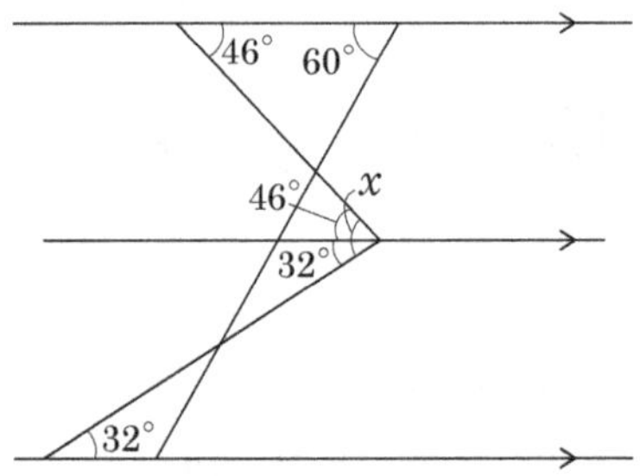

図②

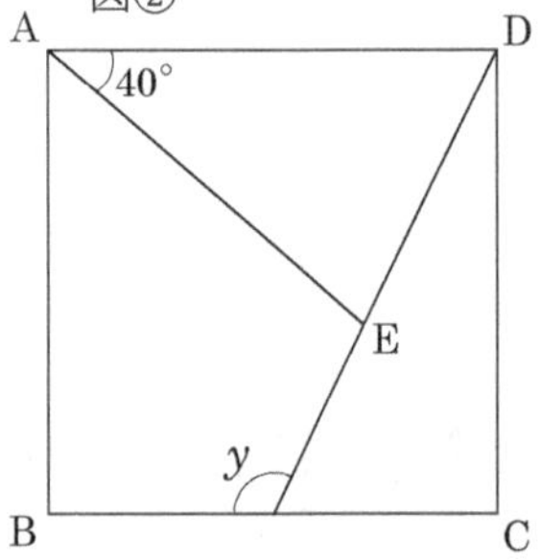

(1) 補助線を引き，錯角を利用する。46＋32＝78(度)(図①参照)

(2) 三角形AEDはAE＝ADの二等辺三角形より，角AEDは(180−40)÷2＝70(度)，また角BAEは90−40＝50(度) よって，y＝360−90−(180−70)−50＝70(度) (図②参照)

3 (平面図形・面積)

図③

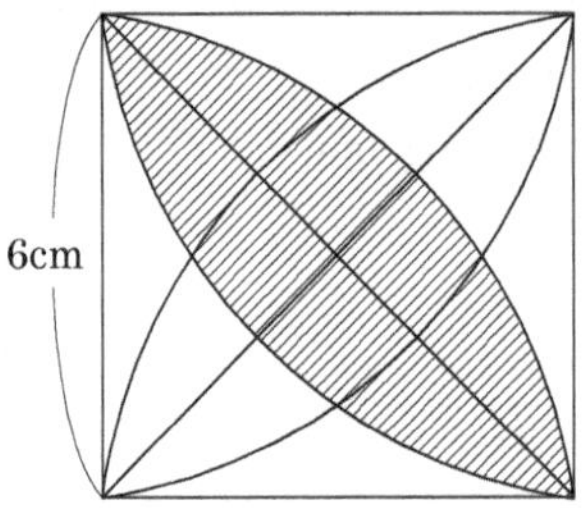

図④

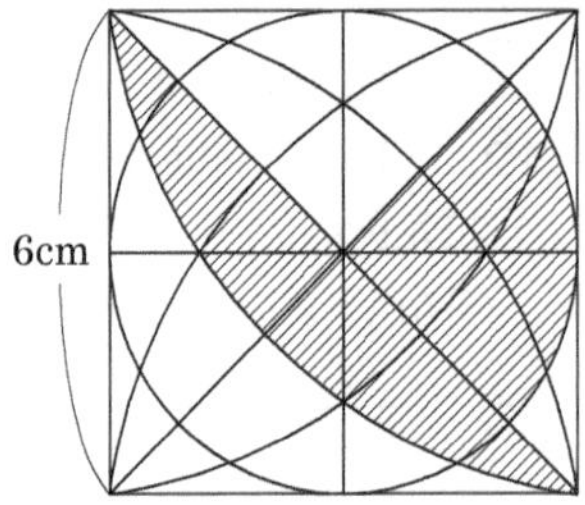

(1) 影の部分の和は半径6cm中心角90度のおうぎ形から等辺6cmの直角二等辺三角形を除いた図形を2つ合わせたレンズ形になる。

面積は$\left(6\times6\times3.14\times\frac{90}{360}-6\times6\div2\right)$$\times2=10.26\times2=20.52$(cm^2)

(2) 影の部分の和は(1)のレンズ形の半分と半径3cm中心角90度のおうぎ形の和になる。面積は$10.26+3\times3\times3.14\times\frac{90}{360}=10.26+7.065=17.325$(cm^2)

重要 4 (立体図形・体積，表面積)

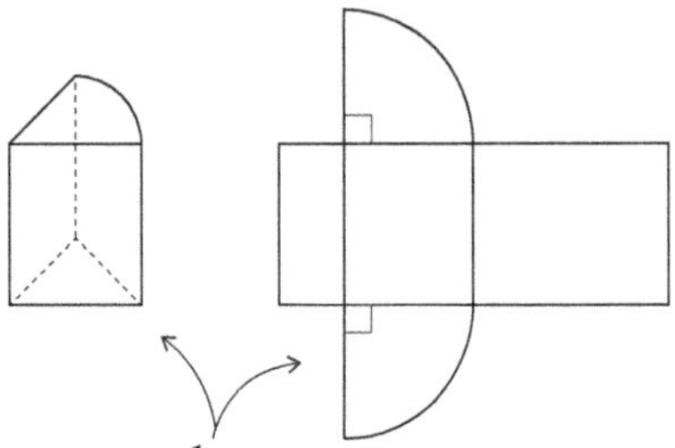

円柱を$\frac{1}{4}$にしたもの

(1) 回転してできるのは円柱を4等分した柱体である。柱体の体積は底面積×高さで求める。$4\times4\times3.14\times\frac{1}{4}\times5=20\times3.14=62.8$(cm^3)

(2) 表面積は底面積2つ分と側面積の和。計算の工夫をすると求めやすくなる。$4\times4\times3.14\times\frac{1}{4}\times2+4\times2\times3.14\times\frac{1}{4}\times5+4\times5\times2=18\times3.14+40=96.52$(cm^2)

やや難 5 (規則性)

(1) 円を1個増やすとき，すでにある円1個につき2か所で交わる。よって，あに入るのは2である。

(2) いに入るのは2＋2×2＋2×3＋2×4＋2×5＝(1＋5)×5÷2×2＝30，よって，30である。

6 (速さとグラフ)

(1) お兄さんが家を出たのは，2人の距離が540mになったとき。180m÷3分＝60m/分，540m÷60m/分＝9分，よって，求める答えは9時9分である。

(2) お兄さんはショーンさんより540m÷(39−9)分＝18m/分速い。60＋18＝78(m/分)

やや難 7 (倍数変化算)

(1) 問題に与えられた条件から比例式を作り，内項の積と外項の積が等しいことを使う。(④−600)：(③−725＋800)＝7：6，(④−600)×6＝(③＋75)×7，④×6−600×6＝③×7＋75×7，㉔−3600＝㉑＋525，㉔−㉑＝3600＋525，③＝4125，よって，求める答えは4125円である。

(2) $4125+75=4200$，$4200\times\frac{7}{6}+4200=9100$，$9100\div2-4200=350$，よって，求める答えは350円である。

★ワンポイントアドバイス★

四則計算，割合や比，規則性などの基礎的な問題を繰り返し練習しておこう。図形の問題は図に与えられた情報を書いて整理し，性質と結びつけて新しい情報を見つける練習や長文問題の練習をすると良いだろう。

＜理科解答＞《学校からの正答の発表はありません。》

1　問1　(かっ車1)　定かっ車　(かっ車2)　動かっ車　問2　250g　問3　60cm
問4　かっ車2　問5　30kg　問6　80kg

2　問1　もえるものがある　十分な酸素がある　発火点以上の温度がある
問2　消える　問3　二酸化炭素　問4　②　問5　ウ　問6　ア→イ→ウ

3　問1　メス　問2　(1)　③　(2)　⑥　(3)　④　問3　④　問4　受精
問5　③→④→②→①　問6　①　問7　腹に2，3日分の栄養分がたくわえられているから。

4　問1　A　地温　B　太陽高度　C　気温　問2　ウ　問3　地温の熱によって気温があたためられるから。　問4　猛暑日　問5　熱帯夜　問6　ウ

○推定配点○

1　各2点×7　2　各2点×8(問6完答)　3　問5・問7　各2点×2　他　各1点×7
4　問3　2点　他　各1点×7　計50点

＜理科解説＞

重要　1　(力のはたらき―滑車)

問1　かっ車1を定かっ車，かっ車2を動かっ車という。

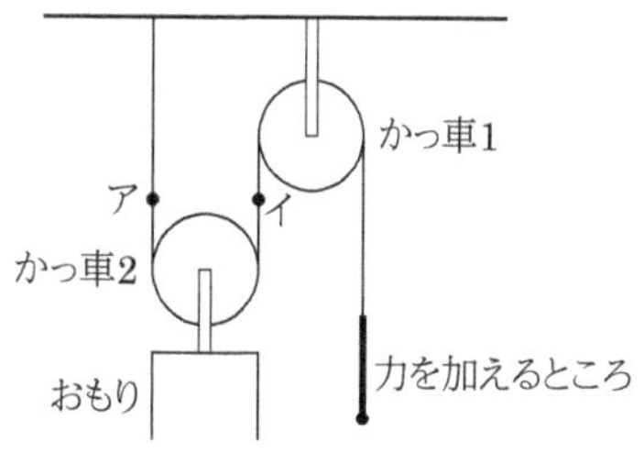

問2　右図のアとイにそれぞれ250gの力がかかるので，500gのおもりを引き上げるのに，250gの力を加えればよい。

問3　おもりの重さ×おもりが動いた長さ＝ひもを引く力×ひもを引く長さとなるので，500(g)×30(cm)＝250(g)×□(cm)より，おもりを30cm引き上げるためには，ひもを60cm引けばよい。

問4　動かっ車におもりをつるすと，おもりの重さが半分になるので，ひもを引く力を小さくするためには，動かっ車を取り付ければよい。

やや難　問5　20kgの重さは，アとイそれぞれに10kgの力としてかかるので，Aさんは10kgの力でおもりを引くことになるが，上向きに10kgの力で引っ張られもするので，体重計の値は40(kg)－10(kg)＝30(kg)となる。

基本　問6　アとイにそれぞれ最大40kgの力が加わるので，引き上げることのできるおもりの重さは最大80kgとなる。

2　(物質と変化―燃焼)

問1　物が燃えるには，もえるものがある，十分な酸素がある，発火点以上の温度があるの3つの条件が必要である。

問2　ろうそくのしんをピンセットでつまむと，液体のろうがしんをのぼることができなくなり，

ろうそくは燃えるものがなくなって，火が消える。

問3　石灰水を白くにごらすのは二酸化炭素である。

問4　ろうそくの炎であたたまった空気は上昇するので，②となる。

基本　問5　ウは下の隙間から新しい空気が入り込むので，ろうそくが一番よく燃える。

問6　アは空気が逃げる場所がないので一番早く消える。イはあたためられた空気が逃げる隙間はあるが，新しい空気が入ってこないので，2番目に消える。ウは下の隙間から新しい空気が入り込み，あたためられた空気は上の隙間から出ていくので，最も長く燃える。

3　**(生物―動物)**

問1・問2　図のメダカは背びれに切れ込みがなく，しりびれが三角形に近い形をしているのでメスである。また，腹がふくらんでいるのは，腹に卵が入っているからである。

問3　水が汚れたら，一気に水を取り替えるのではなく，半分くらいを1日置いたくみ置きの水といれかえるので，④が正しい。

問4　卵と精子が結びつくことを受精という。

問5　日にちがたつにつれ，卵内の様子が複雑になっていくので，③→④→②→①の順である。

問6　メダカの卵は，水草に産みつけられる。

問7　ふ化したばかりの子メダカの腹はふくれていて，その部分に2，3日分の栄養が含まれている。

4　**(天体―地球と太陽)**

問1　12時頃最高点になるのが太陽高度，13時頃最高点となるのが地温，14時頃最高点になるのが気温である。

基本　問2　太陽高度が低いほど，太陽は地面をあたためる力が弱くなる。逆に太陽高度が高いほど，太陽は地面をあたためる力が強くなる。

問3　太陽はまず地面をあたため，地面にたまった熱が空気をあたためるので，気温が最高になる時刻と地温が最高になる時刻が異なる。

問4　1日の最高気温が35℃以上になる日を，猛暑日という。

問5　夕方から翌朝までの最低気温が25℃以上になる夜を熱帯夜という。

問6　これまでは，最高気温がかなり高くなると予想されるときに気象庁から高温注意情報が発表されていたが，令和2年7月から，暑さ指数が高くなる日に熱中症警戒アラートが発表されることになった。

★ワンポイントアドバイス★

問題の条件，情報を整理し考える習慣を身につけよう。

＜社会解答＞《学校からの正答の発表はありません。》

1　問1　1000(m)　問2　沖ノ鳥島　問3　(1)　秋田(県)　(2)　エ　(3)　庄内(平野)　(4)　品種改良

2　問1　摂政　問2　イ　問3　イ　問4　十七条の憲法　問5　ア　問6　エ　問7　ウ

3　問1　エ　問2　エ　問3　エ　問4　ア　問5　ジュネーブ

○推定配点○

1　各3点×6　　2　問2・問5～問7　各2点×4　　他　各3点×3
3　各3点×5　　計50点

＜社会解説＞

1　(日本の地理－地形図，日本の国土と自然，農業)

問1　縮尺が50000分の1の地図上において，2cmの長さは，実際には2(cm)×50000＝100000(cm)＝1000(m)となる。

重要　問2　日本最南端の島は，東京都に属する沖ノ鳥島である。なお，日本最北端は北海道に属しロシアが占領している北方領土に含まれる択捉島，日本最東端は東京都に属する南鳥島，日本最西端は沖縄県に属する与那国島である。

問3　(1)　都道府県別の米の収穫量は，新潟県と北海道に続いて東北地方の秋田県や山形県，宮城県などが上位に入る。令和元年産の都道府県別の米の収穫量は，1位が新潟県，2位が北海道，3位が秋田県，4位が山形県，5位が宮城県となっている。　(2)　Bは根釧台地を示している。根釧台地は夏に濃霧が発生しやすいため晴天の日が少なく気温も低いため，稲作には適していない気候であることから，エが正しいとわかる。火山灰や泥炭地であることも，根釧台地が稲作に適していない理由といえる。Bの地域には山脈はみられないので，アは誤り。Bの地域で夏に雪は残っていないので，イは誤り。北海道では梅雨はみられないことや，Bの地域では河川の氾濫はあまりみられないことから，ウも適当でないとわかる。　(3)　最上川流域に広がる平野は，日本海に面した庄内平野である。庄内平野では，稲作が盛んとなっている。　(4)　別々の品種をかけ合わせることによって新しい品種を生み出す方法を，品種改良という。

2　(日本の歴史－古代)

問1　現存する世界最古の木造建築物といわれている寺院は，聖徳太子が建立した法隆寺である。聖徳太子は，推古天皇の摂政となり，政治を行った。摂政とは，天皇が女性や幼いときに，天皇にかわって政治を行う役職である。

問2　聖徳太子は，蘇我馬子と協力して政治を行ったので，イがあてはまる。

問3　冠位十二階の制度は，かんむりの色などで地位を区別し，家柄にとらわれず才能や功績がある人物を役人として取り立てようとした制度である。よって，イが適切。

基本　問4　聖徳太子は，役人の心得として十七条の憲法(憲法十七条)を制定した。

問5　聖徳太子は，中国の進んだ政治制度や文化を学ぶために，小野妹子に国書を持たせ，中国へ派遣したので，アがあてはまる。

重要　問6　小野妹子を派遣したときの中国の王朝は隋なので，使節は遣隋使と呼ばれ，エが適切とわかる。

問7　法隆寺は現在の奈良県に立地しているので，ウが適切。

3　(政治－時事問題，国際社会と平和)

問1　新型コロナウイルス感染症の正式名称は，エのCOVID－19である。アのSARSは重症急性呼吸器症候群，イのMERSは中東呼吸器症候群，ウのEVDはエボラウイルス病のことをいう。

問2　WHOの正式名称は，エの世界保健機関である。アの世界貿易機構(世界貿易機関)の略称はWTO，イの国際通貨基金の略称はIMF，ウの国際復興開発銀行の略称はIBRDである。

やや難　問3　「都市封鎖」を，エのロックダウンという。ロックダウンは，「都市封鎖」以外にも，危険やリスクなどを理由に建物や特定の地域に入ったり出たりすることが自由にできない状況でも使われる言葉である。アのパンデミックは，地球規模で感染症などが大規模に流行することをいう。イのクラスターは，「集団」や「群れ」などの意味で，感染症の流行においては集団感染の意味で使用される。ウのオーバーシュートは，感染症の流行においては爆発的な患者の急増という意味で使用される。

問4　国際連盟の設立を提唱したアメリカ大統領は，アのウィルソンである。ウィルソンは第一次世界大戦(1914年～1918年)勃発前の1913年から国際連盟設立(1920年)後の1921年までアメリカ大統領であった。イのセオドア・ルーズベルトは日露戦争の調停役をつとめ，ポーツマス条約の仲立ちをしたことで知られる。ウのワシントンはアメリカ合衆国初代大統領である。エのモンローはアメリカ合衆国第5代大統領で，モンロー主義と呼ばれる20世紀前半までのアメリカ合衆国の外交理念を示したことで知られる。

問5　国際連盟の本部が置かれていた，スイスの都市はジュネーブである。なお，国際連合の本部はアメリカ合衆国のニューヨークに置かれている。

★ワンポイントアドバイス★

基本的な知識をしっかりと覚えておこう。

＜国語解答＞《学校からの正答の発表はありません。》

一　問1　①　障害　②　音符　③　複雑　④　優秀　⑤　印象　⑥　分解　⑦　登場　⑧　宇宙　問2　a　2　b　2　c　1　問3　A　3　B　5　C　2　D　1　E　4　問4　ア　2　イ　1　問5　4　問6　3　問7　【3】　2　【4】　1　問8　高度の欲求　問9　目に見えない　問10　(例)　貧しい生活をしながらも優れた芸術を生み出した人が多くいることは，安全の欲求から徐々に高度の欲求になり，最後は自己実現の欲求に至る欲求段階説では説明できないから。

二　問1　①　強制　②　幽霊　③　そそ　④　浴室　⑤　不器用　⑥　こう　⑦　手術　⑧　ぜっきょう　問2　a　3　b　1　c　4　問3　A　5　B　3　C　2　D　4　E　1　問4　血がつながっていない　問5　3　問6　1　問7　ア　1　イ　2　ウ　2　エ　1　オ　1　問8　口に運ぶ。

○推定配点○

一　問1　各1点×8　問2・問3　各2点×8　問8・問9　各4点×2　問10　8点　他　各3点×6　二　問1　各1点×8　問2・問3　各2点×8　問7　各1点×5　問8　4点　他　各3点×3　計100点

＜国語解説＞

一　**(論説文－文章の細部の読み取り，接続語の問題，空欄補充の問題，ことばの意味，漢字の書き取り)**

問1　①　「障害」は，さまたげになるもの。「障」を使った熟語には「故障」「障壁」などがある。

②　「音符」は同音語に「音譜」がある。「音譜」は楽譜のこと。「一つひとつの」とあるので，

「音符」が正しい。　③「複雑」は「複」を「復」と誤りやすい。「複」を使う熟語は「複数」「重複(ちょうふく)」,「復」を使う熟語は「往復」「修復」などがある。　④「優」は画数が多いので形を正しく覚える。訓は「やさ - しい・すぐ - れる」。「秀」は形の似た「透(トウ)」と区別する。　⑤「象」と「像(ゾウ)」を区別する。「象」には「ゾウ」の音もあるが,「ゾウ」は動物の「象」を表す。「対象」「気象」などの熟語がある。　⑥「解」の訓は「と - く・と - かす・と - ける」。「解放」「難解」などの熟語がある。　⑦「登」には「ト」の音もある。訓は「のぼ - る」。「ト」と読む熟語で一般的なのは「登山」ぐらい。「場」の「ば」は訓なので覚えておこう。　⑧「宇」の下の部分を「干」と,「宙」の下の部分は「田」と書かないように注意しよう。

基本　問2　a「直観」は,推理や判断などによらずに対象の本質を直接にとらえること。「分析しなくても」とあるから,3「過去の経験に基づいて」とは合わない。　b「尺度」は,ものさしのこと。そこから,物事を評価・批判する基準の意味が生まれた。「試験の点数」は,生徒の優秀さを比較して評価する基準である。　c「還元」は,ある状態になったものをもとの状態にかえすこと。「単純に量に還元して」とあるのは,量以外ではかろうとしていたものを,単純に量の状態にもどしてということである。

やや難　問3　A　直前の「今まで読んできた」に対応させて「今まさに読んでいる」と続くつながりである。　B「10人にいっせいに」と「ひとりずつ順番に」の対比である。　C「話の発端,展開,結果と順番に話されれば」と対比させて,「(順番を無視して)いきなり展開から話されても」とつながっていく。　D「世の中にある対立する概念」の例として,「量か質か,静(写真など)か,部分か全体か……性悪説か性善説か……。」と挙げている。　E「なかなか」は,あとに打ち消しの語をともなって,簡単には,すぐにはの意味を表す。「なかなか……ません」と呼応している。

やや難　問4　直前の段落で,「(今)目で追っている文字の列は『線の思考』」,「今まさに読んでいる文章の全体意味を把握しようとするのが『面の思考』」と説明している。アは,「目の前に見えている道や障害物を認識する」とあるので「線の思考」である。イは,「目的地までの全体の道のりを思い浮かべて」とあるので「面の思考」である。

問5　続く文で,音楽のメロディを例にして「線の思考」とはどのようなものかを説明している。「時間の流れと共に一つひとつの音符を追っていって初めてメロディになります」とあるので,4「時間と共に順番に現れてくるものを認識する能力」ということになる。

問6　問5でとらえたように,「線の思考」は「時間と共に順番に現れてくるものを認識する能力」である。この内容を言い換えたのが,3「論理的な順番に時間を費やして進んでいく思考のタイプ」である。

問7　直前に「直観力が『面の思考』です」とあり,前の二つの段落で「一瞬にして把握する能力」「雰囲気」「親しみや違和感」「直感する判断」「瞬間に……見分ける認識力」と説明している。【4】には,1「感性的な思考で,主観的で個別性(=一人ひとりが違う様子)の高い思考」が入る。「線の思考」については,問5で「時間と共に順番に現れてくるものを認識する能力」,問6で「論理的な順番に時間を費やして進んでいく思考のタイプ」ととらえたので,2「論理的な思考」であると判断できる。

問8　「欲求段階説」は,二つ前の段落で「人間の欲求は原始的な生理欲求から始まって……徐々に高度の欲求になっていき,最後は自己実現の欲求に至るという説です」と説明している。「どのようになっていくと考えたのか」と問われているので,「高度の欲求」が解答になる。

問9　「このように」は,前の二つの段落の内容を指している。一つ目の段落には「目に見えない

『線の思考』」とある。二つ目の段落で説明されているのは「イメージ」や「自分の夢」だから，やはり「目に見えない」ものである。

重要 問10 「必ずしも正しくない」は，必ず正しいというわけではないの意味である。「貧しい生活をしながらも優れた芸術を生み出した人」は，生活を豊かにするという安全の欲求より先に，優れた芸術を生み出すという自己実現の欲求が来ているので「欲求段階説」があてはまらない。「欲求段階説」が必ず正しいとは言えないのである。だから，「必ずしも正しくないかもしれません」というのである。

二 (小説－主題の読み取り，心情・情景の読み取り，文章の細部の読み取り，指示語の問題，空欄補充の問題，ことばの意味，漢字の読み書き)

問1 ① 「強制」は「制」を同音で形の似た「製」と書かないように注意する。「制」の熟語には「規制」「制裁」などの熟語がある。 ② 「幽」の中は「糸」ではないので注意する。「霊」は上の部分は「雨」ではない。下の部分は「並」と書かないように注意する。 ③ 「注ぐ」は，液体をつぎこむの意味のほかに，降りかかる(陽光が注ぐ)，集中する(視線を注ぐ)などの意味がある。 ④ 「浴」は形の似た「沿(エン・そ-う)」と区別する。「浴」の訓は「あ-びる・あ-びせる」。「日光浴」「入浴」などの熟語がある。 ⑤ 「不器用」は「無器用」とも書く。器用でないということ。「器」を同音の「機」や「期」を書かないように注意する。 ⑥ 「甲」には「カン」の音もある。「カン」と読むのは「甲板」「甲高い」などがある。 ⑦ 「手術」を「主術」と誤らないように注意する。「術」の真ん中は「木」ではない。また，右上の「丶」を忘れないようにする。 ⑧ 「絶叫」は，出せるだけの大声で叫ぶこと。「絶」の訓は「た-える・た-やす・た-つ」。「ゼッ」と読む熟語には「絶交」「絶食」などがある。

やや難 問2 a 「ためらい」は，「ためらう」という動詞から生まれた名詞。あることをしようかどうか，迷ってぐずぐずすること。 b 「めったに」は，下に打ち消しの語を伴って「特別の場合をのぞいて，ほとんど(…ない)。よほどのことがない限り(…ない)」の意味を表す。「めったにのむことはない」は，飲むことがとても珍しいということ。 c 「逸らす」は，目標とちがった方向に向けるということ。「目を逸らす」は，視線をちがった方向に向ける，視線をはずすの意味。

基本 問3 A 下に「なかった」という打ち消しの語があるので，5「ぜんぜん」が入る。 B 「よく」は，多くその傾向がある様子の意味。「しばしば」「いつも」と同じ。「いつも父がかけていた曲だ」ということ。 C 直後の，「DVDを観ているうちに，いつのまにか眠ってしまった」という情景に合うのは，「夜は，ゆっくりと過ぎていった」である。 D 「働いて，年齢を重ねてきた手」を「生まれてから，長い時間がたった人の体の一部だった」と表現している。この様子に合うのは「ずっと働いて」である。 E 「いってきます，お母さん」と言ったのだけれど，「その声は隣にいる陸君にしか聞こえなかったと思う」という逆接のつながりなので，1「でも」が入る。

問4 陸君の「……そんなことはあまり関係がないんだよ」という会話は，陽の「でも，血がつながっていないよ」に対して言っている。「そんなこと」は，「血がつながっていない」ことを指している。

問5 直前の「それ」が指しているのは，父と二人で暮らしていたときに聴いていた曲で，私はその曲が大好きだったのである。その二人で聴いていたイメージが強く印象に残っているので，自分が「美子さんと，ひなたちゃんと，父で，聴いていることが不思議な気がした」のである。

問6 直前に「美子さんのように」とあるので，「私」が美子さんをどのように見ているかをとらえる。美子さんは，「陽(＝「私」)さんのお母さんは，素敵な絵を描く方なんだねぇ」と言い，「私」は「美子さんの言葉に胸がきゅっとつま」り，そして「父が美子さんを好きになったわけが，すこしわかったような気がした」とある。「私」は，美子さんの人間性の素晴らしさを評価しているのである。その内容に合うのは，1「強い女の人」である。

重要 問7　ア　初めのほうに「陸君が，美子さんのことをお母さんと呼ぶのが不思議な気がした。私は美子さんをお母さんと呼んだことはないのだ……美子さんのことをお母さんと呼んでいない自分を，ほんの少し責められているような気持ちにもなった」とある。本文と合致している。

イ　問4でとらえたように，陸君は陽と美子さんの血がつながっていないことを「(親子関係には)あんまり関係がない」と考えている。本文と合致しない。　ウ　美子さんは陽の母が描いたサンカヨウの花の絵について，「この花，きれいねぇ……」「陽さんのお母さんは，素敵な絵を描く方なんだねぇ」と言っている。花の白さについては，何も言っていない。本文と合致しない。

エ　問3のDや問6と関連させて考える。陽は，美子さんが働いて年齢を重ねてきたことや，そのようにして素晴らしい人間性を作ってきたことに感心している。そして，自分もそのように強く生きていたいと思うようになっている。本文と合致している。　オ　アでとらえたように，陽は美子さんを「お母さん」と呼べずにいた。しかし，エでとらえたように，美子さんの生き方に感心して自分も強く生きたいと決意している。美子さんを「お母さん」と呼ぶことで，美子さんを認めて受け入れると同時に，自分の生き方に対する決意ともしているのである。本文と合致している。

重要 問8　ぬき出した文の「そのべたべたした手」とは，ひなたちゃんが「手でミートボールをつかみ，口に運ぶ」とある，「そのべたべたした手」である。「そのべたべたした手」で「私の腕をつかもうとする」から，「私」は「体をよじらせながら，『なーに』と答え」たのである。

★ワンポイントアドバイス★

論説文は，筆者がどのように説明を進めているかを読み取っていこう。対比をとらえて，キーワードとなる大切な言葉と具体例に注目して読むことが大切だ。小説は，人物の言葉や行動に注目して心情をとらえるとともに，その理由もいっしょに読み取るようにしよう。

第1回特進選抜

2021年度

解 答 と 解 説

《2021年度の配点は解答欄に掲載してあります。》

<算数解答>《学校からの正答の発表はありません。》

1 (1) 3.4 (2) $\frac{40}{63}$ (3) $\frac{19}{24}$ (4) $56\frac{2}{3}$ (5) 77 (6) 96 (7) 17
(8) 36

2 (1) 36度 (2) 12度 3 (1) 21.42cm (2) $23.13cm^2$

4 (1) $822.68cm^3$ (2) $697.08cm^2$ 5 (1) 19億7120万 (2) 341万

6 (1) 7時50分 (2) 1分 7 (1) 462個 (2) 50円

○推定配点○

各5点×20 計100点

<算数解説>

1 (四則計算，四則混合計算，四則混合逆算，濃度，相当算，数の性質，通過算)

基本 (1) 小数のわり算は，わる数が整数になるよう小数点の位置を動かしてから計算する。20.74÷6.1=207.4÷61=3.4

(2) 四則混合計算では，わり算はひき算より先に計算する。分数のわり算ではわる数を逆数にしてかけ算する。$\frac{8}{9}\div\frac{1}{2}-\frac{6}{7}\div\frac{3}{4}=\frac{8}{9}\times2-\frac{6}{7}\times\frac{4}{3}=1\frac{7}{9}-1\frac{1}{7}=1\frac{49}{63}-1\frac{9}{63}=\frac{40}{63}$

(3) 四則混合計算では，かっこがあればかっこから計算する。かけ算はたし算より先に計算する。$\left(\frac{7}{12}+\frac{7}{2}\right)\times\frac{1}{7}+\frac{5}{24}=\left(\frac{7}{12}+\frac{42}{12}\right)\times\frac{1}{7}+\frac{5}{24}=\frac{49}{12}\times\frac{1}{7}+\frac{5}{24}=\frac{7}{12}+\frac{5}{24}=\frac{14}{24}+\frac{5}{24}=\frac{19}{24}$

(4) 分数のわり算ではわる数を逆数にしてかけ算する。小数は分数にして計算する。計算の順番を書いてから逆にたどる。①$6\div\frac{4}{5}=6\times\frac{5}{4}=\frac{15}{2}=7\frac{1}{2}$，③$7\frac{1}{2}-\frac{5}{12}=7\frac{6}{12}-\frac{5}{12}=7\frac{1}{12}$，②$7\frac{1}{12}\div\frac{1}{8}=\frac{85}{12}\times8=\frac{170}{3}=56\frac{2}{3}$

(5) 4%の食塩水200gに食塩は200×0.04=8(g)含まれる。8%の食塩水に含まれている食塩は8+2=10(g)，食塩水は10÷0.08=125(g)である。よって，蒸発したのは200+2−125=77(g)，よって，求める答えは77である。

重要 (6) 2日目に残りの$\frac{1}{2}$を読んで31ページ残った，1日目読んだ残りは$31\div\frac{1}{2}=31\times2=62$，全体は$(62+10)\div\left(1-\frac{1}{4}\right)=72\times\frac{4}{3}=24\times4=96$(ページ)，求める答えは96である。

(7) 12=2×2×3より，1から36までの整数を素因数分解して含まれる2の個数と3の個数を調べる。2の倍数の個数は36÷2=18(個)，4の倍数の個数は18÷2=9，8の倍数の個数は9÷2=4余り1，16の倍数の個数は4÷2=2，32の倍数の個数は2÷2=1，18+9+4+2+1=34(個)，3の倍数の個数は36÷3=12，9の倍数の個数は12÷3=4，27の倍数の個数は4÷3=1余り1，12+4+1=17(個)，かけあわせた数に2は34個，3は17個含まれるので，12で17回割り切ることができる。よって，求める答えは17である。

(8) 同じ向きに進む2つの列車が追い超すのにかかる時間=列車の長さの和÷列車の速さの差，

(120＋168)m÷(20－12)m/秒＝288m÷8m/秒＝36(秒)，よって，求める答えは36である。

図1

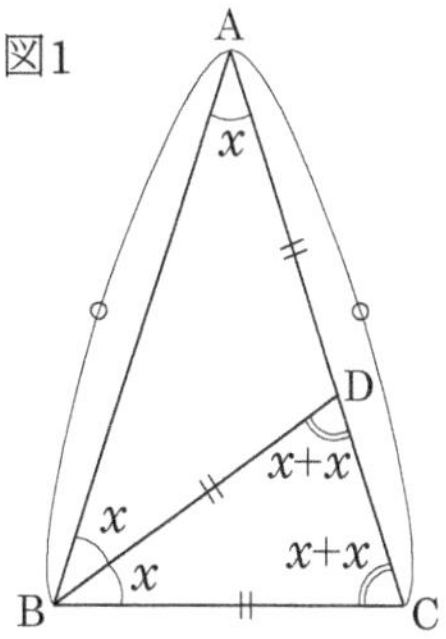

重要 2 (平面図形・角度)

(1) 二等辺三角形の底角が等しいことと三角形の外角は隣あわない内角の和に等しいことを利用する。図にわかることを書き入れて考える。三角形ABCの内角の和はxが5つ分になる。180÷5＝36(度)(図1参照)

(2) 二等辺三角形の底角が等しいので，AD＝CDより角DAC＝角DCA＝z，EB＝ECより角EBC＝角ECB＝$y+z$，三角形の外角は隣り合わない内角の和に等しいので角ADB＝角DAC＋角DCA＝$z+z$，$a=y+y$，AB＝ADより角ABD＝角ADB＝$z+z=z+y+y+y$，よって$z=y+y+y$，CA＝CBより角CAB＝角CBA＝$z+y+y+y$，よって角BAD＝$y+y+y$，三角形の内角の和は180°なので，角BAD＋角ABD＋角ADB＝y×3＋y×6＋y×6＝y×15＝180，y＝180÷15＝12(度)(図2参照)

図2

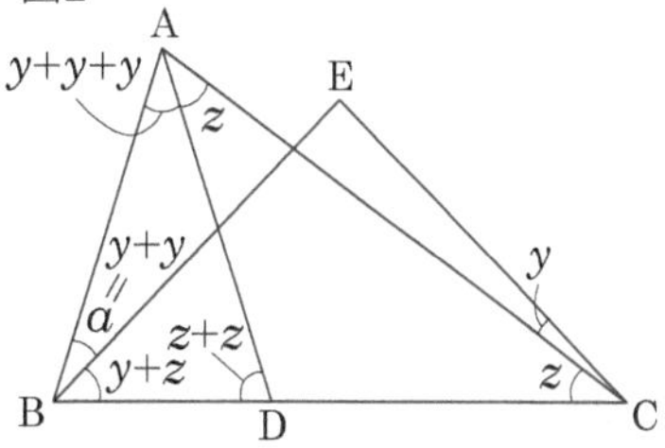

3 (平面図形・長さ，面積)

(1) 色のついた部分のまわりは正方形の辺2本と半径3cm中心角90度のおうぎ形の弧2つ分の長さの和。6×2＋3×2×3.14×$\frac{90}{360}$×2＝12＋3×3.14＝12＋9.42＝21.42(cm)

(2) 1辺3cmの正方形と半径3cm中心角90度のおうぎ形2つ分。3×3＋3×3×3.14×$\frac{90}{360}$×2＝9＋9×3.14×$\frac{1}{2}$＝9＋28.26×$\frac{1}{2}$＝9＋14.13＝23.13(cm^2)

4 (立体図形，体積，表面積)

(1) 求める体積は，底面の半径が5cm高さ5cmの円柱2個と半径1cm高さ12cmの円柱の和。5×5×3.14×5×2＋1×1×3.14×12＝(250＋12)×3.14＝822.68(cm^3)

(2) 5×5×3.14×2＋5×2×3.14×5×2＋(5×5－1×1)×3.14×2＋1×2×3.14×12＝(50＋100＋48＋24)×3.14＝222×3.14＝697.08(cm^2)

5 (割合の応用)

(1) 4.3＋4.0＋4.4＋4.1＋4.5＋4.3＝25.6(%)，77億×0.256＝19.712億，よって，求める答えは19億7120万人である。

(2) 1時間あたり197120÷5.5＝35840(万人)，35840÷35＝1024(万人)，1024÷3＝341.33…(万人)，1万人未満つまり小数第一位を四捨五入して，求める答えは341万人である。

重要 6 (速さの応用)

(1) 1.8km＝1800m，家から駅まで1800m÷60m/分＝30分かかる。8時20分－30分間＝7時50分よって，求める答えは7時50分である。

(2) 道のりの真ん中まで30分÷2＝15分，1800m÷2＝900m，900m÷150m/分＝6分，1.8km÷18km/時＝0.1時間，0.1時間×60＝6分，15＋6＋4＋6＝31(分)，予定と実際の差は31－30＝1(分)，よって，求める答えは1分である。

やや難 7 (売買算の応用)

(1) 1－$\frac{5}{9}$＝$\frac{4}{9}$，88個は残りの$\frac{4}{9}$にあたる，88÷$\frac{4}{9}$＝88×$\frac{9}{4}$＝198，残りの個数198個は全体の$\frac{3}{7}$にあたる，198÷$\left(1-\frac{4}{7}\right)$＝198÷$\frac{3}{7}$＝198×$\frac{7}{3}$＝462(個)，よって，求める答えは462個である。

(2) (1＋0.5)×0.2＝0.3←原価を1としたときの次の日の値引きの割合，(1＋0.5)×0.3＝0.45←原価を1としたときの次の次の日の値引きの割合，原価を□とすると，□×0.3×(198－88)＋□×0.45×88＝3630(円)，□×(33＋39.6)＝3630より，□＝3630÷72.6＝50(円)　よって，求める答えは50円である。

★ワンポイントアドバイス★

計算，割合，概数，図形，速さを中心に基礎的な問題を繰り返し練習しておこう。図形の問題では，図にわかることを書いて情報を整理し，性質を利用して新しい情報を見つける手がかりと結びつける練習をすると良いだろう。

＜理科解答＞《学校からの正答の発表はありません。》

1 問1　豆電球　右図1　　かん電池　右図2

図1

図2
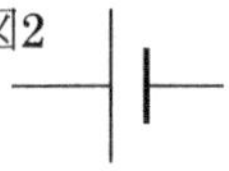

問2　180mA　　問3　B・C　　問4　B　　問5　エ

問6　①　Y　　②　つなぎ　　③　つながない

2 問1　食塩　②　　ホウ酸　④　　問2　18%　　問3　ホウ酸　　問4　②　　問5　3.2g

問6　40℃

3 問1　無はい乳種子　　問2　⑤　　問3　ヨウ素液　　問4　⑤　　問5　発芽のために，デンプンが使われたから。　　問6　実験Aと実験B　　問7　実験Bと実験D　　問8　②・④・⑤

4 問1　(ア)　東　　(イ)　南　　(ウ)　西　　問2　ウ　　問3　ア　　問4　A　北　B　東　　問5　①　　問6　12時頃　　問7　(記号)　イ　　(理由)　日なたも日かげも午前10時より，午後2時の方が気温が高くなる。また，日かげは日なたよりも気温が低い。

○推定配点○

1　各2点×10　　2　各1点×7　　3　問5　2点　　他　各1点×9

4　問7　理由　2点　　他　各1点×10　　　計50点

＜理科解説＞

基本 1 (電流―回路と電流)

問1　豆電球は⊗，かん電池はプラス極の方が長くなっている。

問2　500mAの－端子とつないでいるので，180mAである。

問3　図アのように回路がつながるので，点灯する豆電球はBとCである。

問4　図イのように回路がつながるので，最も明るく点灯するのはBである。

問5　図ウのような回路になるので，豆電球はBしかつかない。

問6　4つの豆電球を全てつけるので，スイッチ②はつなぎ，スイッチ③はつながない。また，最

図ア
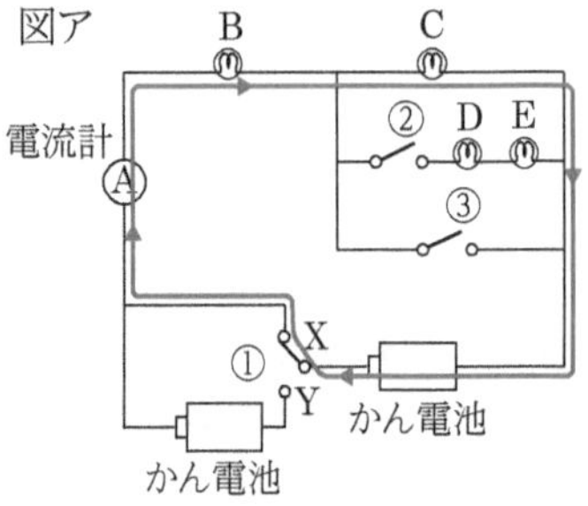

図イ
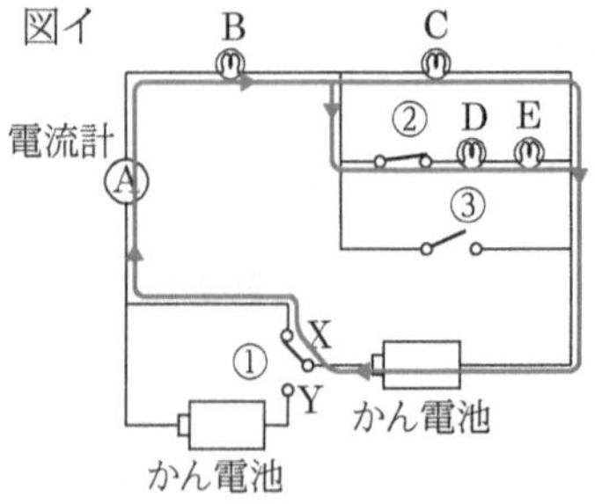

図ウ
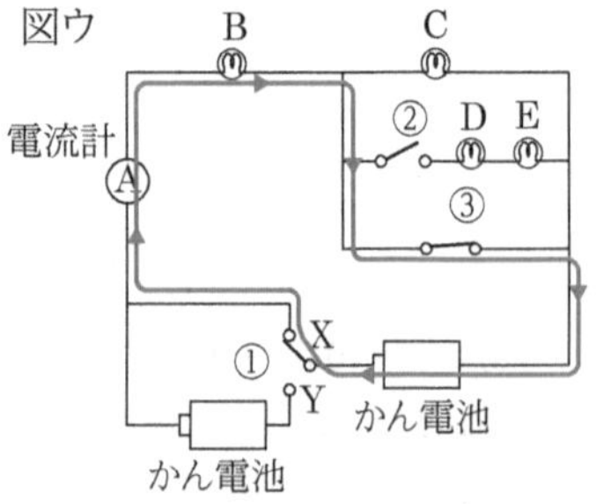

も明るく豆電球を点灯させたいので，スイッチ①はYにつなぎ，かん電池を直列つなぎにする。

重要 2 (物質と変化—ものの溶けかた)

問1　食塩は立方体，ホウ酸は六角形の形をしている。

問2　$\frac{22(\mathrm{g})}{100(\mathrm{g})+22(\mathrm{g})}\times 100=18.0\cdots$より，18%である。

問3　30℃の水50gにホウ酸は3.4gまでしか溶けない。

問4　食塩は水温が高くなっても溶ける量はあまり変化しないが，ホウ酸は水温が高くなるほど溶ける量が増えていく。

基本　問5　10℃の水50gにホウ酸は1.8gまでしか溶けないので，5(g)－1.8(g)＝3.2(g)の結晶が出てくる。

やや難　問6　水100gに食塩が40(g)－3.6(g)＝36.4(g)溶けたので，水が50gの場合を考えると，食塩が36.4(g)÷2＝18.2(g)溶けたことになる。よって，水の温度は表から40℃とわかる。

3 (生物—植物)

問1　子葉に発芽に必要な養分を蓄えている植物を無はい乳種子という。

問2　ダイズやインゲンマメは無はい乳種子の仲間である。

問3・問4　デンプンがあるかどうかを調べる薬品はヨウ素液である。ヨウ素液はデンプンがあると青紫色に変化する。

基本　問5　子葉にあったデンプンを使って発芽するので，発芽後の子葉にヨウ素液をつけても色の変化はほとんど見られない。

問6　実験A～Eをまとめると右の表になる。比べる実験は比べるもの以外すべて同じ条件にするので，発芽に水が必要かどうかを調べるには，実験Aと実験Bを比べればよい。

問7　問6と同様に，発芽に明るさが必要かどうかを調べるには，実験Bと実験Dを比べればよい。

問8　実験の結果から，発芽には，水，発芽に適した温度，空気が必要であるとわかる。

	水	空気	適温	光	発芽
A	×	○	○	○	×
B	○	○	○	○	○
C	○	×	○	○	×
D	○	○	○	×	○
E	○	○	×	×	×

4 (天体—地球と太陽)

問1　太陽は東からのぼり，南に向かい，西に沈む。

問2　影は太陽と反対の方角にのびるので，図1の太陽の位置は㋒となる。

問3　影は朝と夕方に長くのび，太陽の南中時に最も影は短くなる。

問4　影が必ず向かう方角が北なので，Aは北，Bは東となる。

基本　問5　太陽は東から昇るので，西方向に出ている影が最も早い時間に観察されたものである。よって，①となる。

基本　問6　③の影は真北を向いているので，太陽は南中していると考えられる。よって，③の影が記録された時間は12時頃だと考えられる。

問7　気温は午後2時ごろ最高気温を迎える。また，日なたの気温は日かげの気温よりも高い。

★ワンポイントアドバイス★

回路図は，頭の中で考えるのではなく，問題ごとに線をかいて考えよう。

<社会解答> 《学校からの正答の発表はありません。》

1　問1　1.5(km)　　問2　奥羽山脈　　問3　(1)　球磨(川)　　(2)　ハザードマップ
(3)　エ　　(4)　イ

2　問1　イ　　問2　院政　　問3　太政大臣　　問4　ア
問5　右図　　問6　エ

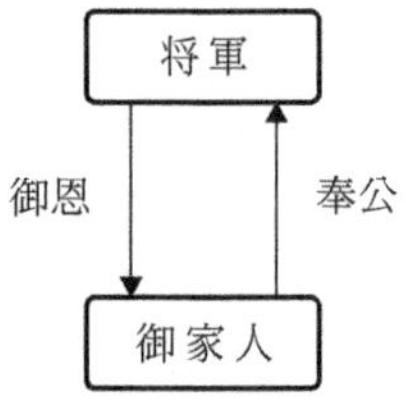

3　問1　知事　　問2　ア　　問3　直接請求　　問4　リコール
問5　エ

○推定配点○
2　問6　2点　　他　各3点×16　　計50点

<社会解説>

1　(日本の地理－地形図，日本の国土と自然，気候，農業)

問1　縮尺が25000分の1の地図上において，6cmの長さは，実際には6(cm)×25000＝150000(cm)＝1500(m)＝1.5(km)となる。

問2　東北地方の中央を南北に走る山脈は，奥羽山脈である。

やや難　問3　(1)　日本三大急流の一つで，熊本県を流れる川は，球磨川である。球磨川は2020年7月の令和2年7月豪雨で氾濫して広範囲が浸水している。なお，日本三大急流は，球磨川と最上川，富士川である。　(2)　自然災害による被害を予測し，その被害範囲をあらわした地図を，ハザードマップという。　(3)　鹿児島県のシラス台地では，さつまいもや茶などの栽培がさかんであるが，高原野菜は栽培されていないので，エが適切でない。高原野菜は，長野県や群馬県などの高原地帯において夏のすずしい気候を利用して栽培されるレタスやキャベツなどの野菜のことである。宮崎平野では，温暖な気候を利用した野菜の促成栽培が盛んなので，アは適切。筑紫平野の佐賀県側では稲作がさかんなので，イは適切。阿蘇山のカルデラの内部では，肉用牛や乳用牛が放牧されているので，ウは適切。　(4)　熊本市は6月から7月にかけて梅雨などの影響で降水量が多いことから，イと判断できる。アは冬に平均気温がマイナスとなっていることなどから北海道の気候を示している。ウは冬に降水量が多くなっていることから日本海側の気候を示している。エは冬でも比較的温暖で降水量が年間を通して比較的少ないことから瀬戸内の気候を示している。

2　(日本の歴史－平安時代～鎌倉時代)

問1　1159年に起こった，平清盛が源義朝を破った戦いを，平治の乱というので，イがあてはまる。アの保元の乱は1156年に天皇と上皇の対立などから起こった戦い。ウの承久の乱は1221年に後鳥羽上皇が鎌倉幕府を倒そうとして兵をあげたが，幕府に敗れた出来事。エの応仁の乱は，室町幕府8代将軍足利義政のあとつぎをめぐる争いなどから1467年に始まった戦い。

基本　問2　上皇が政治の実権をにぎって行った政治を，院政という。院政は，1086年に白河上皇が開始した。

問3　平清盛は，1167年に武士として初めて太政大臣となっている。

問4　1185年の壇ノ浦の戦いで平氏を滅ぼしたのは，アの源義経である。

重要　問5　御恩は将軍が御家人に対して以前からの領地の支配権を保証したり，新しい領地を与えたりすることをいう。奉公は，御家人が将軍に対して忠誠を誓い，平時には幕府や京都の御所などの警備をし，戦いが起こった時には出陣・参戦する軍役の義務を負うことをいう。

問6 「海上に立つ社殿が非常に有名」で,「平氏一族から厚く信仰された」のは,厳島神社である。厳島神社は広島県にあり,1996年に世界文化遺産に登録されている。よって,エが適切。

3 (政治－地方自治)

問1 都道府県の首長は,都道府県知事という。

問2 「地方自治は民主主義の学校」はイギリスの政治学者ブライスの言葉で,地域の政治について住民自身が実践することによって,民主主義の根源を知り,民主主義の実現に貢献するという考えである。よって,アがあてはまる。

問3 地域住民が直接政治に参加し,首長や議会に意思を表明できる権利を,直接請求権という。日本の地方自治においては,条例の制定・改廃請求,議会の解散請求,議会議員や首長などの解職請求,監査請求の4つの直接請求権がある。

基本 問4 首長や議員を解職することを,リコールという。

問5 都道府県知事の被選挙権は,満30歳以上なので,エが適当である。なお,市町村長の被選挙権は満25歳以上,衆議院議員と地方議会議員の被選挙権は満25歳以上,参議院議員の被選挙権は満30歳以上である。

★ワンポイントアドバイス★

地形や気候,歴史上の人物や出来事,政治のしくみなどについて,整理しておこう。

＜国語解答＞ 《学校からの正答の発表はありません。》

一 問1 ① 常識 ② おもわく ③ 成績 ④ 留守中 ⑤ 有数 ⑥ 斜面 ⑦ 崩 ⑧ かいしゃく 問2 a 2 b 3 c 4 問3 A 4 B 1 C 3 D 2 E 5 問4 Ⅰ 1 Ⅱ 5 問5 2 問6 5 問7 3 問8 1 問9 4 問10 でいった。 問11 (例) 〈「頭がいい」と考える身近な人〉 母 〈理由〉 理由は,よく観察して失敗をさけているからです。たとえば,妹がどんなときにぐずりだすかをふだんからよく見ていて,そうなる前にあやしてきげんを取るようにしています。

二 問1 ① 動揺 ② 購入 ③ 周囲 ④ ぎょうぎ ⑤ 明朗 ⑥ せんさい ⑦ 角度 ⑧ たんてい 問2 a 3 b 1 c 1 問3 A 4 B 1 C 5 D 3 E 2 問4 5 問5 2 問6 3 問7 ア 1 イ 2 ウ 1 エ 2 オ 2 問8 を横切る。

○推定配点○

一 問1 各1点×8 問2・問3 各2点×8 問4 各3点×2 問11 6点 他 各4点×6 二 問1・問3 各1点×13 問2 各2点×3 問7 各1点×5 他 各4点×4 計100点

＜国語解説＞

一　(論説文－文章の細部の読み取り，接続語の問題，空欄補充の問題，ことばの意味，漢字の読み書き，記述力・表現力)

問1　①　「識」を同音で形の似た「織」と区別する。「織」の訓は「お‐る」。「識」には「認識」「見識」，「織」には「組織」などの熟語がある。　②　「思惑」は，ある意図をもった，自分本位のその人の考え。訓＋音の読み方をする。　③　「績」を同音で形の似た「積」とする誤りが多いので注意する。「積」の訓は「つ‐む・つ‐もる」。「績」には「業績」「功績」，「積」には「蓄積」「容積」などの熟語がある。　④　「留」を「ル」，「守」を「ス」と読むのは「留守」ぐらいなので熟語の形で覚えよう。「留」には「リュウ」の音もある。訓は「と‐める・と‐まる」。「留任」「保留」などの熟語がある。　⑤　「有数」は，とりたてて数えるほど優れていること。「有」を「優」と誤らないように注意しよう。「有」は「ウ」の音もある。訓は「あ‐る」。「保有」「有無(うむ)」などの熟語がある。　⑥　「斜」は，形の似た「針(シン・はり)」と区別する。訓は「なな‐め」。「傾斜」「斜陽」などの熟語がある。　⑦　「崩」の音は「ホウ」。「くず‐れる」の訓もある。「崩壊」「崩落」などの熟語がある。　⑧　「解釈」は，判断し，理解すること。「解」の訓は「と‐く・と‐かす・と‐ける」。「釈」には，「注釈」「釈明」などの熟語がある。

基本　問2　a　「抜群」は，群(＝多くのもの)を抜いているということ。多くのものの中から抜けて特にすぐれているということである。　b　「朝飯前」は，朝食を食べる前にもできるほどたやすいこと。　c　「芸当」は，危険や困難などが伴う，ふつうではできないような行為。

やや難　問3　A　最初の段落で「カラスは頭がいい」という話題を示している。そして，「では」と転換して「『頭がいい』というのは，どういう能力をいうのであろうか」と問題提示をしている。

B　「たしかに」は，前で述べている内容を誤りがないと認めていることを表す。前で述べたカラスは記憶力がよいという内容を，「たしかに……貯食場所を覚えている」と認めている。

C　前の部分では，カラスを捕まえることはままならない(＝思うとおりにはいかない)と述べ，あとの部分では「捕獲することはできる」と反対のことを述べている。逆接。　D　前の部分の，「遊びかどうかは……他人によって判断できない部分もある」ということを理由にして，あとの部分では「だから，何をもって遊びと判断するかは難しい」と述べている。　E　前の部分の「片足でぶらーんとぶら下がった」という内容に，「そのままの姿勢でじっとし……脚を離して飛んでいった」という内容を付け加えている。付け加える意味の「そして」が入る。

やや難　問4　Ⅰ　「『頭がいい』というのは，どういう能力をいうのであろうか」と問題提示をして説明を展開し，最後に「すぐれた観察力＋洞察力があるのだ。この能力が，ほかの鳥類ではありえないような，カラス特有の知的行動を生み出している」とまとめている。カラスの「すぐれた観察力＋洞察力」について述べている。　Ⅱ　この文章は「カラス」が話題であることを押さえる。文章の中ほどに「カラスの行動には遊びがあるといえる」とあり，イギリスや日本のカラスが滑って遊んだり，ぶら下がって遊んだりする様子が説明されている。

問5　「感心してしまう」例として，「ゴミにカラスが来ないように何かしかけても，すぐに見破られてしま」うということを挙げている。カラスのどんな点に感心しているのかといえば，人の思惑を見抜いてしまうカラスの頭の良さにである。そこまでカラスが頭が良いとは考えていなかったから，感心するのである。

問6　直前に「トラップに入るのはたいていが若鳥で」とある。若鳥と成鳥とでどのような違いがあるのかについて見てみると，前の段落に子育てをする成鳥についての説明があり，「的確な状況判断をし，危険を回避する能力がカラスはほかの鳥よりもすぐれている」と述べている。成鳥は若鳥に比べて危機回避能力があるから，人間の罠にかからなくなるのである。

問7 「『(X)』ということを理解できる」ことを,「すぐれた観察力＋洞察力がある」と説明している。「観察力」は,注意深く見守ったりみきわめたりする能力であり,「洞察力」は,物事の奥底まで見抜く能力である。カラスは,よく観察して,物事がどうなっていくかを見抜く能力があるのである。つまり,カラスは「これをやったら,このあとどうなるか」を考えることができるというのである。

問8 「人間だってそうだ」の「そう」が指しているのは,直前の「見ただけでは遊びかどうか判断するのはとても難しい」ということ。傍線部のあとでは,「私」や「会社に通ってい」る人の例を挙げて「見ただけでは遊びかどうか判断するのはとても難しい」から,いくつもの観点から考える必要があるというのである。

問9 「遊びの定義を『(Y)』とするならば,カラスの行動には遊びがあるといえる」と述べて,イギリスや日本のカラスの遊びの例を挙げている。そして,「こんな芸当ができても,おそらく生きていくのに何の役にも立たないであろうから,おもしろくて遊んでいると解釈してもいいのではないか」と述べている。つまり,遊びとは「生きていくのに直接必要がない行動」である。

問10 「さかさまに見える景色」ということは,視点がふつうとは逆になっているということである。それは,電線に片足でぶら下がっているカラスの視点である。抜き出した文は,筆者の考えを述べた文だから具体例のあとに入るので,「～脚を離して飛んでいった。」のあとに入る。

重要 問11 「本文の内容を踏まえて」とあるので,観察力や洞察力についての頭の良さが現れた例を挙げてまとめる。解答例は,母親が子どもをよく観察していて,ぐずりだす前にきげんを取るようにしているという内容でまとめている。

二 (小説－心情・情景の読み取り,文章の細部の読み取り,空欄補充の問題,ことばの意味,漢字の読み書き)

問1 ① 「動揺」は,不安で落ち着かないこと,平静さを失うこと。「揺」は,同音で形の似た「謡」と区別する。「揺」の訓は,「ゆ - れる・ゆ - る・ゆ - らぐ・ゆ - るぐ・ゆ - する・ゆ - さぶる・ゆ - すぶる」。「揺」の熟語で一般的なのは「動揺」くらいなので熟語で覚えてしまおう。 ② 「購」は同音で形の似た「講・構」と区別する。「購」は,買うの意味。「購買」「購読」などの熟語がある。 ③ 「周」は同音で形の似た「週」と区別する。「周」の訓は「まわ - り」。「囲」の訓は「かこ - む・かこ - う」。「周知」「周到」「包囲」「範囲」などの熟語がある。 ④ 「行儀」は,行為・動作の作法。「行」の音は「コウ・ギョウ」。「儀」には,「礼儀」「儀式」などの熟語がある。 ⑤ 「明朗」は,明るく朗らかでわだかまりがないこと。「明」には「ミョウ」の音もある。「朗」の訓は「ほが - らか」。「朗読」「晴朗」などの熟語がある。 ⑥ 「繊細」は,細く小さくて弱々しい感じを与える様子。「繊」の熟語には「繊維」「化繊」などがある。 ⑦ 「角」は,真ん中の縦棒をつきださないように注意する。「怒ったような角度にする」は,眉がつり上がるということ。 ⑧ 「探偵」は,こっそりさぐり調べること。「探」の訓は「さが - す・さぐ - る」。「探査」「探索」などの熟語がある。「偵」には「偵察」「内偵」などの熟語がある。

基本 問2 a 「経緯」は,事件・物事などの筋道や事情。いきさつ。 b 「安否」の「安」は,危険でなく無事ということ。「否」は打ち消しで,そうではないということ。 c 「脱兎」は,逃げるウサギ。「脱兎のごとく」は,逃げるウサギのようにということ。勢いがよく非常にはやいことのたとえ。

やや難 問3 A 初めの設問文に「『俺』はいつものように昼休みの屋上で昼食をとろうとツトムを待っている」とある。昼休みなので,「俺」は小山内さんに「ご飯,もう,食べた」とたずねているのである。 B 「猫の安否を確かめるために」というのは,猫は大雨をよける場所もなくて危険な状態になっているのではないかと推測したからである。しかし,推測とはちがって「猫は,木の板でつくられた屋根の下で，雨をよけてい」たのである。逆接の「でも」が入る。　C　猫が屋根の下で雨をよけていたのは，「きっと，いつも猫をかわいがっているおじいさんが，大雨のなか，屋根をつくってくれたんだろうってかんがえ」たのである。　D　「まさか」は，下に打ち消しなどをともなって「いくらなんでも」という反発・不満の気持ちを表す。「俺ではない」と反論しているのである。　E　「何時ごろから廉太郎さんが消えたのか」→「ちょうど，雨がはげしくなった直後の授業から」というつながりになっている。

問4　直後に「現実離れした，幻想的なものが，その人の周囲にはただよう」とある。小山内さんは現実の世界と幻想の世界の境界線にいるからうつくしいというのである。

問5　「俺」は，小山内さんの行動を「探偵みたいなこと」と言い，推理している内容を否定しているのである。「全部，嘘っぱちだ」と言い，「猫なんてしらなかったよ」と否定している。

問6　「噂はすぐに聞こえてきた」とあるのは，「俺（廉太郎）」がいかに嘘つきであるかという噂が聞こえてきたということである。

やや難　問7　ア，「俺は返事をせずに，ツナ＆マヨネーズを，ずっと噛んでいた」とあるので本文と合致している。「コンビニで購入した三角形」とは，サンドイッチのことである。　イ，小山内さんの会話に「まだ，クラゲの写真集，ながめてますか」とあるが，廉太郎がクラゲの写真集を眺めているところを小山内さんにみられたという描写はない。本文と合致していない。　ウ，「せっかくの出会いのエピソードに，俺が介入すべきではない。ツトムと小山内さんが，二人同時に，猫の安否を気にしていたというほほえましいおもいでは，二人だけが共有すべきなのだ」とある。「猫なんてしらなかった」はウソであるので，本文と合致している。　エ，小山内さんは，公園の猫に板切れで屋根を作ったのは廉太郎だと主張しているので，本文と合致していない。

オ，「白鳥さんも，私も，猫のことは心配だったけど，すぐには駆けつけなかった。学校が終わるまで，じっとしていた」とあるので本文と合致していない。

重要　問8　「立ち入り禁止」の場所とは，廉太郎と小山内さんがいる屋上である。立ち入り禁止だから，「座ったほうがいい。先生に見つかると，やっかいなことになる」のである。入る場所は，「～背後の青空を横切る。」のあとである。

★ワンポイントアドバイス★

論説文は，筆者が自分の考えを説明するために，どのような例を挙げているかをつかみ，例と考えの関係をつかみながら読もう。小説は，人物の言葉や様子，行動に注目して心情をとらえよう。また，場面の様子を読み取って，出来事のいきさつやどんなことがえがかれているかをつかもう。

2020年度

★★★★★★★★★★★★★★★★★★★★★★★★

入　試　問　題

2020年度

西武台新座中学校入試問題（第１回特進）

【算　数】（50分）　＜満点：100点＞

【注意】　1．定規，分度器，コンパス，計算機は使用できません。
2．問題中の図は必ずしも正確とはかぎりません。
3．比で答える場合は，一番小さい整数比で答えて下さい。
4．分数で答える場合は，それ以上約分できない分数で答えて下さい。
5．円周率は3.14で計算して下さい。

1　次の □ にあてはまる数を求めなさい。

⑴　11.61÷4.3＝ □

⑵　$1\frac{2}{3}\times\frac{4}{5}-\frac{6}{7}\div\frac{8}{9}=$ □

⑶　(65－52÷13×２)＋1.8×200＝ □

⑷　$\frac{7}{9}\times\left(\square+\frac{5}{6}\right)\times\frac{6}{5}\div\frac{8}{9}=\frac{41}{40}$

⑸　５％の食塩水120ｇに食塩を６ｇ，水を □ ｇ加えると，８％の食塩水ができます。

⑹　税抜《ぬ》き価格 □ 円の商品に10％の消費税を加えると，税込《こ》み価格1683円になります。

⑺　ひとみさんが分速60ｍの速さで歩いています。３時間歩き続けると歩いた道のりは □ km です。

⑻　Ａくん１人で働くと10日で終わる仕事があります。この仕事をＡくんとＢくんの２人ですると，６日で終わります。Ｂくん１人でこの仕事をすると □ 日で終わります。

2　次の図の角 x と角 y の大きさを求めなさい。

⑴　四角形ABCDは正方形で
三角形BCE，三角形CDFは
正三角形です。

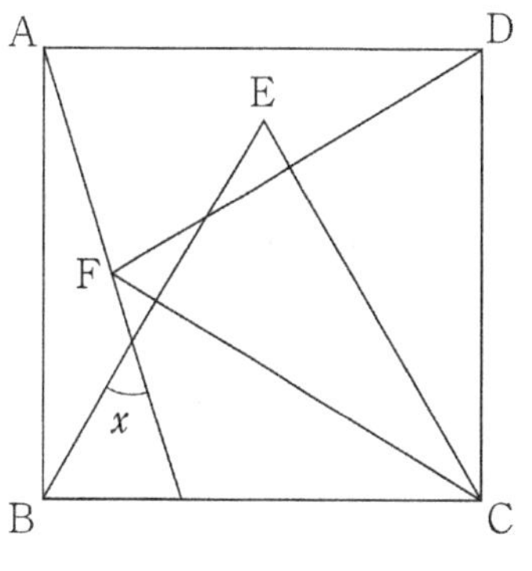

⑵　四角形ABCDは正方形で
三角形BCE，三角形ABFは
正三角形です。

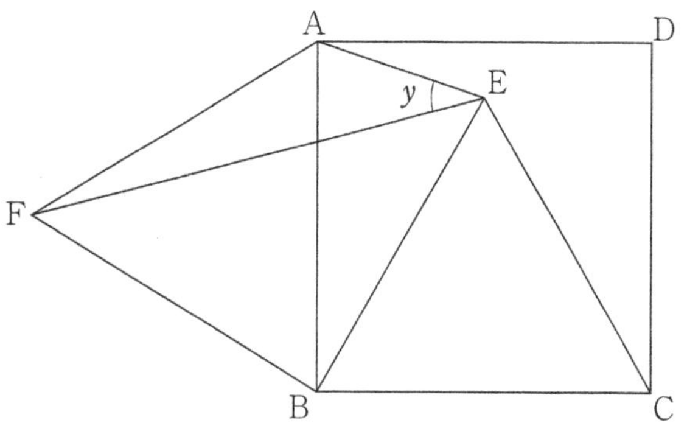

3 次の図形の面積を求めなさい。

(1)

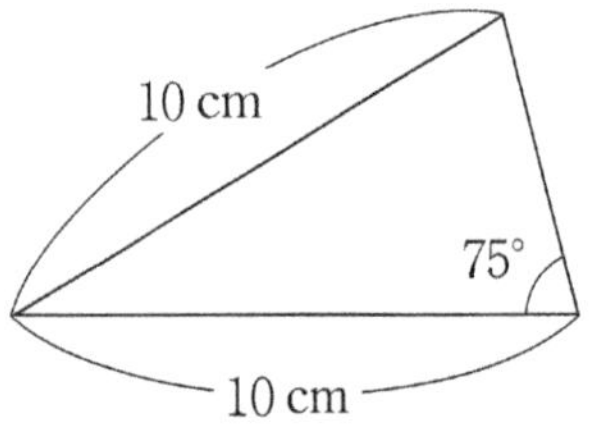

(2) ひし形です。

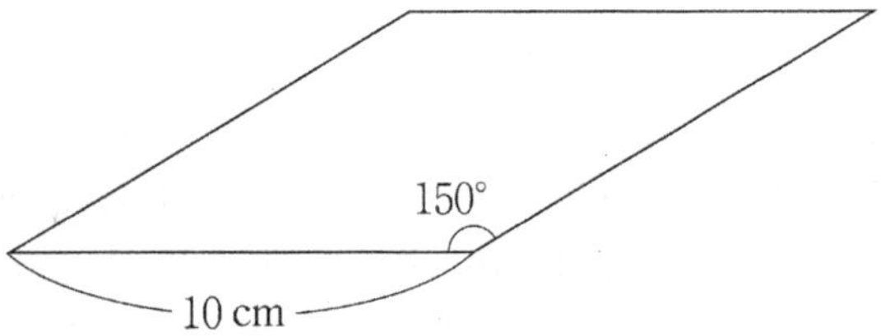

4 次の図は，高さが１cmの円柱を５つ積み重ねた立体で，円柱の底面の半径は上から順にそれぞれ１cm，２cm，３cm，４cm，５cmです。次の各問いに答えなさい。

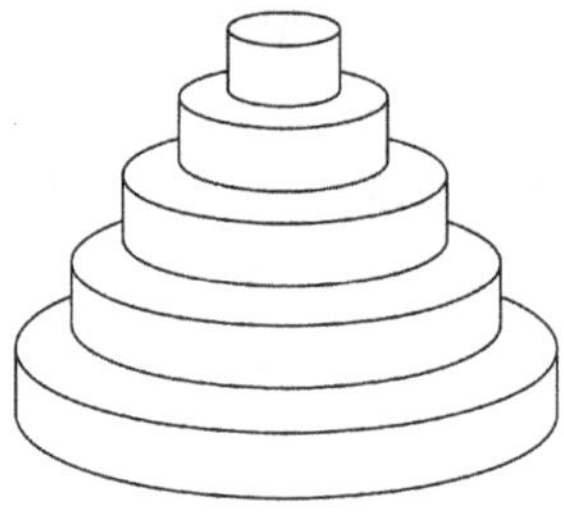

(1) 体積は何cm^3ですか。

(2) 表面積は何cm^2ですか。

5 右のグラフは，Ａ町とＢ町の間を時速30kmの速さで往復するバスのようすを表しています。太郎くんは７時にＡ町を歩いて出発し，８時40分にＢ町に着きました。次の各問いに答えなさい。

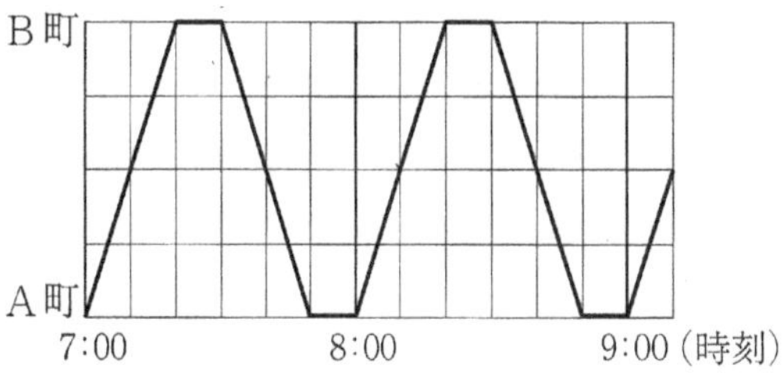

(1) 太郎くんの歩く速さは時速何kmですか。

(2) 太郎くんがＡ町から来るバスに追いこされるのは何時何分ですか。

6 Ａくん，Ｂくん，Ｃくんの３人は合わせて63個の栗を拾いました。はじめにＡくんが拾った栗の$\frac{2}{9}$をＢくんに渡《わた》しました。次にＢくんがそのとき持っている栗の$\frac{1}{4}$をＣくんに渡したところ，３人が持っている栗の個数は等しくなりました。次の各問いに答えなさい。

(1) Ｃくんに渡す前にＢくんが持っていた栗は何個ですか。

(2) はじめにＢくんが拾った栗は何個ですか。

7 2020年７，８月に東京で第32回夏季オリンピックが開催《さい》されます。次の各問いに答えなさい。

(1) 今後，夏季オリンピックが４年に一度開催されるとすると，2076年に開催される夏季オリンピックは第何回ですか。

(2) 2016年に行われたリオデジャネイロオリンピックで，日本代表選手団が獲《かく》得したメダルの総数は41個で，金メダルと銀メダルの個数の比は ３：２，金メダルと銅メダルの個数の比は ４：７でした。この大会で，日本代表選手団が獲得した銀メダルの個数は何個ですか。

【理　科】（社会と合わせて50分）　　＜満点：50点＞

１．図のてんびんは，おもりや糸を取り付ける穴を変えて用いることができます。これについて次の各問いに答えなさい。ただし，てんびん自体の質量は考えないものとします。

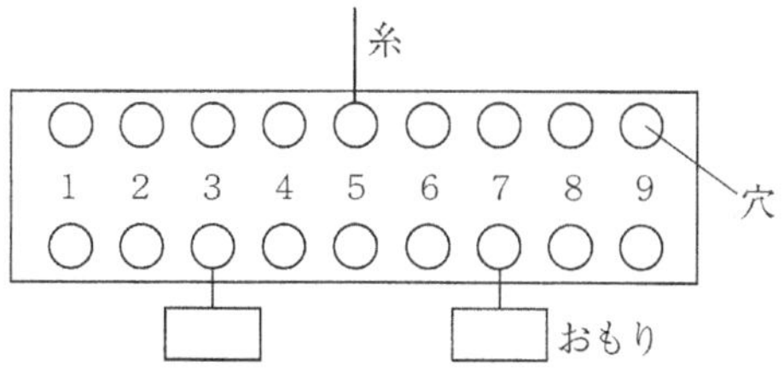

図

問１　糸を５番に取り付け，30ｇのおもり１つを１番につるしました。おもりを９番にもつるして，てんびんをつり合わせるためには，10ｇのおもりがいくつ必要ですか。

問２　糸を５番に取り付け，30ｇのおもり１つを１番につるしました。40ｇのおもりと10ｇのおもりを１つずつ用いて，てんびんをつり合わせるためには，おもりを何番につるせばいいですか。それぞれ答えなさい。ただし，それぞれの位置には１つずつしかおもりをつるさないものとします。

問３　糸を５番に取り付け，10ｇのおもりを３番と４番に１つずつつるしました。10ｇのおもり１つを用いて，てんびんをつり合わせるためには，おもりを何番につるせばいいですか。

問４　糸を３番に取り付け，50ｇのおもり１つを１番につるしました。20ｇのおもり１つを用いて，てんびんをつり合わせるためには，おもりを何番につるせばいいですか。

問５　50ｇのおもり１つを１番，20ｇのおもり１つを５番，10ｇのおもり１つを９番にそれぞれつるしました。てんびんをつり合わせるためには，糸を何番に取り付ければいいですか。

問６　糸を５番に取り付けました。１つあたり10ｇのおもりを用いて，２番，３番，７番，８番，９番に１つずつおもりをつるしたところつり合いました。しかし，実際は１つだけ他よりも質量の大きいおもりを使ってしまいました。10ｇでないおもりは何番につるしたおもりで，それは何ｇであったと考えられますか。ただし，おもりは10ｇずつ異なるものとします。

２．酸素，窒素《ちっそ》，水素，二酸化炭素，アンモニアの５つの気体の性質について次の各問いに答えなさい。

問１　５つの気体は**図１～３**のいずれかの方法で集めることができます。何置換《ちかん》法といいますか。それぞれ漢字２字で答えなさい。

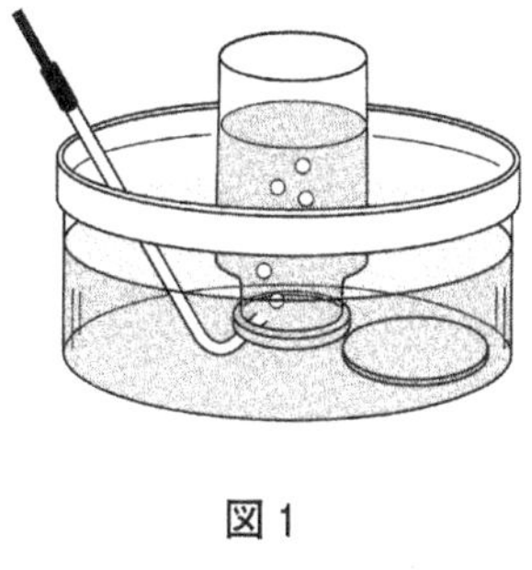

図１

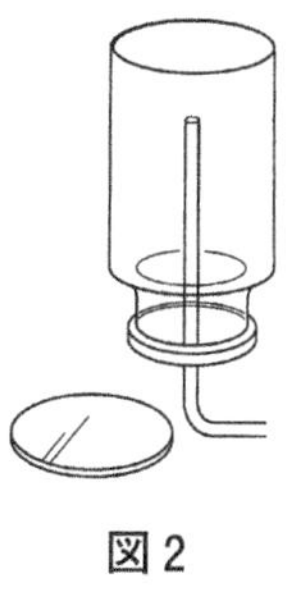

図２

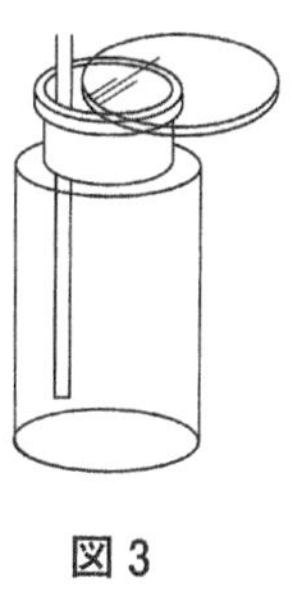

図３

問２　５つの気体のうち，一般的に前のページの**図２**の方法で集めるものを１つ選んで答えなさい。

問３　前のページの**図１**の方法で集めることの利点は何ですか。

問４　５つの気体を同じ体積だけ集めたときに，最も質量の大きいものと最も質量の小さいものをそれぞれ答えなさい。

問５　次の**ア**～**オ**の文章はどの気体を説明したものですか。それぞれ記号で答えなさい。

ア　刺激臭《しげきしゅう》がある。

イ　火のついた線香を近づけると音をたてて燃える。

ウ　火のついた線香を近づけると激しく燃える。

エ　石灰水を白くにごらせる。

オ　空気中に最も多い割合で含まれている。

３．ヒトの消化について次の各問いに答えなさい。

図１のように**試験管Ａ**にデンプン溶液とだ液を，**試験管Ｂ**にデンプン溶液と水を加え，よく混ぜてから数分待ちました。

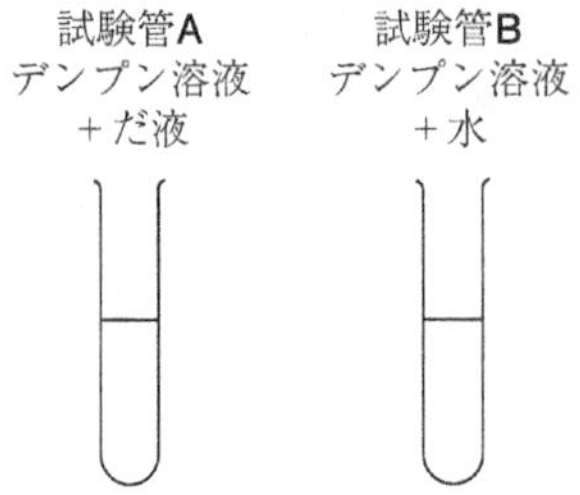

図１

問１　試験管**Ａ**と**Ｂ**にそれぞれヨウ素液を加えてまぜました。試験管内の液体の色はそれぞれどのようになりますか。

問２　この実験からだ液のはたらきについて，どのようなことがいえますか。

問３　この実験をおこなうときに，適切な温度は何度ですか。理由も含めて答えなさい。

図２はヒトの消化や吸収に関わる器官の模式図です。

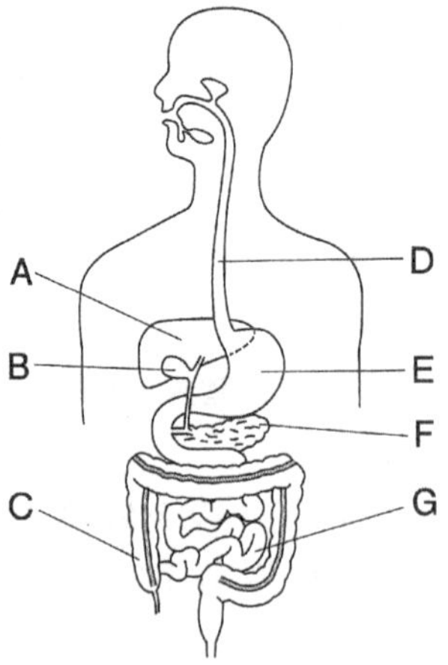

図２

問４　次の**ア**～**ウ**の文章はどの器官について説明したものですか。**Ａ**～**Ｇ**の中から１つ選んで記号で答え，その器官の名称をそれぞれ答えなさい。

ア　消化液が酸性になっており，タンパク質を消化する。

イ　胆汁《たんじゅう》を作ったり，有害なものを無害なものに作りかえたりする。

ウ　消化されてできた栄養分を吸収する。

問５　口から食べたものが直接通る器官を**Ａ**～**Ｇ**の中から全て選んで記号で答えなさい。

４．化石について次の各問いに答えなさい。

問１　次のページの**図１**～**３**の化石となった生物を生きていた時代が古い順に並べかえて番号で答えなさい。

図１

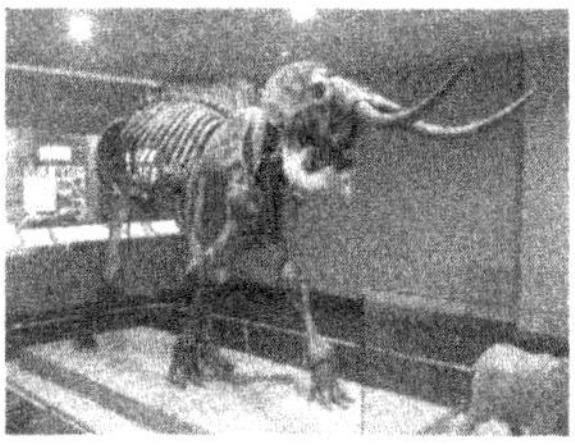

図２

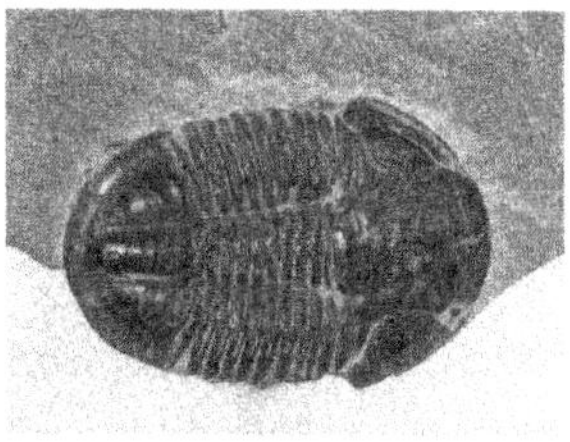

図３

問２　図４は中生代に生存していた代表的な生物の化石です。何という生物の化石ですか。

図４

問３　問２の生物と同じ時代に生存していた生物の化石を図１～３の中から１つ選んで番号で答えなさい。

問４　図１の化石となった生物のなかまが進化して誕生したとされる生物種はどれですか。次の**ア**～**エ**の中から１つ選んで記号で答えなさい。

ア　魚類　　**イ**　両生類　　**ウ**　鳥類　　**エ**　哺乳類

問５　生物は進化していきます。しかし，進化前後の中間的な特徴《とくちょう》を持つ生物の化石はなかなか見つかりません。それはなぜだと思いますか。あなたの考えを答えなさい。

問６　生物が生きていたころの特徴として，化石からは推測《すいそく》できないとされているものはどれですか。次の**ア**～**エ**の中から１つ選んで記号で答えなさい。

ア　その生物の体長　　**イ**　その生物の食糧《しょくりょう》

ウ　その生物の歩行方法　　**エ**　その生物の体色

【社　会】（理科と合わせて50分）　＜満点：50点＞

１．次の問いに答えなさい。

問１　25000分の１の地図上で，Ａ地点からＢ地点までの直線距離は約５㎝でした。Ａ地点からＢ地点までの実際の距離は約何ｍか答えなさい。

問２　あたたかい気候やビニールハウスを利用して，普通よりも時期を早めてつくる栽培《さいばい》方法を漢字で答えなさい。

問３　次の表は人口増加率の上位５位，下位５位の都道府県をまとめたものである。この表をみながら，あとの問題に答えなさい。

人口増加率（％）2010－15年

上位５位	下位５位
沖　縄（2.93）	秋　田（－5.79）
東　京（2.70）	福　島（－5.67）
埼　玉（1.00）	青　森（－4.74）
愛　知（0.98）	高　知（－4.73）
神奈川（0.86）	山　形（－3.85）

（地理データファイル2018年度版より）

⑴　表中の青森県の都道府県旗として正しいものを次の中から１つ選び，記号で答えなさい。

ア．

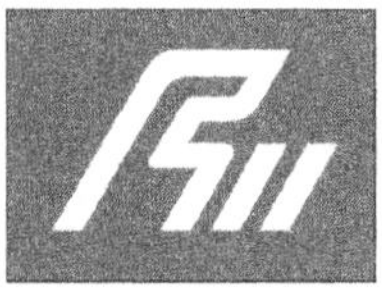

イ．

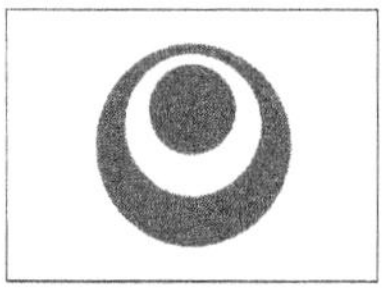

ウ．

エ．

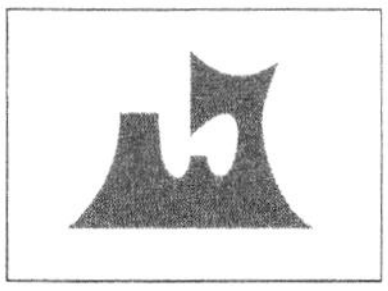

⑵　表中の東京都は，2018年に83年間にわたって使用されていた公設《こうせつ》の卸売《おろしうり》市場を移転した。移転先の市場は，「○○市場」である。○○に入る地名を漢字で答えなさい。

⑶　表中の愛知県のある都市では自動車産業がさかんである。その都市名を答えなさい。

⑷　右の雨温図は表中にあるいずれかの都道府県の県庁所在地のものである。この都市のある都道府県を次の中から１つ選び，記号で答えなさい。

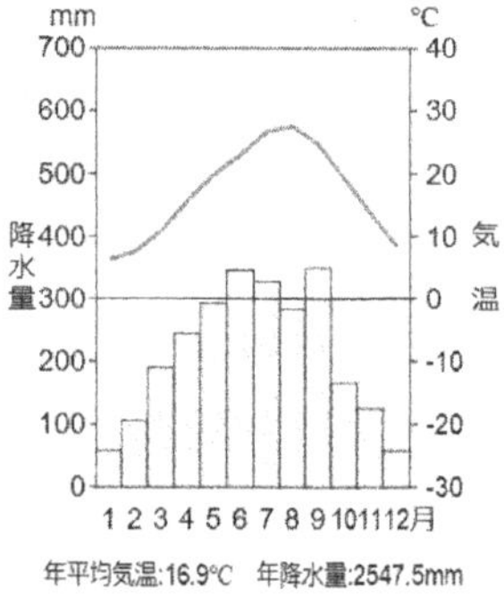

（地理データファイル2018年度版より作成）

ア．沖縄

イ．高知

ウ．秋田

エ．青森

２．ある人物について述べた次の文章を読み，各問いに答えなさい。

①長州藩《ちょうしゅうはん》に生まれたこの人物は，吉田松陰《よしだしょういん》の指導する松下村塾《しょうかそんじゅく》で学び，明治新政府の重要人物として活動していきました。1871年には，②岩倉具視《いわくらともみ》を団長とする使節団《しせつだん》に参加し，大久保利通《としみち》や木戸孝允《たかよし》らとともに欧米諸国を視察しています。

③自由民権運動が盛んになり，国会開設の詔《みことのり》が出されると，この人物はヨーロッパへ留学し，憲法制定の研究に取り組みました。その結果，④ドイツをモデルにつくられた憲法が発布《はっぷ》されました。また，内閣制度の導入とともに，初代の⑤内閣総理大臣にも就任《しゅうにん》しています。

対外関係でも力を発揮し，⑥日清戦争の講和条約の締結《ていけつ》や韓国統監《とうかん》としての活動などで名を残しましたが，朝鮮の独立運動家である安重根《あんじゅうこん》に暗殺されて命を落としました。

問１　下線部①について，長州藩は現在の都道府県では何県にあたるか，次の中から１つ選び，記号で答えなさい。

ア．

イ．

ウ．

エ．

問２　下線部②について，この使節団に関する説明として適切なものを次の中から１つ選び，記号で答えなさい。

ア．不平等条約の改正を目的に派遣《はけん》され，その目的を達成した。

イ．木戸孝允や西郷隆盛《さいごうたかもり》など，政府の有力者が数多く参加した。

ウ．津田梅子など，女子留学生も使節団に参加した。

エ．使節団が派遣《はけん》されている間に，日本国内では大久保利通によって征韓論《せいかんろん》が高まり，使節団の帰国後に政府は分裂した。

問３　下線部③について，この運動の中で板垣退助らによって政府に提出された建白書を何というか，解答欄《かいとうらん》に合うように漢字で答えなさい。

問４　下線部④について，この憲法を何というか，漢字で答えなさい。

問５　下線部⑤について，次の人物のなかで内閣総理大臣に就任していないのは誰か，次の中から１つ選び，記号で答えなさい。

ア．大隈重信《おおくましげのぶ》

イ．田中正造《たなかしょうぞう》

ウ．原《はら》 敬《たかし》

エ．東条英機《とうじょうひでき》

問６　下線部⑥について，日清戦争の講和条約を何というか，漢字で答えなさい。

問７　この文章で述べている人物は誰か，漢字で答えなさい。

3．次の文章を読み，各問いに答えなさい。

日本には様々な種類の税があります。大きく分けると税金を納《おさ》める人と負担《ふたん》する人が同じである「直接税《ちょくせつぜい》」と，A消費税《しょうひぜい》のような税金を納める人と負担する人が異《こと》なる税があります。消費税法が改正《かいせい》されて，B2019年10月から日本の消費税率は10%に上がります。C国はこうした税金による歳入《さいにゅう》をもとに，私たちの生活が豊かになるように政策を実施《じっし》しています。

問１　下線部Aについて，このような形の税を「直接税」に対して「○○税」と呼びます。○○に当てはまる漢字２字を答えなさい。

問２　下線部Aについて，日本で初めて消費税が導入《どうにゅう》された元号を，次の中から１つ選び，記号で答えなさい。

ア．明治　　イ．大正　　ウ．昭和　　エ．平成

問３　下線部Bについて，消費税率は，初めて設定をされてから2019年10月に10%になるまで，３回引き上げられたことになります。解答欄《かいとうらん》にしたがって，消費税率の変化を数字で答えなさい。

問４　下線部Bについて，消費税率10パーセントの導入と共に，食料品や新聞の一部では「軽減税《けいげんぜい》率《りつ》」が適用《てきよう》されます。「軽減税率」が適用されたモノの税率は何%となるのか，数字で答えなさい。

問５　下線部Cについて，国は歳入によって政策を実施しますが，歳入が不足する場合には「○○」という債券《さいけん》を発行《はっこう》して，その不足分を補います。「○○」に当てはまる漢字２字を答えなさい。

問9　傍線部ニ「父はもう『もろびとこぞりて』のことを口にしなくなっていた」とあるが、その理由として最も適切なものを、次の中から選んで番号で答えなさい。

1．父は同じ曲を娘の方がうまく弾けることに気づいて恥ずかしくなったから。
2．父は同じ曲を娘の方がうまく弾けることを誇りに思って自分で弾くことを遠慮したから。
3．父はもう「もろびとこぞりて」の弾き方を忘れてしまったから。
4．父が見たかったのは娘の驚きにあふれた笑顔であって、曲が弾けることを自慢したかったわけではないから。

問10　傍線部ホ「芙美恵は電話に向かい父に聞こえるように口ずさんだ」とあるが、その理由として最も適切なものを、次の中から選んで番号で答えなさい。

1．自分は今でもお父さんが弾いてくれたことを憶えているよと伝えたかったから。
2．「もろびとこぞりて」の弾き方を忘れてしまった父に電話を通して教えてあげたかったから。
3．自分も父と同じように弾けることを改めて伝えたかったから。
4．今では「もろびとこぞりて」よりも難しい曲を弾けるようになったことを伝えたかったから。

問11　本文の内容と**合致しない**ものを、次の中から一つ選んで番号で答えなさい。

1．美美恵はかつてクリスマスになると同じ曲を繰り返し弾く父をうとましく思っていた。
2．芙美恵はオルガンの弾けない父が初めて「もろびとこぞりて」を弾いてくれたときのことを今でも憶えている。
3．芙美恵は父の弾く「もろびとこぞりて」を毎年クリスマスの夜に聞くことを楽しみにしていた。
4．芙美恵は介護施設に入っている父を労わる気持ちを持ってはいるが、仕事が忙しくてなかなか連絡をすることができないでいた。

問12　次の文が入るのに最も適切な場所を探し、その直前の五字を抜き出しなさい。（句読点も含む）

子どものときの彼女のいたずら描きだ。

目が⑥潤んでくる。芙美恵はハンカチを取りだそうとして⑦ウワギのポケットに手をいれた。プラスティックの星が出てきた。⑧ユセイペンでスマイルマークが描きたしてある。小さなしあわせで、いっぱいだった。

ドシラソファミレド。ホ芙美恵は電話に向かい父に聞こえるように口ずさんだ。

（長野まゆみ『ドシラソファミレド』より）

問1　波線部①～⑧のカタカナを漢字に、漢字をひらがなに改めなさい。

問2　文中の空欄 A ～ E に入る適切な語句を、次の中から選んで番号で答えなさい。

1．どれほど　2．たしかに　3．はやばやと
4．けれども　5．ようやく

問3　傍線部a～cの語句の意味をそれぞれ選んで番号で答えなさい。

a　ことのほか
1．思っていたとおりに　2．このうえなく
3．最後まで変わらずに　4．他と違って明らかに

b　素っ気なく
1．化粧をしないで　2．相手の気持ちになって
3．表面をつくろって　4．思いやりなく

c　ほのめかしてみる
1．それとなく示してみる　2．はっきりと言ってみる
3．歌ってみる　4．思いだして伝えてみる

問4　〔X〕に入る適切な語句を、次の中から選んで番号で答えなさい。

1．的確さと正確さ　2．単純さと意外さ
3．華麗さと奥深さ　4．饒舌さと寡黙さ

問5　傍線部イ「去年のことを忘れ去ったかのように、父は何度でもくりかえした」とあるが、その理由として最も適切なものを、次の中から選んで番号で答えなさい。

1．父は同じ曲しか弾けなかったから。
2．父は娘の喜ぶ顔を見ていたかったから。
3．父は去年弾いたことを忘れてしまっていたから。
4．父はこの曲を弾くことでクリスマスを実感していたから。

問6　傍線部ロ「父のささやかな楽しみ」とあるが、それに最も適切なものを、次の中から選んで番号で答えなさい。

1．クリスマスの夜を家族そろって過ごすこと
2．クリスマスの夜に娘のプレゼントを用意すること
3．クリスマスの夜にオルガンで「もろびとこぞりて」を弾いてみせること
4．クリスマスの夜にふさわしい曲を毎年オルガンで弾いてみせること

問7　傍線部ハ「同じこと」の内容として最も適切なものを、次の中から選んで番号で答えなさい。

1．娘と同じように父もオルガンを習い始めたこと
2．家族そろってチキングリルを食べること
3．クリスマスツリーを娘といっしょに飾りつけること
4．右手の人差し指だけで「もろびとこぞりて」を弾いてみせること

問8　〔Y〕に入る適切な語句を、次の中から選んで番号で答えなさい。

1．もろびとこぞりて　2．メリーさんのひつじ
3．ロンドン橋落ちた　4．きよしこの夜

二　次の文章を読んで、あとの問いに答えなさい。（作問の都合上、本文を一部改変してあります。）

芙美恵《ふみえ》は母が亡くなった後、家を処分し父を介護施設に預けている。年末も近くなって芙美恵は忙しい仕事の合間を縫って介護施設にいる父のもとへ電話を掛ける。

①シワスが近い。介護施設のなかも、［A］金銀のモールや豆電球のイルミネーションで、クリスマスの飾りつけをしてあった。

芙美恵は昔、オルガンを習っていた。「メリーさんのひつじ」や「ロンドン橋落ちた」などの②カンタンな曲をどうやら弾けるぐらいのころ、クリスマスが近づいて「きよしこの夜」の練習をはじめた。

ある晩、仕事からもどった父が「おとうさんもクリスマスの曲を弾けるぞ。」と自慢そうに云った。鍵盤などさわったこともないはずの人が――そのときもドの鍵盤を芙美恵に③カクニンするほどだったのに――オルガンに向かった。

右手の人指し指だけで「もろびとこぞりて」のはじめの一小節を弾いたのだ。

［B］「もろびとこぞりて」だった。芙美恵はびっくりした。思いがけなかった。口のなかで歌詞にあわせて拍子をとりながらドシラソファミレドと弾けば「もろびとこぞりて」になるのだ。

その「　X　」に、芙美恵はよっぽど目を輝かせ、とびきりの笑顔を浮かべたのだろう。また、それを見て父もうれしかったのだろう。よろこびがあふれた。母がこしらえたチキングリルが、aことのほかおいしかった。

同じ手は一度しか通じないのに、その後もクリスマスのたびに「おとうさんも弾けるぞ。」とイ去年のことを忘れ去ったかのように、父は何度でもくりかえした。芙美恵はあるとき「それはもう知ってるよ。」とb素っ気なく云い、ドシラソファミレドと自ら鍵盤をたたいて、つづきも弾き、ロ父のささやかな楽しみを奪った。

なぜ、ハ同じことをくりかえすのか不思議でならなかった。④シシュンキにさしかかっていて、芙美恵は父をうっとうしくさえ思った。いつしかクリスマスの夜をいっしょに過ごすこともなくなった。

あれから長い時が過ぎ、いまは芙美恵にも父を労《いたわ》る気持ちがある。だが、彼女の職場は歳末が稼ぎどきで休みをとりにくい。クリスマスの直前になって、［C］時間をみつけて施設に電話をかけた。職員の人に、父をよびだしてもらった。電話の向こうから「［　Y　］」が聞こえてきた。施設でもクリスマスソングを流しているのだ。

［D］父はなにも反応しない。ボケてしまったのかと芙美恵は不安になり、「おとうさんの弾ける曲だね。」とcほのめかしてみる。すると父は「ああ、だけど芙美恵のほうがうまいからな。」と遠慮がちな声で云った。

芙美恵は、やっと自覚した。父に弾かせずに、自分が最後まで弾いてしまったあのとき以来、ニ父はもう「もろびとこぞりて」のことを口にしなくなっていたのだ。

父が弾く「もろびとこぞりて」をはじめて聞いたときの芙美恵が、［E］輝く目をしていたのか、どのくらいとびきりの笑顔で父を見つめていたのか、彼女は⑤キオクをたどってそのときの表情を思いだそうとした。いまの自分の顔は見たくなかった。

２．漢字が一字で意味を持つことはないため、組み合わせることで初めて言葉を作り出せるということ

３．漢字が意味を持つものもあるため、組み合わせることで複数の意味を持つ言葉を作り出せるということ

４．漢字が一文字で発音すべき音をあらわすため、どんな発音でも漢字によって再現できるということ

問６ 空欄 Ⅰ ～ Ⅲ に入る小見出しの組み合わせとして最も適切なものを、次の中から選んで番号で答えなさい。

１．Ⅰ．漢字のすぐれた造語力
　　Ⅱ．漢字は学歴とも関わりが深い
　　Ⅲ．新聞広告を使って漢字の謎に迫る

２．Ⅰ．漢字は時に英単語にもなる
　　Ⅱ．漢字があることで類推ができる
　　Ⅲ．漢字は新聞との関わりが深い

３．Ⅰ．漢字には有利な点がたくさんある
　　Ⅱ．漢字は医学用語の表現に強い
　　Ⅲ．表意文字独自の芸当

４．Ⅰ．漢字は新しい言葉を作りやすい
　　Ⅱ．漢字があると読めなくてもわかる
　　Ⅲ．新聞広告もスペース節約

問７ この文章の表現方法として最も適切なものを、次の中から選んで番号で答えなさい。

１．一つの段落を長くし、論の展開を少なくすることで、読者に主張が伝わりやすいように構成されている。

２．文中に具体例やセリフを多く用いることにより、読者に臨場感を与えながら文章を展開している。

３．ですます調や語り掛けるような表現をすることにより、読者に親しみやすさを感じさせている。

４．具体例を用いず筆者の意見を中心にして文章を書いていくことで、テンポよく論を進めている。

問８ 本文の内容と合致するものを、次の中から一つ選んで番号で答えなさい。

１．漢字を覚えなければならない日本人は不利であるが、努力次第でその不利な点を挽回できる。

２．漢字から意味を類推できる特徴をよくいかしているのが、新聞のキュウジン広告である。

３．漢字は「表意文字」ではなく「表音文字」なので、私たちは漢字から意味を類推できる。

４．日本では、大学を卒業していないと「人類学」という言葉の意味を類推することはできない。

問９ 次の文が入るのに最も適切な場所を【Ｘ】～【Ｚ】の中から一つ選んで答えなさい。

ちょっとのぞいただけでも、「土日祝休他談応・給面・歴送面通知」という表記が目につきました。

問10 次の新聞広告を、本文の内容を参考にして、文章に直しなさい。

新型静音掃除機！　夏期限定特売！

が入っていますから、私たちには「血に関する言葉だ」とすぐ理解できます。［Ｄ］英語では、これらの言葉は、まったく違う単語を書くため、類推することができません。英語で血液の⑦ベンキョウをする人は、ひとつひとつの単語を覚えるしかないのだそうです。

［Ⅲ］

目で見れば意味がわかるという漢字の利点をフルに生かしているのが、新聞の⑧キュウジン広告でしょう。【Ｚ】

これは、「土曜日、日曜日、祝日は休めます。その他の日も休みたい場合は相談に応じます。給料は面接で決めましょう。履歴書を送ってください。面接日を連絡します」という意味であることがわかります。

なかには「細面」なんて言葉も出てきます。これは「ほそおもての人がいい」という意味ではなくて、「委細面談」［Ｅ］「詳しいことは直接会って決めましょう」ということを省略しているのですね。

こうした芸当ができるのも、漢字が「表意文字」だからです。アルファベットやキリル文字やハングルが、いずれも「表音文字」つまり発音を表記する言葉なのに対して、漢字は、それ自体が意味を表します。

こうした漢字の性格の恩恵を、私たちは知らないままに受けているのです。こうして見てくると、どうでしょうか。「漢字を覚えるなんて面倒くさいなあ」という気持ちが、少しは変わりましたか。

（池上彰『その日本語、伝わっていますか?』より）

問１　波線部①～⑧のカタカナを漢字に、漢字をひらがなに改めなさい。

問２　文中の空欄［Ａ］～［Ｅ］に入る適切な語句を、次の中からそれぞれ選んで番号で答えなさい。

１．たとえば　２．ところが　３．また
４．これに対して　５．つまり

問３　傍線部ａ～ｃの語句の意味をそれぞれ選んで番号で答えなさい。

ａ　定義
１．あるものの形を組み合わせていくこと
２．あるものと似たものを探して意味を固定すること
３．あるものと対立するものを定めること
４．あるものの内容を明確に限定すること

ｂ　先人
１．先に出発した人
２．過去の人
３．最後までいる人
４．先生

ｃ　類推
１．過去の出来事をもとにして他を想像すること
２．違っている点をもとにして他を想像すること
３．似ている点をもとにして他を想像すること
４．周りの人の意見をもとにして他を想像すること

問４　空欄［ア］～［ウ］に入る言葉を、アは三文字、イは二文字、ウは四文字で考えて書きなさい。

問５　傍線部イ「造語力」とあるが、本文中における説明として最も適切なものを、次の中から選んで番号で答えなさい。

１．漢字が文字ごとにそれぞれ意味を持つため、新しい概念を作り出すことに適しているということ

【国　語】（五〇分）〈満点：一〇〇点〉

【注意】特に指定のない限り、本文からの抜き出し問題では、記号や句読点も一字と数えるものとする。

一　次の文章を読んで、あとの問いに答えなさい。

Ⅰ

アメリカの①キョウイク使節団は、漢字を覚えなければならない日本人は不利な立場に置かれていると考えましたが、実は私たちには、漢字という文字を持っているから有利なことがたくさんあるのです。【X】

その第一は、日本語は、漢字があるお蔭で、新しい概念の言葉をいくらでも作り出せるということです。これを金田一春彦さんは「車」という文字を例に説明しています。（金田一春彦『日本語　新版（上）』）

［A］、新しい車なら「新車」、古くなったら「［ア］」、外国製なら「外車」、日本製なら「国産車」、駐車場がいっぱいなら「［イ］」、前の車との②距離なら「［ウ］」というわけです。

［B］、「耐」という文字をほかの言葉と組み合わせれば、「耐寒」「耐熱」「耐火」「耐久」「耐乏」……というように「耐える」という概念をカンタンに表現できます。

漢字には、すぐれた造語力があるのです。

このイ造語力を生かして、明治の初期、欧米からさまざまな科学知識や学問が入ってきたとき、これにひとつひとつ漢字を当てて、新しい概念を作り出すことができたのです。

「科学」「③ケイザイ」「社会」「哲学」「本能」「主義」「a定義」などといった言葉は、みんなこの時代に生まれました。これまで日本になかった概念や、あってもはっきりした言葉がなかったものに、漢字を当てていったb先人の苦労があったからこそ、私たちには、④ユタかな言葉が与えられているんです。【Y】

Ⅱ

漢字があると有利な点の第二は、その言葉を知らなくても、意味がc類推できるということです。

言語学者の鈴木孝夫さんによると（鈴木孝夫『閉された言語・日本語の世界』）、イギリスの小説の中で、女性のタイピスト（念のために注釈しますが、ワープロやパソコンのない時代、秘書が上司の文章を代わってタイプライターで打っていました。タイプライターを打つ⑤センモンの職業の人をこう⑥ヨんだのです）が「人類学」という言葉を見て、はてこれは何のことだろう、と考え込むシーンがあったそうです。「人類学」という言葉も知らない人がいるのか、と不思議に思い、イギリス人の知人に聞くと、大学を出ていないタイピストなら知らなくて当然だと言ういう返事だったそうです。

これは、「人類学」という言葉が、英語ではanthropologyといい、この言葉を知らない人には、何のことか類推できないからなのです。

［C］日本語の「人類学」は、言葉自体を知らなくても、「人類」が「人のたぐい」「すべての人間」であることは中学生でもわかるだろうから、人間についての学問なんだなあ、という類推が何となくできるというわけです。（中略）

鈴木孝夫さんは、「血」という文字を例にとって、大変詳しい分析をしています（鈴木孝夫『日本語と外国語』）。「血液」「貧血」「出血」「充血」「赤血球」「白血球」などという言葉には、すべて「血」という漢字

2020年度

西武台新座中学校入試問題（第１回特進選抜）

【算　数】（50分）　＜満点：100点＞

【注意】　１．定規，分度器，コンパス，計算機は使用できません。
２．問題中の図は必ずしも正確とはかぎりません。
３．比で答える場合は，一番小さい整数比で答えて下さい。
４．分数で答える場合は，それ以上約分できない分数で答えて下さい。
５．円周率は3.14で計算して下さい。

１　次の □ にあてはまる数を求めなさい。

⑴　$19.92\div2.4=$ □

⑵　$5\frac{1}{2}\div0.75+\frac{5}{6}\div0.5=$ □

⑶　$\left\{1.5\div\left(2.5-\frac{9}{4}\right)-\frac{3}{2}\right\}\div\frac{9}{2}=$ □

⑷　$\frac{3}{5}+\left(\frac{6}{7}\div\square-2\right)\times0.7=1$

⑸　５％の食塩水180ｇと □ ％の食塩水120ｇがあります。この２種類の食塩水を混ぜると７％の食塩水ができます。

⑹　ＡくんとＢくんの体重の比は 17：25 で，Ｂくんの方が16kg重いです。Ａくんの体重は □ kgです。

⑺　長さ380ｍの電車が時速 □ kmで走っています。この電車は，ふみ切り待ちをしている人の前を通過するのに19秒かかります。

⑻　定価の20％引きで売られているカバンがあります。さらに20％引きしてもらい，4352円で買うことができました。このカバンの定価は □ 円です。

２　次の図の角 x と角 y の大きさを求めなさい。

⑴　正六角形です。

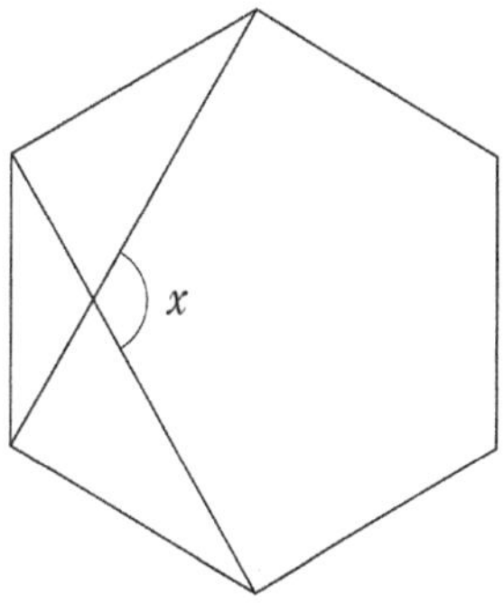

⑵　正三角形を折り曲げた図形です。

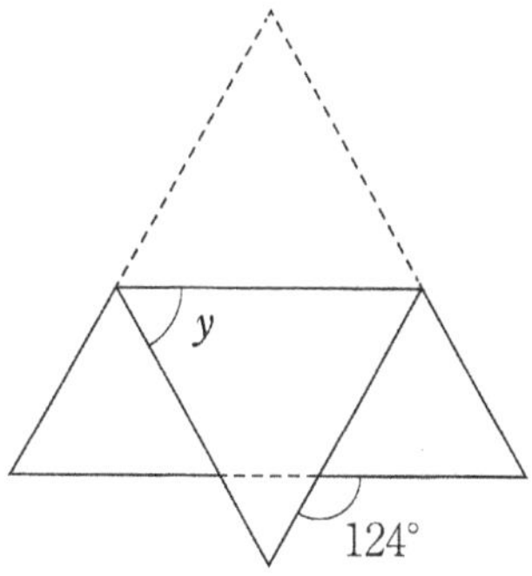

3 次の図のようなおうぎ形が，Ａの状態からすべることなく直線ℓ上を転がって，はじめてＢの状態になりました。次の各問いに答えなさい。

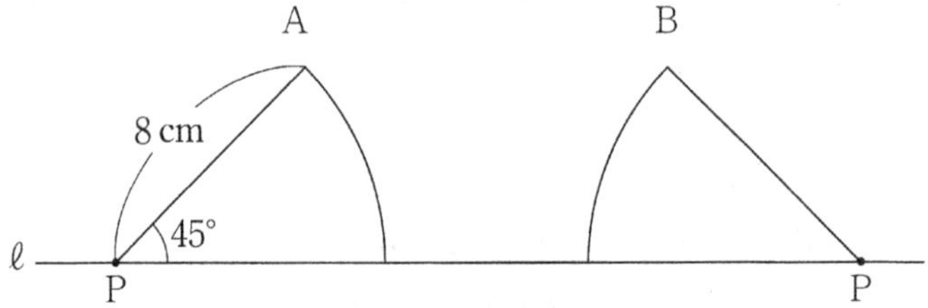

⑴ 点Ｐが通った道のりは何cmですか。

⑵ 点Ｐの動いたあとの線と直線ℓで囲まれた図形の面積は何cm^{2}ですか。

4 右の図は，底面が正方形の四角柱から円柱の$\frac{1}{4}$の立体を取り除いた立体です。次の各問いに答えなさい。

⑴ 体積は何cm^{3}ですか。

⑵ 表面積は何cm^{2}ですか。

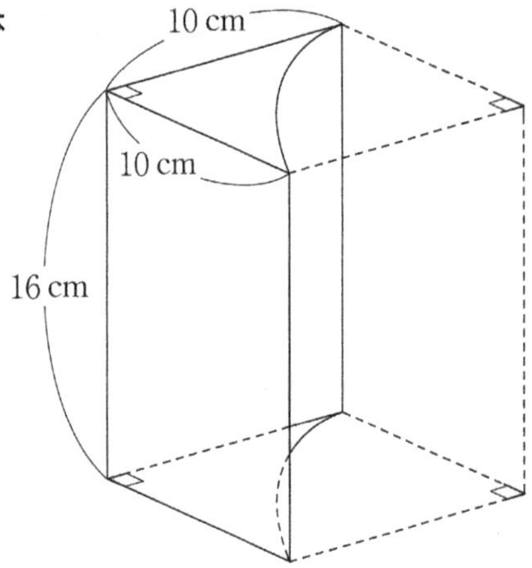

5 次の会話文の⑴，⑵にあてはまる数を答えなさい。（図は右ページにあります。）

先生　：縦２cm，横１cmの長方形のタイルがたくさんあります。このタイルをすきまなく並べて，縦２cmの長方形を作る方法が何通りあるか考えてみましょう。

生徒Ａ：横１cmの長方形は１通り，横２cmの長方形は図１のように２通り，横３cmの長方形は図２のように３通りです。

生徒Ｂ：順に考えていくと横４cmの長方形は (1) 通りできるね。

生徒Ａ：これ以上横の長さが長くなるとかきだしていくのは大変だね。

生徒Ｂ：まずは横５cmの長方形を考えてみよう。左からタイルの並べ方を考えていくと図３，図４のように２通りあるから，それで分けて考えてみるのはどうかな？

生徒Ａ：図３のように，左側のタイルを縦に置くと残り４cm分を考えればいいということだね。

生徒Ｂ：そうそう。図４のように，左側からタイルを横向きに２枚置くと残り３cm分を考えればいいということになるね。

生徒Ａ：さっき確認したように，横４cmの長方形の作り方は (1) 通りで，横３cmの長方形の作り方は３通りだったから，横５cmの長方形の作り方は (1) ＋３で求められるね。

生徒Ｂ：この考え方で順に考えていくと横10cmの長方形は (2) 通りできるね。

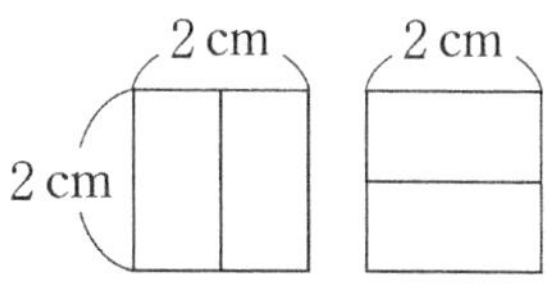

図１

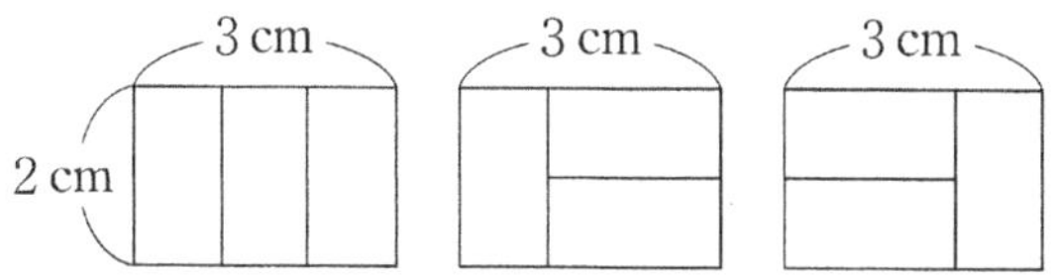

図２

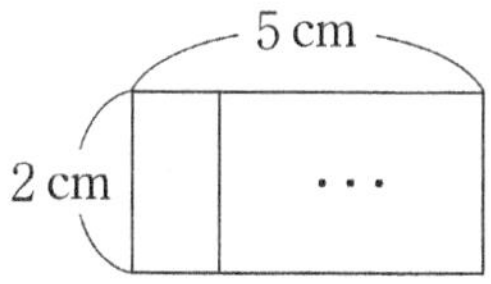

図３

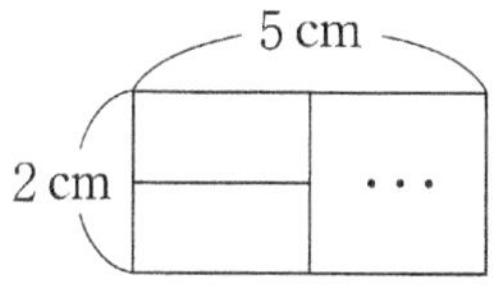

図４

6 **水が360Ｌ入る水そうがあります。この水そうの側面には，小さな穴が空いています。右のグラフは，毎分一定の割合で水を入れていったときの水の量の変化を表したものです。次の各問いに答えなさい。**

⑴　水そうが満水になるのは水そうに水を入れ始めてから何分後ですか。

⑵　水そうに穴が空いていなかったとすると，水そうが満水になるのは水そうに水を入れ始めてから何分後ですか。

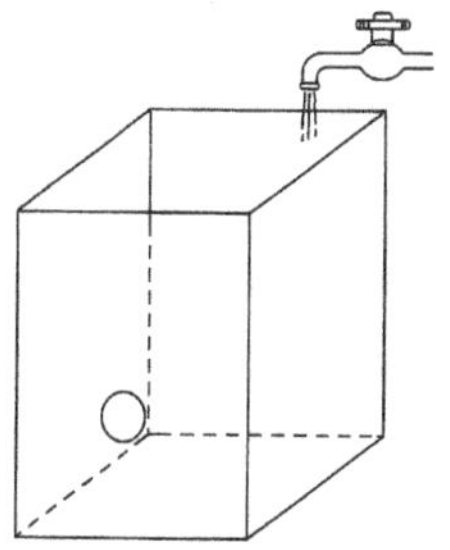

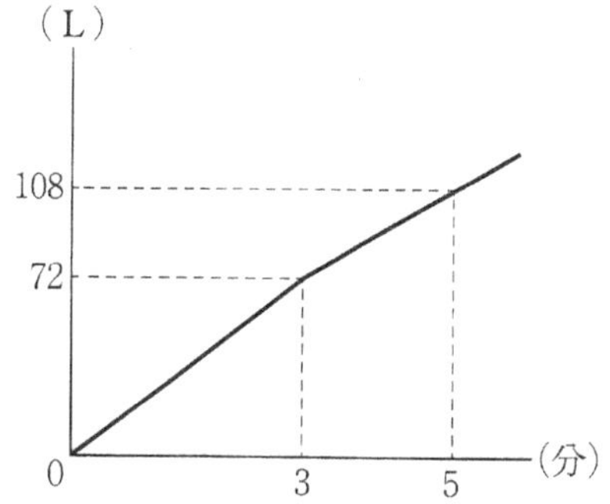

7 **落とした高さの$\frac{3}{5}$はねるボールがあります。次の各問いに答えなさい。**

図１

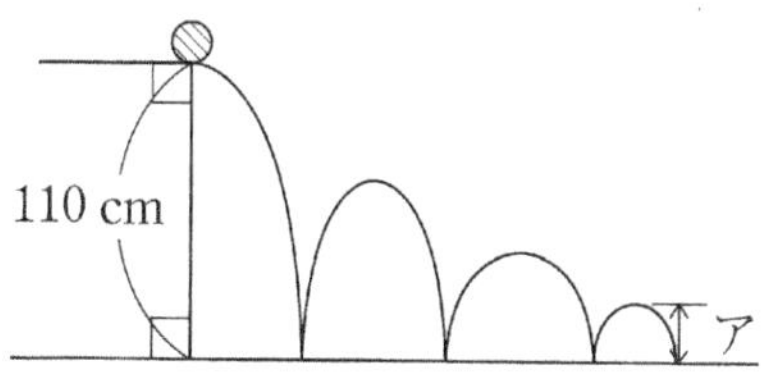

図２

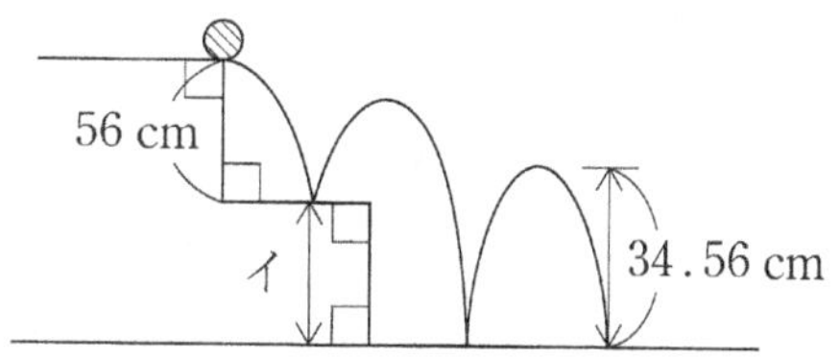

⑴　図１のようにボールを落としたとき，アの高さは何㎝ですか。

⑵　図２のようにボールを落としたとき，イの高さは何㎝ですか。

【理　科】（社会と合わせて50分）　＜満点：50点＞

１．音や光の性質について次の各問いに答えなさい。

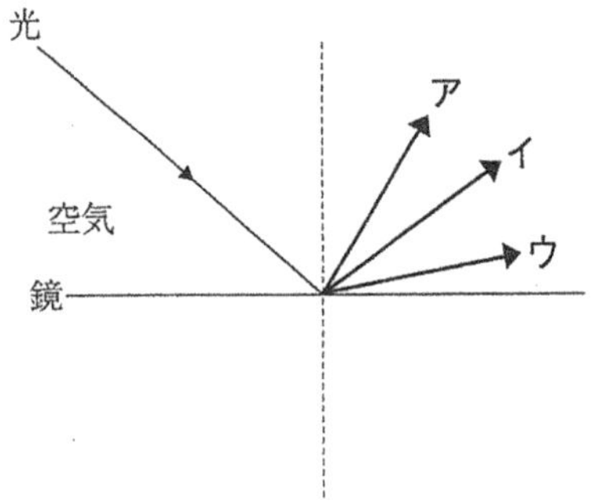

図１

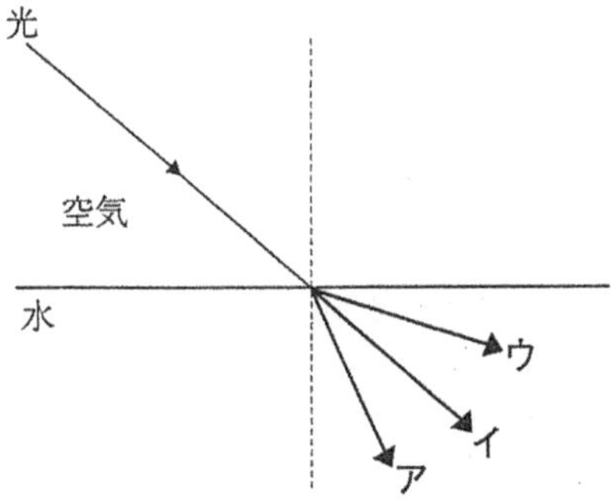

図２

問１　空気中を進んだ光が鏡に当たったあとの光の進み方を**図１**の**ア**～**ウ**から１つ選んで記号で答えなさい。

問２　**図１**で起こった現象を何といいますか。「光の」に続く言葉を答えなさい。

問３　光が空気中から水中へと進んだときの水中での光の進み方を**図２**の**ア**～**ウ**から１つ選んで記号で答えなさい。

問４　**図２**で起こった現象を何といいますか。「光の」に続く言葉を答えなさい。

図３はモノコードと呼ばれる実験器具です。板の上にげんをはり，げんの長さ・太さ（直径）・おもりの重さを変えて，音の高さを調べることができます。

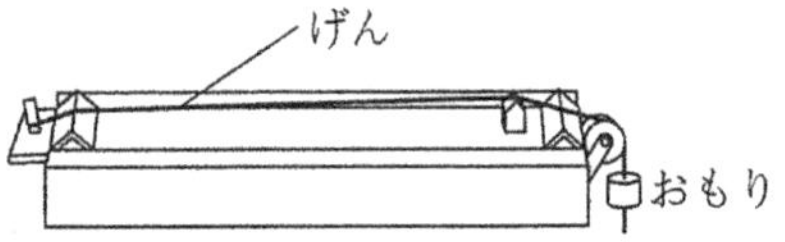

図３

問５　**図３**より高い音を出すためにはモノコードの条件をどのように変えればいいですか。文章で２つ答えなさい。

問６　音が伝わらない環境を次の**ア**～**エ**の中から全て選んで記号で答えなさい。

ア　水中　　**イ**　金属中　　**ウ**　宇宙空間　　**エ**　真空中

２．実験①～④を行って食塩水・砂糖水・うすい塩酸・炭酸水・石灰水の５種類の水溶液を１つずつ区別しました。あとの各問いに答えなさい。

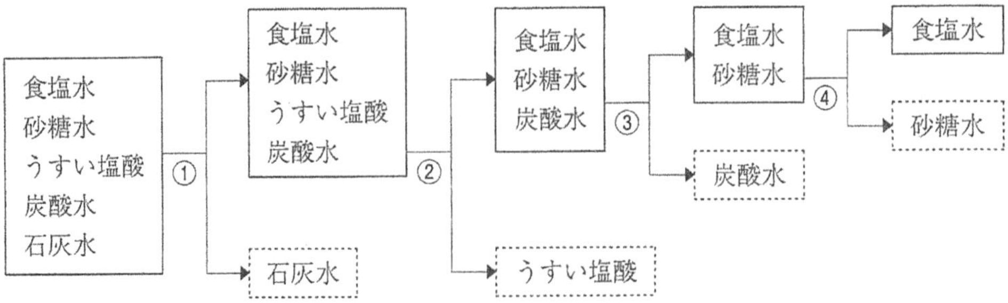

図

問1　前のページの図の①～④にあてはまる実験結果を次の**ア**～**エ**の中からそれぞれ1つずつ選んで記号で答えなさい。

ア　つんとするにおいがあった。　　　　**イ**　青色リトマス紙を赤色に変化させた。

ウ　赤色リトマス紙を青色に変化させた。　**エ**　蒸発皿にとって加熱すると黒く焦げた。

問2　炭酸水を石灰水に入れると白く濁《にご》りました。炭酸水に溶けている物質の名前を漢字で答えなさい。

問3　食塩水・砂糖水・うすい塩酸・炭酸水・石灰水の5つの水溶液の中で，蒸発させたときに何も残らないものを全て選びなさい。

問4　うすい塩酸にアルミニウムを入れたときにあわとして出る気体の名前を答えなさい。また，そのあわを試験管に入れて火のついたマッチを近づけたときに起こる反応として正しいものを次の**ア**～**エ**の中から1つ選んで記号で答えなさい。

ア　変化はなかった。

イ　マッチの火が大きくなった。

ウ　マッチの火がすぐ消えた。

エ　ポンと音を出して燃えた。

問5　うすい塩酸にアルミニウムを入れて完全に溶かしました。その液体を蒸発させて出てきた固体Aについて次の①～②に答えなさい。

①　この固体Aをうすい塩酸に入れたときの反応とアルミニウムをうすい塩酸に入れたときの反応との違いを文章で答えなさい。

②　この固体Aの質量は溶かしたアルミニウムと比べてどうなっていますか。

3．こん虫について次の各問いに答えなさい。

問1　モンシロチョウが好んで卵を産み付ける植物を次の**ア**～**エ**の中から1つ選んで記号で答えなさい。

ア　キャベツ　　**イ**　アサガオ　　**ウ**　タバコ　　**エ**　パセリ

問2　モンシロチョウの卵はどのような見た目ですか。次の**ア**～**エ**の中から1つ選んで記号で答えなさい。

ア　厚いスポンジ状のものに包まれている。

イ　縦と横に筋《すじ》があり，とっくりのような形をしている。

ウ　表面がつるつるとした球の形をしている。

エ　表面がつるつるとしただ円の形をしている。

問3　モンシロチョウの成虫の足の本数と位置を解答用紙の図に正しくかき入れなさい。

問4　ふ化とはどのような現象ですか。説明しなさい。

問5　完全変たいをするこん虫を次の**ア**～**オ**の中から全て選んで記号で答えなさい。

ア　バッタ　　**イ**　カブトムシ

ウ　セミ　　**エ**　トンボ

オ　カイコガ

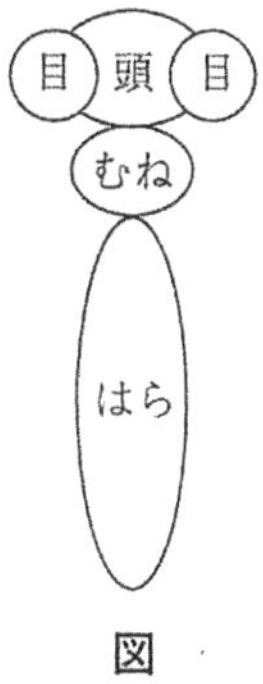

図

４．水の流れについて次の各問いに答えなさい。

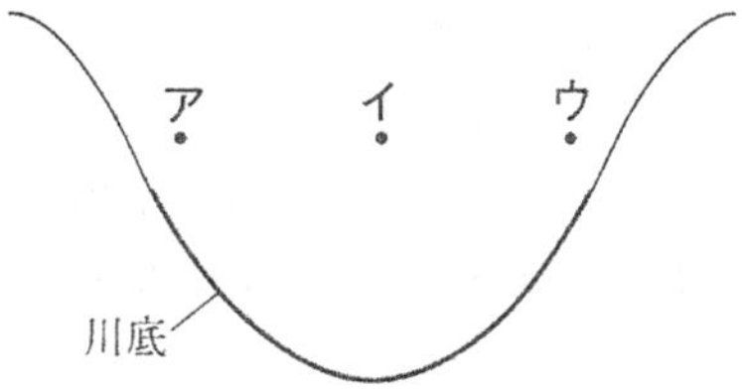

図１

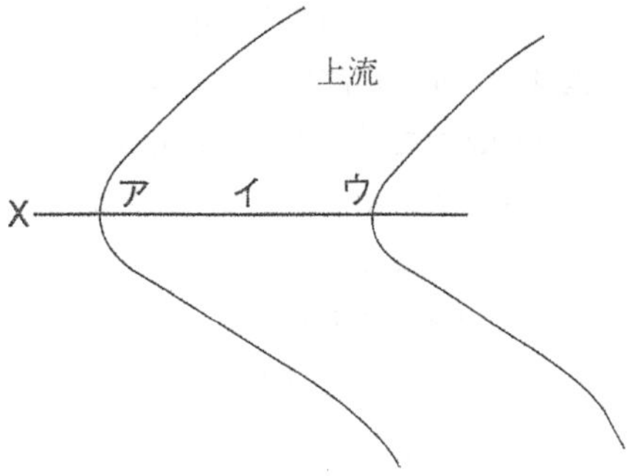

図２

問１　図１はまっすぐ流れている川の断面を示しています。川の流れが最も速いところを**ア**～**ウ**の中から１つ選んで記号で答えなさい。

問２　図１の川底の石の大きさはどうなっていますか。**ア**～**ウ**の川底の石を比べて大きさの違いがわかるように文章で答えなさい。

問３　図２の**X**では曲がりながら水が流れています。川の流れが最も速いところを**X**の上の**ア**～**ウ**の中から１つ選んで記号で答えなさい。

問４　図２の川底がどうなっているか**図１**を例として絵をかいて答えなさい。

問５　川の流れや堆積《たいせき》によってできる地形にはさまざまなものがあります。次の①～②の地形の名前を答えなさい。

①　河口付近で川の流れがとても遅くなるためにできる三角形に堆積した地形。

②　流れの速い川の上流で長い年月の間しん食が続いて作られた深い谷。

問６　川の上流にある石と比べて，下流には小さくて丸みのある石が多いです。そのようになる理由を答えなさい。

【社　会】（理科と合わせて50分）　　＜満点：50点＞

１．次の問いに答えなさい。

問１　 の地図記号は何を示しているか，次の中から１つ選び，記号で答えなさい。

ア．くわ畑　　イ．針葉樹林《しんようじゅりん》　　ウ．果樹園《かじゅえん》　　エ．広葉樹林《こうようじゅりん》

問２　工業生産額が日本一で，特に自動車工業が発達している工業地帯の名を漢字で答えなさい。

問３　次の表はきゅうりと作物Ａの収穫高《しゅうかくだか》上位５位までの都道府県をまとめたものである。この表をみながら，あとの問題に答えなさい。

	きゅうり		作物Ａ	
順位	都道府県	収穫量（ｔ）	都道府県	収穫量（ｔ）
１位	（　①　）	６万7200	（　④　）	３万3200
２位	（　②　）	５万5400	（　③　）	２万3800
３位	（　③　）	４万6600	（　②　）	１万8600
４位	福島	３万9700	茨城	１万7500
５位	（　④　）	３万4100	（　①　）	１万3400

（2017年農林水産省統計）

⑴　空欄（①）にあてはまる都道府県名を漢字で答えなさい。

⑵　空欄（②）（③）（④）はすべて関東地方にある都道府県である。このような大都市周辺では，輸送の便がよいという利点から何という農業がさかんにおこなわれているか，漢字で答えなさい。

⑶　作物Ａを次の中から１つ選び，記号で答えなさい。

ア．じゃがいも　　イ．たまねぎ　　ウ．ほうれんそう　　エ．さとうきび

⑷　きゅうり収穫高４位の福島県の形はどれか，次の中から１つ選び，記号で答えなさい。

ア．　　イ．　　ウ．　　エ．

２．ある人物について述べた次の文章を読み，各問いに答えなさい。

①平安時代の前半から，藤原氏が天皇の外戚《がいせき》の立場を利用して政治の実権を握るようになりました。このような藤原氏による政治を，②摂関政治《せっかんせいじ》と呼びます。なかでも，一族における勢力争いに勝ち，1016年に摂政《せっしょう》となったこの人物は，自分の娘を４人も天皇に嫁《とつ》がせ，圧倒的な地位を確立しました。その様子は，③この人物が詠《よ》んだ歌にも表れています。

また，この人物の息子である（　④　）は，権力を引き継いで政治的地位を高めるとともに，極楽浄土《ごくらくじょうど》を表現しようと作られた⑤「平等院鳳凰堂《ほうおうどう》」を建立するなど，⑥この時代の文化面でも活躍しました。

問１　下線部①について，平安時代とは都が平安京にうつされた年からを指します。都が平安京にうつされたのは何年か，数字で答えなさい。

問２　下線部②について，これは藤原氏が天皇を補佐《ほさ》する役職に就いて権限《けんげん》を握った政治です。「摂」は摂政ですが，「関」は何という役職を指しているのか，漢字で答えなさい。

問３　下線部③について，この歌として適切なものを次の中から１つ選び，記号で答えなさい。

ア．この世をば　わが世とぞ思ふ　望月《もちづき》の　欠けたることも　無しと思へば

イ．から衣《ころも》　すそに取りつき　泣く子らを　置きてぞ来《き》ぬや　母なしにして

ウ．ちはやふる　神代《かみよ》もきかず　竜田川《たつたがわ》　からくれなゐに　水くくるとは

エ．鳴《な》る神の　少しとよみて　さし曇り　雨も降らんか　君を留《とど》めん

問４　空欄（④）にあてはまる人物を漢字で答えなさい。

問５　下線部⑤について，この建物の画像として適切なものを次の中から１つ選び，記号で答えなさい。

ア．

イ．

ウ．

問６　下線部⑥について，平安時代の作品と著者の組み合わせとして適切なものは次のうちどれか，次の中から１つ選び，記号で答えなさい。

ア．枕草子《まくらのそうし》－紀貫之《きのつらゆき》　　イ．源氏物語《げんじものがたり》－紫式部《むらさきしきぶ》

ウ．徒然草《つれづれぐさ》－清少納言《せいしょうなごん》　　エ．古今和歌集《こきんわかしゅう》－清少納言

問７　この文章で述べている人物は誰か，漢字で答えなさい。

３．次の文章を読み，各問いに答えなさい。

現在，日本の政権与党《せいけんよとう》は憲法改正《けんぽうかいせい》について積極的《せっきょくてき》な姿勢を見せています。こうした中，選挙の争点《そうてん》でも憲法改正について語られることが多く，私たちは A 日本国憲法および，その B 改正の手続きについて深い理解をしておく必要があります。

問１　下線部Aについて，日本国憲法における国民の義務《ぎむ》に当てはまらないものを，次の中から１つ選び，記号で答えなさい。

ア．兵役《へいえき》　　イ．子供に普通教育を受けさせる　　ウ．勤労《きんろう》　　エ．納税《のうぜい》

問２　下線部Aについて，日本国憲法の三大原則《さんだいげんそく》に当てはまらないものを，次の中から１つ選び，

記号で答えなさい。

ア．基本的人権《きほんてきじんけん》の尊重《そんちょう》　　イ．平和主義《へいわしゅぎ》　　ウ．国際主義《こくさいしゅぎ》　　エ．国民主権《こくみんしゅけん》

問３　下線部Ｂについて，憲法改正の手続きについて記載《きさい》されている日本国憲法96条の，空欄（①）～（③）に該当《がいとう》する語句をそれぞれ漢字で答えなさい。

日本国憲法第96条

第１項　この憲法の改正は，各議院の総議員《そうぎいん》の２／３以上の賛成《さんせい》で，（　①　）が，これを発議《はつぎ》し，国民に提案《ていあん》してその承認《しょうにん》を経《へ》なければならない。この承認には，特別の（　②　）又は国会の定める選挙の際行われる投票において，その（　③　）の賛成を必要とする。

第２項　憲法改正について前項《ぜんこう》の承認を経たときは，天皇は，国民の名で，この憲法と一体を成すものとして，直ちにこれを公布《こうふ》する。

2．医学を学ぶことで人を救うという能力が身につくが、美術史を学んでも人を救うことにつながっていかないことが明らかであるから。

3．医学は、学ぶことで人を救うことができるようになるが、美術史は学んでも何かができるようになるといった意義を見出しにくいから。

4．医学は、「なぜそのようになったのか」という点を思考する学問であるのに対して、美術史は暗記が重視されてしまうから。

問5　傍線部ロ「〝識字率〟というパラメーター」とあるが、これが説明していることとして、最も適切なものを、次の中から選んで番号で答えなさい。

1．一〇〇〇年前のヨーロッパでは識字率が低く、絵を見ることが楽しみの主流であったために、美術の世界が発達し、美術史もまた重要な学問となっていったことを考えると、美術史を学ぶ価値を考えるにあたっては、当時の人々の識字率が大きく関係しているということ。

2．一〇〇〇年前のヨーロッパでは識字率が低かったために、人々は絵で気持ちを表現することが多かったが、多くの作品には政治的な意味が込められており、絵画の知識や歴史をしっかりと学ばなければ当時の社会を理解することは難しいため、美術史を学ぶには、そうした背景を学ぶという作業が不可欠であるということ。

3．一〇〇〇年前のヨーロッパでは識字率が低く、人々が何かを表現する際に絵を用いたという背景を知らなければ、絵画を学ぶことに価値を見出すことは不可能で、美術史を学ぶこともとらえにくいことから、人々の識字率を中心とした、その学問の背景をしっかりととらえることで、はじめて絵画を学ぶ面白さや美術史を学ぶ楽しさが生まれるのだということ。

4．一〇〇〇年前のヨーロッパでは識字率が低く、人々は自らの伝えたいことを表現するために絵を描いていたという背景があるため、絵画を学び、美術史を学ぶことは、その時代の人々が何を考えていたかを探究するという意義があるのであって、それは識字率の高低といった当時の背景を知らなければ見出しにくいものであるということ。

問6　傍線部ハ「遠いゴール」とあるが、これが指し示すものを「こと」につながるように、文章中から七字で書き抜きなさい。記号や句読点も一字と数えます。

問7　次の文章は、文中の「美術史」のあり方について説明したものです。空欄に当てはまる言葉を文章中から書き抜きなさい。

美術史を学ぶときには、【Ⅰ　二字】をするばかりではなく、【Ⅱ　十字】ことが大切である。それは、絵画が、ただ単に趣味で描かれたのではなく、当時の人々にとっては最大の【Ⅲ　四字】であり、現在よりも「【Ⅳ　十四字】」という機能を強く持っていたことから、絵画を学び、美術史を学ぶことはそれを見つけ出すための、一つの大切な【Ⅴ　二字】的行為だと言えるからである。

問8　あなたが最も興味を持っている学問（科目でもよい）をひとつあげ、それを学ぶ意味を考えて述べなさい。

二　※問題に使用された作品の著作権者が二次使用の許可を出していないため、問題を掲載しておりません。

過去の社会のことを知りたいと思えばテレビやラジオの無い時代における最大のメディアだった絵画にあたる必要があるのは当然ですね。

　絵にこめられたメッセージを読みとってはじめて、私たちはその絵が描かれた当時の人々の考え方を理解することができます。つまり美術史とは、美術作品を介して「人間を知る」ことを最終的な目的としており、その作業はひいては「自分自身のことを知る」ことといつかはつながるでしょう。だからこそ、美術史は哲学の側面を有しています。そのため、［D］世界中の多くの大学の哲学科に美術史講座があります。もちろん、美術〝史〟というからには歴史学の一部でもあるため、大学によっては史学科に美術史教員が所属しているところも多いです。

　名称にこだわってもあまり意味はありませんが、より正確に定義すれば、哲学の一分野としての側面を「美学」とよび、より歴史学的側面が強い「美術史」とあわせた境界領域を、「芸術学」という上位概念であらわします（これと異なる⑦クブンの仕方もあります）。さらに付け足すと、おおまかに言うと「美術」とは絵画と彫刻、建築や工芸などの〝造形芸術〟を指し、これに音楽や文学、⑧エイガなどを足したものを「芸術」と総称します。［E］「芸術学」では、人類の文化的行為によって生じたあらゆるものを考察対象としています。ということは、たとえば芸術の中には小説も入りますが、美術の中には含まれないことになります。本書でc頻出する「絵画作品」「美術作品」「芸術作品」（←範囲の小さな順に並べてあります）という用語には、それぞれ含まれている範囲の違いがあるのです。

　繰り返せば、美術史とは、人間（とその社会）をより深く理解するための学問のひとつです。このハ遠いゴールに近づくためにはさまざまなアプローチがありますが、美術史では、人類の長い歴史のほとんどで最大のメディアだったからこそ、美術作品をそのための手掛かりとしているわけです。

（池上英洋『西洋美術史入門』より）

問１　波線部①～⑧のカタカナを漢字に改めなさい。

問２　文中の空欄［A］～［E］に入る適切な語句を、次の中からそれぞれ選んで番号で答えなさい。同じ番号を何度使ってもよい。

１．つまり　２．たとえば　３．また　４．そういえば
５．しかし

問３　傍線部a～cの語句の意味をそれぞれ選んで番号で答えなさい。

a　蓄積
１．たくわえていくこと　２．選び取っていくこと
３．活用していくこと　４．特に重視すること

b　私的な
１．自分に害があること　２．自分に関係の深いこと
３．自分だけがわかること　４．自分に不必要なこと

c　頻出する
１．何度も出てくる　２．好んで使われる
３．大切に扱われる　４．批評の対象となる

問４　傍線部イ「こんなこと学んでいったい何になるのか」とあるが、このような疑問が生じる理由として最も適切なものを、次の中から選んで番号で答えなさい。

１．医学と美術史はともに人の役に立つ学問であるはずなのに、医学ばかり取り上げられ、美術史に注目する人が少ないという事実が不平等さを感じさせるから。

【国　語】（五〇分）〈満点：一〇〇点〉

【注意】特に指定のない限り、本文からの抜き出し問題では、記号や句読点も一字と数えるものとする。

一　次の文章を読んで、あとの問いに答えなさい。

大学での初回講義で「美術史とは何だと思うか」と学生に尋ねたことがあるのですが、ある芸術作品があるとして、それは「なんというタイトル」の作品で「誰が」「何年に」つくったかを覚えるものかなぁ、という①ハンノウがたいてい返ってきます。つまりは、高校における歴史授業のテスト勉強の記憶があまりに強いのか、「何年に」「どことどこの国が」「何という戦場」で戦って「何々条約」を結んだといった塩梅《あんばい》に、やたらとデータを暗記するだけのものというイメージを持っているのです。

データのa蓄積が悪いとはもちろん言いません。ある程度必要なのは確かです。［A］、たとえば先ほどの「何々戦争」のようなケースにおいて、「なぜその二国が戦う必要があったのか」、さらには「その結果がその後の社会にいかなる影響を及ぼしたのか」といった、事象の構造を理解するところまで考えたことのある新入生を、私はほとんど見たことがありません。そこまで②モトめられてこなかったのですから当然です。しかしより重要なのは、単なる固有名詞や年号を暗記することよりも、構造について思考することにこそあるはずです。

美術史でも同じです。先の例でいえば、「なぜそのような作品がその時代にその地域で描かれたのか」、［B］「なぜそのような③ヨウシキがその時代にその地域で流行したのか」という点を思考することこそ、「美術史」という学問でなされるべき内容なのです。

（中略）

さて美術史講義をうけはじめた学生が次に抱く疑問は、「イこんなこと学んでいったい何になるのか」というものです。よくわかります。実は私自身も過去に同じ疑問を抱いた④ケイケンがあるからです。これがたとえば医学であれば、病で苦しんでいる人を助けるといったような、ごくわかりやすい〝意義〟を即座に見出すことができます。一方、美術史の場合は簡単ではありません。まあ、人文系の分野は多かれ少なかれそのようなものかもしれませんが。

鍵はロ〝識字率〟というパラメーターにあります。一般的に私たちは、ふだん話したり聴いたりしている〝言語〟を書いたり読んだりすることもできます。しかし、たとえば一〇〇〇年前のヨーロッパなどでは、政治を動かしているような上流階級や、教会で⑤ハタラいている人あるいは法律や商売に深く関わっている人でないかぎり、自分が話している言葉であっても、書くことはおろかほとんど読むことさえできません。私たちは非常に恵まれた時に生きていて、そしてこのような時代は人類の長い歴史の中ではごくごく最近になってからのことでしかありません。

現代であれば、私が皆さんにお伝えしたいことは、こうして文字にすればすんでしまいます。しかし、たとえば昔の西洋世界で本など読めたのは社会のごくごく一部の⑥ソウにすぎません。では大衆に伝えたいことがあれば何を用いたか――それが絵画だったのです。［C］絵画は、今よりもっと「何かを誰かに伝えるためのもの」という機能を強く持っていました。個人が、ごくb私的な趣味のためだけに自由に絵を描くという行為は、ごく近代的なものにすぎません。であれば、私たちがもし

第1回特進

2020年度

解　答　と　解　説

《2020年度の配点は解答欄に掲載してあります。》

＜算数解答＞

1　(1)　2.7　(2)　$\frac{31}{84}$　(3)　417　(4)　$\frac{1}{7}$　(5)　24　(6)　1530　(7)　10.8
(8)　15

2　(1)　45度　(2)　30度　3　(1)　25cm^2　(2)　50cm^2

4　(1)　172.7cm^3　(2)　251.2cm^2　5　(1)　時速6km　(2)　8時15分

6　(1)　28個　(2)　22個　7　(1)　第46回　(2)　8個

○推定配点○

各5点×20　計100点

＜算数解説＞

1　(四則計算，四則混合計算，四則混合逆算，濃度，割合，速さ，仕事算)

基本 (1)　小数のわり算では小数点の位置に気を付けて筆算を書いて計算する。割られる数，割る数どちらも10倍しても商は変わらない。11.61÷4.3＝116.1÷43＝2.7

(2)　四則混合計算では，かけ算わり算はひき算より先に計算する。分数のわり算ではわる数を逆数にしてかけ算する。$\frac{5}{3}\times\frac{4}{5}-\frac{6}{7}\div\frac{8}{9}=\frac{4}{3}-\frac{6}{7}\times\frac{9}{8}=\frac{4}{3}-\frac{27}{28}=\frac{112}{84}-\frac{81}{84}=\frac{31}{84}$

(3)　四則混合計算でかっこがある場合はかっこの中を先に計算する。(65－52÷13×2)＋1.8×200＝(65－4×2)＋360＝417

(4)　計算する順に番号をふり，逆にたどる。④$\frac{41}{40}\times\frac{8}{9}=\frac{41}{45}$，③$\frac{41}{45}\div\frac{6}{5}=\frac{41}{45}\times\frac{5}{6}=\frac{41}{54}$，②$\frac{41}{54}\div\frac{7}{9}=\frac{41}{54}\times\frac{9}{7}=\frac{41}{42}$，①$\frac{41}{42}-\frac{35}{42}=\frac{1}{7}$

重要 (5)　5％の食塩水120gに食塩は120×0.05＝6(g)含まれる。8％の食塩水に含まれる食塩の重さは6＋6＝12(g)，食塩水の重さは食塩÷濃度で求められる。12÷0.08＝150(g)になる。加えた水は150－120－6＝24(g)である。

(6)　□×(1＋0.1)＝1683，1683÷1.1＝1530(円)

(7)　道のり＝速さ×時間で求める。式を立てる時間違えないよう単位を書く。60m/分×60＝3600m/時，3600m/時÷1000＝3.6km/時，3.6km/時×3時間＝10.8km

(8)　全体の仕事量を10日と6日の最小公倍数の㉚にする。1日あたりにする仕事量は，Aくん㉚÷10＝③，Aくん＋Bくん㉚÷6＝⑤，Bくん1人でこの仕事をすると，㉚÷(⑤－③)＝15，よって求める答えは，15日である。

重要 2　(平面図形・角度)

(1)　三角形BCEは正三角形なので，角EBCは60度，AFを伸ばしてBCと交わる点をGとすると，角AGB＝角FAD，三角形DAFはDA＝DFの二等辺三角形，角DAFは(180－30)÷2＝75，よって，x＝180－(75＋60)＝45(度)

(2)　三角形BAEは(1)同様BA＝BEの二等辺三角形，角BEAは75度，三角形BEFはBE＝BF，角

EBF＝90度の直角二等辺三角形，よって，$y=75-45=30$(度)

3 (平面図形・面積)

(1) 頂角30度の二等辺三角形の等辺を底辺とすると，高さは等辺の半分の長さになる。よって，この二等辺三角形の面積は$10\times5\div2=25$(cm^2)

(2) ひし形は(1)の三角形を2つ組み合わせてできている。$25\times2=50$(cm^2)

やや難 4 (立体図形・体積，表面積)

(1) 円柱の体積は底面積×高さで求める。計算の工夫をすると求めやすい。$1\times1\times3.14\times1+2\times2\times3.14\times1+3\times3\times3.14\times1+4\times4\times3.14\times1+5\times5\times3.14\times1=(1\times1+2\times2+3\times3+4\times4+5\times5)\times3.14\times1=55\times3.14=172.7$($cm^3$)

(2) 表面積は円柱の底面積2つ分と円柱の側面積の和。$5\times5\times3.14\times2+(1\times2+2\times2+3\times2+4\times2+5\times2)\times3.14\times1=50\times3.14+30\times3.14=80\times3.14=251.2$($cm^2$)

重要 5 (速さとグラフ)

(1) グラフより，バスがA町B町間を20分つまり$\frac{20}{60}$時間で進んでいるので，A町B町間の道のり＝速さ×時間，30km/時×$\frac{20}{60}$時間＝30km/時×$\frac{1}{3}$時間＝10km，太郎の歩く速さ＝道のり÷時間，10km÷$1\frac{40}{60}$時間＝$10\times\frac{3}{5}$＝6km/時，時速6kmである。

(2) 太郎は8時にA町から6kmの地点まで進んでいる。バスに追い越されるのにかかる時間は6km÷(30km/時－6km/時)＝$\frac{6}{24}$時間＝0.25時間，0.25時間×60＝15分，よって求める時間は，8時15分である。

重要 6 (相当算・分配算)

(1) Bくんが持っている栗の$\frac{1}{4}$をCくんに渡すと，3人の持っている栗は$63\div3=21$(個)になる。21個はBくんが持っていた栗の$1-\frac{1}{4}=\frac{3}{4}$にあたる。Cくんに渡す前に持っていた個数は$21\div\frac{3}{4}=21\times\frac{4}{3}=28$(個)である。

(2) Aくんが拾った$\frac{2}{9}$をくれたから28個になった。Aくんがくれたのは$21\div\left(1-\frac{2}{9}\right)-21=21\times\frac{9}{7}-21=6$，$28-6=22$，はじめにBくんが拾った栗は22個である。

7 (規則性，比例配分)

(1) 4年後のオリンピックの回数は1回大きくなる。$2076-2020=56$(年後)，$56\div4=14$，$32+14=46$，よって，求める答えは第46回である。

(2) 連比を求め，①あたりの個数を求める。41÷(⑫＋⑧＋㉑)＝1(個)，⑧＝8個　よって，銀メダルは8個である。

金	銀	銅
3	2	
4		7
⑫	⑧	㉑

★ワンポイントアドバイス★

四則計算，割合や比，規則性などの基礎的な問題を繰り返し練習しておこう。図形の問題は図に与えられた情報を書いて整理し，性質と結びつけて新しい情報を見つける練習をするとよいだろう。

＜理科解答＞

1 問1 3個 問2 (40g) 7番 (10g) 9番 問3 8番 問4 8番 問5 3番
問6 3番のおもりが30gだった。

2 問1 図1 水上(置換法) 図2 上方(置換法) 図3 下方(置換法) 問2 アンモニア
問3 集めていることが目で見てわかる。 問4 (大きい) 二酸化炭素 (小さい) 水素
問5 (酸素) ウ (窒素) オ (水素) イ (二酸化炭素) エ (アンモニア) ア

3 問1 (試験管A) 変わらない。 (試験管B) (青)紫色に変わる。 問2 だ液はデンプンを違う物質に変える。 問3 だ液は体温に近い温度でよくはたらくので，約40℃がよい。
問4 ア (記号) E (名称) 胃 イ (記号) A (名称) 肝臓 ウ (記号) G (名称) 小腸 問5 C，D，E，G

4 問1 図3→図1→図2 問2 アンモナイト 問3 図1 問4 ウ
問5 すべての生物が化石になるわけではなく，個体数も少ないから。 問6 エ

○推定配点○
1 各2点×6(問2完答) 2 問3・問4 各2点×3 他 各1点×9
3 問1～問3 各2点×4 他 各1点×7(問5完答)
4 問1・問5 各2点×2(問1完答) 他 各1点×4 計50点

＜理科解説＞

1 (力のはたらき―てこ)

基本 問1 てこを右に回す働きと左に回す働きが等しくなれば，てこはつりあう。回す働きは，おもりの重さ×おもりを置いた位置から支点までの長さで表す。よって，30(g)×4＝□(g)×4より，9番に30gのおもりをつりさげればよい。よって，10gのおもりは3個必要となる。

基本 問2 左に回す働きが30(g)×4＝120なので，右に回す働きも120になればてこはつりあう。よって，40gのおもりは7番，10gのおもりは9番につるすと，40(g)×2＋10(g)×4＝120となり，てこはつりあう。

基本 問3 10(g)×2＋10(g)×1＝10(g)×□より，□は3となるので，10gのおもりを8番につるせばてこはつりあう。

基本 問4 50(g)×2＝20(g)×□より，□は5となるので，20gのおもりは，糸をつるした3番よりも5個右の8番につるすと，てこはつりあう。

やや難 問5 50gのおもりを1番，20gのおもりを5番，10gのおもりを9番につるしたので，糸をつるす位置は，2番から4番までのどれかとなる。よって，糸を3番につるすと，50(g)×2＝20(g)×2＋10(g)×6となり，てこはつりあう。

やや難 問6 おもりがすべて10gだとすると，10(g)×3＋10(g)×2＜10(g)×2＋10(g)×3＋10(g)×4となるので，左に回す働きをあと40ふやすとてこはつりあう。よって，3番につるしたおもりが30gであることがわかる。

重要 2 (物質と変化―気体の発生)

問1 図1の集め方を水上置換法，図2の集め方を上方置換法，図3の集め方を下方置換法という。
問2 アンモニアは空気より軽く，水に非常に溶けやすいので，上方置換法で集める。
問3 模範解答の他に，純粋な気体が集められるという利点がある。
問4 5つの気体のうち，最も質量が軽い気体は水素であり，最も質量が重い気体は二酸化炭素で

ある。

問5　ア　刺激臭があるのは，アンモニアである。　イ　可燃性の気体は水素である。　ウ　助燃性のある気体は酸素である。　エ　石灰水を白くにごらせるのは二酸化炭素である。　オ　空気中に最も多く含まれているのは窒素である。

重要 **3** (生物一人体)

問1　試験管Aではだ液が働き，デンプンが別の物質に変わるのでヨウ素液の反応は見られない。試験管Bでは，デンプンが残っているので，デンプンとヨウ素液が反応して，青紫色に液体が変化する。

問2　試験管Aでヨウ素液の反応がみられないので，だ液はデンプンを別の物質に変える働きを持つことがわかる。

問3　だ液に含まれる消化酵素は，体温に近い温度で最もよく働く。

問4　Aは肝臓，Bはたんのう，Cは大腸，Dは食道，Eは胃，Fはすい臓，Gは小腸である。
ア　たんぱく質を消化するのは胃である。　イ　胆汁を作るのは，肝臓である。肝臓で行う有害なものを無害なものに変える働きを解毒作用という。　ウ　消化された栄養分を吸収するのは，小腸の柔毛である。

問5　食べたものが直接通る器官を消化管という。

4 (化石)

重要　問1　図1はキョウリュウの化石，図2はマンモスの化石，図3はサンヨウチュウの化石である。キョウリュウは中生代，マンモスは新生代，サンヨウチュウは古生代の生物なので，古い順に並べると，図3→図1→図2の順となる。

重要　問2　図4はアンモナイトの化石である。

重要　問3　アンモナイトは中生代に生息した生物なので，図1である。

問4　鳥類は，キョウリュウの仲間が進化して誕生したとされている。

やや難　問5　骨格がしっかりしていない生物などは化石になりにくかったりする。よって，すべての生物が化石になるわけではないので，進化前後の中間的な特徴を持つ生物の化石はなかなか見つからない。

基本　問6　化石から，その生物の体色は推測できない。

★ワンポイントアドバイス★

問題の条件を整理し考えよう。

<社会解答>

1　問1　1250(m)　　問2　促成(栽培)　　問3　(1)　エ　　(2)　豊洲(市場)
(3)　豊田(市)　　(4)　イ

2　問1　ウ　　問2　ウ　　問3　民撰議院設立(の建白書)　　問4　大日本帝国憲法[明治憲法]
問5　イ　　問6　下関条約　　問7　伊藤博文

3　問1　間接(税)　　問2　エ　　問3　(導入時)　3(%)　　(1回目引き上げ)　5(%)
(2回目引き上げ)　8(%)　　問4　8(%)　　問5　国債

○推定配点○
1　各3点×6　　2　問1～問3・問5　各2点×4　　他　各3点×3
3　各3点×5　　計50点

＜社会解説＞

1　(日本の地理－地形図，日本の国土と自然，農業，工業)

問1　縮尺が25000分の1の地図上において5cmの距離は，実際には25000×5cm＝125000cm＝1250mとなる。

重要　問2　あたたかい気候やビニールハウスを利用して，普通よりも時期を早めてつくる栽培方法を，促成栽培という。促成栽培が盛んな場所としては，高知平野や宮崎平野などがある。なお，夏でも冷涼な気候を利用して，普通よりも時期をおくらせる栽培方法を，抑制栽培という。

問3　(1)　青森県は下北半島や津軽半島がみられることから，エが青森県旗とわかる。なお，アは石川県旗，イは沖縄県旗，ウは静岡県旗である。　(2)　2018年に83年間にわたって使用されていた公設の卸売市場である築地市場は，豊洲市場へ移転した。　(3)　愛知県の三河地方では自動車産業が盛んである。特に，豊田市にはトヨタ自動車の本社や工場が置かれており，自動車産業が盛んであるといえる。　(4)　雨温図から，冬の平均気温が5°C以上と比較的温暖で，夏に降水量が多いことから，雨温図は高知市のものと考えられ，イがあてはまる。アの沖縄県の県庁所在地は那覇市であるが，冬でも平均気温が15°Cを超えており，温暖な南西諸島の気候がみられる。ウの秋田県の県庁所在地は秋田市であるが，秋田市は日本海に面しており，冬の降水量(降雪量)が多い日本海側の気候がみられる。青森県は本州で最も北に位置する県であり，県庁所在地である青森市は冬の平均気温は0°C前後まで下がる。

2　(日本の歴史－近世，近代)

問1　長州藩は，現在の山口県にあたる。アは香川県，イは佐賀県，ウが山口県，エは岐阜県を示している。

やや難　問2　岩倉具視を団長とする使節団は，岩倉使節団と呼ばれる。岩倉使節団は不平等条約の改正を進めようとしたが，不成功におわっているので，アは誤り。岩倉使節団には，西郷隆盛は参加していないので，イは誤り。木戸孝允は岩倉使節団に副使として参加している。岩倉使節団には，津田梅子など女子留学生が同行したので，ウが正しい。使節団が派遣されている間に，日本国内では西郷隆盛らによって征韓論が高まっており，大久保利通は岩倉使節団に副使として参加していることから，エは誤り。

重要　問3　自由民権運動の中で，板垣退助らが1874年に政府に提出した建白書は，民撰議院設立建白書という。民撰議院設立建白書は，国会の開設などを政府に求めるものであった。

問4　ドイツをモデルに，1889年に発布された日本の憲法は，大日本帝国憲法(明治憲法)である。大日本帝国憲法は，当時のドイツをモデルとした憲法であったため，君主権の強い憲法であった。

問5　イの田中正造は，足尾銅山鉱毒事件の被害者救済のために活動した衆議院議員であるが，内閣総理大臣には就任していない。アの大隈重信は1898年や1914年から1916年にかけて内閣総理大臣をつとめており，ウの原敬は1918年から1921年にかけて内閣総理大臣をつとめており，エの東条英機は1941年から1944年にかけて内閣総理大臣をつとめている。

問6　1894年に勃発した日清戦争の講和条約は，1895年に結ばれた下関条約である。下関条約では，日本は清から遼東半島や台湾などを獲得し，賠償金として2億両(約3億円)を得ている。

基本　問7　1885年に初代内閣総理大臣となった人物は，伊藤博文である。

3 (政治－日本経済)

問1　消費税などの，税金を納める人と負担する人が異なる税は，間接税という。間接税には消費税以外に酒税やたばこ税などがある。

問2　日本で初めて消費税が導入されたのは1989(平成元)年であり，エが適当とわかる。

やや難 問3　消費税は1989年4月に3％で導入され，1997年4月に5％，2014年4月に8％，2019年10月に10％へ引き上げられている。

問4　2019年10月に消費税が10％に引き上げられた際，食料品や新聞の一部は，低所得者への配慮から軽減税率が適用されることとなり，消費税は8%とされている。

問5　国は歳入が不足する場合に，国債という債券を発行する。

★ワンポイントアドバイス★

教科書にのっている用語をしっかりと理解するようにしておこう。

＜国語解答＞

一　問1　①　教育　②　きょり　③　経済　④　豊　⑤　専門　⑥　呼
⑦　勉強　⑧　求人　問2　A　1　B　3　C　4　D　2　E　5　問3　a　4
b　2　c　3　問4　ア　中古車　イ　満車　ウ　車間距離　問5　1　問6　4
問7　3　問8　2　問9　Z　問10　(例)　この掃除機は新しい型で音が静かです！
夏の間だけ、この掃除機を定価よりも特別に安く売ります！

二　問1　①　師走　②　簡単　③　確認　④　思春期　⑤　記憶　⑥　うる
⑦　上着　⑧　油性　問2　A　3　B　2　C　5　D　4　E　1　問3　a　2
b　4　c　1　問4　2　問5　2　問6　3　問7　4　問8　1　問9　4
問10　1　問11　3　問12　してある。

○推定配点○
一　問1　各1点×8　問2～問4　各2点×11　問5～問9　各3点×5　問10　5点
二　問1　各1点×8　問2～問3・問12　各2点×9　問4～問11　各3点×8
計100点

＜国語解説＞

一　(論説文－要旨・大意の読み取り，論理展開・段落構成の読み取り、文章の細部の読み取り，接続語，空欄補充，ことばの意味，漢字の読み書き)

問1　①「教」は，つくりの「攵」の形に注意する。「又」ではない。　②「距」は「巨」の部分が音を表している。「離」の訓読みは「はな-れる・はな-す」。　③「経」は，音が同じで形の似た「径」と区別する。「経」の訓読みは「へ-る」。「済」の訓読みは「す-む・す-ます」。　④「豊」の音読みは「ホウ」。「豊富」「豊満」などの熟語がある。　⑤「専門」の「門」を「問」と書く誤りが多いので注意する。「専」の訓読みは「もっぱ-ら」。　⑥「呼」の音読みは「コ」。「呼吸」「点呼」などの熟語がある。　⑦「強」には「ゴウ」の音読み，「し-いる」の訓読みもある。「強引」「強情」などの熟語がある。　⑧「求人」は，やとい入れる人をさがし求めること。「求職」「探求」などの熟語がある。

基本　問2　A　前にある「『車』という文字を例に説明しています」の「例」を，あとの文で挙げている。例示の「たとえば」が入る。　B　前の車の例に，「耐」という文字の例を付け加えている。付け加える働きの「また」が入る。　C「人類学」という言葉について，英語と日本語を対比させている。先に英語について述べ，「これに対して」と日本語について述べている。　D　前では「すぐ理解できる」と述べ，あとでは「類推することができない」と述べている。逆接の「ところが」が入る。　E　前の「委細面談」を，「詳しいことは直接会って決めましょう」と言い換えて説明している。言い換えて説明することを表す「つまり」が入る。

やや難　問3　a「定義」は，言葉の意味を，他の言葉の意味と区別できるように明確に限定すること。「義」は「意味」ということ。「意味を定める」ことが「定義」。　b「先人」の「先」は，「先月」や「先週」のように，過去になったものの意味。「先人」は，過去の人。　c「類推」は，似た点をもとにして他のことを推しはかること。「類」は，似たものの集まりを指す。

問4　ア　古くなった車は「中古車」という。「中古」は，前に使って，新しいとは言えないが，まだ使える商品。　イ　車で駐車場がいっぱい，というのは，車で満たされている状態。　ウ「前の車との距離」とは，言い換えれば「前の車と自分の車との間の距離」ということ。「車間距離」と表現できる。

問5「この造語力」とあるように，前の部分に示した「車」や「耐」を使って言葉を作っていくことを「造語力」と呼んでいる。「車」や「耐」を使って言葉を作っていくことは，第二段落で述べている「新しい概念(＝意味・内容)の言葉をいくらでも作り出せる」ことの例である。そして，このようなことができる漢字の特徴については，文章の最後で「漢字は，それ自体が意味を表します」と説明している。つまり，漢字は一字一字が意味を持つために，新しい概念の言葉を作り出せるのである。それを「造語力」と表現している。

重要　問6　Ⅰ　問5でとらえたように，Ⅰのまとまりでは，漢字は新しい言葉を作りやすいということについて説明している。　Ⅱ　Ⅱのまとまりでは，初めに「漢字があると有利な点の第二は，その言葉を知らなくても，意味が類推できるということです」とある。そして，英語を使うイギリス人のタイピストと漢字を使う日本人とを対比させて，漢字を見れば言葉自体を知らなくても意味を類推できると述べている。「類推」は，似た点をもとにして，他のことをこうだろうと推測することである。　Ⅲ　Ⅲのまとまりでは，新聞の求人広告を例にして「省略」ということを説明している。「これ」が指すものは示されていないが，「土曜日，日曜日，祝日は……面接日を連絡します」という内容を漢字を使えば省略して表現できると述べている。そして，「細面」は，「委細面談」「詳しいことは直接会って決めましょう」の省略であると説明している。

やや難　問7「ですます調」は，「だ・である調」に比べてやわらかく親しみやすい感じを与える。また，「ですね」や「どうでしょうか」「変わりましたか」などの語り掛けるような表現も，親しみやすい感じを与えている。　1　一つの段落は短く，一文で一段落もある。　2　説明文なので，セリフは多く用いられてはいないし，その場にいるような臨場感も与えてはいない。　4　具体例が多く挙げられている。

問8　2の内容は，問6のⅢでとらえた新聞の求人広告の内容と一致する。漢字が「表意文字」だから，意味を類推できるのである。　1　漢字を使うことを不利とは述べていない。　3　最後からふたつめの段落で，「漢字が『表意文字』だからです」と述べている。　4　Ⅱのまとまりに，「日本語の『人類学』は，言葉自体を知らなくても，『人類』が『人のたぐい』『すべての人間』であることは中学生でもわかるだろうから……類推がなんとなくできるというわけです」とある。

問9　問6のⅢの解説で,「『これ』が指すものは示されていない」と説明したが,「『土日祝休他談応・給面・歴送面通知』という表記」が,「これ」の指すものである。抜き出した文は,「これ」の直前の【Z】に入る。

重要　問10　問9で示した文の「土日祝休他談応・給面・歴送面通知」は「土曜日,日曜日,祝日は……面接日を連絡します」を省略した表現である。これを参考にして,「新型静音掃除機！　夏期限定販売！」を文章の形にする。

二　(小説－心情・情景の読み取り,文章の細部の読み取り,接続語,空欄補充,ことばの意味,漢字の読み書き)

問1　①「師走」は,12月の昔の呼び名。熟語の形で特別な読み方をする熟字訓。　②「簡単」は,「簡」には「間」「完」,「単」には「短」などの同音字を書く誤りが多いので注意する。
③「確」は,つくりの「隹」の部分の点を忘れやすいので注意する。「認」の訓読みは「みと-める」。　④「思春期」は,十二歳から十七歳ごろで,異性に対する関心や自我意識が強くなる時期。「春」をめばえの季節ととらえ,人生でさまざまな意識がめばえる時期と重ねている。
⑤「憶」は,形が似て音が同じ「億」と区別する。「心」に関係する字なので,りっしんべんが付く。「追憶」「憶測」などの熟語がある。　⑥「潤む」は,水分をふくむ,しめりけをおびること。「潤」には「うるお-う・うるお-す・うる-む」の訓読みがある。音読みは「ジュン」。「利潤」「湿潤」などの熟語がある。　⑦「上着」のように「上」を「うわ」と読むのは「上ばき」「上手」などがある。　⑧「油性」は,油が持っているような性質の意味。「性」を「製」と誤らないように注意。

基本　問2　A「師走が近い」ということは,11月であると考えられる。11月にクリスマスの飾りつけをしているのだから,ふつう考えられるよりも早くする様子を表す「はやばやと」が入る。
B　父の弾いた曲が「まちがいなく」「もろびてこぞりて」だったのである。「まちがいなく」を言い換えれば「たしかに」である。　C　休みをとりにくいなかで,時間をみつけて「ようやく」施設に電話をかけたのである。　D　施設でクリスマスソングを流しているのに,父はなにも反応しないのである。前後が反対の様子を表す「けれども」が入る。　E　父が弾く「もろびとこぞりて」をはじめてきいたときの様子は「よっぽど目を輝かせ,とびきりの笑顔を浮かべたのだろう」とある。「どのくらいとびきりの笑顔で」と対応することから,「どれほど輝く目をしていたのか」となる。

やや難　問3　a「ことのほか」は,とりわけいっそう,特にの意味。「このうえなく」は,これ以上のことはないの意味。どちらも「とても。非常に」の意味で使われる。　b「素っ気ない」は,相手に対する思いやりや愛想がないの意味。「誘いを素っ気なく断る」のように使う。　c「ほのめかす」は,それとなく示すの意味。「スポーツ選手が引退をほのめかす」のように使う。

問4　父は「右手の人指し指だけで『もろびとこぞりて』のはじめの一小節を弾いた」のであるから,聞こえてきた曲は「単純」であったと考えられる。しかし,「芙美恵はびっくりした。思いがけなかった」のである。父がクリスマスの曲を弾けるとは思っていなかったので「意外」だったのである。

問5　問2のEでとらえたように,父が弾く「もろびとこぞりて」をはじめてきいたときの芙美恵の様子は,「よっぽど目を輝かせ,とびきりの笑顔を浮かべたのだろう。また,それを見て父もうれしかったのだろう」とある。父は,娘の喜ぶ顔を見ていたいから,何度でもくりかえしたのである。

問6　問5と関連させて考える。直前に「ドシラソファミレドと自ら鍵盤をたたいて,つづきも弾き」とある。クリスマスの夜にオルガンで「もろびとこぞりて」を弾いてみせて娘の喜ぶ顔を見ていたいという「父のささやかな楽しみを奪った」のである。

問7　前後をふくめて読むと,「なぜ,同じことをくりかえすのか不思議でならなかった」とある。くりかえされる「同じこと」とは,クリスマスのたびに,父が「右手の人差し指だけで『もろびとこぞりて』を弾いてみせること」である。

問8　電話の向こうから聞こえてくるクリスマスソングについて,芙美恵は「おとうさんの弾ける曲だね」と言っている。おとうさんの弾ける曲は「もろびてこぞりて」である。

問9　「ああ,だけど芙美恵のほうがうまいからな」という父の言葉を聞いて,「芙美恵は,やっと自覚した」とある。芙美恵の自覚した内容が,「父はもう『もろびとこぞりて』のことを口にしなくなっていた」理由である。父は娘の笑顔を見たいから弾いていたのであって,曲が弾けることを自慢したかったわけではないのである。しかし,芙美恵はそのことがわからずに,父よりも自分のほうがうまく弾けることを示したために,父は「もろびとこぞりて」のことを口にしなくなったのである。

重要　問10　この場面で,芙美恵は「父が弾く『もろびとこぞりて』をはじめて聞いたとき」の表情を思い出そうとしている。そのときの思い出は,「小さなしあわせで,いっぱいだった」とあるように,幸福感と結びついている。幸せだったことを思い出し,「もろびとこぞりて」の音階を口ずさむことで,自分は今でもお父さんが弾いてくれたことを憶えているよと伝えたかったのである。

重要　問11　「同じ手は一度しか通じないのに」とあるように,父が弾く「もろびとこぞりて」を初めて聞いた次の年からは,驚きや楽しみはなくなっていたのである。そして,問9でとらえたように,芙美恵が自分で弾いたあとは,「父はもう『もろびとこぞりて』のことを口にしなくなっていた」ので,3は合致しない。　1「なぜ,同じことをくりかえすのか不思議でならなかった。……芙美恵は父をうっとうしくさえ思った」とある。　2　この文章は,現在の芙美恵が,鍵盤などさわったこともないはずの父が,オルガンで「もろびてこぞりて」を弾いてくれたことを回想していることを描いている。　4「いまは芙美恵にも父を労る気持ちがある。だが,彼女の職場は歳末が稼ぎどきで休みをとりにくい。クリスマスの直前になって……時間をみつけて施設に電話をかけた」とある。

問12　ぬき出した文に「いたずら描き」とある。文章中から関連する表現をさがすと,「スマイルマークが描きたしてある。」という部分が見つかる。このあとに入るのが適切。

★ワンポイントアドバイス★

論説文は,筆者がどのように説明を進めているかを読み取っていこう。キーワードとなる大切な言葉と具体例に注目して読むことが大切だ。小説は,人物の言葉や行動に注目して心情をとらえるとともに,その理由もいっしょに読み取るようにしよう。

第1回特進選抜

2020年度

解　答　と　解　説

《2020年度の配点は解答欄に掲載してあります。》

＜算数解答＞

1　(1)　8.3　(2)　9　(3)　1　(4)　$\frac{1}{3}$　(5)　10　(6)　34　(7)　72
(8)　6800

2　(1)　120度　(2)　62度　3　(1)　31.4cm　(2)　150.72cm^2

4　(1)　344cm^3　(2)　614.2cm^2　5　(1)　5　(2)　89

6　(1)　19分後　(2)　15分後　7　(1)　23.76cm　(2)　24cm

○推定配点○

各5点×20　計100点

＜算数解説＞

1　(四則計算，四則混合計算，四則混合逆算，濃度，比，通過算，割合)

基本　(1)　小数のわり算は，わる数が整数になるよう小数点の位置を動かしてから計算する。19.92÷2.4＝199.2÷24＝8.3

(2)　四則混合計算では，わり算はたし算より先に計算する。分数のわり算ではわる数を逆数にしてかけ算する。小数は分数にして計算する。帯分数は仮分数にしてから計算する。$5\frac{1}{2}\div\frac{3}{4}+\frac{5}{6}\div\frac{1}{2}=\frac{11}{2}\times\frac{4}{3}+\frac{5}{6}\times2=\frac{22}{3}+\frac{5}{3}=\frac{27}{3}=9$

(3)　四則混合計算では，かっこがあればかっこから計算する。わり算はひき算より先に計算する。計算の順番を書いてから取り組むと間違いが少なくなる。{1.5÷(2.5−2.25)−1.5}÷4.5＝(1.5÷0.25−1.5)÷4.5＝(6−1.5)÷4.5＝4.5÷4.5＝1

(4)　分数のわり算ではわる数を逆数にしてかけ算する。小数は分数にして計算する。帯分数は仮分数にしてから計算する。計算の順番を書いてから逆にたどる。④$1-\frac{3}{5}=\frac{2}{5}$，③$\frac{2}{5}\div\frac{7}{10}=\frac{2}{5}\times\frac{10}{7}=\frac{4}{7}$，②$\frac{4}{7}+2=2\frac{4}{7}$，①$\frac{6}{7}\div2\frac{4}{7}=\frac{6}{7}\times\frac{7}{18}=\frac{1}{3}$

(5)　5％の食塩水180gに食塩は180×0.05＝9(g)含まれる。7％の食塩水は180＋120＝300(g)できるので，含まれている食塩は300×0.07＝21(g)，よって，食塩水に食塩は21−9＝12(g)含まれる。濃度(％)＝食塩÷食塩水×100で求める。12÷120×100＝10(％)

基本　(6)　25−17＝8，16÷8＝2，比の1が2kgにあたる。Aくんの体重は2×17＝34(kg)

重要　(7)　380m÷19秒＝20m/秒，20m/秒×60×60÷1000＝20×3.6＝72km/時

(8)　定価を□円とすると，□×(1−0.2)×(1−0.2)＝□×0.64＝4352，□＝4352÷0.64＝6800
よって，求める答えは6800円である。

重要　2　(平面図形・角度)

(1)　正六角形の1つの内角は外角の和が360度なので，180−360÷6＝120(度)，問題の図で頂点を結んでできている二等辺三角形の底角は(180−120)÷2＝30(度)なので，xを含む五角形から，

$180\times(5-2)-120\times2-(120-30)\times2=120$(度)

(2)　折り曲げる前と後の角度は同じであることを利用する。$180-124=56$，$180-60-56=64$，$(180-64)\div2=58$，$y=180-60-58=62$(度)

3　**(平面図形・図形の移動，長さ，面積)**

(1)　Pが通った道のりは，半径8cm中心角90度のおうぎ形の弧の長さ2つ分と半径8cm中心角45度のおうぎ形の弧の長さの和。$8\times2\times3.14\times\frac{1}{4}\times2+8\times2\times3.14\times\frac{1}{8}=8\times3.14+2\times3.14=(8+2)\times3.14=31.4$，よって，求める答えは31.4cmである。

(2)　求める図形は半径8cm中心角90度のおうぎ形2つ分と横が半径8cm中心角45度のおうぎ形の弧の長さでたてが8cmの長方形の面積和。求める答えは$8\times8\times3.14\times\frac{1}{4}\times2+8\times2\times3.14\times\frac{1}{8}\times8=32\times3.14+16\times3.14=48\times3.14=150.72$($cm^2$)である。

4　**(立体図形，体積，表面積)**

(1)　できる図形は，底面の正方形の1辺10cm高さ16cmの四角柱から半径10cm中心角90度のおうぎ形を底面とする高さ16cmの柱体を除いた図形。$10\times10\times16-10\times10\times3.14\times\frac{1}{4}\times16=1600-1256=344$($cm^3$)

(2)　$10\times16\times2=320$，$\left(10\times10-10\times10\times3.14\times\frac{1}{4}\right)\times2=21.5\times2=43$，$10\times2\times3.14\times\frac{1}{4}\times16=80\times3.14=251.2$，$320+43+251.2=614.2$($cm^2$)

やや難 **5**　**(規則性)**

(1)　横2cmの長方形は2通り，横3cmの長方形は3通りなので，$2+3=5$(通り)

(2)　書いて調べてみる。(横，通り)＝(1，1)(2，2)(3，3)(4，5)(5，8)(6，13)(7，21)(8，34)(9，55)(10，89)　よって，求める答えは89通りである。

重要 **6**　**(水そうと水位)**

(1)　3分後から5分後の2分間に$108-72=36$(L)入る。1分あたり36L÷2分＝18L/分，$(360-108)\div18=14$，$5+14=19$，よって，求める答えは19分である。

(2)　はじめの3分は，1分あたり72L÷3分＝24L/分入る。穴がなければずっと1分あたり24Lずつ入るので，$360\div24=15$，よって，求める答えは15分である。

7　**(割合の応用)**

(1)　落とした高さの$\frac{3}{5}$はねるので，アは$110\times\frac{3}{5}\times\frac{3}{5}\times\frac{3}{5}=\frac{594}{25}=23.76$(cm)

(2)　$56\times\frac{3}{5}=\frac{168}{5}=33.6$，$34.56\div\frac{3}{5}=34.56\times\frac{5}{3}=57.6$←1回段の上ではねた高さ(地面からの)，つまり$57.6=33.6+$イなので，イ$=57.6-33.6=24$(cm)

★ワンポイントアドバイス★

計算，割合，図形，速さ，規則性を中心に基礎的な問題を繰り返し練習しておこう。図形の問題では，図にわかることを書いて情報を整理し，性質を利用して新しい情報を見つける手がかりと結びつける練習をするとよいだろう。

<理科解答>

1 問1 イ　問2 反射　問3 ア　問4 屈折　問5 げんの長さを短くする。[げんの太さを細くする。／げんを強く張る。／おもりを重くする。]　問6 ウ・エ

2 問1 ① ウ　② ア　③ イ　④ エ　問2 二酸化炭素
問3 炭酸水，うすい塩酸　問4 (気体の名前) 水素
(反応) エ　問5 ① 固体Aはあわを出さずに溶ける。
② 重くなっている。

3 問1 ア　問2 イ　問3 右図1　問4 卵から生物がかえること。　問5 イ，オ

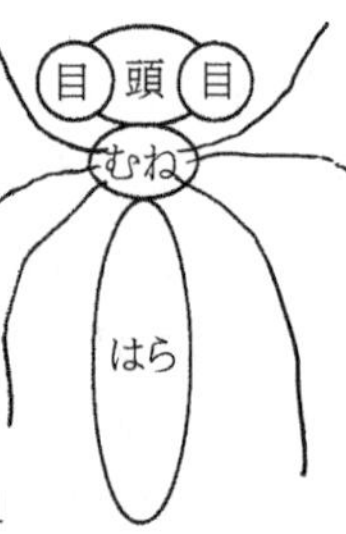

図1

4 問1 イ　問2 アとウにはほぼ同じくらいの大きさの石，イには大きな石がある。　問3 ア　問4 右図2
問5 ① 三角州　② V字谷　問6 流れるうちにけずられるから。

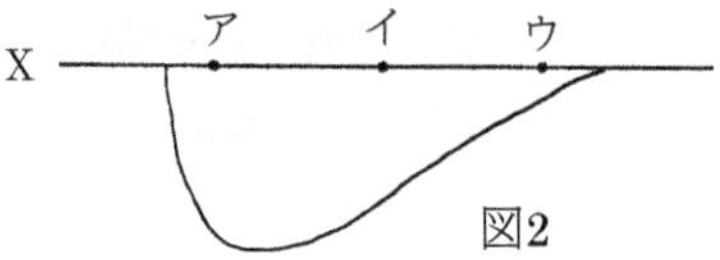

図2

○推定配点○
1 各2点×7　2 問1～問3 各1点×6(問3完答)　問4・問5 各2点×3(問4完答)
3 各2点×5(問5完答)　4 各2点×7　計50点

<理科解説>

重要 **1** (光・音―光・音の性質)

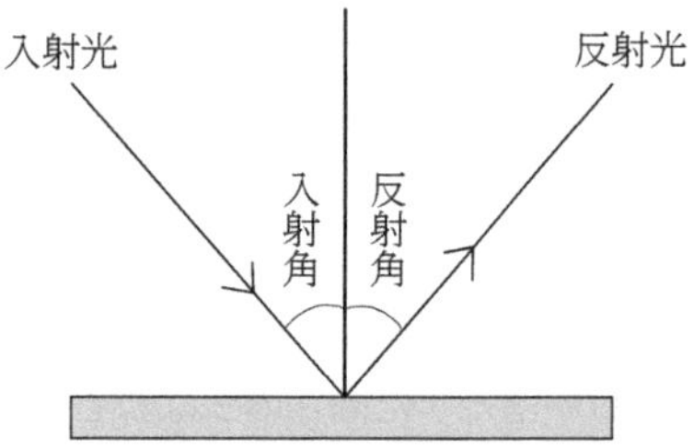

入射角=反射角

問1・問2 光の反射(問2の解答)は，右図のように入射角と反射角が等しくなる。

問3 光が空気中から，水中に入るときは，水面から遠ざかるように光が曲がる。

問4 光が別の物質に入ったときに，曲がる現象を屈折という。

問5 高い音を出すためには，げんの長さを短くする，げんの太さを細くする。げんを張る力を強くする方法がある。

問6 音は何かの物質が振動して伝わる。よって，宇宙空間や真空中では音は伝わらない。

2 (物質と変化―水溶液の性質)

基本 問1 ① 石灰水だけアルカリ性なので，①の実験は赤色リトマス紙を使ったウである。 ② 食塩水，砂糖水，うすい塩酸，炭酸水のうち，においがあるのはうすい塩酸だけである。 ③ 食塩水，砂糖水，炭酸水のうち，炭酸水だけが酸性の水溶液である。よって，③の実験は青色リトマス紙を使ったイである。 ④ 砂糖水は加熱すると黒く焦げる。

重要 問2 炭酸水に溶けている二酸化炭素と，石灰水に溶けている水酸化カルシウムが反応すると，水に溶けない炭酸カルシウムができる。

重要 問3 うすい塩酸は塩化水素，炭酸水は二酸化炭素という気体が溶けているので，水溶液を蒸発させたとき何も残らない。

重要 問4 うすい塩酸とアルミニウムが反応すると水素が発生する。水素は可燃性の気体である。

基本 問5 ① 固体Aは塩化アルミニウムという物質であり，塩酸に溶けるが気体の発生は起こらない。
② 塩化アルミニウムは，アルミニウムに塩酸の成分が結びついてできたものであるので，もと

のアルミニウムより質量は重くなる。

重要 3 (生物―動物)

問1 モンシロチョウは，キャベツなどのアブラナ科の植物の葉の裏に卵を産む。

問2 モンシロチョウの卵は，黄色で，縦と横に筋があり，とっくりのような形をしている。

問3 昆虫の足は胸から6本出ている。

問4 卵から幼虫がでてくる現象をふ化という。

問5 カブトムシ，ガは完全変態をする昆虫の仲間である。

重要 4 (地形―流水)

問1 まっすぐ流れている川は，川の真ん中あたりが最も流れが速い。

問2 流れの速いところには大きな石が堆積し，流れの遅いところには小さな石が堆積する。

問3 曲がっている川は曲がっている外側の流れが最も早く，内側の流れが最も遅い。

問4 曲がっている川の外側は，流れが速いので川底が深くけずられ，内側は流れが遅いので，川底が浅くなっている。

問5 ① 河口付近にできる三角形に堆積した地形を三角州という。 ② 川の上流にできる深い谷をV字谷という。

基本 問6 川の上流にある大きな石は侵食されると，川に流されている。そのため，川に流されている間に，川底やほかの石とぶつかりながら，下流に運ばれていくので，石は次第に丸く小さくなっていく。

★ワンポイントアドバイス★

ポイントをおさえた簡潔な文章を書く練習をしよう。

＜社会解答＞

1 問1 エ　問2 中京(工業地帯)　問3 (1) 宮崎　(2) 近郊(農業)　(3) ウ　(4) ア

2 問1 794(年)　問2 関白　問3 ア　問4 藤原頼通　問5 イ　問6 イ　問7 藤原道長

3 問1 ア　問2 ウ　問3 ① 国会　② 国民投票　③ 過半数

○推定配点○

1 各3点×6　2 問1～問3・問5 各2点×4　他 各3点×3

3 各3点×5　計50点

＜社会解説＞

1 (日本の地理－地形図，工業，農業)

問1 Qの地図記号は，エの広葉樹林を示している。なお，アのくわ畑の地図記号はY，イの針葉樹林の地図記号はΛ，ウの果樹園の地図記号は♁となる。

問2 工業生産額が日本一で，特に自動車工業が発達している工業地帯は，中京工業地帯である。中京工業地帯は，愛知県・三重県・岐阜県にまたがる工業地帯である。

やや難 問3 (1) きゅうりの都道府県別収穫量が最も多いのは，宮崎県となるので，①には宮崎県があてはまる。なお，②には群馬県が，③には埼玉県が，④には千葉県があてはまる。 (2) 大都市周辺で行われている，大都市へ向けて野菜などを栽培する農業は近郊農業という。 (3) 作物Aは千葉県が最も収穫量が多く，埼玉県，群馬県と，茨城県と関東地方が上位を占めていることから，ウのほうれんそうが適当と判断できる。アのじゃがいもやイのたまねぎの都道府県別収穫量が最も多いのは北海道，エのさとうきびの都道府県別収穫量が最も多いのは沖縄県となる。 (4) 福島県の形はアが適当である。イは山形県を，ウは長野県を，エは富山県を示している。

2 (日本の歴史－平安時代)

問1 都が長岡京から平安京へ移されたのは794年である。なお，平安京へ遷都させたのは桓武天皇である。

問2 摂関政治の「摂」は摂政を，「関」は関白を指している。摂関政治においては，藤原氏が摂政・関白の役職を独占して権力を握っていた。

問3 1016年に摂政となった人物は，藤原道長である。藤原道長は4人の娘を天皇のきさきとした人物で，「この世をば　わが世とぞ思う　望月の　欠けたることも　無しと思へば」という歌をよんだことでも知られるので，アが適切とわかる。イは『万葉集』におさめられている歌，ウは『小倉百人一首』におさめられている歌，エは『万葉集』におさめられている歌である。

基本 問4 『平等院鳳凰堂』を建立したのは，藤原頼通である。

問5 平等院鳳凰堂はイが適切である。アは清水寺，ウは銀閣の画像。

重要 問6 源氏物語の作者は紫式部なので，イの組み合わせが適切。アについて，枕草子の作者は清少納言である。ウについて，徒然草の作者は兼好法師(吉田兼好)である。エについて，古今和歌集は紀貫之などが編さんしている。

問7 「1016年に摂政となった」「自分の娘を4人も天皇に嫁がせ」とあるので，藤原道長について述べているとわかる。

3 (政治－日本国憲法)

問1 日本国憲法における国民の義務は，イの子供に普通教育を受けさせる義務，ウの勤労の義務，エの納税の義務が当てはまり，アの兵役は日本国憲法における国民の義務に当てはまらない。日本国憲法においては，第26条第2項で「すべて国民は，法律の定めるところにより，その保護する子女に普通教育を受けさせる義務を負ふ。義務教育は，これを無償とする。」，第27条第1項で「すべて国民は，勤労の権利を有し，義務を負ふ。」，第30条で「国民は，法律の定めるところにより，納税の義務を負ふ。」と規定されている。なお，兵役は大日本帝国憲法において臣民の義務として規定されていた。

重要 問2 日本国憲法の三大原則は，国民主権(エ)，基本的人権の尊重(ア)，平和主義(イ)であり，ウの国際主義は当てはまらない。

問3 日本国憲法第96条第1項は「この憲法の改正は，各議院の総議員の3分の2以上の賛成で，国会が，これを発議し，国民に提案してその承認を経なければならない。この承認には，特別の国民投票又は国会の定める選挙の際行はれる投票において，その過半数の賛成を必要とする。」と規定しており，(①)には「国会」が，(②)には「国民投票」が，(③)には「過半数」があてはまる。

★ワンポイントアドバイス★

基本的な知識について，しっかりと覚えておこう。

＜国語解答＞

一　問1　①　反応　②　求　③　様式　④　経験　⑤　働　⑥　層　⑦　区分　⑧　映画　問2　A　5　B　3　C　1　D　2　E　1　問3　a　1　b　2　c　1　問4　3　問5　4　問6　「人間を知る」　問7　Ⅰ　暗記　Ⅱ　事象の構造を理解する　Ⅲ　メディア　Ⅳ　何かを誰かに伝えるためのもの　Ⅴ　文化

問8　(例)　私は言語学に興味を持っています。言語学を学ぶことで，その構造を理解して，言語活動が豊かになり，さらに日常生活に彩りが生まれます。

二　問1　①　けさ　②　正直　③　奇跡　④　霜　⑤　非難　⑥　溝　⑦　から　⑧　終末　問2　A　2　B　4　C　3　D　5　E　1　問3　a　3　b　4　c　2　問4　4　問5　1　問6　2　問7　2　問8　1　問9　2　問10　4　問11　3　問12　めました。

○推定配点○

一　問1　各1点×8　問2～問5　各2点×10　問6・問7　各3点×6　問8　4点

二　問1　各1点×8　問2・問3・問6　各2点×9　問4・問5・問7～問12　各3点×8

計100点

＜国語解説＞

一　(論説文－要旨・大意の読み取り，文章の細部の読み取り，接続語，空欄補充，ことばの意味，漢字の読み書き，記述力・表現力)

問1　①　「反応」の「応」が「ノウ」となるのは，直前が「反」という「ン(撥音)」の音になっているからである。「順応」も「ジュンノウ」となる。　②　「求」は，右上の「,」を忘れないようにする。音読みは「キュウ」。「要求」「請求」などの熟語がある。　③　「様式」は，芸術作品の特徴となって，他と区別される表現形態。「式」は，形の似た「武」と区別する。　④　「経」は形の似た「径」と区別する。「経」には「キョウ」という音読みもある。訓読みは「へ-る」。「験」は，同じ音の「検」と区別する。　⑤　「働」の音読みは「ドウ」。送り仮名を「働らく」と誤ることが多いので注意する。　⑥　「層」は，社会や人々の階級の意味。「日本は中間の層が厚い」のように使う。「階層」「富裕層」などの熟語がある。　⑦　「区分」は，ある性質・種類などによってわけること。類義語は「分類」。　⑧　「映」のへんは「日」。「目」ではないので注意しよう。訓読みは「うつ-る・うつ-す・は-える」。「反映」「映像」などの熟語がある。「画」には「カク」の音もある。「企画」「画一」などの熟語がある。

基本　問2　A　空欄の前では，データの蓄積を必要だと述べている。空欄のあとでは，データの蓄積よりも考えることが重要だという内容を述べている。前後で反対のことを述べているので逆接の「しかし」が入る。　B　空欄の前の「なぜそのような作品がその時代にその地域で描かれたのか」という内容に，空欄のあとで「なぜそのような様式がその時代にその地域で流行したのか」という内容を付け加えている。付け加える働きをする「また」が入る。　C　空欄の前の，大衆に伝えたいことがあるときに絵画を用いた，という内容を，空欄のあとでは，絵画は「何かを誰かに伝えるためのもの」という機能を持っていた，と言い換えている。言い換えや要約をするときに使う「つまり」が入る。　D　空欄の前の「美術史は哲学の側面を有しています」ということの具体例として，空欄のあとに「世界中の多くの大学の哲学科に美術史講座があります」と示されている。例示の「たとえば」が入る。　E　空欄の前では，「美術」とは〝造形芸術〟を指し，これに音楽や文学，映画などを足したものを「芸術」と総称すると述べている。「芸術」という言葉を出したことを「そういえば」と受けて，空欄のあとでは「芸術学」という学問について説明している。

やや難 問3　a 「蓄積」は，蓄えて積んで，次第に大きくすること。「データの蓄積」は，データを集めて蓄えておくことである。　b 「私的」は「してき」と読み，「私」という個人に関わる事柄という意味。3. はまぎらわしいが「わかる」という意味は含まない。　c 「頻出する」の「頻」は，くり返し起こる，しきりにするの意味。くり返し出てくる，ということである。

問4　段落の後半の「これ」が指しているのは，傍線部の「こんなこと学んでいったい何になるのか」という疑問である。そして，「たとえば」のあとに，医学のような学ぶことの〝意義〟を美術史を学ぶことには見出しにくいからだ，と疑問が生じる理由を述べている。

重要 問5　「パラメーター」は，ここでは，背景にある事情という意味。〝識字率〟は，文字を読める人の割合。「文字を読める人の割合という背景にある事情」が，ここで説明している「美術史を学んでいったい何になるのか」という疑問を解く鍵になるというのである。一〇〇〇年前のヨーロッパでは文字を読める人の割合が低いために，大衆に伝えたいことがある場合には絵画を用いたのである。そういう過去の時代の社会のことを知るには，美術史を学ぶことは意義がある，というのが筆者の説明である。〝文字が読めないから絵で伝えた〟という内容を説明しているのは4. である。

重要 問6　直前の「この」が指しているのは，直前の文の，美術史を学ぶ目的である「人間(とその社会)をより深く理解するため」である。「遠いゴール」とは，「人間(とその社会)をより深く理解する」ことである。直前の文の初めには「くり返せば」とあるので，同じ内容を述べている部分を探すと，三つ前の段落の「美術史とは，美術作品を介して『人間を知る』ことを最終的な目的としており」が見つかる。「最終的な目的」とは「ゴール」であるから，「人間を知る」ことが解答となる。

重要 問7　空欄の前後にある言葉と同じ言葉を本文中から探して，手がかりにする。Ⅰ・Ⅱについては，美術史を学ぶときに大切なものについて述べている第二段落に「より重要なのは……暗記することよりも，構造について思考することにあるはず」とある。「構造について思考する」も十字であるが，何の構造かという内容を含む「事象の構造を理解する」を書き抜く。Ⅲ・Ⅳについては，絵画の機能について説明している第六段落に「絵画は今よりもっと『何かを誰かに伝えるためのもの』という機能を強く持っていました」とある。文字を読めない当時の人にとっては，「最大のメディアだった絵画」の機能である。Ⅴについては，美術史とはどういう学問かを説明した第八段落に「(美術史を含む)『芸術学』では，人類の文化的行為によって生じたあらゆるものを考察対象としている」とある。学ぶことも「文化的行為」だと言える。

問8　初めに興味を持っている学問・科目を示して，次に，学ぶことでどのような良いことがあるのかを説明する。例文では，言語学に興味があり，それを学ぶことで，言語の構造が理解できて言語活動が豊かになり，日常生活にも彩りが生まれるというよいことがあると述べている。

二　(小説－心情・情景の読み取り，文章の細部の読み取り，空欄補充，ことばの意味，漢字の読み書き，表現技法)

問1　①　「今朝」は熟字訓。「こんちょう」という読みもあるが，会話で使うことはまれである。　②　「正」には「セイ・ショウ」の音がある。訓読みは「ただ-しい・ただ-す・まさ」。「ショウ」と読む熟語には「正念場」「正体」などがある。「直」には「チョク・ジキ」の音がある。「ジキ」と読む熟語には「直筆」「直伝」などがある。　③　「奇跡」は，ふつうでは考えられない，ふしぎな出来事。特に，神の力によるとされるもの。「跡」の訓読みは「あと」。「奇」には「奇妙」「奇抜」，「跡」には「遺跡」「追跡」などの熟語がある。　④「霜」の音読みは「ソウ」。訓読みの熟語は「霜柱(しもばしら)」，音読みの熟語は「幾星霜(いくせいそう)」などがある。
⑤「非難」は，過失や欠点を取り上げて責めること。「是非」「非行」などの熟語がある。「難」の訓読みは「むずか-しい・かた-い」。「難易」「災難」などの熟語がある。　⑥「溝」の音読みは「コウ」。同音で形の似た「構」と区別する。「側溝」「海溝」などの熟語がある。　⑦「殻」の音読みは「カク」。「甲殻」「地殻」などの熟語がある。形の似た「穀物(コクモツ)」の「穀」とまちがいやすいので注意する。　⑧「終末」は，物事の終わり。「末」の訓読みは「すえ」。形の似た「未(ミ)」と区別する。

基本　問2　A「まるで」は「ような」や「ように」といっしょに使って，「まるで雪のような白さ」のように，たとえの表現をつくる。　B　母が病気になる前は，宗教の違いは問題にならなかったけれど，母が病気になって重くなるにつれて，宗教の違いによって溝ができてしまった，というつながり。　C「楽しい時間を過ごしたい」ということを理由として，一生懸命料理を作り，シガラボレイを揚げたのである。　D　私が，よく聞こえなかったのは，父が「下を向いたまま，ぼそりと何か言った」からである。　E　霧が立ち込める様子を表現する言葉は，「うっそうと」である。「うっそうと」は，あたりが暗くなるほど木々がしげっている様子，あたりが見えなくなるほどに霧が濃く深い様子を表す。

やや難　問3　a「打ち明ける」は，今まで人に知らせなかったことを，かくさずに人に話す意味。
b「次第に」は，ある状態が少しずつ変化する様子を言う。じょじょに。だんだん。　c「いたたまれない」は，その場所などにそれ以上じっとしていられないの意味。「お葬式に参列したが，いたたまれなくなって，外に出た」のように使う。

問4　旧約聖書に登場する「マナ」については「神が天から降らせた。霜のように薄く，白く，甘い。この食物のおかげで，人々は四十年間飢えることがなかったという」と紹介されている。エミネさんは，「私」の母が作った梅干しを「あなたにとってのマナ」と言い，「あなたを四十年かそれ以上，守ってくれた」と言っている。人々を四十年間飢えさせることがなかったマナを，「私」を四十年かそれ以上守ってくれた梅干しと重ねているのである。

問5　エミネさんの妹が，エミネさんが作ったシガラボレイと，母が作ったシガラボレイとをすぐに区別できるのは，母が作ったシガラボレイは「お母さんの味がするから」である。

基本　問6「倒置法」は，ふつうの文と語順を入れ替えて，印象を強める修辞法。傍線部はふつうの語順なら「妹は，私が作ったシガラボレイをひと口食べて，お母さんの味じゃない，って泣き出しました。」となる。

問7「母の味を真似て，シガラボレイを作」ったのは，母はほとんど毎日，シガラボレイを作ってくれていて，「母が元気だったころのように，にぎやかにみんなで食卓を囲み，笑ったりしゃべったりして，楽しい時間を過ごしたい」と思ったからである。母の作るシガラボレイの味が，楽しかった家族の記憶と結びついているのである。それを，よみがえらせようとして，「母の味を真似て，シガラボレイを作」ったのである。

問8　問4でとらえたように，マナは，人々を飢えから守ったのである。エミネの作ったシガラボレイは，家族を守ろうとするエミネの気持ちがこめられており，マナと呼ぶにふさわしい食べ物だと，父は認めたのである。

問9　エミネが，家族で過ごす楽しい時間をよみがえらせたいと思ってシガラボレイを作ったのは，日本へ出発する前日である。父の言う「お前(＝エミネ)が行くべきところ」とは，日本である。

重要　問10　家族と話をしなくなり，自分の殻に閉じこもってしまっていた父が，シガラボレイを食べて何か言ったのである。よく聞こえなかった「私」は訊き返したが，父が何かをしゃべったことで，胸の中にかすかな「希望」が膨らみかけたのだが，「父は，もう何も言わずに，立ち上がると，自分の部屋へと行って」しまったことで，「希望」が「霧になって消えていくのを感じ」たのである。

重要 問11　文章の中ほどに「母と私と妹はムスリムなのですが，父は無宗教でした」とある。父だけが，宗教の信者でないのである。　1　文章の中ほどに「私も妹も……日本とアメリカへ，それぞれ留学することに決めました。」とある。　2　文章の前半に「私は，十歳の頃から，母に料理を教わって，一緒にシガラボレイを作ったりもしました」とある。　4　文章の初めに，エミネさんから「今朝，いただいた梅干しがとてもおいしかった」と「私(作者)」は聞かれている。

やや難 問12　ぬき出した文にある「留学」について触れているのは，文章の中ほどの「日本とアメリカへ，それぞれ留学することに決めました。」の部分だけである。留学と結婚を「決めました」という文脈である。

★ワンポイントアドバイス★

論説文は，筆者が自分の意見を説明するために，どのような例を挙げているかをつかみ，例と意見の関係をつかみながら読もう。小説は，人物の言葉や様子，行動に注目して心情をとらえよう。また，場面の様子を読み取って，どんなことがえがかれているかをつかもう。

解答用紙集

○月×日 △曜日 天気(合格日和)

◆ご利用のみなさまへ

＊解答用紙の公表を行っていない学校につきましては、弊社の責任において、解答用紙を制作いたしました。

＊編集上の理由により一部縮小掲載した解答用紙がございます。

＊編集上の理由により一部実物と異なる形式の解答用紙がございます。

人間の最も偉大な力とは、その一番の弱点を克服したところから生まれてくるものである。――カール・ヒルティ――

東京学参株式会社

西武台新座中学校（第1回）　2024年度

◇算数◇

※ 169％に拡大していただくと，解答欄は実物大になります。

1

(1)　(2)　(3)　(4)

(5)　(6)　(7)　(8)

2

(1) 度　(2) 度

3

(1) cm　(2) cm^2

4

(1) cm^3　(2) cm^2

5

(1)　(2) 通り

6

(1) 分後　(2) 分後

7

(1) 通り　(2)

西武台新座中学校(第1回)　2024年度　◇理科◇

※ 143％に拡大していただくと，解答欄は実物大になります。

1	問1			
	問2			
	問3			
	問4	A	B	
	問5		問6	

2	問1			
	問2			
	問3			
	問4			
	問5	集気びん		
	問6			

3	問1			
	問2			
	問3			
	問4		問5	
	問6			

4	問1	1つ目		
		2つ目		
		3つ目		
	問2		問3	
	問4		問5	
	問6			

西武台新座中学校（第1回）　2024年度

◇社会◇

※解答欄は実物大です。

1	問1	ア	イ	ウ
	問2			
	問3			
	問4			

2	問1				
	問2				
	問3				
	問4				
	問5				
	問6				
	問7	→	→	→	

3	問1	①		
		②		
	問2			
	問3			
	問4			

◇国語◇

西武台新座中学校(第1回)　２０２４年度

※ １４９％に拡大していただくと、解答欄は実物大になります。

一

問1　①　②　③　④　⑤　⑥　⑦　⑧

問2　a　b　c

問3　A　B　C　D　E

問4

問5

問6

問7

問8　Ⅰ　Ⅱ

問9

問10　10　20

問11

二

問1　①　②　③　④　⑤　⑥　⑦　⑧

問2　a　b　c

問3　A　B　C　D　E

問4　X　Y

問5

問6

問7

問8

問9

問10

問11

西武台新座中学校（第1回特待）　2024年度

◇算数◇

※ 169％に拡大していただくと，解答欄は実物大になります。

1	(1)		(2)		(3)		(4)	
	(5)		(6)		(7)		(8)	
2	(1)	度	(2)	度				
3	(1)	cm^2	(2)	cm^2				
4	(1)	cm	(2)	cm^2				
5	(1)		(2)					
6	(1)	人	(2)	個				
7	(1)		(2)					

西武台新座中学校（第1回特待）　2024年度　◇理科◇

※ 143％に拡大していただくと，解答欄は実物大になります。

1	問 1	同じ極同士	違う極同士
	問 2		
	問 3	1つ目	
		2つ目	
	問 4		
	問 5		

2	問 1		問 2		問 3	
	問 4					
	問 5					
	問 6					

3	問 1			
	問 2			
	問 3	1つ目	2つ目	
	問 4		問 5	
	問 6			

4	問 1		
	問 2		
	問 3		
	問 4	A	B
		C	D
	問 5		

西武台新座中学校（第1回特待）　2024年度

◇社会◇

※ 103％に拡大していただくと，解答欄は実物大になります。

1	問 1	人口	農業
	問 2	a	g
	問 3		
	問 4		

2	問 1	
	問 2	
	問 3	
	問 4	
	問 5	
	問 6	
	問 7	
	問 8	→ → →

3	問 1	
	問 2	
	問 3	
	問 4	
	問 5	

◇国語◇

西武台新座中学校(第1回特待)　２０２４年度

※１４９%に拡大していただくと，解答欄は実物大になります。

一

問1　①　②　③　④　⑤　⑥　⑦　⑧

問2　a　b　c

問3　A　B　C　D　E

問4　Ⅰ　Ⅳ

問5　Ⅱ　Ⅲ

問6

問7

問8

問9

問10

二

問1　①　②　③　④　⑤　⑥　⑦　⑧

問2　a　b　c

問3　A　B　C　D　E

問4

問5

問6

問7　ア　イ　ウ　エ　オ

問8

西武台新座中学校（第1回特進）　2023年度

◇算数◇

※ 169％に拡大していただくと，解答欄は実物大になります。

1

(1)　(2)　(3)　(4)

(5)　(6)　(7)　(8)

2

(1)　度　(2)　度

3

(1)　cm^2　(2)　cm^2

4

(1)　cm^3　(2)　cm

5

(1)　(2)

6

(1)　(2) 分速　m

7

(1)　通り　(2)

西武台新座中学校(第1回特進)　2023年度　　◇理科◇

※ 169%に拡大していただくと，解答欄は実物大になります。

1	問 1	光の		
	問 2		問 3	
	問 4			
	問 5			
	問 6			

2	問 1	
	問 2	
	問 3	
	問 4	
	問 5	
	問 6	

3	問 1		問 2	
	問 3			
	問 4			
	問 5		問 6	
	問 7			

4	問 1	A	B	C		
	問 2		問 3		問 4	
	問 5					

西武台新座中学校(第1回特進)　2023年度

◇社会◇

※ 109％に拡大していただくと，解答欄は実物大になります。

1	問1		
	問2	(1)	
		(2)	
		(3)	
	問3		
	問4		

2	問1						
	問2						
	問3						
	問4	(1)					
		(2)			氏		
	問5						
	問6						

3	問1				
	問2				
	問3				
	問4				
	問5				

◇国語◇

西武台新座中学校（第１回特進）　２０２３年度

※１５２％に拡大していただくと、解答欄は実物大になります。

一

問1　①　②　③　④　⑤　⑥　⑦　⑧

問2　a　b　c

問3　A　B　C　D　E

問4

問5

問6

問7　ア　イ　ウ　エ

問8

問9　（10　20　30　40）

二

問1　①　②　③　④　⑤　⑥　⑦　⑧

問2　a　b　c

問3　A　B　C　D　E

問4　Ⅰ　Ⅱ　Ⅲ

問5

問6

問7

問8

問9

西武台新座中学校（第1回特進選抜）　2023年度

◇算数◇

※ 169％に拡大していただくと，解答欄は実物大になります。

1

(1)　(2)　(3)　(4)

(5)　(6)　(7)　(8)

2

(1)　度　(2)　度

3

(1)　cm^2　(2)　cm^2

4

(1)　cm^3　(2)　cm^2

5

(1)　(2)

6

(1)　時速　km　(2)　分間

7

(1)　円　(2)　本

西武台新座中学校（第1回特進選抜）　2023年度

◇理科◇

※ 143％に拡大していただくと，解答欄は実物大になります。

1	問1		問2	
	問3	極		
	問4		問5	
	問6			

2	問1			
	問2	曲線		
	問3		問4	
	問5			
	問6		問7	

3	問1			
	問2			
	問3		問4	
	問5			
	問6			
	問7			

4	問1		問2	
	問3	①	②	③
	問4			
	問5	被害		
		めぐみ		

西武台新座中学校（第1回特進選抜）　2023年度　◇社会◇

※ 103%に拡大していただくと，解答欄は実物大になります。

1	問1	(1)			
		(2) a			e
		(3)			
		(4)			栽培
		(5)			

2	問1				
	問2				
	問3				
	問4				
	問5				天皇
	問6				
	問7			の乱	

3	問1					
	問2					
	問3					
	問4					
	問5					制度

◇国語◇

西武台新座中学校(第1回特進選抜)　２０２３年度

※１５２%に拡大していただくと，解答欄は実物大になります。

一

問1 ① ② ③ ④ ⑤ ⑥ ⑦ ⑧

問2 a b c

問3 A B C D E

問4 X Y

問5

問6

問7

問8

問9

問10

問11 10 20 という意味。

二

問1 ① ② ③ ④ ⑤ ⑥ ⑦ ⑧

問2 a b c

問3 A B C D E

問4 Ⅰ Ⅱ Ⅲ

問5

問6

問7

問8

問9

西武台新座中学校(第1回特進)　2022年度

◇算数◇

※ 172%に拡大していただくと，解答欄は実物大になります。

1

(1)　(2)　(3)　(4)

(5)　(6)　(7)　(8)

2

(1)　度　(2)　度

3

(1)　cm^2　(2)　cm^2

4

(1)　cm^3　(2)　cm^2

5

(1) 毎分　L　(2) 毎分　L

6

(1)　個　(2)　割引き

7

(1)　(2)

西武台新座中学校（第1回特進）　2022年度　　◇理科◇

※ 149%に拡大していただくと，解答欄は実物大になります。

1	問 1				
	問 2				
	問 3				
	問 4	A	B	C	D
	問 5	極			

2	問 1		問 2		問 3	
	問 4	A	B			
		C				
	問 5					

3	問 1	枚				
	問 2		問 3		問 4	と
	問 5	と	問 6			
	問 7					

4	問 1		問 2	気圧
	問 3	気流		
	問 4		問 5	
	問 6			

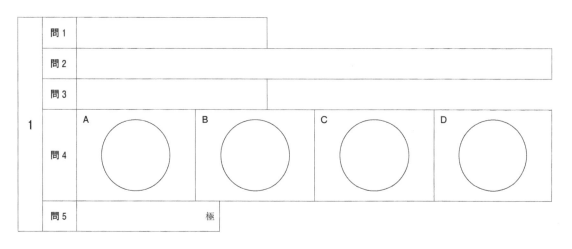

西武台新座中学校（第1回特進）　2022年度

◇社会◇

※ 111％に拡大していただくと，解答欄は実物大になります。

1	問 1				
	問 2				
	問 3	(1)			
		(2)			
		(3)			
		(4)			

2	問 1				
	問 2				
	問 3				
	問 4				
	問 5				
	問 6				
	問 7				

3	問 1	
	問 2	
	問 3	(1)
		(2)
	問 4	

◇国語◇

西武台新座中学校（第１回特進）　２０２２年度

※ １５２％に拡大していただくと、解答欄は実物大になります。

一

問1　①　②　③　④　⑤　⑥　⑦　⑧

問2　a　b　c

問3　A　B　C　D　E

問4　X　Y

問5

問6

問7

問8　ア　イ

問9

問10　10　20　30　40　50　60

二

問1　①　②　③　④　⑤　⑥　⑦　⑧

問2　a　b　c

問3　A　B　C　D　E

問4

問5

問6

問7

問8　ア　イ　ウ　エ　オ

西武台新座中学校（第1回特進選抜）　2022年度

◇算数◇

※ 172％に拡大していただくと，解答欄は実物大になります。

1

(1)	(2)	(3)	(4)
(5)	(6)	(7)	(8)

2

(1) 度	(2) 度

3

(1) m^2	(2) m^2

4

(1) cm^3	(2) cm^2

5

(1) 人	(2) 本

6

(1) 円	(2) 円

7

(1)	(2)

西武台新座中学校（第1回特進選抜）　2022年度

◇理科◇

※ 149％に拡大していただくと，解答欄は実物大になります。

1	問 1		問 2	秒		
	問 3		問 4		問 5	
	問 6					

2	問 1		
	問 2		
	問 3		
	問 4	X	Y
	問 5		
	問 6		
	問 7		

3	問 1			
	問 2			
	問 3	X	Y	
	問 4		問 5	
	問 6			

4	問 1	A	B	
	問 2		問 3	
	問 4			
	問 5			
	問 6			

西武台新座中学校（第1回特進選抜）　2022年度

◇社会◇

※ 111％に拡大していただくと，解答欄は実物大になります。

1	問 1	(1)
		(2)
	問 2	
	問 3	(1)
		(2)
		(3)

2	問 1	
	問 2	
	問 3	
	問 4	
	問 5	
	問 6	
	問 7	

3	問 1	
	問 2	
	問 3	
	問 4	
	問 5	

◇国語◇

西武台新座中学校(第1回特進選抜)　２０２２年度

※１５２％に拡大していただくと，解答欄は実物大になります。

一

問1 ① ② ③ ④ ⑤ ⑥ ⑦ ⑧

問2 a b c

問3 A B C D E

問4

問5 という気持ち

問6

問7 ア イ ウ エ オ

問8

二

問1 ① ② ③ ④ ⑤ ⑥ ⑦ ⑧

問2 a b c

問3 A B C D E

問4

問5 と提案していることに気づいたから。

問6

問7 ア イ ウ エ オ

問8

西武台新座中学校（第1回特進）　2021年度

◇算数◇

※ 179％に拡大していただくと，解答欄は実物大になります。

1

(1)　(2)　(3)　(4)

(5)　(6)　(7)　(8)

2

(1)　度　(2)　度

3

(1)　cm^2　(2)　cm^2

4

(1)　cm^3　(2)　cm^2

5

(1)　(2)

6

(1) 午前　時　分　(2) 分速　m

7

(1)　円　(2)　円

西武台新座中学校(第1回特進)　2021年度

◇理科◇

※ 149%に拡大していただくと，解答欄は実物大になります。

1	問 1	かっ車 1		かっ車 2
	問 2	g	問 3	cm
	問 4			
	問 5	kg	問 6	kg

2	問 1	1 つ目	2 つ目	3 つ目	
	問 2				
	問 3		問 4		
	問 5				
	問 6	→ →			

3	問 1				
	問 2	（1）	（2）	（3）	
	問 3		問 4		
	問 5	→ → →			
	問 6				
	問 7				

4	問 1	A		
		B		
		C		
	問 2			
	問 3			
	問 4		問 5	
	問 6			

西武台新座中学校（第1回特進）　2021年度

◇社会◇

※ 112％に拡大していただくと，解答欄は実物大になります。

1	問 1		m
	問 2		島
	問 3	(1)	県
		(2)	
		(3)	平野
		(4)	

2	問 1	
	問 2	
	問 3	
	問 4	
	問 5	
	問 6	
	問 7	

3	問 1	
	問 2	
	問 3	
	問 4	
	問 5	

◇国語◇

西武台新座中学校（第１回特進）　２０２１年度

※１５４％に拡大していただくと、解答欄は実物大になります。

一

問1　①　②　③　④　⑤　⑥　⑦　⑧

問2　a　b　c

問3　A　B　C　D　E

問4　ア　イ

問5

問6

問7　3　4

問8

問9

問10

二

問1　①　②　③　④　⑤　⑥　⑦　⑧

問2　a　b　c

問3　A　B　C　D　E

問4　こと

問5

問6

問7　ア　イ　ウ　エ　オ

問8

西武台新座中学校（第1回特進選抜）　2021年度

◇算数◇

※ 175％に拡大していただくと，解答欄は実物大になります。

1

(1)　(2)　(3)　(4)

(5)　(6)　(7)　(8)

2

(1)　度　(2)　度

3

(1)　cm　(2)　cm^2

4

(1)　cm^3　(2)　cm^2

5

(1)　億　万　(2)　万

6

(1)　時　分　(2)　分

7

(1)　個　(2)　円

西武台新座中学校（第1回特進選抜）　2021年度

◇理科◇

※ 161％に拡大していただくと，解答欄は実物大になります。

1	問1	豆電球		かん電池		
	問2		問3			
	問4		問5			
	問6	①	②	③		

2	問1	食塩	ホウ酸	
	問2	％	問3	
	問4		問5	g
	問6	℃		

3	問1		問2		
	問3		問4		
	問5				
	問6	実験　　と実験　　を比べる			
	問7	実験　　と実験　　を比べる			
	問8				

4	問1	（ア）	（イ）	（ウ）			
	問2		問3		問4	A	B
	問5		問6	時頃			
	問7	記号					
		理由					

西武台新座中学校（第1回特進選抜）　2021年度

◇社会◇

※ 127%に拡大していただくと，解答欄は実物大になります。

1	問 1	km	
	問 2	山脈	
	問 3	(1)　　　　川	(2)
		(3)	(4)

2	問 1	
	問 2	
	問 3	
	問 4	
	問 5	将　軍 御家人
	問 6	

3	問 1	
	問 2	
	問 3	
	問 4	
	問 5	

◇国語◇

西武台新座中学校(第1回特進選抜)　２０２１年度

※１５６%に拡大していただくと、解答欄は実物大になります。

一

問1 ① ② ③ ④ ⑤ ⑥ ⑦ ⑧

問2 a b c

問3 A B C D E

問4 Ⅰ Ⅱ

問5

問6

問7

問8

問9

問10

問11

二

問1 ① ② ③ ④ ⑤ ⑥ ⑦ ⑧

問2 a b c

問3 A B C D E

問4

問5

問6

問7 ア イ ウ エ オ

問8

西武台新座中学校（第1回特進）　2020年度

◇算数◇

※ 170%に拡大していただくと，解答欄は実物大になります。

1

(1)　(2)　(3)　(4)

(5)　(6)　(7)　(8)

2

(1)　度　(2)　度

3

(1)　cm^2　(2)　cm^2

4

(1)　cm^3　(2)　cm^2

5

(1) 時速　km　(2)　時　分

6

(1)　個　(2)　個

7

(1) 第　回　(2)　個

西武台新座中学校(第1回特進)　2020年度　◇理科◇

※ 146%に拡大していただくと，解答欄は実物大になります。

1	問 1	個			
	問 2	40 g　番	10 g　番	問 3	番
	問 4	番	問 5	番	
	問 6				

2	問 1	図 1			置換法	図 2			置換法	図 3			置換法
	問 2												
	問 3												
	問 4	大きい					小さい						
	問 5	酸素				窒素				水素			
		二酸化炭素				アンモニア							

3	問 1	試験管 A		
		試験管 B		
	問 2			
	問 3			
	問 4	ア	記号	名称
		イ	記号	名称
		ウ	記号	名称
	問 5			

4	問 1	図　→　図　→　図			
	問 2		問 3	図	問 4
	問 5				
	問 6				

西武台新座中学校（第1回特進）　2020年度

◇社会◇

※ 169%に拡大していただくと，解答欄は実物大になります。

1	問 1	m			
	問 2	栽培			
	問 3	(1)		(2)	市場
		(3)	市	(4)	

2	問 1		
	問 2		
	問 3		の建白書
	問 4		
	問 5		
	問 6		
	問 7		

3	問 1	税					
	問 2						
	問 3	導入時 %	→	1回目引き上げ %	→	2回目引き上げ %	→ 3回目引き上げ 10 %
	問 4	%					
	問 5						

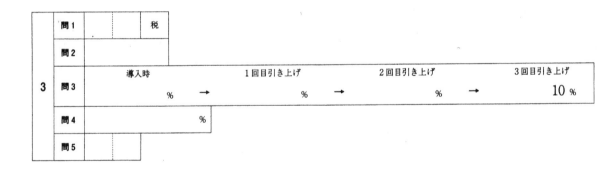

◇国語◇

西武台新座中学校(第１回特進)　２０２０年度

※158％に拡大していただくと、解答欄は実物大になります。

一

問1	①	②	③	④	⑤	⑥	⑦	⑧

問2	A	B	C	D	E

問3	a	b	c

問4	ア	イ	ウ

問5

問6

問7

問8

問9

問10

二

問1	①	②	③	④	⑤	⑥	⑦	⑧

問2	A	B	C	D	E

問3	a	b	c

問4

問5

問6

問7

問8

問9

問10

問11

問12

西武台新座中学校(第1回特進選抜)　2020年度　◇算数◇

※ 170%に拡大していただくと，解答欄は実物大になります。

1

(1)　(2)　(3)　(4)

(5)　(6)　(7)　(8)

2

(1)　度　(2)　度

3

(1)　cm　(2)　cm^2

4

(1)　cm^3　(2)　cm^2

5

(1)　(2)

6

(1)　分後　(2)　分後

7

(1)　cm　(2)　cm

西武台新座中学校(第1回特進選抜)　2020年度

◇理科◇

※ 170%に拡大していただくと，解答欄は実物大になります。

1	問1		問2	光の
	問3		問4	光の
	問5			
	問6			

2	問1	①	②	③	④
	問2		問3		
	問4	気体の名前	反応		
	問5	①			
		②			

3	問1		問2	
	問3	図 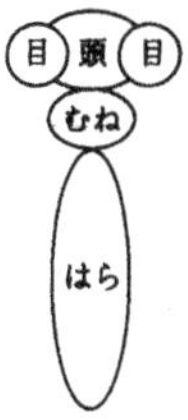	問4	
			問5	

4	問1		問2	
	問3			
	問4	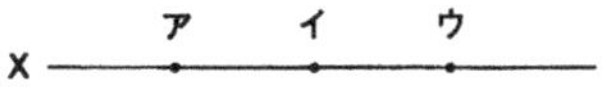	問5	①
				②
	問6			

西武台新座中学校(第1回特進選抜)　2020年度

◇社会◇

※ 110%に拡大していただくと，解答欄は実物大になります。

1	問1				
	問2	工業地帯			
	問3	(1)			
		(2)	農業		
		(3)		(4)	

2	問1	年
	問2	
	問3	
	問4	
	問5	
	問6	
	問7	

3	問1	
	問2	
	問3	①
		②
		③

◇国語◇

西武台新座中学校（第1回特進選抜）　２０２０年度

※156％に拡大していただくと，解答欄は実物大になります。

一

問1　①　②　③　④　⑤　⑥　⑦　⑧

問2　A　B　C　D　E

問3　a　b　c

問4

問5

問6

問7　Ⅰ　Ⅱ　Ⅲ　Ⅳ　Ⅴ

問8

二

問1　①　②　③　④　⑤　⑥　⑦　⑧

問2　A　B　C　D　E

問3　a　b　c

問4

問5

問6

問7

問8

問9

問10

問11

問12

東京学参の

中学校別入試過去問題シリーズ

＊出版校は一部変更することがあります。一覧にない学校はお問い合わせください。

東京ラインナップ

あ　青山学院中等部(L04)
麻布中学(K01)
桜蔭中学(K02)
お茶の水女子大附属中学(K07)
か　海城中学(K09)
開成中学(M01)
学習院中等科(M03)
慶應義塾中等部(K04)
啓明学園中学(N29)
晃華学園中学(N13)
攻玉社中学(L11)
国学院大久我山中学
（一般・CC）(N22)
（ＳＴ）(N23)
駒場東邦中学(L01)
さ　芝中学(K16)
芝浦工業大附属中学(M06)
城北中学(M05)
女子学院中学(K03)
巣鴨中学(M02)
成蹊中学(N06)
成城中学(K28)
成城学園中学(L05)
青稜中学(K23)
創価中学(N14)★
た　玉川学園中学部(N17)
中央大附属中学(N08)
筑波大附属中学(K06)
筑波大附属駒場中学(L02)
帝京大中学(N16)
東海大菅生高中等部(N27)
東京学芸大附属竹早中学(K08)
東京都市大付属中学(L13)
桐朋中学(N03)
東洋英和女学院中学部(K15)
豊島岡女子学園中学(M12)
な　日本大第一中学(M14)
日本大第三中学(N19)
日本大第二中学(N10)
は　雙葉中学(K05)
法政大学中学(N11)
本郷中学(M08)
ま　武蔵中学(N01)
明治大付属中野中学(N05)
明治大付属八王子中学(N07)
明治大付属明治中学(K13)
ら　立教池袋中学(M04)
わ　和光中学(N21)
早稲田中学(K10)
早稲田実業学校中等部(K11)
早稲田大高等学院中学部(N12)

神奈川ラインナップ

あ　浅野中学(O04)
栄光学園中学(O06)
か　神奈川大附属中学(O08)
鎌倉女学院中学(O27)
関東学院六浦中学(O31)
慶應義塾湘南藤沢中等部(O07)
慶應義塾普通部(O01)
さ　相模女子大中学部(O32)
サレジオ学院中学(O17)
逗子開成中学(O22)
聖光学院中学(O11)
清泉女学院中学(O20)
洗足学園中学(O18)
捜真女学校中学部(O29)
た　桐蔭学園中等教育学校(O02)
東海大付属相模高中等部(O24)
桐光学園中学(O16)
な　日本大中学(O09)
は　フェリス女学院中学(O03)
法政大第二中学(O19)
や　山手学院中学(O15)
横浜隼人中学(O26)

千・埼・茨・他ラインナップ

あ　市川中学(P01)
浦和明の星女子中学(Q06)
か　海陽中等教育学校
（入試Ⅰ・Ⅱ）(T01)
（特別給費生選抜）(T02)
久留米大附設中学(Y04)
さ　栄東中学(東大・難関大)(Q09)
栄東中学(東大特待)(Q10)
狭山ヶ丘高校付属中学(Q01)
芝浦工業大柏中学(P14)
渋谷教育学園幕張中学(P09)
城北埼玉中学(Q07)
昭和学院秀英中学(P05)
清真学園中学(S01)
西南学院中学(Y02)
西武学園文理中学(Q03)
西武台新座中学(Q02)
専修大松戸中学(P13)
た　筑紫女学園中学(Y03)
千葉日本大第一中学(P07)
千葉明徳中学(P12)
東海大付属浦安高中等部(P06)
東邦大付属東邦中学(P08)
東洋大附属牛久中学(S02)
獨協埼玉中学(Q08)
な　長崎日本大中学(Y01)
成田高校付属中学(P15)
は　函館ラ・サール中学(X01)
日出学園中学(P03)
福岡大附属大濠中学(Y05)
北嶺中学(X03)
細田学園中学(Q04)
や　八千代松陰中学(P10)
ら　ラ・サール中学(Y07)
立命館慶祥中学(X02)
立教新座中学(Q05)
わ　早稲田佐賀中学(Y06)

公立中高一貫校ラインナップ

北海道　市立札幌開成中等教育学校(J22)
宮　城　宮城県仙台二華・古川黎明中学校(J17)
市立仙台青陵中等教育学校(J33)
山　形　県立東桜学館・致道館中学校(J27)
茨　城　茨城県立中学・中等教育学校(J09)
栃　木　県立宇都宮東・佐野・矢板東高校附属中学校(J11)
群　馬　県立中央・市立四ツ葉学園中等教育学校・
市立太田中学校(J10)
埼　玉　市立浦和中学校(J06)
県立伊奈学園中学校(J31)
さいたま市立大宮国際中等教育学校(J32)
川口市立高等学校附属中学校(J35)
千　葉　県立千葉・東葛飾中学校(J07)
市立稲毛国際中等教育学校(J25)
東　京　区立九段中等教育学校(J21)
都立大泉高等学校附属中学校(J28)
都立両国高等学校附属中学校(J01)
都立白鷗高等学校附属中学校(J02)
都立富士高等学校附属中学校(J03)
都立三鷹中等教育学校(J29)
都立南多摩中等教育学校(J30)
都立武蔵高等学校附属中学校(J04)
都立立川国際中等教育学校(J05)
都立小石川中等教育学校(J23)
都立桜修館中等教育学校(J24)
神奈川　川崎市立川崎高等学校附属中学校(J26)
県立平塚・相模原中等教育学校(J08)
横浜市立南高等学校附属中学校(J20)
横浜サイエンスフロンティア高校附属中学校(J34)
広　島　県立広島中学校(J16)
県立三次中学校(J37)
徳　島　県立城ノ内中等教育学校・富岡東・川島中学校(J18)
愛　媛　県立今治東・松山西中等教育学校(J19)
福　岡　福岡県立中学校・中等教育学校(J12)
佐　賀　県立香楠・致遠館・唐津東・武雄青陵中学校(J13)
宮　崎　県立五ヶ瀬中等教育学校・宮崎西・都城泉ヶ丘高校附属中学校(J15)
長　崎　県立長崎東・佐世保北・諫早高校附属中学校(J14)

公立中高一貫校「適性検査対策」問題集シリーズ

総合編　作文問題編　資料問題編　数と図形編　生活と科学編　実力確認テスト編

私立中・高スクールガイド

THE《ザ》私立

私立中学&高校の学校生活がわかる！

東京学参の
高校別入試過去問題シリーズ

＊出版校は一部変更することがあります。一覧にない学校はお問い合わせください。

東京ラインナップ

あ　愛国高校(A59)
青山学院高等部(A16)★
桜美林高校(A37)
お茶の水女子大附属高校(A04)
か　開成高校(A05)★
共立女子第二高校(A40)★
慶應義塾女子高校(A13)
啓明学園高校(A68)★
国学院高校(A30)
国学院大久我山高校(A31)
国際基督教大高校(A06)
小平錦城高校(A61)★
駒澤大高校(A32)
さ　芝浦工業大附属高校(A35)
修徳高校(A52)
城北高校(A21)
専修大附属高校(A28)
創価高校(A66)★
た　拓殖大第一高校(A53)
立川女子高校(A41)
玉川学園高等部(A56)
中央大高校(A19)
中央大杉並高校(A18)★
中央大附属高校(A17)
筑波大附属高校(A01)
筑波大附属駒場高校(A02)
帝京大高校(A60)
東海大菅生高校(A42)
東京学芸大附属高校(A03)
東京農業大第一高校(A39)
桐朋高校(A15)
都立青山高校(A73)★
都立国立高校(A76)★
都立国際高校(A80)★
都立国分寺高校(A78)★
都立新宿高校(A77)★
都立墨田川高校(A81)★
都立立川高校(A75)★
都立戸山高校(A72)★
都立西高校(A71)★
都立八王子東高校(A74)★
都立日比谷高校(A70)★
な　日本大櫻丘高校(A25)
日本大第一高校(A50)
日本大第三高校(A48)
日本大第二高校(A27)
日本大鶴ヶ丘高校(A26)
日本大豊山高校(A23)
は　八王子学園八王子高校(A64)
法政大高校(A29)
ま　明治学院高校(A38)
明治学院東村山高校(A49)
明治大付属中野高校(A33)
明治大付属八王子高校(A67)
明治大付属明治高校(A34)★
明法高校(A63)
わ　早稲田実業学校高等部(A09)
早稲田大高等学院(A07)

神奈川ラインナップ

あ　麻布大附属高校(B04)
アレセイア湘南高校(B24)
か　慶應義塾高校(A11)
神奈川県公立高校特色検査(B00)
さ　相洋高校(B18)
た　立花学園高校(B23)
桐蔭学園高校(B01)
東海大付属相模高校(B03)★
桐光学園高校(B11)
な　日本大高校(B06)
日本大藤沢高校(B07)
は　平塚学園高校(B22)
藤沢翔陵高校(B08)
法政大国際高校(B17)
法政大第二高校(B02)★
や　山手学院高校(B09)
横須賀学院高校(B20)
横浜商科大高校(B05)
横浜市立横浜サイエンスフロンティア高校(B70)
横浜翠陵高校(B14)
横浜清風高校(B10)
横浜創英高校(B21)
横浜隼人高校(B16)
横浜富士見丘学園高校(B25)

千葉ラインナップ

あ　愛国学園大附属四街道高校(C26)
我孫子二階堂高校(C17)
市川高校(C01)★
か　敬愛学園高校(C15)
さ　芝浦工業大柏高校(C09)
渋谷教育学園幕張高校(C16)★
翔凜高校(C34)
昭和学院秀英高校(C23)
専修大松戸高校(C02)
た　千葉英和高校(C18)
千葉敬愛高校(C05)
千葉経済大附属高校(C27)
千葉日本大第一高校(C06)★
千葉明徳高校(C20)
千葉黎明高校(C24)
東海大付属浦安高校(C03)
東京学館高校(C14)
東京学館浦安高校(C31)
な　日本体育大柏高校(C30)
日本大習志野高校(C07)
は　日出学園高校(C08)
や　八千代松陰高校(C12)
ら　流通経済大付属柏高校(C19)★

埼玉ラインナップ

あ　浦和学院高校(D21)
大妻嵐山高校(D04)★
か　開智高校(D08)
開智未来高校(D13)★
春日部共栄高校(D07)
川越東高校(D12)
慶應義塾志木高校(A12)
さ　埼玉栄高校(D09)
栄東高校(D14)
狭山ヶ丘高校(D24)
昌平高校(D23)
西武学園文理高校(D10)
西武台高校(D06)
た　東京農業大第三高校(D18)
は　武南高校(D05)
本庄東高校(D20)
や　山村国際高校(D19)
ら　立教新座高校(A14)
わ　早稲田大本庄高等学院(A10)

北関東・甲信越ラインナップ

あ　愛国学園大附属龍ヶ崎高校(E07)
宇都宮短大附属高校(E24)
か　鹿島学園高校(E08)
霞ヶ浦高校(E03)
共愛学園高校(E31)
甲陵高校(E43)
国立高等専門学校(A00)
さ　作新学院高校
（トップ英進・英進部）(E21)
（情報科学・総合進学部）(E22)
常総学院高校(E04)
た　中越高校(R03)＊
土浦日本大高校(E01)
東洋大附属牛久高校(E02)
な　新潟青陵高校(R02)
新潟明訓高校(R04)
日本文理高校(R01)
は　白鷗大足利高校(E25)
ま　前橋育英高校(E32)
や　山梨学院高校(E41)

中京圏ラインナップ

あ　愛知高校(F02)
愛知啓成高校(F09)
愛知工業大名電高校(F06)
愛知みずほ大瑞穂高校(F25)
暁高校（３年制）(F50)
鶯谷高校(F60)
栄徳高校(F29)
桜花学園高校(F14)
岡崎城西高校(F34)
か　岐阜聖徳学園高校(F62)
岐阜東高校(F61)
享栄高校(F18)
さ　桜丘高校(F36)
至学館高校(F19)
椙山女学園高校(F10)
鈴鹿高校(F53)
星城高校(F27)★
誠信高校(F33)
清林館高校(F16)★
た　大成高校(F28)
大同大大同高校(F30)
高田高校(F51)
滝高校(F03)★
中京高校(F63)
中京大附属中京高校(F11)★
中部大春日丘高校(F26)★
中部大第一高校(F32)
津田学園高校(F54)
東海高校(F04)★
東海学園高校(F20)
東邦高校(F12)
同朋高校(F22)
豊田大谷高校(F35)
な　名古屋高校(F13)
名古屋大谷高校(F23)
名古屋経済大市邨高校(F08)
名古屋経済大高蔵高校(F05)
名古屋女子大高校(F24)
名古屋たちばな高校(F21)
日本福祉大付属高校(F17)
人間環境大附属岡崎高校(F37)
は　光ヶ丘女子高校(F38)
誉高校(F31)
ま　三重高校(F52)
名城大附属高校(F15)

宮城ラインナップ

さ　尚絅学院高校(G02)
聖ウルスラ学院英智高校(G01)★
聖和学園高校(G05)
仙台育英学園高校(G04)
仙台城南高校(G06)
仙台白百合学園高校(G12)
た　東北学院高校(G03)★
東北学院榴ヶ岡高校(G08)
東北高校(G11)
東北生活文化大高校(G10)
常盤木学園高校(G07)
は　古川学園高校(G13)
ま　宮城学院高校(G09)★

北海道ラインナップ

さ　札幌光星高校(H06)
札幌静修高校(H09)
札幌第一高校(H01)
札幌北斗高校(H04)
札幌龍谷学園高校(H08)
は　北海高校(H03)
北海学園札幌高校(H07)
北海道科学大高校(H05)
ら　立命館慶祥高校(H02)

★はリスニング音声データのダウンロード付き。

都道府県別 公立高校入試過去問 シリーズ

- 全国47都道府県別に出版
- 最近数年間の検査問題収録
- リスニングテスト音声対応

公立高校入試対策 問題集シリーズ

- 目標得点別・公立入試の数学（基礎編）
- 実戦問題演習・公立入試の数学（実力錬成編）
- 実戦問題演習・公立入試の英語（基礎編・実力錬成編）
- 形式別演習・公立入試の国語
- 実戦問題演習・公立入試の理科
- 実戦問題演習・公立入試の社会

高校入試特訓問題集 シリーズ

- 英語長文難関攻略33選（改訂版）
- 英語長文テーマ別難関攻略30選
- 英文法難関攻略20選
- 英語難関徹底攻略33選
- 古文完全攻略63選（改訂版）
- 国語融合問題完全攻略30選
- 国語長文難関徹底攻略30選
- 国語知識問題完全攻略13選
- 数学の図形と関数・グラフの融合問題完全攻略272選
- 数学難関徹底攻略700選
- 数学の難問80選
- 数学　思考力―規則性とデータの分析と活用―

〈ダウンロードコンテンツについて〉

本問題集のダウンロードコンテンツ、弊社ホームページで配信しております。現在ご利用いただけるのは「2025年度受験用」に対応したもので、**2025年3月末日**までダウンロード可能です。弊社ホームページにアクセスの上、ご利用ください。

※配信期間が終了いたしますと、ご利用いただけませんのでご了承ください。

中学別入試過去問題シリーズ

西武台新座中学校　2025年度

ISBN978-4-8141-3224-9

[発行所] 東京学参株式会社

〒153-0043　東京都目黒区東山2-6-4

書籍の内容についてのお問い合わせは右のQRコードから　⇒

※書籍の内容についてのお電話でのお問い合わせ、本書の内容を超えたご質問には対応できませんのでご了承ください。

2024年4月30日　初版